目　　录

前　言 1

第 2 版前言 1

第一篇　教育管理学总论

第一章　管理、教育管理和教育管理学 3

　第一节　管理的意义和特性 3

　管理是人类社会最普遍的现象(3)　管理和行政(4)　管理活动的意义(5)
　管理活动的特性(6)

　第二节　教育管理活动概述 7

　教育管理活动的意义(7)　教育管理活动与其他管理活动的比较(8)　从经验
　管理走向科学管理(10)　教育管理的元价值(12)　教育管理:蓬勃发展的事
　业(13)

　第三节　教育管理学学科分析 14

　教育管理学的研究对象(14)　教育管理学的产生和发展(15)　教育管理学与
　相关学科领域(18)　教育管理学的研究范围(19)　教育管理学的研究方
　法(21)　教育管理学的未来发展(23)

第二章　教育管理实践和思想的历史轨迹 25

　第一节　我国历史上的教育管理实践和思想 25

　稷下学宫:古代教育管理实践的典范(25)　《学记》:历史上最早的教育管理文
　献之一(26)　先秦诸子的管理思想(27)　隋唐的教育管理体制和学校管
　理(28)　宋代教育家朱熹的教育管理思想(28)　书院的教育管理实践(29)
　洋务运动和维新运动时期的教育管理(29)　近代教育督导制度的创设(30)
　蔡元培的教育管理思想(30)　陶行知的教育管理实践(31)

　第二节　西方国家历史上的教育管理实践和思想 32

　古希腊:西方教育的起点(32)　古代贤哲的教育管理思想(32)　人文主义教
　育:以人为本的教育管理理念(33)　夸美纽斯的教育管理观(34)　赫尔巴特
　的儿童管理思想(36)　杜威及其实验学校的管理实践(37)　欧美新教育运动

中的学校管理(38)

第三节 现代管理理论和教育管理发展 ‥‥‥‥‥‥‥‥‥‥‥ 39
管理理论的发展阶段(39) 古典管理理论:提倡制度化的教育管理(40) 人际关系学说:改善学校中的人际关系(42) 结构主义:学校组织性质的再认识(43) 行为科学:教育管理学从经验走向科学(44) 后现代主义思潮影响下的教育管理思想(46)

第二篇 教育管理体制和机构

第三章 教育管理体制 ‥‥‥‥‥‥‥‥‥‥‥‥‥‥‥ 51
第一节 教育管理体制概述 ‥‥‥‥‥‥‥‥‥‥‥‥‥‥ 51
教育管理体制的含义(51) 教育管理体制的制约因素(52) 教育管理体制的功能(53) 正确认识教育管理体制的意义(54)

第二节 从宏观层面看教育管理体制 ‥‥‥‥‥‥‥‥‥‥ 54
教育管理体制的基本类型(54) 建国以来我国基础教育管理体制的演进(57) 我国现行基础教育管理体制及其改革(59) 进一步完善我国基础教育的管理体制(61)

第三节 从学校层面看教育管理体制 ‥‥‥‥‥‥‥‥‥‥ 62
校长负责制:学校内部管理体制改革的核心(62) 教职工聘用合同制:学校内部管理体制改革的关键(65) 学校分配制度的改革与完善:学校内部管理体制改革的保障(66)

第四章 教育组织机构 ‥‥‥‥‥‥‥‥‥‥‥‥‥‥ 69
第一节 组织及组织理论概述 ‥‥‥‥‥‥‥‥‥‥‥‥‥ 69
组织的含义(69) 组织的功能(70) 组织的分类(71) 组织的管理幅度(72) 正式组织与非正式组织(73) 组织的基本形式(73)

第二节 教育行政组织机构及其建设 ‥‥‥‥‥‥‥‥‥‥ 75
教育行政组织的性质(75) 教育行政组织设置的原则(76) 教育行政机构的管理及其意义(78) 教育行政机构的改革策略(78)

第三节 学校组织机构及其变革 ‥‥‥‥‥‥‥‥‥‥‥‥ 79
学校组织机构设置的原则(79) 学校行政组织机构(81) 学校行政组织机构的架构模式(81) 学校非行政组织机构(83) 学校组织机构需要变革(84) 学校组织机构的变革要素(84) 学校组织机构的变革策略(86) 学校组织变革的过程(86) 学校组织机构的变革模式(87) 学校变革的阻力及其克服(89)

普通高等教育
"十一五"国家级规划教材

教师教育精品教材
教育类专业基础课系列

新编教育管理学 第2版

Educational Administration

吴志宏　冯大鸣　魏志春◎主编

华东师范大学出版社
·上海·

图书在版编目(CIP)数据

新编教育管理学/吴志宏,冯大鸣,魏志春主编. —2 版.
—上海:华东师范大学出版社,2008
普通高等教育"十一五"国家级规划教材
ISBN 978 - 7 - 5617 - 6172 - 4

Ⅰ.新… Ⅱ.①吴…②冯…③魏… Ⅲ.教育管理学—师
范大学—教材 Ⅳ.G46

中国版本图书馆 CIP 数据核字(2008)第 098465 号

普通高等教育"十一五"国家级规划教材

新编教育管理学(第2版)

主　　编	吴志宏　冯大鸣　魏志春
责任编辑	曹利群　赵建军
审读编辑	王　卫
责任校对	邱红穗
装帧设计	卢晓红

出版发行　华东师范大学出版社
社　　址　上海市中山北路 3663 号　邮编 200062
网　　址　www.ecnupress.com.cn
电　　话　021 - 60821666　行政传真 021 - 62572105
客服电话　021 - 62865537　门市(邮购)电话 021 - 62869887
地　　址　上海市中山北路 3663 号华东师范大学校内先锋路口
网　　店　http://hdsdcbs.tmall.com

印 刷 者　常熟市文化印刷有限公司
开　　本　787 毫米×1092 毫米　1/16
印　　张　20.75
字　　数　395 千字
版　　次　2008 年 8 月第 1 版
印　　次　2024 年 5 月第 24 次
书　　号　ISBN 978 - 7 - 5617 - 6172 - 4/G · 3579
定　　价　43.00 元

出 版 人　王 焰

（如发现本版图书有印订质量问题,请寄回本社客服中心调换或电话 021 - 62865537 联系）

第三篇　教育政策和法律

第五章　教育政策和教育管理 …………………………………… 95

　第一节　教育政策概述 ………………………………………… 95

　什么是教育政策(95)　教育政策的特点(96)　教育政策与教育法律(97)　教育政策的社会制约基础(97)

　第二节　教育政策制定的理论模式 ………………………… 98

　教育政策制定的过程(98)　政策制定模式的含义(99)

　第三节　建国以来的教育管理政策 ………………………… 102

　建国初期的教育管理政策(102)　全面建设社会主义时期的教育管理政策(103)　"文化大革命"时期的教育管理政策(103)　全面恢复与改革开放时期的教育政策(103)

　第四节　教育政策与教育管理 ……………………………… 104

　教育管理的政策导向(104)　教育管理实践检验和完善教育政策(107)　教育政策与校长工作(108)　教育政策与教育管理的错位(109)

第六章　教育法律与教育管理 …………………………………… 111

　第一节　教育法概述 ………………………………………… 111

　教育的法治化(111)　教育法的体系(112)　教育立法的意义(113)　教育管理:走向法治(114)

　第二节　教育法与教育行政 ………………………………… 114

　国家教育权与教育行政(114)　教育行政机关(115)　教育行政行为(117)　教育行政行为的形式(117)　教育行政法律责任(118)

　第三节　教育法与学校管理 ………………………………… 119

　学校的设置(120)　学校的权利和义务(120)　教师的权利与义务(121)　教师管理的基本法律制度(122)　学生的权利和义务(123)　学校收费管理(124)　学校事故预防与安全管理(125)

第四篇　教育人员和教育对象管理

第七章　教育领导者及其管理 …………………………………… 131

　第一节　领导者与教育领导者 ……………………………… 131

　领导的界说(131)　领导者的角色(132)　教育领导者的分类与领导环境的差异(133)

　第二节　领导理论与教育领导者 …………………………… 135

　领导特质理论(135)　领导行为理论(136)　领导权变理论(138)　道德领导理论(139)

第三节 教育领导者的决策和沟通行为 ·············· 141
　　教育决策的含义和分类(141)　古典决策理论和西蒙的决策理论(142)　员工
　　参与决策的原则与方式(143)　教育领导者与组织沟通(144)
第四节 教育领导者的管理 ····················· 145
　　教育领导者的甄选(145)　评价教育领导者的取向(147)　我国教育领导者的
　　培训制度(148)　校长职级制的试行(150)

第八章　教师管理 ··························· 152
第一节 教师管理概述 ························· 152
　　教师管理的基本功能(152)　教师管理的基本内容(153)　教师管理理念的基
　　础(153)　教师管理的基本特点(154)
第二节 教师的任用与评价 ····················· 155
　　师资来源的多样化(155)　教师任用着眼点的变化(156)　教师评价与教师考
　　核(158)　教师评价的多维性与发展性(159)　教师评价中的三对关系(160)
第三节 教师专业发展的管理 ···················· 161
　　教师培训的重要性和必要性(161)　从教师培训到教师专业发展(161)　校本
　教师专业发展的引领(162)　校本教师专业发展的保障(165)
第四节 教师的激励 ·························· 166
　　激励理论与教师管理(166)　激励理论的贡献与局限(167)　教师激励的策
　　略(168)　教师的群体激励(169)　教师激励中的骨干与全员兼顾(170)

第九章　学生管理 ··························· 172
第一节 学生管理概述 ························· 172
　　学生管理:一个需要认真审视的概念(172)　学生管理的价值揭示(173)　学
　　生管理的目标、任务与内容(174)　各具特色的学生管理(176)　让学生管理
　　走向科学化(178)
第二节 学生常规管理 ························· 179
　　学习常规管理:学习活动的基础性工作(179)　生活常规管理:为人处世的奠
　　基性工程(181)　心理健康教育:学生管理必不可少的组成部分(183)
第三节 学生组织管理 ························· 185
　　纷繁复杂的管理对象(185)　从班级管理走向班级经营(186)　班集体的建
　　设(188)　学生的自我管理和参与管理(189)

第五篇　教育实务管理(上)

第十章　课程与教学管理 ······················ 195
第一节 课程与教学管理概述 ···················· 195

课程与教学管理的含义(195)　课程与教学管理的意义(196)　课程与教学管理的内容(198)

第二节　课程管理　·························· 199

课程管理体制(199)　我国新课程管理体系(200)　学校课程管理(201)

第三节　教学管理　·························· 202

教学管理系统的构建(202)　教学管理的制度建设(203)　教学计划管理(204)　教学组织管理(205)　教学质量管理(206)　教学组织形式及其发展(207)

第十一章　德育管理　··· 210

第一节　德育管理概述　······················ 210

德育与德育管理(210)　德育管理与学生的全面发展(211)　当代中外德育管理审视(211)

第二节　德育管理的组织　···················· 214

确立目标:德育管理的灵魂(214)　组建机构:德育管理的网络(215)　建设队伍:德育管理的基础(216)　制定制度:德育管理的支柱(217)

第三节　德育管理的实施　···················· 217

在学科教学中渗透德育(217)　在学校活动中渗透德育(219)　学校与家庭的合作(220)　学校网络德育管理(220)

第四节　德育管理的评估　···················· 221

德育评估的指标体系(221)　德育评估的定性与定量(222)　理想德育还是现实德育(223)　德育研究的开发与深化(224)

第十二章　体育与卫生管理　····························· 226

第一节　学校体育卫生工作管理概述　············· 226

学校体育卫生工作的意义(226)　学校体育卫生工作的任务(226)　学校体育卫生管理的基本要求(227)　学校体育卫生管理的原则(228)

第二节　学校体育卫生设施　··················· 229

体育卫生管理的物质基础——设施(229)　学校运动场地(229)　校内卫生保健服务设施(230)　教室卫生(230)　学校课桌椅的卫生标准(231)

第三节　学校体育卫生管理的实施　·············· 232

学校体育卫生工作的标准(232)　学校体育卫生管理的制度(233)　学校体育工作的常规管理(234)　学校卫生工作的常规管理(235)　学生营养工作的常规管理(236)　加强学校健康教育(237)

第四节　加强学校体育卫生工作的领导和师资队伍建设　·········· 238

学校领导应重视学校体育卫生工作(238)　大力加强学校体育卫生师资队伍

目
录

的建设(239) 进一步落实相关组织和人员的岗位职责(240)

第六篇 教育实务管理(下)

第十三章 教育科研管理 ……………………………………… 245

第一节 时代呼唤教育科研 ……………………………………… 245

教育科研的含义及意义(245) 教育科研:历史与现状(246) 教育科研的基本分类之一:基础研究和应用研究(247) 教育科研的基本分类之二:定量研究和定性研究(249)

第二节 教育科研管理的过程 …………………………………… 250

教育科研管理的意义(250) 教育科研计划的制定(250) 教育科研课题的申报、评审和立项(251) 教育科研经费的下达和管理(252) 教育科研成果的鉴定、评选、奖励和推广应用(253) 教育科研的情报与档案管理(255)

第三节 教育科研机构与研究队伍建设 ………………………… 256

国外教育科研机构与学术团体(256) 我国教育科研机构与学术团体(257) 基层学校教育科研及其管理机构(258) 教育科研人员的职业素养(259) 教育科研人员的培训(259)

第四节 中小学教育科研应注意的问题 ………………………… 260

基于解决问题的学校教育科研(260) 校长对教育科研的重视(261) 妥善处理教学工作与教育科研工作的关系(262) 加强教育科研的专家指导(262)

第十四章 教育经费管理 ……………………………………… 264

第一节 教育经费概述 …………………………………………… 264

教育经费的概念(264) 教育经费管理(265) 教育经费管理的功能(266) 完善教育经费分担机制(267) 教育经费的衡量指标(268)

第二节 教育经费的来源 ………………………………………… 271

教育经费的来源构成(271) 教育经费的来源与教育管理体制(272) 学校收入来源(273)

第三节 教育经费的分配和使用 ………………………………… 274

教育经费的分配原则(274) 教育经费的分配趋向(275) 学校经费的支出和使用(278) 提高教育经费使用的有效性(279)

第十五章 教育设施管理 ……………………………………… 281

第一节 教育设施管理概述 ……………………………………… 281

教育设施管理的含义(281) 学校设施管理的任务(282)

第二节 校园环境建设与校舍管理 ……………………………… 283

校园的选址(283) 校园环境及其特性(284) 校园的规划设计(285) 校园

环境的日常管理(286)　校舍的配备标准(286)　校舍的管理和维护(289)

第三节　校内设备的配置与管理　……………………………………………… 290
学校教学设备的配置(290)　学校教学设备的管理(291)　学生宿舍的设备配
置与管理(292)　学校食堂的设备配置与管理(293)　学校后勤管理的社会化
和专业化(294)

第十六章　社会工作管理　…………………………………………………………… 295
第一节　社会工作管理概述　………………………………………………… 295
社会工作管理的概念(295)　为什么需要社会工作管理(296)　社会工作管理
的理论基础(297)

第二节　社会工作管理的任务　……………………………………………… 299
争取办学资源(299)　参与课程开发(301)　改善教学质量(301)　优化教育
环境(303)　参与教育决策(304)

第三节　社会工作管理的保障策略　………………………………………… 306
注重观念先导,为社会工作管理铺平道路(306)　完善法规政策,为社会工作
管理提供保障(308)　进行制度探索,为社会工作管理提供平台(310)

前　言

　　教育管理学在我国高等师范院校教育管理系或教育系教育管理专业已开设多年。自20世纪80年代以来，这一学科一直按照一种"两元式"的框架体系构建，即将这一学科分为教育行政学和学校管理学两门课程，前者着重介绍教育行政部门的管理现象和活动，后者着重介绍学校的管理现象和活动。然而近年来，这一分类方法遭到了国内部分研究者的质疑和新形势的挑战。许多在高等师范院校讲授相关课程的教师，在长期的教学实践中深感原有的两元式课程分类的不足：一是讲授内容重复。很多的内容，如教育管理的原理、教育管理的体制、教育人员管理、教育经费管理等，同时被纳入教育行政学、学校管理学甚至学校管理心理学的讲授范围，学生反映课程内容重复，没有新意。二是课程界限划分机械。在教育管理领域，很多管理现象和活动原本是很难以学校为界一分为二的。例如，很多教育管理原理对教育行政工作有指导作用，对学校管理工作也有指导意义；教育的政策、法律在制约和规范教育行政工作的同时，必然也制约着学校管理行为；教学管理等诸多管理实务工作，既受制于国家宏观政策、规定，也仰赖于学校操作层面的创造性劳动；国家和学校对教育者和被教育者的要求和管理，也总相互影响、密不可分，决不可能各自为政。凡此种种，均不宜机械划分。若两相结合讲授，则更合乎逻辑。再则，为改变以往高校专业划分过细、人才适应面过窄的缺陷，国家教育部于1998年正式颁布了新的本科专业目录和专业介绍。在新的目录中，原有的教育管理专业被归并到"公共事业管理"专业之下，并隶属于管理学门类。根据新的专业设置要求，教育类的课程今后将适当削减，普通管理类的课程将有所增加。在一些师范院校的新版课程计划中，已不再分设教育行政学和学校管理学课程，而是只开一门教育管理学。在这样的背景下，原有的教育管理学"两元式"框架面临了实践需求的挑战，构建一元式体系的教育管理学教材已势在必行。有鉴于此，我们一些在高等师范院校承担教育管理学教学任务的教师，便设想编写一本能适应新形势需要的、一元式框架体系的教育管理学教材。

　　基于两元合一的思想，本书共分六篇十六章，大体按照教育管理原理、教育管理体制和机构、教育政策和法律、教育人员和教育对象管理、教育实务管理等内容循序编排。各篇、章内部也将宏观行政与微观管理内容一并串联论述，不再强作划分。

　　作为一部专业课教材，本书所预想的读者虽然首先是高等师范院校公共事业管理专业的学生,但是相关专业的教学人员、研究工作者以及各级教育行政干部也在本书作者的视野之内。为适应各类读者的需要,本书作者在设计框架、拟订提纲及具体的编写过程中,力图处理好三对关系:

一是理论与实践的关系。教育管理学是一门应用性学科,在理论阐述的同时,还必须充分考虑本学科的实践性和政策性,并使之有机结合。为此,本书在注重全书整体上理论与实践相结合的同时,还特意将一些篇幅短小的案例穿插于绝大部分章节之中。并试图以这些来自教育管理实践第一线的实例,印证或说明某些观点或原理。

二是继承与发展的关系。任何一部教材,都不可能脱离前人研究的基础,本书亦不例外。在编写本书的过程中,作者参阅了较多国内外的相关教材和研究资料,继承了前人丰厚的学术思想、富有价值的研究结果和共识性的结论。当然,本书绝不仅仅满足于继承,而是希望在继承的基础上有所发展。本书对社会工作管理的专章讨论、对教育管理元价值的分析、对教育政策与教育管理错位的评论、对教育领导者评价的理性思考、对教师激励问题的反思性分析、对校园经济的评述、对校本培训的论证、对小班化教学形式的分析等等,均反映了作者在继承的前提下力求发展的强烈愿望。

三是规范与创新的关系。作为一部教材,本书努力遵循一些必要的规范,诸如概念准确、表述通畅、注释完整、论证严密、结论审慎、脉络清晰、体系严谨等等。然而,规范并非一定是创新的藩篱。基本规范之下的创新,恰恰是一部教材生命力的反映。本书的创新,不仅表现在以一元式框架来构建教材体系,而且在具体的编写体例上也作了某些新的尝试:章、节两级标题较多考虑其内在逻辑,第三级标题则以主题式标题代替逻辑式标题。这样处理,既框定了教材的基本内容,又使教材的具体视点灵活,也为任课教师在教学中的再创造留有了一定的余地。这样的教材,或许比较适合于大学教学的实际。

当然,上述种种探索,未必是本书作者的首创。我国前辈学者陈孝彬教授主编的《教育管理学》、黄云龙教授所著的《现代教育管理学》,以及海外同类教材对教育管理学框架体系的构想设计和章、节、目的编排格局,均为本书的构思和编写提供了十分有益的启示。

党的二十大报告指出,要加快建设高质量教育体系,发展素质教育,促进教育公平,加快义务教育优质均衡发展和城乡一体化,优化区域教育资源配置。因此,对我国教育事业实施有效管理,提高教育质量和效益,培养高素质、专业化、创新型教育管理人才,意义重大。而这其中,建设高质量的教育管理学课程与教材,是我们作为高校教育工作者的应有之责。

本书的提纲设计、讨论和组织编写工作由吴志宏主持。参加本教材编写的人员及分工情况为:第一章、第二章,吴志宏(华东师范大学);第三章、第四章,周嘉方(华东师范大学);第五章,李春玲(浙江教育学院);第六章,张国霖(华东师范大学);第七章、第八章,冯大鸣(华东师范大学);第九章、第十六章,郭继东(华东师范大学);第十章,胡平凡(江西师范大学);第十一章,戴胜利(上海师范大学);第十二章,葛大汇(华东师范大学);第十三章、第十五章,翟大林(南京实验学校);第十四章,李剑萍(山东师范大学)。初稿完成后,由吴志宏、冯大鸣、周嘉方分头对有关章节进行了适当的修改,吴志宏最后对全书再次进行了修改、润色和统稿。

本书构思与酝酿于1998年下半年,开始作为教育部师范教育基金"教育管理专业"课程与教材建设项目的一个子课题而被列项。1999年年初,由吴志宏牵头申报了上海市教委组织的普通高等学校课程建设(世界银行贷款)项目,1999年9月得到批准并被定为上海市普通高校"教育管理学"课程及教材建设总课题中的一个分项。经费资助为本教材的编写提供了条件,作者对提供资助的有关单位表示由衷感谢。与此同时,本书的编写过程得到了方方面面的关心和支持:华东师范大学教务处和教育学系的领导对本书的编写自始至终给予了极大的关注和帮助;本书初稿完成后,熊川武(华东师范大学)、唐宗清(华东师范大学)、阮来民(上海师范大学)、魏志春(上海师范大学)、王观凤(上海师资培训中心)等专家教授百忙中参加了审稿会,并为本书的修改和完善提供了不少宝贵的意见;华东师范大学教务处陈锌宝副研究员、华东师范大学出版社翁春敏副编审为本书的编写和出版付出了辛勤的劳动,华东师范大学出版社为本书的出版提供了条件。在此,我们一并致以深深的谢意。

第 2 版前言

本书出版至今已八年多了。八年来,多蒙读者厚爱,书被多次重印,并被国内多所师范大学教育管理学科选做专业课教材或考研基础教材,致使该书在学界同仁和本专业同学中有了一定的影响。作为编著者,看到我们的努力结下了硕果,喜悦之情自然是难以言表的。近年来,我国教育改革势头迅猛,发展趋势令人注目,伴随着教育改革和发展的步伐,在教育管理领域,也出现了非原著作所能涵盖的许多新情况、新问题,对此需要作出新的思考。2006 年,本书被教育部评为普通高等教育"十一五"国家级规划教材。鉴于这一背景,在广泛听取学界同仁的意见后,我们对本书进行了修订。

这次修订,总体上保留了原书的编写思路、框架和风格,但对内容作了一定的删减和增补。其中有些章节改动较大,删去了一些明显不合时宜的章节,增加了我们认为值得一提的内容。增补的内容有:关于后现代思潮对教育管理研究的影响;关于现阶段我国农村教育管理体制的改革;关于学校组织的变革;关于教育政策和教育法制近年来的发展;关于道德领导理论及领导者的培训;关于教师的专业发展;关于学生的心理健康教育;关于课程的管理;关于对学校网络的德育管理;关于学校体育卫生管理的一些新要求;关于教育科研管理的程序;关于教育经费的分担机制;关于近年来学校设施方面的一些新标准;关于家校合作的一些新发展等等。这些增补的内容分散于相关的章节中。

本书原作者为:吴志宏第一、二章;周嘉方第三、四章;李春玲第五章;张国霖第六章;冯大鸣第七、八章;郭继东第九、十六章;胡平凡第十章;戴胜利第十一章;葛大汇第十二章;翟大林第十三、十五章;李剑萍第十四章。参与这次修订工作的作者为:吴志宏(华东师范大学)第一、二章;魏志春(华东师范大学)第三、十四章;李春玲(浙江教育学院)第四、五章;张国霖(华东师范大学)第六章;冯大鸣(华东师范大学)第七、八章;郭继东(华东师范大学)第九、十六章;孙锦明(江西师范大学)第十章;戴胜利(上海师范大学)第十一章;陆霞(上海凉城一小)第十二章;周翠萍(华东师范大学)第十三章;李军(上海南汇区教育局)第十五章。冯大鸣、魏志春参与了部分设计、统稿工作,全书最后由吴志宏润色、统稿和定稿。本书在修订过程中得到了华东师范大学出版社编辑曹利群的大力支持,在此深表谢意。我们诚恳盼望广大读者对本书修订版提出宝贵的批评和建议。

吴志宏
2008 年 6 月于华东师范大学

第一篇

教育管理学总论

第一章 管理、教育管理和教育管理学

本章学习目标

1. 了解管理的意义和管理活动的特性;
2. 认识教育管理活动的特点;
3. 明确教育管理学的研究对象和研究范围;
4. 掌握教育管理学的研究方法。

第一节 管理的意义和特性

管理是人类社会最普遍的现象

毫无疑问,管理是人类社会最古老、最普遍的现象之一。自从有了人类社会,就有了人类的管理活动。在我国古代,很早就有关于管理实例的记载。例如,战国时代成书的我国古代典籍《周礼》中,就专门有关于行政管理制度和责任制度的叙述。在《孟子》和《孙子兵法》中,也含有计划、组织、指挥、用人等方面的管理思想。尤其是孙武的《孙子兵法》,更被公认为古代东方的管理学杰作。书中所谈到的有关谋略,直到今天仍有参考价值。此外,在《论语》、《韩非子》、《史记》、《资治通鉴》等古代名著中,都可以找到与管理有关的论述或思想。我国的官僚机构,早在公元前1000年就发展成为层次分明、等级森严的管理体制。据国外有些学者研究,我国古人早在公元元年就已通晓劳动分工和组织部门化的原理,一段刻在古代瓷碗上的文字表明,当时生产瓷碗的工场已有会计、安全与生产三个职能部门之分。①在古巴比伦、古印度、古埃及、古希腊罗马,也都到处可见人类管理活动的踪迹。古埃及的金字塔就是前人给我们留下的最好的管理现象的见证。很难想象,没有出

---

① 丹尼尔·A·雷恩著,孙耀君等译:《管理思想的演变》,中国社会科学出版社1986年版,第16页。

色的管理制度和管理方式,人类能在当时那样低下的技术水平和简陋的生存环境下创造出足以使整个人类文明引以为豪的建筑奇迹。甚至对西方文明产生最深远影响的宗教经典《圣经》中,也有大量管理活动的记载。管理现象是如此古老和普遍,以至有研究者断言,人类的文明、管理和社会阶层制度三者在历史上是同时产生的。[1]

　　既然管理是人类社会最基本的现象之一,那么什么是管理? 对此,人们有着种种不同的解释:管理"是这样的一种活动,即它发挥某些职能,以便有效地获取、分配和利用人的努力和物质资源,来实现某个目标"。[2] 管理是"为在集体中工作的人员谋划和保持一个能使他们完成预定目标和任务的工作环境"。[3] 管理是"以最少的时间、金钱、原材料或最少的劳累为代价"来达到目标。[4] 本书对管理的解释是:在组织中,有关人员对各种资源进行适当领导、组织和安排,以完成预定的目标和任务。不管怎样解释管理,我们都可以看到,谈到管理,总是要联系到这样一些要素:(1)组织,管理只能是在集体或组织中进行,单枪匹马无所谓管理;(2)目标,管理的目的不是别的,就是为了实现某个目标,盲目的行动也无所谓管理;(3)资源,包括人力资源、财力资源、物力资源,没有资源管理就无法进行下去,管理就是以这些资源为中介进行的;(4)效率,管理所追求的就是出效率,付出最少,得到最多,这样才能体现管理的功用。这四个要素缺一不可,其中组织是管理活动的场所,目标是管理活动的方向,资源是管理活动的依靠,效率是管理活动的追求结果。四者的有机结合,构成了管理活动的大致含义。

管理和行政

　　在认识管理含义的时候,常常会提到另一个概念——行政。很多情况下,人们甚至把这两个词连在一起,称为"行政管理"。由此就引出了一个问题,即如何理解管理和行政这两个概念?

　　管理跟行政是不是相同,这要看从什么角度看待行政。通常,可以从两个角度解释行政。首先是从狭义角度看待行政。这一观点最典型的解释是:"行政乃是为完成或为实行一个政权机关所宣布的政策而采取的一切活动。"(伦纳德·P·怀特)[5]"行政是国家的组织活动。"(马克思)[6]在这里,行政的概念跟国家和政府的职能密切联系在一起。行政限定在国家或政府的职责范围内,代表国家行使权力,执行国家的意志,从事国家的管理活动。简言之,行政就是履行公务,施行政事。根

----

① S. Piggott (ed.), *The Dawn of Civilization*, New York: McGraw-Hill Book Co., 1961.
② 丹尼尔·A·雷恩著,孙耀君等译:《管理思想的演变》,中国社会科学出版社1987年版,第2页。
③ 哈罗德·孔茨等著,黄砥石等译:《管理学》,中国社会科学出版社1987年版,第11页。
④ 同上书,第13页。
⑤ 转引自彭和平著:《公共行政管理》,中国人民大学出版社1995年版,第4页。
⑥ 《马克思恩格斯全集》第1卷,人民出版社1965年版,第479页。

据这一解释,行政的概念就和管理的概念有所不同,因为管理活动并非都由国家或政府组织。有学者据此概括出行政的几点特性:(1)行政必属于国家;(2)行政的权限由法律所规定;(3)行政行为必须依据法规;(4)行政必须是处理公务;(5)行政必须以维护和推进公共利益为目的。[①]

另一种观点则从广义的角度看待行政。持这种观点的人认为,根据目前行政管理工作的实际状况来看,行政显然不应只局限于国家或政府部门,也不宜仅仅把行使国家权力、从事国家管理活动称为行政。在实际生活中,人们往往把各种组织中的内部管理活动都称为行政。如《现代汉语词典》中对行政的解释之一是:"机关、企业、团体等内部的管理工作。"[②]很多非政府企业和公司设有"行政科",其人员也被称为行政人员,但它们并不一定在代表国家行使权力。所以,行政和管理之间并没有本质上的区别。"严格地说,行政与管理在一定意义上是同等概念。管理这个词广泛应用于工商企业中,指企业的组织、领导活动等。后来,随着工商企业的管理经验在国家行政领域的推广,管理这个词也被列入国家行政领域。近年来,我国很多人将行政与管理这两个词结合起来使用。在这种情况下,过分强调行政与管理在层次高低、自由裁量权有无方面的区别,已无重要意义。"[③]在日常生活中也是如此,一般人并不过于推敲管理与行政的差别。很多情况下,这两个词是交换使用的,不少人干脆将两个词合起来称"行政管理",可见它们之间的差别并非像些人所认为的那样泾渭分明。本书倾向于从广义角度看待行政,即在提到"行政"含义的时候,既有可能指政府部门的管理活动,也可能指一般的管理活动。

管理活动的意义

在日常生活和工作中,为什么要进行管理? 对于这个问题,我们先来看看下面的案例。

【案例1-1】

张校长新官上任

张校长上任后,面临的学校实际情况是:(1)学校每年经费80万元,而学生数稳定在600人左右,教职工70多人,教育效益明显不高;(2)职责不清,大事、小事都找校长。校长穷于应付本该由教务、总务部门管的事情;(3)人浮于事,劳逸不均;(4)校内普遍存在埋怨情绪。张校长通过问卷调查、谈话和座谈,发现大多数教职工有改变学校面貌的强烈愿望,并把这个愿望寄托在自己身上。于是,他决心对学校来一番大调整、大改革。

在随后的几个月里,他采取了下列措施:首先,在全校范围内建立全员岗位责任制及其他相关的制度,使每一个教职员工明确自己的责任、权利和义务。第二,在与校领导班子

---

① 王健刚著:《行政领导学》,山东人民出版社1985年版,第24页。
② 参见《现代汉语词典》,商务印书馆1979年版。
③ 罗豪才主编:《行政法学》,中国政法大学出版社1991年版,第1页。

和教师反复讨论商量的基础上,拟定出学校的奖励制度,彻底打破以往的平均主义的大锅饭。第三,对校内的机构部门作了必要的调整,管理权限适度下放,让校长从事务堆中脱出身来,集中精力考虑学校的改革大事,诸如学校的发展目标、办学特色、教学质量的提高等。第四,挑选社会活动能力强的教师,减少他们的教学工作量,让他们着手考虑如何在不违反现有政策法规的前提之下,适当开发校园经济,以改善办学条件。在张校长的努力和全校教师的支持之下,半年多下来,学校的工作大有起色,教职工的气比以前顺多了,张校长的威信也一天天提高。

透过上面这个案例,不难明白为什么要进行管理。首先,管理是一个组织能够正常运转,并最终完成组织任务的根本条件,缺乏管理的组织不过是一盘散沙。其次,有效的管理是提高工作绩效的最主要的手段。再次,通过有效管理能够提高士气,这对维护组织生存至关重要。第四,制定有效的管理措施能使组织成员职责分明,减少扯皮和推诿。除了这些最基本的意义外,还有研究者提出,通过有效管理,可以使组织机构内信息更为畅通,可以较合理地分配社会资源,可以缓解组织中的矛盾冲突;可以保持社会和组织的稳定,等等。总之,在现代社会中,管理有着诸多的意义,其重要性再怎么强调也不过分。

管理活动的特性

人类社会的管理活动呈现出一些鲜明的特征。第一,这种活动虽然有赖于人的主观能动性和创造性的发挥,但在大多数情况下,它更多地受到一定的社会条件的制约。这里所说的社会条件,包括社会生产力的发展水平、社会的生产关系状况、社会的政治制度、社会的文化历史传统等等。有些研究者把管理的这一特点称为管理双重性的体现,即自然属性和社会属性。一方面,生产力的发展要求生产过程中做到井然有序的管理,以获得最大的活动效益,这是管理的自然属性;另一方面,管理是在一定的生产关系状态中进行,必然受着反映生产资料占有状况的生产关系和反映人际权益利害得失的社会关系所制约和影响,这是管理的社会属性。任何管理活动,都必然是这双重属性的统一。"没有不含自然属性的管理,也没有不含社会属性的管理。这是正确认识人类社会管理性质的要点,也是正确把握管理进程并使之达到管理目的的重要依据。"[①]

第二,管理活动所指向的对象往往不是单一的,而是多方位的。比如,人总是具体的,生活在一定的时空内,有着种种自身物质和精神的需要,并受到所处时代媒介和资讯方式的影响。正因为如此,通常说到管理,总是要涉及诸多的管理对象,如人、财、物、信息、事、时、空等。这其中,管理人,目的是人尽其才,发挥人的潜能;管理财,目的是开源节流;管理物,目的是物尽其用;管理信息,目的是要资讯交

① 单凤儒等编著:《管理职能通论》,天津社会科学院出版社 1988 年版,第 8 页。

流畅通无阻；管理事，目的是要完成任务；管理时间，目的是谋求速度和效率；管理空间，目的是充分利用空间、环境和一切有关的社会因素。

第三，管理活动就整体而言是一种过程，不是一种短暂的、即时性的动作。这一过程根据一些管理学家的分析，大致可包括几个阶段，即规划、组织、领导、协调、控制、决算、报告等。将这些阶段与上面所说的管理对象结合起来，就构成了完整的管理活动的模型图（图1-1）：

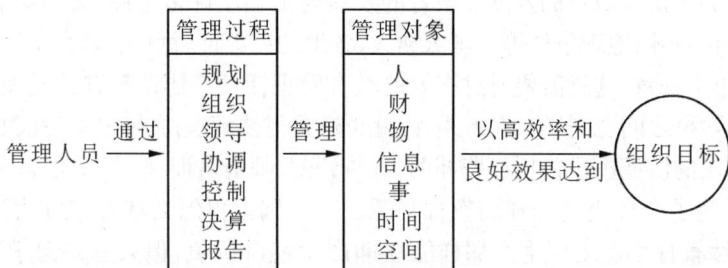

图1-1 管理活动模型图

第四，管理活动的技术手段和方式体现出鲜明的时代特征。这表现为：19世纪以前，由于生产力的限制，人类在生产、生活过程中的管理总体上属于一种家族式的专制管理，其特征是管理所凭借的主要是个人的经验和判断；19世纪末到20世纪中期，随着近代大工业的发展和生产力水平的提高，管理逐步向科学化、标准化发展，科学管理渐渐取代了专制管理；20世纪后期到21世纪，伴随着信息时代的到来和知识革命的兴起，管理开始呈现出民主管理的特征，人们在管理过程中越来越重视人的作用，关注人的素质和人际关系，民主参与决策渐渐成为普遍的行之有效的管理手段。就此，我们可以这样断言，人类社会没有绝对的、一成不变的管理方式，时代在变，管理的方式也在发生变化。

以上所分析的仅仅是管理活动的部分特性，事实上管理还有很多其他特性，如管理具有层次性，现代管理是一种法制化的管理等。认识管理的这些特性，有助于我们深刻地领会管理这一概念所包含的全部意义。

第二节　教育管理活动概述

教育管理活动的意义

教育管理本身不是目的，而只是一种手段，其目的归根结底是保障全体公民的受教育权利，并为实现国家的教育理念、促进社会教育事业的发展创造条件。在现代社会条件下，为什么要对教育事业实施有效的管理呢？

第一，现代教育已构成一个规模庞大的事业。现代教育是在近代公共教育制度上发展起来的，从学前教育到中小学义务教育，从普通高等教育到在终身教育思想基础上发展起来的各类成人教育，现代教育已成为一个人数众多、规模庞大的体系。在我国，与教育活动直接有关并被专家们称为"教育人口"的有两亿之多。教育经费在很多国家是国家的第一大行政开支，超过了国防开支。面对如此庞大而又耗费资源的事业，对其听之任之，不去进行有效的领导和管理，显然是不可想象的。

第二，为了协调教育的发展。教育的发展要依赖于许多条件，诸如政治条件、经济条件、文化条件、地理条件等。国家愈大，各地的差异性就愈大，教育实施的主客观基础也就愈不一致，这就需要通过有效的教育管理活动来协调教育的发展。即使在同一地区，学校之间也同样存在差距，因此也还是需要解决协调问题。在教育管理过程中，最常用的协调手段包括经费补助、人员调配、师资培训、技术帮助等。

第三，为了合理规划和利用教育资源。一个国家再怎么富有，教育资源总是有限的。虽然教育不像工厂生产那样能立即产生经济价值，但人总是追求花最少的钱办最多的事。通过有效的管理，对教育资源进行合理的规划和利用，就能达到事半功倍的效果。

第四，为了服务于教育。教育管理不单单是为了领导教育，更重要的是为了服务于教育。就像有些研究者所指出的那样，"学校行政不是为存在而存在，它不过是一种手段，而不是目的。因此，学校行政只是为学生而存在，它的功效必须通过它对教学作出多少贡献来衡量；它永远必须是教学的仆人"。[①]"教育行政是服务于教与学的，是支援教与学的，是导引教与学的。没有教师的教学与学生的学习，教育行政就没有存在的必要。"[②]所以，教育管理者既是教育的领导者，又是教育的服务者。

除以上一些意义外，教育管理在教育决策、教育行政监督、教育评价、促进教育改革等方面也都起到重要的作用。

教育管理活动与其他管理活动的比较

人们在教育领域所从事的管理活动，构成了教育管理活动。教育管理活动与其他管理活动相比，既有相通的地方，也有相异的地方。其相通的地方是：像其他管理活动一样，教育管理活动要受到社会历史条件的制约；教育管理的对象，同样是人、财、物、事、时间、空间等成分；教育管理也表现为一个过程，并有其专门的管理职能；其管理方式也随时代的变化而变化，等等。正因为有这些相通的地方，管理的一般理论对教育管理同样具有重要的指导意义。

然而另一方面，教育事业毕竟不同于其他事业，有其自身的特点和规律，这些

---

① Arthur B. Moehlman, *School Administration* (Prentice-Hall, 1940), p. v.

② 黄昆辉:《教育行政学》,东华书局 1996 年版,第 21 页。

特点和规律必然会在教育管理工作中反映出来。试看下面一个案例：

【案例 1－2】

谁能去休养

校领导班子开会,讨论本年度参加市教育工会组织的暑期外出休养的教师人选,名额只有一个。面对各年级组的提名,校长、副校长们议论纷纷。

章副校长说:"暑假休养不是选劳模,条件不能过高,我看就以一年来的教学工作量为标准,以达标为前提,工作量最多的,而且有年级组提名的,我们就让这样的教师去。"

王副校长有点不同意,说:"工作量标准虽有一定客观性,但完全根据工作量,有不合理的地方。工作量多的,不一定教学效果好。比如,我是教数学的,工作量标准规定课外每周布置多少习题,教师要全批。我是照办的。而同样教初二年级的林老师,他很有经验,平均每周的课外习题比我少,有时没有全批。但是,他做了很细致的作业分析,又组织学生自我订正。我去听过他的课,效果确实比我好。"

方校长则翻了翻各年级组的推荐名单,发现好几个组推荐教高一语文的刘老师。他说:"我们确实不能完全以工作量为唯一标准。就拿刘老师来说,这次推荐他的人不少,他的情况我也比较了解。工作量标准规定,每学期命题作文 8 篇,学生自选题小作文 6 篇,并且全部要批改,而刘老师布置的命题作文只有 5 篇,似乎没有达标,可是他让学生自选题小作文 10 篇。对学生的作文,他也不是全部批改,有的重点批改,有的是教师批改和学生互批互改。有一次,重点批改的几个学生重写后,他又进行了认真批改。此外,他还做了许多学校没有规定的工作,如组织文学作品欣赏小组和影评小组,以扩大学生视野。他的班语文教学效果一直不错。我看这次就让他去吧。"

章副校长说:"我倒没意见,就怕有些教师不服气,因为当初我们布置这项工作时向教师宣布:工作量是否达标,是这次推荐暑假休养人选的条件之一。我认为还是应该坚持原来的条件。至于工作量标准的不科学性问题,以后再研究。"

章副校长一番话后,一时没有人接话,大家都默默地考虑他的话,方校长也陷入了沉思之中。

从上面这个案例中不难看到,教育管理活动确有其特殊的一面,这表现在以下一些方面:

第一,教育领域中很多东西难以定论或把握,如教育目的、教学技能、学习态度、学习氛围等。由于对这些东西缺少定论,致使教育管理工作者有时感到很难将它们转化为具体可行的操作方案。这一点和工厂企业有明显不同。工厂企业的目标一般都是确定的、明确的,将这些目标转化为具体的操作方案也是做得到的。

第二,教育是一种培养人的事业,而人的发展要受多种因素制约,这就导致教育管理的很多方面难以量化,并直接影响到评判的标准,就像上面的案例所反映的那样。难怪教育理论家们长期以来为教育有没有可能制定出一个科学的评价指标体系而争执不休。

第三,教育是价值高度涉入的事业,因此教育管理活动常常会涉及其他管理活动不常碰见的伦理、道德及价值观方面的问题。国外有的研究者断言,学校是社会上各种冲突的价值观念的中心。① 教育的这一特性,决定了教育管理不是一个单纯的技术问题。举例来说,教育管理的重要任务之一是分配教育资源,但这种分配不能像企业那样主要依据效率原则行事,更多的是依据统一标准和公平法则。为体现教育机会均等的理念,我们常常把有效的教育资源更多地分配给一些薄弱学校,而不是分配给条件好的学校,尽管前者的升学率比不上后者。

第四,在教育系统中,教学有日趋专业化的迹象。教学人员往往希望在自己的领域有更多的自由发挥空间,故教育管理者是在与一群并非十分需要严格控制和管理的专业人员打交道。教育专业的这一特点,导致教育管理人员与教学专业人员之间常常会发生矛盾冲突。事实上,凡专业化程度较高的职业,都会发生这种被管理学家称之为的"科层组织"和"专业人员"之间的矛盾冲突现象。

第五,教育管理工作成效的评价,比其他管理工作的评价要复杂得多。例如,你可以根据工厂一年的产值和利润判断其管理业绩,但却很难根据某中学当年的高考升学率来评价一所学校的管理是否成功,因为这其中的影响因素太多了,管理者在主观上往往是无法控制的。这种业绩评价的困难,为圆满履行教育管理职能增加了难度。

第六,教育涉及千家万户,容易成为社会关注的焦点。一项教育政策的出台,有时甚至会引起社会的巨大反响。教育的这一特点常常使得教育管理工作趋于保守,在制定教育政策时采取非常谨慎的态度。

认识教育管理的上述特点,对考虑如何开展教育管理活动是有一定帮助的,可以避免教育管理工作中的主观、武断和片面性。

从经验管理走向科学管理

在相当长的时间内,人类社会的教育管理活动呈现出一种经验管理的形态。所谓经验管理,就是管理者在管理过程中凭借个人或某一团体积累的知识和经验来实施管理工作。经验管理所依靠的,主要是个体的亲身感受、直接体验以及传统的习惯定势,因此其局限性显而易见,正如一位管理学家所说:"人们往往不理解,从经验中学到的能应用到新情况中去的东西,只能是一些基本知识。有许多主管人员所过分依赖的经验,其实只不过是过去曾经存在而将来不会原样地重复出现的一堆问题及其解决办法的大杂烩而已。两种管理在各方面都是一模一样的情况是罕见的。作为一个主管人员,不能假定在一种情况下适用的恰当方法在另一种情况下也必然行得通。然而,要是主管人员能从过去的经验中取其精华,找出并认清在不同环境下的各种基本的因果关系,那么他们就能够应用这些知识去解决新问题。换言之,如果按照基本原理解决问题,那么问题的解决就容易了。……理论

---

① R. F. Campbell & R. T. Gregg (Eds.), *Administrative Behavior in Education* (Harper & Brothers, 1957), p. 125.

和科学能够解决在变化无常的环境中提出的未来的问题。"①从古代的教学活动到近代教育制度的建立,人们对教育事业的管理可以说基本上属于一种经验管理的模式。

教育管理的经验模式在其发展过程中形成了一些基本特点:一是管理者笃信经验的价值,把自己的个人经验作为教育决策和判断的依据;二是办教育的水平实际上就代表了教育管理者的经验水平;三是办学时间愈长,经验就愈丰富,相对来说管理教育就愈得心应手;四是办学经验始终停留在经验水平层次,难以上升到理论高度,更难以大面积推广;五是当教育处于较稳定状态时,管理较有效,一旦教育发生剧烈变革,管理就会发生困难。

如果说历史上的学校教育事业因其规模有限,采用经验管理的模式尚能奏效的话,那么到了现代大工业社会时代,随着学校教育规模的急剧扩大,入学人数的大量增加,过去的那种经验管理的模式显然已远远不够。例如,现代学校教育比以往任何时候都深切感受到社会对其的期望,来自各方的知识信息无时不刻不在影响着学校,迫使教育管理者常常要思考一个问题,即究竟让学生学什么才能培养出能适应社会发展的人? 在古代,在中世纪,甚至在现代大工业时代到来以前,这一问题也许校长或教师们凭自己感觉就能作出决断,然而现在,囿于管理者个人的知识、能力和精力所限,学什么的问题就不得不让位给课程专家去设计。这样,教学内容的管理就从经验式管理朝着科学管理迈出了一大步。

从 20 世纪初起,教育管理开始逐渐由经验管理走向科学管理。促使这种管理形态发生变化的原因是:大众对教育的需求以及伴随而来的公共教育制度的建立;现代心理科学的发展,使人们对人的学习心理和行为特点有了更多的了解;现代实验教育学的兴起,激起了人们把教育作为一项实验来探究的兴趣,科学的方法由此被引入教育的研究之中;企业管理理论的崛起,促使教育管理者用企业管理理论和方法思考教育管理问题;民主主义思想的传播,使广大教师对专断式的经验管理方法产生怀疑、抵触的心理;现代教育技术的发展,使管理者有可能借助于现代化的技术手段,观察和分析教育教学中存在的问题。所有这些因素合在一起,为教育管理模式的转型提供了强大的驱动力。

教育的科学管理模式同样也呈现出一些鲜明的特征:其一,管理过程中更看重管理理论的指导作用,不再盲目轻信于个体的感受、经验;其二,教育管理的机构层次分明,分工明确,制度健全,职权责一致;其三,管理过程中注意运用调查、统计、测量等自然科学常用的技术手段来分析教育教学中存在的问题;其四,管理时比较注重民主管理的方法,强调参与决策的重要性;其五,管理的模式具有较普遍的推

① 哈罗德·孔茨等著,黄砥石等译:《管理学》,中国社会科学出版社 1987 年版,第 24 页。

广价值;其六,有较强的适应性,既能适应稳定时代的教育事业的管理,也能适应变革时代的教育事业的管理。

当然,提倡教育的科学管理,并非说经验管理的模式一无是处,也不是说现在所有的教育管理都属于科学管理。事实上,经验管理的方式现在依然普遍存在,科学管理的效果也与管理者的个体素质、经验有着密不可分的联系。然而,从总体而言,不可否认教育的科学管理比经验管理更有其优越性,它无疑已成为当今教育管理的主流。

教育管理的元价值

"元"(meta)现在已成为一个非常时髦的词语,教育学研究中有所谓"元教育学"的研究,教育管理学界也有所谓管理"元价值"的讨论。何谓"元价值"? 按照有些教育管理学者的解释,即"元价值是关于这样一种愿望的概念,这种愿望是如此确定、根基牢固,以至似乎谁也不用怀疑、毋须争议——它常常以不明说的或未经检验的假定形式,进入个人或集体生活的普通价值的微分学之中。""元价值不仅根深蒂固并且通常是未经检验的、却又对个人和集体的各个价值层次构成了一种强有力的无意识的影响。它就是这样的一种特殊价值。"[①]简而言之,"元价值"就是超越其他一切价值的价值,是最基本的价值。

个人元价值的范例是生存,学术元价值的范例是理性[②],那么管理的元价值是什么?"在管理与组织生活里,高于一切的元价值是效率和效用。迄今为止,大概没有人主张组织运转应当缺乏效率与效用。"[③]试看下面这个案例:

【案例 1-3】

高 效 益 学 校

据南方某地方《教育报》报道,该市教育委员会最近出台一项改革措施:审查学校的办学效益,对效益高的学校实行倾斜政策,加大对其教育投资力度。市教委先制定出学校评价的具体指标,包括教学、管理、学生学业、办学条件、设备等,然后由教育行政部门、教育评估专家、学校三方组成评估小组,对全市各中小学逐一进行评估,评出一定比例的高效益学校。高效益学校评出后,由政府出面对这些学校增加投资力度,以确保有限的教育资源得到最大限度的利用。据市教委有关人士声称,这项措施的出台,将改变以往那种重点学校近水楼台先得月的情况,因为评估的结果很有可能表明,重点学校不一定等于效益高的学校,普通学校也不一定等于效益低的学校。

上面报道中没有具体说明"效益"一词的含义,是指通常所说的效率,还是指

---

① 克里斯托弗·霍金森著,刘林平等译:《领导哲学》,云南人民出版社1987年版,第40—41页。

② 同上。

③ 同上。

社会效果,或是两者的结合? 不过,毫无疑问,在学校管理中,管理者总是把效率这一因素放在主要的位置。需要指出的是,教育管理的效率并不那么容易测定。什么是效率? 按照一般的解释,就是投入与产出的比值,通俗地讲就是以最小的消耗获得最大的回报。但是,将这条对企业、公司、商店、银行普遍适用的定律检验学校,就会发现后者的效率绝非那么容易测定。因为学校最小的消耗是可以测算的,尽量节约其一年的教育投入就行了,但最大的回报如何测量? 能以学生的考试成绩为测量依据吗? 不妥,因为很多因素在起作用。教育投入的回报往往是间接的、长周期性的、难以量化的。所以,在考虑效率原则的同时,还须考虑管理的另一个层面,即社会效果(或称效用、效能等),即管理在社会上所起的作用。对这些作用的测定,主要是从"质"的方面,而不是从"量"的方面考察的。教育管理的效率高,有可能社会效果也好,但如果管理不符合教育的社会公共需求或社会利益,则可能出现另一种情况,效率愈高,效果反而愈糟。总之,教育管理的元价值是效率和效果的统一,离开了这两者,教育管理就没有存在的必要。

教育管理:蓬勃发展的事业

教育管理作为人类社会的一种专门的管理活动,正处于蓬勃发展的时期。全世界每年有数以千万计的人在从事这项活动。我国号称有百万校长。在美国,大约有50万人在各级教育机构担任行政管理工作,这一数字相当于同期全美开业医生的数字。在这50万人中,大约有10万人担任中小学校长和教育厅长、局长,1万人担任大学校长、副校长工作,他们身边又有一大批助手在协助工作。[①] 可以说,如果社会缺少了这一大批教育管理工作者,人类的文明和文化发展将陷入混乱。

除了一大批人从事教育管理工作外,还有一大批人在研究教育管理工作。世界上有一定规模的综合性大学几乎都设有教育行政、教育管理或教育领导系。20世纪80年代中期,美国有2 500个大学教授从事教育行政管理方面的教学和研究工作,通过他们源源不断地输送着未来的教育管理人员。在我国,师范类大学过去一般都设有教育管理专业,[②]每年,数以万计的学生通过全日制或在职学习的方式学习这门学科。此外,众多的教育管理第一线工作者结合自己的实践,孜孜不倦地探索着这一神圣而充满未知的领域。谁也不会怀疑,教育管理已经成为现代社会一项涉及面广、影响面大的事业,它有着极其美好的发展前景。

---

① R. F. Campbell, T. Fleming, L. J. Newell & J. W. Bennion, *A History of Thought and Practice in Educational Administration* (New York: Teachers College, Columbia University, 1987), p. 3.

② 根据教育部1998年下达的《普通高等学校本科专业目录》,教育管理隶属于公共事业管理专业之下,后者可授予管理学、教育学、文学或医学学士学位。

第三节　教育管理学学科分析

教育管理学的研究对象

教育管理学以各级、各类教育组织和机构的管理现象、管理过程和管理规律为其研究对象。人类社会的教育组织和机构五花八门，其中最普遍、最有代表性的是学校，所以学校管理是教育管理学研究的核心。教育管理学要研究学校组织的特性、学校的教育教学管理和后勤管理等问题。不过，我们不能从狭义的角度看待学校组织的管理。学校不是孤立存在的，作为社会上众多组织中的一种，其教育和管理过程要受到社会各方包括中央政府、地方政府、教育行政部门、社会团体、家长等的影响。此外，学校的管理也不是学校行政人员所能随意安排的，它要受到来自外界的各种因素的制约，如教育体制、教育政策、教育法律、教育经费投入等。这样，为更深刻、全面地理解学校管理现象，教育管理学就必须研究其他相关问题，如从中央到地方各级教育管理机构的设置、教育政策和法律的制定和实施、教育人员的资格和条件、教育经费的筹集和管理等等问题。总之，教育管理学以学校组织的管理为核心，并探讨与学校教育事业有关的种种教育管理现象和问题。

我国教育管理学界目前对这门学科的研究有两种不同看法。一种观点是要将教育管理学分成两个科目进行研究，即教育行政和学校管理，两者各有其研究对象。教育行政研究国家各级教育行政机关对教育事业的领导和管理，学校管理则专门研究学校内部的管理工作。这种看法实际上是把教育管理学架空了，不再将它看作一门单独的学科。另一种观点是把教育管理学作为一门单独学科看待，认为这门学科既研究政府的教育行政事务，也研究学校的行政管理事务，并把后者看作前者的一个部分。这种观点实际上是从广义的角度看待教育行政问题，将教育行政与教育管理等同看待。我们倾向于后一种观点。[①] 我们认为，一个国家的教育管理事业本是一个有机的整体，如何能将这一整体的各个部分截然分开？从现代系统论的角度看，这种两分法的研究是不可取的，因为这等于把学校组织及其管理作为一个封闭系统而不是一个社会开放系统来对待。实际上，在教育管理实践中，政府的教育行政活动同学校的工作是密不可分的，离开了学校教育，政府的教

[①]　需要指出的是，欧美国家以及我国港台地区的教育管理著作，绝大部分都将教育行政与学校管理结合在一起考察，很少仅仅就学校谈学校管理的。我国20世纪三四十年代的教育管理著作，也将学校行政作为教育行政的一部分看待。进入20世纪90年代，我国内地也出版了不少按如此思路分析问题的教育管理著作。可见，将教育管理学作为一门单独学科进行研究，有其理论依据，也为大多数研究者所赞同。

新编教育管理学（第2版）

育行政事务就失去了对象和目标,这样还有什么存在的必要? 政府的教育理念、教育政策和法令,不通过学校怎能贯彻和落实? 在另一方面,学校的管理也不可能游离于政府的教育方针、政策之外,学校的很多管理制度,实际上就是政府或社会的教育观念、教育思想的体现,而学校管理者就是代表政府在学校这一特定组织中行使管理职能。本是密切联系、相互影响渗透的东西,硬要拆开来,怎能深刻揭示其特性和规律? 所以,我们认为,应将教育管理活动视为一个完整的过程,在这个过程中,既没有不涉及学校事务的单纯的教育行政,也没有可脱离教育行政的单纯的学校管理,教育行政过程就是从中央到地方再到学校的各种教育行政管理事务的总和。而教育管理学就是要对这一过程的方方面面以及影响这一过程的种种因素进行全面分析研究,并以此为基础,深刻揭示教育管理活动的内在特性和规律。本着这一认识,本书各章在构思时尽量将学校内外的教育管理事务融为一体分析,不受两分法思维方式的制约。

教育管理学的产生和发展

自从有了人类社会,就有了人类的教育现象,与此同时,也就有了人类的教育管理活动。原始社会的教育管理活动虽然比现在简单,但也有其特有的管理目标、组织机构、管理程序和管理方法。然而,有教育管理活动不等于有教育管理学这门学科。与人类漫长的教育管理活动历史相比,教育管理学的历史要短得多。教育管理学的出现,是在把教育管理当作一种专门的研究领域之后才开始的。它的产生,有自身的实践和理论基础。从实践基础来讲,近代大工业的兴起和生产力的发展导致对教育的极大需求,而对教育的需求又导致公共教育制度的建立。随着公共教育制度的建立,学校规模扩大了,学生入学人数大大增加,教育的投入也相应增加,影响教育的各种因素也随之增加,这样就使得教育管理工作变得复杂起来,加上政府对教育事务及其管理日趋重视,因此客观上产生了对教育管理进行专门研究的需要。理论基础,是指 20 世纪兴起的工业管理理论,这些理论为教育管理工作超越原来的经验式管理提供了可能,教育管理者可以借鉴这些理论分析教育管理问题,并逐步形成自身的理论框架。可以说,一方面是学校组织本身的发展,另一方面是工业管理理论的兴起及影响,教育管理学由此应运而生。

教育管理学具体产生于何时? 到目前为止,国内教育管理学界有三种观点。第一种是借用日本学者久下荣志郎的观点。在其《现代教育行政学》一书中,久下荣志郎提出:德国的施泰因(L. V. Stein)是这门学科的创始人,他在 19 世纪后半期写有行政学方面的著作,阐述了国家权力干预教育的原理以及国家通过什么途径来影响教育。[①] 由此推论,教育管理学的产生年代及地点应是 19 世纪后半期的

---

① 久下荣志郎著,李兆田等译:《现代教育行政学》,教育科学出版社 1981 年版,第 22 页。

德国。不过迄今为止,这一起源说缺少其他佐证材料,因此尚待进一步证实。

第二种观点认为,教育管理学产生于 20 世纪初的美国,其标志是美国两位教育管理专家达顿(S. T. Dutton)和斯奈登(D. Snedden)于 1908 年发表的《美国公共教育行政》(*The Administration of Public Education in the United States*)一书。有人认为,这是世界上第一本教育管理学著作。不管这是否第一本教育管理学著作,一个不可否认的事实是,从 20 世纪初起,在美国和日本等国,确实出现了专门以学校教育管理活动为研究对象的专著,而且为数不少。[①] 由此我们可以断言,教育管理学产生于 20 世纪初,尽管在当时还很不成熟。

第三种观点认为,这门学科建立于 20 世纪 50 年代。海外有部分研究者持这一观点,如有研究者指出:"对教育管理的正规研究,始于 20 世纪开始前后。但是,这一领域的'职业化'却是在第二次世界大战后才开始的。基于某些类似的权威知识、研究方向和调查方法,这一领域中学术研究的出现,只是近 30 年来的事。"[②]"教育行政学是一门新兴学科,它被视为一门学科而进行有系统的研究为时不长,严格说起来,它是 20 世纪的产物,若以科学的角度而言,它的历史更短。教育行政的科学研究可以说是近 50 年来的事。"[③]我国一学者在引用国外资料时也指出:"直到 1951 年,教育管理学才被公认为一门独立学科。"[④]将教育管理学的产生年代推迟到 20 世纪 50 年代初左右,也有一定道理。20 世纪 50 年代以前,教育管理学的研究还只是停留在规范研究的阶段,尚谈不上科学研究。50 年代后因受行为科学的影响,实证研究方法被广泛运用于教育管理研究领域,致使教育管理研究走上了科学的道路。正是在这个意义上,一些人才断言,教育管理学到 50 年代才真正具有独立学科的地位。

综上所述,我们大致可以这样认定:作为一门学科,教育管理学产生于 20 世纪初,它很有可能在一些已经建立起公共教育制度的国家中同时产生,其标志是这些国家在这一时期发表了一批教育管理著作。而自 50 年代以后,在科学方法的引入下,这门学科逐渐趋向成熟,具备了独立学科的地位。

欧美国家的教育管理学在发展过程中受一般管理理论的影响较大,其间大致

---

① 以美国为例,根据我们的调查,这一时期发表的著作有:《学校管理》(*School Management*,1903)、《城市学校支出》(*City School Expenditures*,1905)、《课堂管理》(*Classroom Management*,1907)、《城市学校的管理》(*The Supervision of City Schools*,1913)、《教育行政学》(*Educational Administration*,1912)、《学校成本和学校账目核算》(*School Costs and School Accounting*,1914)、《我们的学校:它们的行政管理和监督》(*Our Schools:Their Administration and Supervision*,1915)、《公立学校管理》(*Public School Administration*,1916)、《地方学校视察的方法和标准》(*Methods and Standards for Local School Surveys*,1918)、《教育行政学问题》(*Problems in Educational Administration*,1925)、《学校系统事务行政》(*The Business Administration of School System*,1929)、《州立学校行政》(*State School Administration*,1929)等。

② D·E·奥洛斯基等著,张彦杰等译:《今日教育管理》,春秋出版社 1989 年版,第 9 页。

③ 王如哲:《教育行政学》,五南图书出版公司,1998 年,第 29 页。

④ 刘付忱:《美国的教育管理学》,《教育行政与学校管理》,人民教育出版社,1982 年,第 180 页。

经历了古典管理理论影响、人际关系理论影响、科层制组织理论影响、行为科学影响、后现代思潮影响等几个阶段。有关这一部分内容,将在第二章详细阐述。

同其他国家一样,我国自古就有教育管理现象,也不乏教育管理思想。但是,真正作为一门独立学科进行研究,历史非常短。整个发展过程可以分成引进、初创、停滞、发展四个阶段。

从20世纪初起,作为整个"新学"体系的一部分,我国开始陆续引进国外教育管理方面的学术著作。早先引进的著作,大多来自日本,这可能和当时我国在日本留学读书的人较多有关,他们回国后,热衷于向国民介绍日本的教育管理制度。较早翻译的教育管理著作有:田中敬一编的《学校管理法》(1901)、木村贞长著的《教育行政》(1902)、寺田永吉著的《各国学校制度》(1901)、吉林寅太郎纂译的《视学纲要》(1903)、清水直义著的《简明国民教育法》(1903)等。除这些翻译著作外,当时我国创办的少数师范学堂,也聘请了一些外国教员教授这门学科。[①]

大约从20世纪二三十年代起,我国的教育管理学开始进入初创期。这一时期的特征:一是继续翻译、介绍国外的教育管理理论,不过已不仅仅限于介绍日本,开始介绍西方尤其是美国的教育管理思想和制度;二是一些学者开始尝试编著符合我国教育管理自身特点的著作。这当中,尤以张季信编著、蔡元培作序的《中国教育行政大纲》(1931)、杜佐周的《教育与学校行政原理》(1931)、夏承枫的《现代教育行政》(1932)、罗廷光的《教育行政》(1942)等具代表性。据统计,从1919年起到新中国成立前,我国出版的各类教育管理著作约计200多种,发表在报刊上的有关论文(抗战前统计)有近两千篇。[②] 教育管理类的课程也在各级各类师范院校普遍开设。因此,这一时期称为我国教育管理学的初创期,该不会有多大疑问。

新中国成立后,由于种种原因,我国的教育管理学研究陷入低谷,甚至处于停滞状态。在长达近30年的时间内,我们几乎没有出版过像样的教育管理学著作,教育管理理论作为教育学的一部分几乎不被人重视,各师范院校也基本不开教育管理类课程,也没有一支专门的教育管理研究队伍。教育管理学遭受如此境遇,实在是这门学科发展过程中的极大不幸。

从20世纪70年代末80年代初起,随着改革开放国策的确立,我国的教育管理学终于重新进入发展期。先是作为一门独立学科在有关师范院校讲授,接着到80年代中后期出版了相关的著作,这一领域的各类研究著作至今已在百种以上。教育管理类的杂志也多达10多种,每年更有数以千计的研究论文和报告发表。全国范围内,一支专门的研究队伍也已经形成。虽然就总体研究水平而言,与国际水平相比尚有不小距离,但不可否认,这20多年来,我们在这一领域取得了很大的进步,教育管理学在众多教育学科研究中的地位已较为稳固,这门学科的研究对我国

---

① 张复荃:《学校管理学在我国的早期传播》,《山西教育科研通讯》,1983年第2期。
② 张复荃:《教育行政学在我国的历史回顾》,《教育丛刊》(辽宁师院),1983年第3期。

教育实践的影响在一天天加大。

教育管理学与相关学科领域

现代学科发展的特点之一是各门学科互相影响、互相渗透,教育管理学也不例外。很多学科都与教育管理学有种种的联系,这些学科所探讨的问题,有的为教育管理学的发展提供了理论依据,有的丰富了教育管理学研究的内容,有的则本身也是教育管理学所探讨的问题。

政治学　政治学探讨国家或社会的政治制度、权力分配、决策过程、各种利益集团之间的关系等问题,这些研究对于教育管理学有着重要的影响,教育管理学中的体制改革问题、教育管理权限的分配、教育政策的制订和实施、教育组织和社会其他利益集团的关系处理等,都与此有关。

社会学　社会学的研究对教育管理学的贡献主要体现在组织理论方面。继德国社会学家韦伯(Max Weber)20 世纪上半叶提出科层制(Bureaucracy,又称官僚制)组织理论之后,教育管理研究人员开始探讨起教育机构的特性问题,可以说韦伯的理论为认识教育机构的特性提供了一把钥匙,也为教育组织机构的合理设计提供了依据。此外,社会学中的角色理论、社会文化理论等,也可应用来描述教育管理者和被管理者的角色、校园文化等问题。

哲学　哲学研究涉及到的本体论、价值论等问题,对于教育管理研究的方法论有着直接的指导价值。行为科学产生以后,围绕着教育管理研究是基于"实际是什么"还是基于"应该是什么"的纷争,表面反映教育管理在研究事实和价值的方法论规范上出现了科学规范与人文规范的对立,但其背后,却衬托出旨在探究世界本原的传统的哲学本体论和旨在探究真、善、美等范畴的哲学伦理学的区别。教育管理研究能否达到事实与价值的统一,这一问题直到今天还在困扰着众多的教育管理学研究者。

行为科学　行为科学对教育管理学的影响是巨大的,它将自然科学的方法引入教育管理研究之中,从而极大地开拓了研究者的视野,丰富了教育管理学的内容,并使教育管理的研究走上科学的道路。

心理学　对教育管理学产生直接影响的是心理学中的社会心理学和组织心理学的内容。研究教育管理过程中的人的动机、士气、需要、社会行为倾向等问题,有助于我们加深对教育管理的特性的了解,并为提高教育管理的效率创造条件。

行政管理学　行政管理学的很多理论都被直接应用于教育管理学之中,如行政管理原理、行政组织理论、行政领导、人事管理、管理决策、管理方法等。

法学　现代教育管理崇尚法治化管理,故教育管理学要研究教育法律的制订、实施以及违反教育法律所要承担的法律责任,而这些研究都离不开对法学基本理论的探讨,尤其是对行政法学的探讨。

教育学　有人认为教育管理学是教育学和管理学的结合,这在某种程度上反映了这两门学科之间的密切关系。教育管理要能体现教育的规律,违反教育规律去实施管理行为是注定要失败的。那么什么是教育规律?教育学的研究或许能为此提供答案。

经济学 教育是一项很花钱的事业,教育财政历来是教育管理学中的一个重要研究内容。有关教育的成本、教育经费的来源、分配和有效利用等问题,必须借助于经济学方面的知识来进行研究。

以上这些学科从不同方面影响着教育管理学的研究,并与教育管理学产生种种交叉关系,为这门学科的发展和完善作出了贡献。

教育管理学的研究范围

教育管理学的研究范围十分广泛且不易界定,导致这门学科的框架体系至今未完全定形。下面选 13 本教育管理著作[①],将其部分章名进行统计,以了解这门学科的大致框架。

章名或与之相当的章名	曾列专章讨论的著作数	占 13 本著作的百分比(%)
教育管理总论	11	85
教育管理的历史	4	31
教育管理学的学科性质	5	38
组织理论的发展和教育管理	9	69
教育行政制度	6	46
教育组织机构	11	85
教育政策	7	54
教育的法律基础	11	85
教育规划	6	46
教育财政	10	80
教育评价与督导	6	46

---

① 这 13 本著作为:霍伊和米斯凯尔(W. K. Hoy & C. G. Miskel, 1987):《教育行政学:理论、研究和实践》(*Educational Administration: Theory, Research and Practice*);布希和威斯特蒙芬(T. Bush & West-Burnham, 1994):《教育管理学原理》(*The Principles of Educational Management*);马克·汉森(Mark Hanson, 1991):《教育管理与组织行为》(*Educational Administration and Organizational Behavior*);墨菲特等(E. L. Morphet, 1982):《教育组织和管理》(*Educational Organization and Administration*);萨乔万尼等(T. J. Sergiovanni, 1980):《教育行政管理学》(*Educational Governance and Administration*);久下荣志郎(1979):《现代教育行政学》;黄昆辉(1996):《教育行政学》;王如哲(1998):《教育行政学》;瞿立鹤(1993):《教育行政》;程介明等(1997):《教育行政》;萧宗六、贺乐凡(1996):《中国教育行政学》;张济正等(1992):《教育行政学通论》;李进才(1992):《中国当代教育行政管理》。

章名或与之相当的章名	曾列专章讨论的著作数	占 13 本著作的百分比(%)
教育管理效率研究	3	23
权变理论	2	15
领导理论	7	54
决策理论	6	46
动机与激励	3	23
人际关系和组织沟通	6	46
教育人事管理	11	85
教学管理	6	46
教师职业发展	4	31
学校教育制度	2	15
政府和教育	3	23
学校即社会—政治系统	5	38
学校组织及其管理	10	80
学校和社区	2	15
教育设备管理	2	15
社会教育行政	2	15
学校组织文化和组织气候	2	15
学校组织的变革和冲突	4	31
教育科研、统计和信息管理	4	31
其他	8	62

　　从上述统计可以看出,教育管理学研究最多的内容有:教育管理总论、组织理论、教育组织机构、教育法律、教育财政、教育人事管理、学校组织及其管理;其次为教育行政制度、教育政策、教育规划、教育评价与督导、领导理论、决策理论、沟通理论、教学管理等。而所有这些内容,大致可分成几个板块,即学科概述、管理理论、组织和机构、政策和法律、人员管理、财务管理、其他事务管理等。参考有关著作,并考虑到我国的实际,本书将这门学科的结构设计为六个部分:第一篇,教育管理学总论:重点探讨教育管理活动的意义和特性、教育管理学的学科性质、教育实践和管理思想的演变、管理理论对教育管理的影响等问题;第二篇,教育管理体制和机构:剖析教育管理体制、教育行政机构、学校组织建设等问题;第三篇,教育政策和法律:分析教育政策和法律的制定、实施等问题;第四篇,教育人员和教育对象管

理:包括教育领导者及其管理、教师管理、学生管理等内容;第五篇,教育实务管理(上):包括教学管理、德育管理、体育卫生管理等内容;第六篇,教育实务管理(下):包括教育财务管理、教育设备管理、教育科研管理、社会工作管理等内容。

教育管理学的研究方法

关于教育管理学的研究方法,智者见智,仁者见仁,迄今没有一个理想的分类。不过一般而言,以下几种方法是值得推荐的。

文献分析法(Documentary Analysis) 很多教育管理学著作把文献分析作为教育管理研究最基本的方法之一。的确,除了直接来自于实践的第一手材料外,许多研究必须通过文献的搜集、整理和分析来进行。例如,研究某教育管理制度的历史沿革,很难设想离开了文献资料能进行下去。这种方法就其形式渊源来讲,主要源自于历史的研究,后者以分析大量详实的史料为基本研究手段。不过,现在人们所讲的文献研究,不仅包括历史史料,更多的是指现实生活中的各种文献资料。文献调查法研究成本较低,能对研究者无法直接参与的事件进行研究。但这一方法有其不足,主要是对文献的准确性、可信度及代表性不易把握;有些资料因条件所限不易查询;有些原始资料与当事人的政治态度、个人偏好等个人因素夹杂在一起,而非客观中立的事件报导,因而要求研究者有较强的知识基础和判断能力。

问卷调查法(Questionnaire Survey) 问卷调查在教育管理研究过程中运用得非常普遍,特别是 20 世纪 50 年代行为科学兴起以后,这一方法被大量运用在分析各类教育管理问题上。直到今天,凡是定量的、实证性的教育管理研究,主要还是依靠这一方法。问卷调查方法一般的过程是:确定研究主题→编制问卷项目→选取样本→小范围预测→实施调查→统计调查资料→讨论分析→提出建议。只要问卷编制合理,样本选择科学,用问卷调查方法得到的结果一般来说比较客观、可靠。问卷调查的难度在于:设计有较强信度和效度的问卷不大容易;研究成本较高;所费时间较长;研究者须掌握一定统计学方面的知识等。

访谈调查法(Interview Survey) 这是通过访问者与被访问者的对话来获得所需信息。这种方法在教育管理研究中有极高的价值,特别在有关教育政策和学校管理的研究方面。访谈调查有多种形式,一般来说,如果访谈问题事先设计得非常固定和严密,被访者只能在研究者所指定的选项中提供答案,则访谈较倾向于封闭、标准和结构式,如果被访者回答问题时的自由度较大,答题的标准没有规定,则访谈趋向于开放、探究和非结构式。访谈的对象,可以是单个人,也可以是一组人。访谈调查法的优点在于具有广泛的适应性,几乎任何研究课题都可以运用这种方法;通过这一方法还能了解到问卷调查法所难以反映的一些深层次问题。访谈调查的局限在于需花费较多时间,而且研究者的主观倾向较浓,有时难免夹杂个人的主观偏见,影响了研究的客观性和公正性。

实验研究法(Experimental Research) 这一方法的特点是:第一,至少有一个变量,而且这个变量可以由研究者人为地加以控制和改变;第二,主要用于揭示变量之间的因果关系;第三,研究时通常要将有控制的事实和对象的情况与没有控制的事实和对象的情况进行比较;第四,实验过程要求有假设、验证,有较严格的操作规则,有科学的测量手段;第五,实验结果可以重复,即只要条件相同,任何人都可以重复这一实验。与其他研究方法相比,教育管理领域的实验研究难度较高,这可能与教育管理所涉及的因素复杂多变、难以控制、且有高度的政策导向等因素有关。不过,并非没有这方面的成功例子,如美国管理心理学家莱温(K. Lewin)20世纪30年代末在学校进行的关于领导风格类型的研究,通过研究,他得出了不同的领导风格会对群体行为和团体效率产生不同影响的结论。该研究对战后的领导科学的发展产生了深远的影响。实验研究比较适合小范围且目标比较单一的情况,如学校的班级管理、师生间的互动关系等。

人种学研究法(Ethnographic Research) 这一方法是从人类学研究中演变而来的,它特别强调在自然状态下的观察、描述和定性判断,而不看重假设或坚实的理论基础,与我们平时所讲的自然观察法有点相似。如研究一所民办学校的教学和管理情况、一位中学校长的行政决策过程、一个地区的教育体制改革现状,都可以采用这种方法。用这种方法研究教育管理问题,最好是在所要了解的学校、地区住上一段时间,通过观察、面谈、参与活动等方式,对所了解的对象形成整体的认识,然后写出学术论文或著作。总的来看,人种学研究法在我国教育管理研究领域运用得不多。不过,近年来有些教育管理专业的研究生尝试运用这种方法撰写毕业论文,这是一个十分可喜的现象,反映了我国教育管理研究方法正在日趋丰富和完善。

比较研究法(Comparative Study) 这是人们认识客观事物的一种重要方法,在教育管理研究中经常要用到。像教育政策、教育管理体制、教学管理形式等问题,很多人都喜欢进行比较研究。比较法的形式很多,有纵向比较、横向比较,有校与校的比较、地区甚至国家与国家的比较。就其意义而言,比较研究能扩大研究者的视野,加深对所要研究问题的认识;跨国家、跨文化之间的比较研究,还能增进对未来教育管理发展趋势的认识。比较研究也有其限制,如研究者比较容易看到一些表面现象,对深层次因素把握不住;由于对不同国家或地区的政治经济制度及人文传统了解有限,很多所谓的比较研究充其量不过是"介绍",离真正的比较研究相差甚远;研究的成果也较难推广等。

行动研究法(Action Research) 行动研究从其性质上讲属于应用研究,因为其研究指向非常明确,就是帮助基层人员解决实际问题。这一方法的特点是它的当下实用性,它不关心研究成果的普遍意义,故对研究条件的要求不那么苛刻,理论基础也并不要求非常成熟。行动研究通常规模较小,大多以集体合作形式进行,在研究中特别看重对原计划的及时评估和修正。在教育管理领域,行动研究法在学校资源管理、课程管理、德育管理、学校效能提高等方面都可以被采纳。这种方法如运用得好，不但能解决实际问题，也能促进理论与实际的结合，同时可以提高教师的专业素养和研究能力。所以，有的学者认为，这是一种极佳的训练教师科研能力的方法。

教育管理学的未来发展

进入 21 世纪，教育管理学将朝着什么方向发展？虽然我们对此很难作出精确的预测，但从目前国内外的研究状况来看，至少有以下几点可以提出来供参考：

第一，国际研究与本土研究并重。教育管理学的研究，本源自于个体的和局部的经验。历史上的教育管理思想很少具有跨区域推广的价值。然而，今天的教育管理学研究正越来越呈现出国际化的特点，这种国际化至少可以从研究问题的相似性这一点上反映出来。例如，翻开不同国家的教育管理学著作，你都可以看到研究者在讨论相似的问题，如管理体制问题、学校效能问题、校长领导问题、教师的动机和职业发展问题、依法治教问题、校园文化问题等。此外，在讨论这些问题时，所引证的理论也表现出惊人的一致，比如管理原则、行为科学理论、系统论、人际关系说等。造成这种现象的原因，主要是随着公共教育制度在各国普遍建立，不同地区的学校教育形式越来越接近，自然面临的管理问题也越来越相仿。其次一个原因是现代工商管理思想在各行各业的普及和推广，这为解决教育管理问题提供了理论依据。另一方面，在研究呈现国际化倾向的同时，教育管理本土研究的传统也未丢失，因为教育管理学归根结底是一门应用型学科，而应用就离不开对局部的区域性条件的探索。如果说理论是普遍性的，那么其实践条件和由此得出的实施结论就完全可能是区域性的。例如，教育管理体制问题各国都在探讨，分析时也必然会涉及集权与分权关系等理论问题，然而将这一问题用于实践所得出的结论，却不可避免地会带上鲜明的本土色彩。如我国的校长负责制的内涵，对其他国家就不一定适用。这种国际研究和本土研究并重的特点，在联合国教科文组织的几份教育报告，如《学会生存—世界教育的今天和明天》《从现在到 2000 年教育内容发展的全球展望》《教育的使命—面向 21 世纪的教育宣言和行动纲领》中，得到了最完美的体现。这些报告蕴含了丰富的教育管理思想。毫无疑问，今后的教育管理学将继续体现这种国际研究与本土研究并重的特性。从另一个角度看，这其实也是一门学科日益走向成熟的一个标志。

第二，理论研究与应用研究结合。近年来，教育管理学研究的理论倾向在不断加强，围绕教育组织特性、教育政策、教育领导、教育决策、学校人际沟通、教师激励等方面的研究现在已达到相当的深度。不过，现在的理论研究并非过去那种规范式说教或经验式议论，而是以大量的实证调查为基础，研究中广泛运用了定量和定性的技术。从较有影响的国际教育管理杂志，如《教育行政季刊》(*Educational Administration Quarterly*)、《教育行政摘编》(*Educational Administration Abstract*)、《国际教育行政研究》(*International Studies in Educational Administration*)等所刊登的论文来看,绝大多数属于实证性的研究。显然,以实证技术为主并由此推演出有关理论的研究方式,将在今后教育管理学的学科发展中持续很长时间。这也从一个侧面体现了这门学科具有很强的应用性的特性。

第三,信息革命将对教育管理学研究产生重大影响。进入 20 世纪 70 年代,一个以计算机和信息技术为核心的新技术革命在世界广泛兴起,它也对教育管理活动产生巨大影响。在实践上,它使原来的教学内容、教学组织形式及学校管理实践发生深刻变化,与此相适应,在学科理论建设方面,它丰富了教育管理学的研究内容。例如,国内外出版的教育管理著作,很多已开始论述教育信息管理或计算机辅助教育管理实践等问题,一些以"校长学"命名的教育管理著作,更是用较多篇幅论述这类问题。如美国 1990 年出版的一本《校长学》著作,有一章专门介绍计算机如何协助校长的工作,文中所涉内容包括计算机在校长工作中的意义、学校计算机的选购、教学软件的选择、文档建立和学校管理、校园联网、教育财务信息处理、教育统计信息处理等。[①] 可以预见,随着信息技术的大量推广运用,未来的教育管理学在这一领域的研究会越来越多。

第四,学科的分化趋势。一门学科发展到一定程度,必然会出现分化,教育管理学也不例外。从国外教育管理学的研究来看,近二三十年来出现了分化趋势,一些本属于教育管理学研究范围的内容,随着研究的深入,已经或正在分化为独立的学科,这其中发展较快的分支学科有:教育法学、教育财政学、教育组织行为学、教育政策学、教育规划学、教育评价学等。在国内,除了一些人所主张的可分化为教育行政学和学校管理学两门学科外(虽然这种分化是否科学有商榷余地),近年来在一些师范院校又陆续开设了中外教育管理史、高等教育管理学、比较教育管理等课程。此外,教育法学、教育财政、教育评价等领域的研究也很活跃。教育管理学的这种分化迹象,对这一学科的发展是有利的。它一方面进一步加强了教育管理学作为一门独立学科的学术地位,另一方面使这门学科逐渐演变为一个学科群,从而大大拓展了其研究领域,加深了人们对教育管理现象的认识。

思 考 题

1. 管理活动的意义和特性是什么?
2. 如何理解教育管理活动与其他管理活动的共同点和不同点?
3. 试分析教育管理学的研究对象和研究范围。
4. 请说明教育管理学研究的方法。

---

① R. B. Kimbrough & C. W. Burkett, *The Principalship* (Prentice Hall, 1990), Chap. 13.

第二章 教育管理实践和思想的历史轨迹

◯本章学习目标

1. 认识我国古、近代主要教育管理思想和实践；
2. 了解西方国家在历史上有哪些主要的教育管理实践活动；
3. 了解 20 世纪西方管理学的发展对教育管理实践产生的影响。

第一节 我国历史上的教育管理实践和思想

在漫长的文明发展史进程中,既不乏多姿多彩的教育管理实践活动,也不缺少深刻而机智的教育管理思想。本章将从历史演变的角度,选择一些有代表性的教育管理实践和教育家的思想作些介绍。

稷下学宫:古代教育管理实践的典范

我国是世界著名文明古国之一,早在公元前 2000 年的奴隶制时代,我国就有了系统传授文化知识的机构——学校。伴随着学校的发展和变迁,人们在学校管理领域所积累的经验也越来越丰富,稷下学宫便是其中值得一提的学校管理范例之一。

即使按今天的眼光来审视,稷下学宫的办学模式也是颇有新意的。学校创办之际(距今约 2 300 多年)正处战国时期,当时的齐国君主(齐桓公)为发展国力,网罗天下贤才和培养新一代贤士,在齐国都城临淄的稷门地区办起了这么一所学校。

说其新,首先是其办学体制。稷下学宫的办学体制属官方出资、私家主持性质。官方出资,是指学宫乃君主出于养士目的而办,故一切费用都由国家包下来;而私家主持,是指学校实行门户开放,教者可自由讲学择徒,学者可自由求学选师。所有的教学和学术活动,由各家各派自主,官方从不多加干预。前一点保证了学校有充足的办学经费,办学者不必为此费心,后一点保证了学术的繁荣和活跃。据史书记载,学校最兴盛时,儒、道、法、名、阴阳等各派学者竞相前来,集学者千余,大师70多位,学校堪称为我国教育史上不多见的兼容各派、百家争鸣的学术殿堂。

其次是教学管理形式。稷下学宫的教学过程将讲学、著述、育才等因素融合于一体。讲学包括讲演、讨论、辩论等活动,为学校主要教学形式。著述则为活跃学术研究气氛,稷下学者留下著作宏富,著名的如《孙卿子》《公孙固》《田子》《捷子》等。育才是办学的目的,学校对学生的饮食起居、衣着服饰、言行举止、尊师敬学等都提出严格要求。三合一的教学管理形式,为学校的发展提供了良好的学术环境。

第三是教师管理制度。稷下学宫在教师管理上做到学术不干涉,生活提供优厚待遇。对于成功讲学著述者,学校设祭酒、博士、先生等各种学术职衔,如荀况曾"三为祭酒",齐国君主则授爵封卿,给予优厚待遇和俸禄,如孟轲、荀况都曾被尊为卿,如此而使学者们免于生活所累,专心学问。宽松的学术氛围,严格的教学管理,良好的物质条件,这一切营造出一个非常良好的人才成长环境。稷下培养的人个个光彩夺目,他们对战国中后期的政治和学术活动的发展产生了极大的影响。稷下学宫的教育管理实践,不愧为我国古代教育管理史上耀眼的瑰宝。

《学记》:历史上最早的教育管理文献之一

《学记》是我国儒家经典《礼记》中的一篇,成书于战国后期,毫无疑问,它是中外文明史上最早的教育管理文献之一。《学记》篇幅不长,仅1 200余字,但其中蕴含着丰富的教育管理思想,这些思想即使在今天也依然能给我们深刻的启迪。

关于学制与学年的设想 《学记》作者本着"建国君民,教学为先"的儒家德治精神,强调教育的重要性,主张从中央到地方按行政建制办学,即"家有塾,党有庠,术有序,国有学",这一主张成为以后历代政府进行重大教育改革和规划的蓝图。① 关于学年,《学记》把学校教育年限定为两段五级九年,前一段为七年四级,完成后谓之"小成"。后一段为二年一级,完成后谓之"大成"。从这些分段中,可以领略到最早的关于年级制的设想。

关于教学管理的主张 《学记》中所体现的教学管理思想表现在:(1)重视入学教育。《学记》要求将开学入学教育作为重要教学管理环节来抓,开学这天,要举行隆重典礼,君主率百官亲临学校,与师生共同祭奠先圣先师。(2)教学过程中须有一定训诫仪式,如听见鼓声,打开书箧上课,以示敬业;备有诫尺,以作训戒等。(3)君主每年夏季要到校视察,以体现国家对教育的重视。(4)教学安排多样化,有课堂授课,也有课外活动和自习,"藏焉,修焉,息焉,游焉",张弛有节,劳逸结合。(5)"学不躐等",教学要针对学生年龄,学习安排不逾越等级。(6)坚持必要的考试

---

① 孙培青主编:《中国教育管理史》,人民教育出版社1996年版,第45页。

制度,从第一年完毕时起隔年考查,由主管学校的官员亲临主持。

关于教师管理 《学记》作者十分尊师,认为师尊然后道尊,道尊然后民众懂得敬学。为保证教师素质,教师必须有真才实学,"记问之学,不足以为人师"。此外还必须教学有方:"道而弗牵,强而弗抑,开而弗达。"另外要有进取心:"学然后知不足,教然后知困。知不足,然后能自反也;知困,然后能自强也。故曰:教学相长也。"

先秦诸子的管理思想

春秋战国时期,诸子蜂起,学派纷呈,一片学术繁荣、百家争鸣景象。在众多学者名流的著述或论说中,不乏管理及教育管理方面的真知灼见。

作为儒家学派的缔造者和中国传统教育思想的奠基人,孔子自古享有"大成至圣先师"的美名。在管理方面,孔子最突出的思想是以"仁"为核心,主张通过关心、爱护和重视人来实施有效的管理。如"己所不欲,勿施于人","己欲立而立于人,己欲达而达于人","躬自厚而薄责于人",这些格言与我们今天所倡导的管理中要尊重管理对象是多么相似。儒家学派的另一个代表人物孟子着重分析了管理中为什么要重视人、尊重人。他说:"恻隐之心,仁之端也;羞恶之心,义之端也;辞让之心,礼之端也;是非之心,智之端也","仁义利智,非由外铄我也,我固有之也,弗思耳矣。"人与动物的区别是生来就有的,人性的趋善是由人的内在本质决定的,如同水总是往低处流一样。因此,管理不是对人的强加和制约,而是发掘、顺应其内在的自觉的过程。孟子所称的"天时不如地利,地利不如人和",也表明他在影响管理过程的诸要素中,最看重的是人的因素。

先秦思想的集大成者荀子的理论,与孔子孟子的有所不同。荀子更看重的是制度、法令等对管理的重要影响:"治之经,礼与刑。"人性本恶,光靠道德感化管理社会是不够的,更要依赖法令、刑罚和礼义规范。在教育管理中,则要提倡师道尊严,"国将兴,必贵师而重傅,贵师而重傅则法度存;国将衰,必贱师而轻傅,贱师而轻傅则人有快,人有快则法度坏。"可见,荀子更欣赏的是管理尊严和管理的权威性。

墨家和儒家一样看重人道,但"孔子贵仁,墨翟贵兼"。墨家倡导天下相爱、爱人若爱其身的人际关系原则。爱人不应像儒家提倡的那样讲亲疏尊卑之别,而应强不凌弱,富不侮贫,贵不傲贱。在用人方面,墨家主张不党父兄,不偏富贵,唯贤是举,"选择天下之贤可者",以形成人才辈出、贤才济济的局面。

道家的思想又有所不同。道家崇尚的是"自然"、"无为"的管理原则,认为"人法地,地法天,天法道,道法自然"。社会的失序并非缺乏管理所致,恰恰是因为管理过度。当然,无为不是什么都不做,而是顺应对象的自然本性,做得不留痕迹,恰如其分。从道家的言行中,可以体会到管理要尊重个性,不要对管理对象过于压抑束缚的思想。

法家的理论又自成体系。法家从"好利恶害"的人性观出发,认为"夫凡人之情，见利莫能勿就，见害莫能勿避"，故管理要采取"信赏必罚"的方法，以达到人安其守的目的。此外，法家还特别看重法治教育，倡导"以法为教"思想。

隋唐的教育管理体制和学校管理

隋唐时期（581—907年）是我国古代教育发展的鼎盛期。这一时期，从文教政策的制定到教育管理体制的建立，从学校管理的制度化到科举考试制度的确立，反映出我国古代教育管理实践在当时已达到相当的水平。

隋唐时期实行的是"崇儒兴学、兼用佛道"的文教政策，前者包括尊孔立庙、儒术治国、兴办儒学学校等内容；后者包括宣扬佛道学说，提倡和利用佛教、道教等内容。这一文教政策适应了当时社会发展的需要，为形成隋唐时期光辉灿烂的文化提供了条件。

隋唐时期已形成较完备的教育管理体制。为加强对教育的领导，中央成立了专门负责管理教育事业的政府机构——国子监。中央和地方实行分级管理，中央官学由国子监祭酒负责，地方官学由地方官长史领导。对性质不同的学校，则实行统一管理和对口管理相结合的方法，中央设国子监，统一管理教育事业，而一些专科性的学校，如医学、天文学等，则划归到各个对口的部门中去。这些措施对管理当时的教育起到了很好效果。

教学管理制度在隋唐时期已相当完善，从入学到毕业几乎都有制度化的规定。如中央官学规定，学生从14岁到19岁开始入学，入学之初，要行拜师礼，以示尊师重道之意。学校每年要举行三种形式的考试：旬考、岁考和毕业考。放假也规定为旬假、长假等形式。由于隋唐官学教师都是政府品官，故教师的品秩、待遇、职责等也有严格规定，不同品秩的教师经济待遇上差异很大，不过哪怕是最低等级教师，基本生活也能保证。对教师的考核一般是一年小考，四年大考，考核成绩分上中下三级九等，写有考评，当众宣读，考核结果与晋升、奖惩相结合。为保证教学秩序，政府部门还制定了有关的法令法规，如《唐令》中专门有《学令》，《唐六典》也以法规形式规定了学校管理的一些制度。所有这些隋唐时期的教育管理制度和方法，对以后宋、元、明、清朝代教育管理实践的发展都产生过深远的影响。

宋代教育家朱熹的教育管理思想

在我国教育发展历程中，宋代具有独特的地位，因为这一时期教育思想异常地活跃和丰富，涌现出一大批有影响的教育思想家和实践家，王安石、胡瑗、朱熹、陈亮、叶适等就是其中杰出的代表。

朱熹是南宋时期理学思想的集大成者，他的教育思想和实践对后人的影响极大。朱熹把受教育的过程分成小学和大学两个阶段，前者为8—15岁，后者从15岁开始，前后阶段教育的任务各不相同。小学阶段学洒扫应对之事，大学阶段则明理修心，"小学者，学其事；大学者，学其所学之事之所以"。德育管理方面，朱熹主张将道德思想灌输与道德行为训练结合起来,为此他还编写了《童蒙须知》,详细规定了道德行为训练的内容。为树良好学风,朱熹提倡教育中既要坚持正面教育,"讲明义理",又要有必要的规章制度约束,两相配合,才能获得最佳教育效果。对于教学管理,朱熹主张严立课程,循序渐进,"读书不可不先立程限。……今之始学者,不知此道,初时甚锐,渐渐懒去,终至都不理会了。此是当初不立程限之故"。"严立课程,宽着意思,久之当有味,不可求欲速之功。""学不可躐等,不可草率,徒费心力,须依次序,如法理会,一经通熟,他书易看。"所有这些理论,成为我国教育管理思想史中宝贵的财富。

书院的教育管理实践

书院是我国历史上一种独特的教育组织形式。书院教育始于唐代,兴于宋朝。在整个宋元明清时期,它都是与官学并行的教育机构。书院有私立、官办和官私合办三种形式,其学业程度可区分为高等和中等两类,前者相当于大学性质,后者相当于中学性质。在我国古代教育史上,白鹿洞书院、岳麓书院等都非常有名。书院一般选山林名胜之地为院址,不少著名学者讲学其间。在教学上,书院以研习儒家经典为主,采用个别钻研、相互问答、集中讲解相结合的方法。在管理上,书院带有自治色彩,表现在经费自筹、管理自主、办学方针自立、课程设置自定等方面。书院这种教育管理方式,对于我国后来教育管理实践的发展有着不容忽视的影响。

洋务运动和维新运动时期的教育管理

洋务运动和维新运动时期,通常是指 19 世纪 60 年代初至 19 世纪末的 40 年时间,这一时期是中国半殖民地半封建社会逐步形成的时期,也是资本主义教育在我国的萌芽和发展时期。在教育管理实践方面,这一时期最值得关注的是新式学堂的创办。由于受西方资本主义教育制度的影响,这一时期在全国各地陆续创办了 30 余所新式学堂,如外语学堂、军事学堂、科技实业学堂等。尤其是 1898 年正式设立的京师大学堂,不仅是当时新式学堂的最高学府,而且是所有新式学堂的最高教育行政管理机构。新式学堂带来了新的学校管理方式,这表现在:其一,招生范围的扩大,凡符合条件者,不受门第出身限制,都可报考新式学堂。其二,学堂正式录取前,须对考生进行入学考试和入校甄别。其三,部分新式学堂还设有在职培训课程。其四,实行担保人制度,即学校出于学业上和经济上的考虑,要求学生有担保人,如学生无故退学,则由担保人赔偿学校经济损失。其五,学生分配制度。新式学堂的学生毕业后,一般没有择业自主权,根据学以致用的原则,由国家统一分配。其六,严格的教学管理制度。新式学堂在学生的入学、转学、退学、升留级、课程设置、考试等方面都有严格的规定。可见,新式学堂的管理,已非常接近现代教育的管理模式。在教师管理方面,新式学堂也有许多创新,教师大都实行聘任制,录用前须签订合同,规定聘期,以便明确职责,严格管理。所有这些教育管理领域的革新,为进入 20 世纪后我国现代学校教育制度的建立提供了有利的条件。

近代教育督导制度的创设

用现在的眼光来看,我国封建教育长期以来一直实行"行政决策—学校执行"的管理模式。直到 20 世纪初,才在行政决策机关与具体执行的学校之间增加了一个中间环节——监督机制,这就是教育督导制度的建立。

进入 20 世纪后,全国掀起了兴学热潮。为加强对学校的控制与管理,中央政府着手改革旧的教育管理体制,中央设学部,省设学务公所,县设劝学所。与此同时,各级监督机制也相继建立,中央设中央视学,省设省视学,县设县视学。为规范视学制度,1909 年学部还奏请制订了《视学官章程》,章程共 33 条,将视学官资格、责任、视学区域、业务范围、经费等都作了具体规定。凡视学官都必须具备两个条件,一是"宗旨正大,深明教育原理",二是须精通外语及各种科学。视学官的业务范围极广,凡地方教育行政机关的工作、各公立私立学堂的教学、办学的经费、学生的风纪、教师的上课情况等等,都在视学范围之内。视学官的权限也不小,下学堂时可不预先通知,可随时考学生,抽查教师的讲义,调阅有关资料等。对视学中发现的问题,视学人员有权督促当事者立即改正,同时将有关情况向上级教育行政部门反映汇报。20 世纪初视学制度的建立,对改变当时教育管理结构、提高管理效率起到了一定作用。此外,它也为后来我国教育督导制度的发展和完善提供了经验。

蔡元培的教育管理思想

曾被毛泽东称为"学界泰斗,人世楷模"的蔡元培,是中国现代史上赫赫有名的教育家,他的一生几乎都在从事教育行政活动。他担任过学堂学监、书院院长、公学总教习、南京临时政府第一任教育总长、北大校长、大学院院长、中央研究院院长等职。就这一点而言,他无疑是一位有影响的教育管理实践家。与此同时,他也有着博大而精深的教育管理思想,这些思想多年来备受世人的推崇和赞赏。

蔡元培对中国的实际及地区差别有着深刻的感受,主张根据各地的实际实施教育管理。他说:"往日学部订一教育章程,不问其对于全国各地适宜与否,而一概行之",[①]正确的做法应该是,将普通教育的管理权下放给地方政府:"普通教育,由教育部规定进行方法,责成各地方之教育行政机关执行,而由部视学监督之,其经费取给于地方税。"蔡元培的这一主张,与今天我们所倡导的教育行政改革在思路上是何等接近。

蔡元培积极提倡教育立法,在他任教育总长期间,先后审定并颁布了《普通教

---

① 孙培青主编:《中国教育管理史》,人民教育出版社 1996 年版,第 461 页。

新编教育管理学(第 2 版)

育暂行办法》、《普通教育暂行课程标准》、《大学令》等多部教育法规、规章，我国现代教育史上第一次教育立法的高潮由此形成。

蔡元培反对专制式学校管理，提倡用民主的精神管理学校。例如，他主张大学中实行"教授治校"的方略，在他亲自起草的《大学令》中，规定大学设评议会和教授会，参与学校的决策和重大事务的审议。他在北大任校长期间，还主张学校的校长由教授公举产生，并实行任期制。师资管理也要体现出民主化和法制化。在北大，他实行了当时轰动一时的"兼容并包"政策，即只要有真才实学，并能引起学生研究兴趣的学者，不管其政治见解如何，学术派别迥异，都可聘用。北大从此学术繁荣，名扬天下，这与蔡元培在北大时的管理实绩是分不开的。

对于学生管理，蔡元培历来主张学生自治。他对学生说："我们既自认是人，尊重自己的人格，且尊重他人的人格，本无须他人代庖。"蔡元培认为，学生自治可以培养学生的自立能力，最终唤起国民自治的精神。为落实学生自治，他主张学校设学生自治委员会，以促使学生在体育、知识学习和品性修养三方面互相勉励。

蔡元培教育管理主张的核心是民主和法治。他以其丰富的教育管理实践和卓越的教育管理思想，成为20世纪我国高举教育改革大旗的杰出代表，同时成为我国现代教育管理体制的奠基人之一。

陶行知的教育管理实践

陶行知是中国现代教育史上著名的教育家，他一生曾创办了多种教育组织。他的教育管理活动，为促进现代中国平民教育、乡村教育以及普及教育的发展作出了积极的贡献。

陶行知每办一所学校，必先建立学校董事会。他认为，这是管理学校的最好组织形式，体现了民主集中制的管理方式。如20世纪30年代末，陶行知创办了育才学校，在他主持制定的《学校公约》中规定，学校设董事会，校董会为学校的最高权力机关，在校董会闭幕期间，校长代表董事会执行学校管理职责。董事会下设其他校务机构，如指导委员会、学生自治会、校风校纪委员会等，由此形成了一套体系完整、职责分明的学校管理系统。

陶行知教育管理实践的另一特色是提倡学生自治，鼓励学生参与学校管理。他多次在有关的演讲中提出学生自治的问题，声称："学生自治是学生结起团体来，大家学习管理自己的手续。""鼓励自治，这便是教学生对于学问方面或道德方面，都要使他能够自治自修。"[①]在有关的论文中，陶行知还详细分析了学生自治的需要和利弊、学生自治的范围和标准、学生自治和学校的关系等问题。他甚至提出要把学生自治问题当作一件大事来做，当成一个学问来研究。他自己也是身体力行，

---

① 《教育潮》，1919年第1卷，第4期。

在创办晓庄师范、山海工学团、育才学校的过程中,他都积极组织建立各种类型的学生自治团体,让学生共同参与学校管理工作。陶行知重学生自治、重学生自立能力培养的管理方法,后来结出了丰硕的果实,从这些学校毕业的学生,很多成为我国当代著名的政治活动家、教育家等。

第二节　西方国家历史上的教育
管理实践和思想

西方国家同我国一样,在教育管理理论和实践方面有着悠久的历史传统。从古希腊的学校到中世纪的教会教育,从近代学校的兴起到现代公共教育的建立,无不显示出人类在教育管理领域所表现出来的智慧和才华。

古希腊:西方教育的起点

要研究西方教育管理的历史,最适当的起点是古希腊。正如黑格尔所言:一提到希腊,现代有文化修养的人就觉得亲切、熟悉。① 希腊教育管理思想和实践,对所有欧洲国家的教育发展有着巨大的影响。

古希腊最有影响的城邦国有两个,一个是斯巴达,一个是雅典。斯巴达实行的是一种国家集权式的教育管理制度,政府完全控制教育,教育行政高度从属于普通行政,专职教师和督学则从高级行政官吏中选拔,政府安排德高望重的长者对学生进行道德教育,并实施完全的免费教育政策,绝对禁止私立学校。所有这些都表现出国家对教育的高度垄断权。古希腊的雅典或许是世界上最早尝试依法治教的国家,早在公元前 6 世纪,当时的执政者梭伦(Solon)就颁布了有关的教育法令,法令规定:双亲必须照管孩子的学习;国家为战争遗孤支付学费;指定学校的视导员;确定学校的规模、教育对象、开学及放假时间;委派教员,明确责任;确定学生在校时与成人交往的方式;成人不得进入学校,等等。不过,雅典的执政者非常高明,他们并不主张国家对教育干预得过多,因而在法令中对学校的教学科目和教学方法不作任何的规定。政府提倡多种形式办学,尊重人们选择教育机构和教育方式的权利。在雅典,绝大部分的初等学校为私立学校,学校内部管理的环境比较宽松。斯巴达和雅典代表了两种不同的教育管理模式,这两种模式对后来的西方教育的发展,尤其是教育管理体制集权与分权的分化产生了深远的影响。

古代贤哲的教育管理思想

英国有些著名的教育史学家曾认为,欧洲教育史上出现过三大教育理论时期,

---

① 博伊德·金等著,任宝祥等译:《西方教育史》,人民教育出版社 1985 年版,第 2 页。

其中第一也是最伟大的时期是古希腊时期,①因为这一时期出现了柏拉图、亚里士多德这样的教育思想先驱。柏拉图和亚里士多德是师徒关系,故两人的教育管理理念十分接近。首先,他们都认为,教育是国家的头等大事,可以改造人性,故应由国家来管理;国家的执政者必须认真制定教育方针政策,统一管辖全国的教育事业。其次,两人都把教育看作理想国家或理想政治的一部分,觉得有必要精心设计一套教育制度,如柏拉图设计了从幼儿到哲学王的长达 30 多年的教育计划,亚里士多德则构思了对青少年施以体育、德育、智育三方面的教育蓝图。第三,两人都提出在教学管理中要重视教材的选择,认为教材的内容对儿童道德品质的形成影响巨大。第四,他们都重视被教育者的身体训练和理智发展,因此对组织和管理学校体育和品格教育都作了十分细致的规定。当然,他们之间也有差异,柏拉图看重教育对社会发展的巨大作用,而亚里士多德则更倾向于通过教育去追求人的自我发展和自我实现。

古代西方另一位值得一提的人物是古罗马时期唯一留下系统教育著作的教育家昆体良。罗马帝国庞大的学校教育系统和延续数百年的办学经验,为昆体良的教育智慧提供了丰富的素材。除大多数教育家都坚信的那些教育思想,如教育在人的形成中起巨大作用等外,昆体良在教师、教学和学生管理方面也都提出了一些可行的见解。关于教师,昆体良提出,应该让那些德才兼备的人当教师,合格教师的首要条件是德行,其次才是学识,第三是懂得爱护学生,第四要掌握教学艺术。关于教学管理,昆体良作为 20 多年拉丁语学校的校长,自然是感触颇多,他认为专业教育不该急于求成,应建立在广博的普通知识的基础之上。各学科教学也不该某一门单科独进,而应交替进行,教学必须照顾学生的个别差异,采用因材施教的方法。他的名言是:"教学要能培植各人的天赋特长,要沿着学生的自然倾向最有效地发展他的能力。"②关于学生管理,昆体良特别提到体罚和学生过度疲劳等问题,他认为对孩子的体罚是一种耻辱的教育方式,只会造成儿童心情压抑、沮丧和消沉。儿童的学习不能过度疲劳,要做到劳逸结合,特别是通过游戏来消除疲劳。昆体良的这些精辟论述,在西方的教育管理思想史上自然可占重要一席。

人文主义教育:以人为本的教育管理理念

"文艺复兴一词通常用来表示人类精神的惊人觉醒,这种精神觉醒宣告了新时代黎明的即将来临。"③14 至 16 世纪末,在经历漫长的黑暗时代后,西欧迎来了激动人心的文艺复兴运动。文艺复兴带给教育的也是一片新生,以人为本的理念,占据了这一时代教育管理思想的主流。

---

① 博伊德·金等著,任宝祥等译:《西方教育史》,人民教育出版社 1985 年版,第 25 页。
② 任钟印选译:《昆体良教育论证选》,人民教育出版社 1989 年版,第 89 页。
③ 博伊德·金等著,任宝祥等译:《西方教育史》,人民教育出版社 1985 年版,第 158 页。

教育以人为本,培养身心和谐发展的人,这一目标是与中世纪通过教育培养压抑人性、盲目服从上帝和教会的人的目标是格格不入的。为实现这一教育理念,意大利著名教育家维多利诺办起了名为"快乐之家"的学校。在这所学校里,维多利诺改革了课程,扩大了学习内容,努力使教育过程适应儿童的天性和个别差异。他说:"我们并不希望每个儿童在心智方面都表现出同样的或同程度的兴趣。而不论我们自己的嗜好怎样,也得承认,我们必须服从自然的指引。"在管理"快乐之家"的过程中,维多利诺采用了多种的教学形式,如游戏、演说、短途旅行、体育、绘画等,他还倡导自由教育,主张学生自治,减少惩戒,禁止体罚。维多利诺的这些办学实践,对欧洲后来的教育发展产生了极为深远的影响,他本人也被称为这一时期"第一个新式学校的教师"。①

文艺复兴时期是一个人才辈出的时代。这一时期涌现出一批虽没有直接办过学、但具有强烈革新愿望的教育家。他们视学生的发展为最高目标,强烈呼吁教育要尊重儿童的个性,教师对学生不要管得过紧。如法国人文主义教育家蒙田宣称,教师限制过多,就会窒息学生的能力成长。"由于教师剥夺了学生独立工作的自由,从而使他变得更加奴性,更加懦怯"。另一位法国人文主义教育家拉伯雷也提出,儿童生活的原则应该是"随心所欲,各行其是",学校则应根据这一原则安排儿童的各种学习活动。对旧教育的不满导致人文主义教育家在教师管理方面持一种谨慎的态度,如北欧人文主义大师伊拉斯谟认为,选择教师要慎重。事实上,发现和训练理想的教师,要比描绘理想的教师难得多,而教师一旦被选上,就不要频繁地更换。他还建议要对教师的工作进行系统的训练。蒙田也说,一个真正称职的教师,应该是"按照他所教育的孩子的能力施教,使他的能力表现出来,让他对许多东西都学一点,然后独立地做出选择和区别,有些时候给他开条路,有些时候要让他自己去开路。"②除上述学生管理、教师管理方面外,人文主义教育家们在学校德育管理、体育甚至美育管理方面也有出色的论述,这些论述对近代西方教育管理思想的发展起到了极大的启蒙作用。

夸美纽斯的教育管理观

恩格斯在谈到中世纪到近代社会的转变时说:欧洲中世纪的终结和现代资本主义的开端是以意大利诗人但丁为标志的,但丁"是中世纪的最后一位诗人,同时又是新时代的最初一位诗人"。③ 在西方教育史上,有一位与但丁地位类似的承前启后的人物,这就是17世纪捷克著名的教育家夸美纽斯。多少年来,他被人们尊

① 赵祥麟主编:《外国教育家评传》,第1卷,上海教育出版社1992年版,第199页。

② 华东师范大学教育系、杭州大学教育系合编:《西方古代教育论著选》,人民教育出版社1986年版,第376—377页。

③ 《马克思恩格斯选集》第1卷,人民出版社1972年版,第249页。

奉为"现代教育科学的真正奠基人",就像西方学者基廷(M. W. Keatinge)评价的那样:"就其思想的深邃、见识的卓越、涉及领域的广阔,乃至实践经验的丰富及其理论的可行性来说,教育家中没有哪一个可以企及。"①评价之高,令人瞩目。确实,仅就夸美纽斯关于教育管理思想而言,他是无愧于这一评价的。

国家应担负起管理教育的责任 夸美纽斯认为,教育对于社会、国家和人的发展起着巨大的作用,基于这一思想,他主张国家的当权者应义不容辞地担负起管理教育的重任。国家应该普遍设立学校,选择合适的人担任国家督学,督学的职责包括对教育管理者进行培训、检查校长教师的工作、了解学校教学情况等。

建立全国统一的学校制度 为使所有儿童都有上学机会,夸美纽斯提出了统一学制的主张。他的设想是:每个家庭有母育学校,每个村庄有国语学校,每个城市有高等学校,每个省有大学,儿童依次在这些学校中接受学前教育、初等教育、中等教育和高等教育。夸美纽斯这一统一、分段而又连贯的学校制度的设想,对以后的教育管理制度的发展和完善起到了不可估量的影响。

学年制和学日制 17世纪以前,欧洲学校的教学计划是混乱无序的,没有固定的开学日,学生随时可入学。夸美纽斯不满于这一现象,在其代表作《泛智学校》中提出,学校应该有基本固定的开学日和结束时间,这一时间可放在每年的秋季。除此时间外,不应收任何人入学,这样才能使儿童的学习进度一致起来,也便于学习结束时的考试和升级。每个学年还可分成若干阶段,其中可以有4次较长的休假日。学生每天的学习也要合理安排,每日可安排4小时上课,每上课1小时休息半小时,每周三、六的下午是自由活动时间。夸美纽斯的这些主张,与我们今天的学校安排是多么的相似。

班级授课制 过去的学校教学形式松散不一,同一课堂中学习的内容和进度都不一致,教师只对学生个别指导。针对这一现象,夸美纽斯第一个提出班级授课制的主张。他建议,把学生按年龄和程度分班,作为教学的组织单元。每个班级有一个教室,以免妨碍其他班级。每个班配备一位教师,同时对全班学生进行教学,这样教员因此可以少教,但是学生可以多学,夸美纽斯的这一建议在今天看来几近常识,然而在当时却算得上石破天惊。可以说正是有了班级授课制,才使今天学校的教学管理的制度化、标准化成为可能。

考试制度 为检查教学效果,夸美纽斯制定了一套严密的考试制度。他设想,依学时、学日、学周、学月、学季、学年而建立不同的考查形式,如学时考查可通过教师在课堂上口头提问进行,学年考查则让学生集中在操场,通过抽签进行口头检查和考试,考试结果作为是否升级的依据。

学校人事管理 夸美纽斯认为,学校应由三部分人所组成,即学生、教师和学

---

① 赵祥麟主编:《外国教育家评传》,第1卷,上海教育出版社1992年版,第497页。

校管理人员。在其著作里,已出现校长、副校长、主任这些专门的人员称谓,"这表明在当时的一些学校至少是在他领导的学校中,管理人员已从教学人员中分离出来,专门从事管理工作,有了真正意义的管理,教育管理已由经验型的管理过渡到行政型的管理"。① 夸美纽斯特别提到了学校校长的管理职责,认为校长作为全校的支柱和核心,应负责协调和领导全校的工作,如对教师的管理、监督学校规章制度的执行情况、管理学校的档案等。

学校纪律 夸美纽斯非常重视纪律在学校管理中的作用,他的名言是:"学校没有纪律便如磨坊没有水。"②维护纪律的办法有三种,一是及时监督,二是谴责,三是惩罚,惩罚要既严格,又温和,以利于错误行为的纠正。

夸美纽斯是西方教育史上第一个全面系统地论述教育管理的思想家,他的很多主张直到今天仍具有积极的价值。我们今天很多学校管理制度的确立,可以说与他的思想及实践有一定的联系,由此可见他在教育管理史上的重要地位。

赫尔巴特的儿童管理思想

在西方教育史上,19世纪德国哲学家、教育家赫尔巴特是一位富有争议的人物。一方面,谁也不否认他在使教育心理学化、科学化方面作出的巨大贡献;另一方面,人们又为他在儿童管理方面所持的保守态度迷惑不解。根据其对教育中培养儿童兴趣的重视程度,似乎不该得出对儿童的管理要严而又严的主张。

作为哲学家的赫尔巴特,极力主张教育的心理学化,期望以此把教育学引向科学的轨道。他写道:"教育学作为一种科学,是以实践哲学和心理学为基础的。前者说明教育的目的,后者说明教育的途径、手段与障碍。"③为达到教育的心理学化,赫尔巴特认为,必须把培养学习者的兴趣作为教学的出发点,培养儿童多方面的兴趣。为发展兴趣,教学中应提倡儿童的主动思维,他说:"仅仅引向死记硬背的学习,会使大部分儿童处于被动状态,因为只要这种学习继续下去,就会排斥儿童通常可能的其他思想。"④赫尔巴特不但这样思想,也这样实践。据说他在大学的讲课和教学总是形象生动,妙趣横生,深受学生的欢迎。

然而,对学习兴趣的重视,却一点没有妨碍赫尔巴特在儿童管理方面所持的严厉立场。他认为,儿童的天性是盲动、顽劣、不驯服和不守秩序的,如果听其发展,就会扰乱成人的计划,近期会妨碍教育教学的顺利进行,远期则会发展为"反社会的东西"。为克服儿童这种不驯服的烈性,最好的办法是严加管束。赫尔巴特为此提出了种种管束的方法,如威胁、监督、命令、禁止、惩罚等。他甚至提出惩罚性威

① 曾天山主编:《外国教育管理发展史略》,教育科学出版社1995年版,第354页。
② 夸美纽斯:《大教学论》,人民教育出版社1979年版,第209页。
③ 赵祥麟主编:《外国教育家评传》第2卷,上海教育出版社1992年版,第99页。
④ 同上书,第104页。

胁是管理儿童的第一手段,特别是当儿童年龄较小的时候,由于道德观念未树立,说教作用不大,要通过必要的暴力手段来维持学校的纪律。学校可以规定种种命令和禁律,设置惩罚簿,专门记载儿童的过失,以达到威胁的目的。学校还可以采取种种体罚手段,如站墙角、剥夺自由、停课、禁止吃食物、关禁闭、用戒尺打手等。与此同时,还要对儿童进行严格的道德规范训练,并使他们的学业负担饱满紧凑,没有空闲时间,免得他们"无事生非"。从赫尔巴特的这些主张可以看出,在儿童管理方面,他的想法相当保守。他一方面提倡发展儿童兴趣,主动学习;另一方面则对儿童左右不放心,要求学校严密监视,强制管束。矛盾的心理就这样不协调地掺杂在赫尔巴特的理论体系中,从而导致后人的种种议论和评价。

杜威及其实验学校的管理实践

作为 20 世纪的教育大家,杜威显然处在一个极其重要的位置上。他的不少教育理念,如教育是经验的不断改组和改造、从做中学、学校即社会、教育即生活等,长期以来在各国的教育界广为流传。特别是他于 20 世纪初(1919—1921)在中国的两年多时间,又把他的思想带到中国,对现代中国教育的发展产生了巨大影响。其实,杜威并不仅仅是一个教育思想家,他还有着丰富的教育管理实践经历,他的很多思想就来自于他的教育管理实践。

1896 年,杜威在美国芝加哥大学教授哲学和教育学,为了实践其教育思想,曾在大学附近创办了一所儿童实验学校,即"杜威学校"(Dewey School)。在办学的过程中,他原先的朦胧想法逐渐明朗和成熟,最终写出了《我的教育信条》、《学校与社会》、《儿童与课程》等恢宏巨著。

杜威十分看重学校管理,他声称:"学校工作有三个主题:教材、方法和行政或管理,这三者是三位一体的。"[1]他的管理思想也十分明确,核心就是把儿童放在一个重要位置上,为儿童提供全面、有效的活动,使儿童积极主动地学习、发展,这在当时传统教育盛行的年代简直是一种反叛式的学校管理风格。在杜威学校里,学生不按年龄分年级,而是按学生发展阶段分为若干小组;学校没有考试,没有升留级;教学围绕不同形式的主动作业展开,如纺织、烹饪、金工、木工等;课本以儿童的生活经验为核心来编写;儿童的管理实行充分的民主化等等。在杜威看来,儿童的世界不是事实和规律的世界,而是有其自己的特征,然而现在学校的一门门互相独立的学科却把儿童的世界肢解了,"已经归了类的各门学科,是许多年代的科学的产物,而不是儿童经验的产物"。[2]

当时,有两种课程观:一种认为课程教材比儿童的经验重要得多,教育者的任务在于以确切的方式,在课堂上提供有关的教材,让儿童被动地接受;另一种认为

---

① 杜威:《民主主义教育》,人民教育出版社 1990 年版,第 99 页。
② 赵祥麟等译:《杜威教育论著选》,华东师范大学出版社 1981 年版,第 77 页。

儿童是起点,是中心,一切科目相对于儿童的生长来说只处于从属的地位,教材不该从外部灌输进去,而应该从儿童的经验着手,学习是主动的过程,决定学习质量的是儿童而不是教材。杜威的思想显然偏向于后一种观点。他努力使其实验学校成为儿童生活的乐园和智慧园,"在学校里,儿童的生活成为决定一切的目的"。[①]学校一切教育和管理活动都要服从儿童的兴趣和经验的需要,"儿童是中心,教育的措施便围绕他而组织起来"。[②]

杜威的主张和实践虽然有其历史的局限性,但是不可否认,他向世人展示了一种全新的教育理念和学校管理模式。这套理念和模式直到今天,对于我们进行教育改革仍然有着积极的价值。

欧美新教育运动中的学校管理

19世纪末、20世纪初是西方教育迅速发展的一个重要时期。随着主要资本主义国家工业化进程的加快,社会上对教育因循守旧、不能对变革及时作出反映的批评日益强烈起来。在这样一种背景之下,欧美世界一批思想开放、志在革新的教育家纷纷走上教育的前台,试图通过他们的实践—创办新学校,唤起世人对教育创新的重视,这就是西方教育史上所谓的"新教育运动"或"进步教育运动"。

作为一种教育的革新,新教育运动在学校管理方面让人耳目一新。首先,在学校设置方面,新学校大多建在风景宜人的乡村或市郊,并采用寄宿制,如英国教育家雷迪办的阿博茨霍尔姆学校,德国教育家利茨办的乡村寄宿学校,法国教育家德穆林办的罗歇斯学校等,都属于这种形式。选址在乡村,一扫以往封闭、狭小和沉闷的城市校区环境,有利于学生开阔视野,贴近自然,增加活动空间。其次,在教学管理方面,新学校毫无例外地打破了固定、呆板的管理形式,学校不硬性规定课程,不强制灌输知识,不单纯强调智力成绩。课程设置力求切合现代生活需要,特别倡导开设体育、手工、社会教育、艺术等科目。教学方法也力求灵活而富有弹性,着重培养学生兴趣、能力和探索精神。再次,在学生管理方面,新教育家们对传统的束缚儿童个性发展的管理模式无不痛恨万分,他们大声呼吁,请尊重儿童,为其活动和发展留下更多空间。他们认为,学校不应该是学生的地狱,而应该是学生自由、快乐的活动场所。在雷迪的阿博茨霍尔姆学校中,校方努力促使师生之间形成相互信赖的关系。在利茨的乡村寄宿学校,教师从不对学生大声训斥,而是通过自己的表率来帮助学生,并让学生学会自我管理。在美国进步主义教育家帕克的昆西学校,学校努力营造一种温暖的、利于儿童内在潜力发挥的校园环境。在女教育家约翰逊创办的有机教育学校,学校甚至取消了考试,也不强迫学生做作业,为的是让儿童在无竞争压力的学习气氛中寻得快乐。所有这些管理措施,对传统的教育

---

① 赵祥麟等译:《杜威教育论著选》,华东师范大学出版社1981年版,第54页。
② 同上书,第32页。

新编教育管理学(第2版)

来说不啻是一种挑战和反叛。

发生在世纪之交的欧美新教育运动，对本世纪西方学校管理的格局产生了一种近似革命性的影响。相对东方学校的管理模式而言，现在西方中小学表现出的那种较为宽松、灵活和开放的管理气氛，无疑与这种影响有关。民主管理、主动参与、尊重个性、培养能力，这些在当时还被大多数教育管理者所怀疑的东西，今天已经成为我们时代教育管理的基本理念。由此我们也可以得出这样的结论，这一个世纪里，教育管理的理念的确在进步，教育管理的实践也在日益走向文明和成熟。

第三节　现代管理理论和教育管理发展

教育管理理论和实践发展到今天，历史上教育先驱的影响固然不可忽视，20世纪兴起的现代管理理论的影响却更值得一提，因为没有后者，很可能教育管理直到今天依然停留在零散的、局部的和经验管理的阶段，更不用说会发展成一门独立的研究学科。

管理理论的发展阶段

这里所说的现代管理理论，是相对于历史上的管理理论而言的，主要是指20世纪所发展起来的现代管理科学。由于现代管理理论最早出现于工业管理领域，也被人们称为工业管理理论；又由于其对社会各行各业的管理都产生了巨大影响，因此学术界常常称之为一般管理理论。现代管理理论如何影响教育管理，这首先涉及其发展阶段的划分问题。在这一问题上，管理学界至今意见不一。

一种意见认为，20世纪以来的管理理论的发展可分成三个阶段，即古典管理理论阶段、人际关系理论阶段、行为科学阶段。这一过程可用下表来表示：[①]

表 2 - 1

起始年代	发展阶段	代表人物
1900	古典管理理论	泰罗、法约尔、古利克、厄威克
1930	人际关系理论	福莱特、梅奥、罗特利斯伯格
1950	行为科学	巴纳德、西蒙

另一种意见认为，20世纪以来管理思想的发展经历了四个阶段：一是工业管

---

① W. K. Hoy and C. G. Miskel, *Educational Administration*: *Theory*, *Research and Practice* (Random House, 1987), p. 3.

理,代表人物泰罗、法约尔;二是人际关系,代表人物梅奥、巴纳德;三是结构主义,代表人物韦伯;四是开放体系,代表人物帕森斯。[①]

国内管理学界倾向于把 20 世纪以来的管理理论发展分成三个阶段:一是古典管理理论,代表人物泰罗、法约尔、韦伯;二是行为科学,代表人物梅奥;三是当代管理理论,代表人物巴纳德、西蒙等。[②]

上述几种分法都有道理,只是所站的角度不同罢了。其实,所有的分法都是相对的。参考有关教材,特别是联系对教育管理的影响,也许较适合的分法可以分成四个阶段:古典管理理论、人际关系理论、结构主义、行为科学。

古典管理理论:提倡制度化的教育管理

古典管理理论兴起于 20 世纪初,由于其迎合了当时生产力发展的需要,也为现代工厂制度的管理提供了理论依据,因此在 20 世纪二三十年代十分盛行。古典管理学家阵营十分强大,有美国的泰罗、古利克,法国的法约尔,德国的韦伯,英国的厄威克等。虽然这些人在论述管理过程时侧重点不同,如泰罗强调管理的技术和手段,法约尔注重管理的一般过程和原则,韦伯考察行政组织的一般特性,古利克和厄威克则总结管理的各项职能,但就他们的思想倾向来说却是非常接近的,故学术界把他们归于同一流派。

古典管理学派的基本主张是:(1)把高效率地完成组织任务视为管理工作的最高目标,认为"效率原则是衡量任何组织的基础"。[③] (2)分工和专业化,认为这是管理活动的最基本手段。(3)统一指挥,即组织内部应建立一套自上而下的明确的权力等级系统,每个成员都要严格服从上级的指挥。(4)工作标准化,将工作细分成若干部分,从而使员工依标准程序展开工作。(5)注重严密的规章制度,认为这是实现组织目标的根本保证。(6)看重经济上的奖励和惩罚制度。(7)重视正式组织的作用。(8)坚信管理是有规律可循的,管理原则就是管理规律的最好体现。

古典管理学派的主张有其积极的意义,在当时被社会各界的管理工作普遍采纳。直到今天,古典管理学家所倡导的那些原则仍在广泛应用,并被人们看作是"管理实践的最好的思想基础"。[④] 当然,由于历史条件所限,古典管理学家也有其不足,就像有学者评价的那样:"他们试图仅仅以理性术语来说明管理的任务。他们视个人和组织为无关联的单位,并强调正式组织结构而不承认非正式组织结构的存在。通常他们并不收集客观和充分的证据来支持他们的假设,而是根据经验

① T·胡森等主编:《国际教育百科全书——教育管理卷》,教育科学出版社 1992 年版,第1—5 页。

② 马洪:《〈国外经济管理名著丛书〉前言》,载赫尔雷格尔等著,余凯成等译:《组织行为学》,中国社会科学出版社 1992 年版,前言。

③ 哈罗德·孔茨等著,黄砥石等译:《管理学》,中国社会科学出版社 1987 年版,第 379 页。

④ R. G. Owens, *Organizational Behavior in Education* (Prentice Hall, 1991), p. 10.

来发展他们的观点。他们的理论并不精致，他们的观点也常常是武断的。然而，他们的见解是有价值的，因为他们奠定了后来学者们的发展的基础。"[1]

古典管理理论对教育管理产生了哪些影响，很多教育管理研究者对此进行了分析。从积极方面看，今天学校管理中的很多做法都证明了这一理论的价值：[2]

表 2 - 2

古典管理理论	适合于教育管理的例子
建立权力等级结构	控制的层次：教育局长——校长——教导主任——年级组长——教师——学生。
工作任务和作业水平的科学度量	全面测试学生在学科领域、能力和成就方面的情况，并按学习水平分类。
规定工作的科学程序	三年级的知识有别于四年级的知识，并为四年级的知识作准备，依次类推。
建立劳动分工	语文教师、数学教师、英语教师、历史教师、体育教师、教学辅助人员、校工。
确定适当的控制幅度	中小学师生之比为 1∶40，正副校长之比为 1∶3。
制订行为规范	学生手册、教学常规管理条例、教师奖励办法。
招聘人员以能力和专业为基础	对进入教育部门工作的人要有教师资格证书。
制订出完成任务的最佳方法	学校不断寻求语、数、外等课程的最佳教学方法。
在雇员中建立纪律	学生要遵守学校规章，教师要服从教育规范，为人师表。

除上述具体的管理方法外，更重要的是，古典管理理论给教育管理人员这样一种观念上的启示：教育管理活动是可以控制的，通过设计一个合理的组织结构，编制一套完善的规章制度，遵循一系列科学的管理原则，再辅之以严格的奖惩手段，学校组织也能像其他一切组织一样，在有限的条件下实现最佳的管理目标。

需要指出的是，教育管理学界在肯定古典管理理论价值的同时提出了批评：第一，它主要是针对工厂企业的管理提出来的，完全照搬到学校管理会有较多局限性，如忽视了教师劳动的特点，抹煞了学校组织与工厂组织的区别等。第二，它所推崇的那些管理方法在学校管理中不一定完全适用，如标准化管理问题。假如学校管理过于强调统一和标准化，就会扼杀被教育者的个性发展，冲淡教育的陶冶价值，并最终影响人才的培养。第三，它过于强调外部控制手段的重要性，如权力等级结构、规章制度、物质刺激等，忽视人的生理和心理需要，这样就不能有效地调动起人的直观能

---

[1] F. Griffith, *Administrative Theory in Education*：*Text and Readings* (Pendell Publishing Company, 1979), p. 4.

[2] 马克·汉森著，冯大鸣等译：《教育管理与组织行为》，上海教育出版社 1993 年版，第 30 页。

动性。古典管理理论的这些缺陷，一度使教育管理活动受到不利影响。[1]

人际关系学说：改善学校中的人际关系

针对古典管理理论过于强调制度化管理，把人当成只注重眼前利益的"经济人"，忽视人的社会需要等缺陷，20 世纪 30 年代起开始流行的人际关系学说提出了一套全新的管理理念，人际关系理论的主要代表人物有梅奥、罗特利斯伯格等。他们在长达八年的工厂管理实验的基础上，提出了以下观点：

（1）经济刺激并非唯一的刺激动因，实际上非经济的社会因素限制了经济动因的效力；

（2）工人是以非正式团体成员的身份，而不是以单个个人的身份对待管理的；

（3）与人的生理能力相比，非正式组织的社会准则对产量的影响更大；

（4）专业化并不一定导致最有效的生产组织；

（5）工人们往往利用非正式组织来捍卫自己，以免受专断的管理之害；

（6）非正式的社会组织与管理是相互作用、相互影响的；

（7）狭窄的控制幅度不是有效管理的先决条件；

（8）非正式的领导常常跟正式的管理人员同等重要；

（9）人不是机器中被动的齿轮，而是能动的生物体。[2]

很显然，上述观点与古典管理理论完全不同，更强调人的动机、工作满意度、非正式组织的意义等对提高劳动生产率的价值。可以说，在人和组织这两头之间，古典管理学派看重的是组织这一头，而人际关系学说更看重人这一头。人际关系理论家坚信，只有充分调动人的工作积极性，改善组织中的人际关系，才能达到有效管理的目的。

人际关系理论对教育管理学界的影响主要是在 20 世纪的四五十年代。这些影响反映在：第一，提倡改善学校人际关系、民主管理学校的著作、论文在当时大量涌现，推动了人际关系理论在教育界的传播；第二，学校行政人员对满足教师心理需要、提高教师士气的意义有了一定认识；第三，有识之士呼吁学校在制定计划时倾听教师的意见，做到民主参与决策，以求改善学校中上下级关系；第四，部分教师开始有意识地向学生灌输合作意识，以提高学生的人际交往能力。从总体上看，人际关系理论以及相随而来的民主管理思想，对当时的欧美教育行政管理产生了一定的积极影响，正如一位专家后来评论的那样，在人际关系学说的影响下，"独断专行的学校管理者不见了，师生享有了比以往任何时候都多得多的自由，学校也成为学习和工作的快乐的场所"。[3]

---

① 吴志宏主编：《中小学管理比较》，上海教育出版社 1998 年版，第 23 页。

② W. K. Hoy and C. G. Miskel, *Educational Administration* (Random House, 1987), p. 14.

③ F. Griffith, *Administrative Theory in Education：Text and Readings* (Pendell Publishing Company, 1979), p. 26.

结构主义:学校组织性质的再认识

所谓结构主义,其实就是以当代最负盛名的管理思想家马克斯·韦伯的"科层制"(bureaucracy,又译"官僚制")理论为代表的管理学说。实际上,我们很难说这一学说代表了管理思想的新的发展阶段,人们一般都把它归入古典管理学派阵营。不过,韦伯的著作自 20 世纪 40 年代翻译成英语后,确实对教育管理学的发展产生很大影响,促使人们对学校组织的性质进行再认识,所以从这一点来说,在 T·胡森主编的《国际教育百科全书·教育管理卷》中,把"结构主义"单独作为一个阶段,甚至认为"从 1950 年至 1970 年,官僚体制或结构主义是教育行政管理的主要观点",也不是一点没有道理。[1]

韦伯的理论之所以被人称作结构主义,原因是其"科层制"学说特别注重组织内部的结构设计。韦伯认为,现代社会各种组织中,最理想、最有效率的组织是所谓科层制组织。这种组织具有以下特征:1. 分工和专业化;2. 非个人取向,即做事不讲情面,不受个人感情色彩影响,公事公办;3. 权力等级体系,即组织中每个成员按其职务和权力大小排列成一个自上而下的系统,每一个职务低的人受到职务高的人的严密控制,以保证上级指示被严格执行;4. 规章制度,即组织中要有严密的规章制度,以规范组织的运作;5. 职业导向,即主要依据能力、成就、资历等来提拔、晋升员工,以鼓励员工对组织保持忠诚。[2]

韦伯的理论及其对组织结构的分析,对工商业及政府机关的管理实践有着巨大的指导意义,对教育管理学的研究也产生了深刻影响。我们从国外很多教育管理学著作中可以体会到这种影响。对照韦伯的理论,研究者最感兴趣的是,学校作为一种组织,算不算韦伯所说的"科层制"? 如果算,学校的"科层制"到了什么样的程度? 对这一问题的探讨,促使人们转向对学校组织基本性质的思索。有些人认为,学校组织毫无疑问是"一种高度发展了的科层制组织。正由于此,学校表现出许多如同军事机构、工业机构以及政府机构相似的特征,并且可以运用这些机构所采用的许多方法"。[3] 这种观点倾向于认为,学校组织的性质本质上与其他组织没什么不同,故其他部门的管理方法,在学校中同样可以运用。另一些人认为,学校不属典型的科层制,有科层制一面,更有教学的专业化的一面。科层制与专业化之间通常会产生很多冲突,故韦伯的理论应用于学校有其局限性。为了解学校组织科层制的程度,一些研究人员 20 世纪 60 年代还编制了相关的量表,如霍尔(R. H. Hall)的"组织量表"(Organizational Inventory),麦克(D. A. Mackay)的"学校组织量表"(School

---

① T·胡森等主编:《国际教育百科全书——教育管理卷》,教育科学出版社 1992 年版,第 3 页。

② Hoy and Miskel, *Educational Administration*:*Theory*,*Research and Practice*,p. 112.

③ Max Abbott and Hohn Lovell (eds.),*Changing Perspectives in Educational Administration* (Auburn,Ala:Auburn University,1965). p. 45.

Organizational Inventory),普夫(D. S. Pugh)等的"亚斯顿访问调查表"(The Aston Inventory)等,这些量表对测评和分析学校组织的性质提供了依据。①

在各种学校组织性质的讨论中,最引人注目的是科恩(Cohen)、韦克(K. E. Weick)等人提出的"松散结合系统"(Loosely Coupled Systems)理论。这一理论认为,科层制理论解释教育组织并不合适,因为后者具有特殊性质。它具体表现在三个方面:

第一,教育组织的目标不是具体明确的,这些目标总是用委婉、抽象的语言陈述出来,对清晰的决策起不了什么指导作用,把这些目标转变成明确的行动方案也是困难的。如什么是"优秀"、"教育质量"等,根本不可能有一致的看法。

第二,教育组织所运用的技术也是不清楚的,模糊的,"何为教学?学习过程何时发生?什么对此负责?不论在哪一个层次上,大多数教师都是在一种试验和错误的基础上行动的,行得通,就干下去,如果不行,再换别的。这种方法可以与现代人们对工业组织的技术的理解形成对照:鉴别和分出一辆成品汽车中的独立部件,要比鉴别和分出教学过程中的独立成分容易得多。在装配线末端,如果一辆汽车运转不灵,找出毛病的原因相对来说比较容易,而如果一个学校毕业生不会写作,确定毛病出在哪里的过程是相当困难和不精确的"。②

第三,教育组织呈现出一种"流动式参与"的特点,人员流动性大,决策过程异常复杂,影响决策的因素也往往把握不定,不同的问题会吸引不同的利益集团和个人加入进教育的决策过程,等等。

由于存在上述特点,教育组织"与其把它们说成是一个具有内聚力的结构,还不如把它们说成是一个观念上松散的结合体"。③ 学校系统和学校事实上是以结构松散为特征的。学校有很大的自主权和自由,在教室上课的教师只是极其一般地受到校长的控制和指导。……虽然是相互关联的,但他们中的每一个都保持其特殊性和个别性。④ 科恩等人20世纪70年代初提出的松散结合系统理论,在一定程度上揭示了学校组织的特殊性质,对指导学校管理工作有极大帮助。故学术界对此给予很高评价,称其为"现代教育组织理论"⑤总的来看,结构主义对教育管理的影响主要是在理论层面,但因为它涉及教育管理最基本的问题——学校组织的性质问题,故而引起教育管理学界这么多的关注和讨论。

行为科学:教育管理学从经验走向科学

从20世纪50年代起,管理科学步入行为科学阶段。行为科学是一门全新的

---

① 黄昆辉:《教育行政学》,东华书局1996年版,第174—176页。
② T·胡森等主编:《国际教育百科全书——教育管理卷》,教育科学出版社1992年版,第83—84页。
③ R·欧文斯著,孙绵涛等译:《教育组织行为学》,华中师范大学出版社1987年版,第34—37页。
④ 同上书,第34—37页。
⑤ T·胡森等主编:《国际教育百科全书——教育管理卷》,教育科学出版社1992年版,第83—84页。

学科,它运用心理学、社会学、政治学、经济学、人类学等多学科知识,探讨人的行为问题。到 60 年代,行为科学进一步发展成组织行为学,着重研究人在组织中的行为问题,诸如行为产生的原因、影响行为的因素等,其目的是更好地调动人的工作积极性,提高管理的效率。行为科学研究的领域非常广泛,以下是其中一些有影响的代表人物及其研究成果。

巴纳德的社会系统理论 "巴纳德是第一位将行政与行为科学加以关联的人物",[①]也是最早运用行为科学方法研究组织问题的人。他的代表作《经理人员的职能》一书,对行为科学的创立起了重要的作用。巴纳德的理论内容丰富,包括对组织性质的分析、组织要素的理论、正式组织和非正式组织关系的论述、组织决策过程的分析等。由于巴纳德特别强调组织是一个内外协作、平衡的社会系统,因此在管理学上他也被看作社会系统学派的代表人物。

西蒙的决策理论 西蒙是当代行政学的代表人物,决策理论的创立者。西蒙在其理论中重点阐述了决策的意义、类型和过程,并对组织决策的合理性问题作了深刻分析。他还主张以行政行为的研究替代行政学的传统研究方式,包括行政组织、人际关系、人员激励、行政程序等。由于在组织决策研究方面的杰出贡献,西蒙荣获了 1978 年诺贝尔经济学奖。

领导行为的研究 行为科学最引人注目的研究成果集中在对领导行为的研究方面。从 20 世纪 50 年代以来,这一领域取得了长足的发展,出现了一大批观点和学说,其中最重要的包括:(1)以斯多格迪尔、汉姆菲尔、哈尔平等为代表的美国俄亥俄州立大学的研究及他们所多次修订的"领导行为描述问卷"(简称 LBDQ);(2)以李克特、卡茨等为代表的美国密西根大学的研究及他们所提出的"以员工为导向"和"以生产为导向"领导两维层面理论;(3)布莱克和莫顿的"管理方格理论";(4)菲德勒的"权变理论"以及他所编制的"最难共事者问卷"(简称 LPC);(5)赫塞和布兰查德的"情景领导理论";(6)豪斯的"路径—目标理论";(7)哈尔平、李克特等有关组织气候的研究以及他们各自修订的"组织气候描述问卷"(简称 OCDQ)和"组织特征测量图"(简称 POC),等等。

激励理论 如何激发行为动机,调动员工的生产积极性,这也是行为科学家关心的问题,这方面的研究一般称为激励理论。行为科学家在激励方面的研究包括:(1)马斯洛的"需要层次理论";(2)麦格雷格的"X 理论、Y 理论";(3)赫茨伯格的"双因素理论"(也称"激励—保健理论");(4)弗鲁姆的"期望理论";(5)亚当斯的"公平理论";(6)莫尔斯和洛希的"超 Y 理论"等等。

除上述领域外,行为科学家还在人际沟通、组织发展和变革、角色冲突、组织文化、参与决策等方面进行了广泛的探讨。大体而言,古典管理学派注重组织的结构与科学

---

① 黄昆辉:《教育行政学》,东华书局 1996 年版,第 80 页。

的管理,较少研究组织中的人的问题;人际关系理论通常只重视人的问题,却忽视组织的问题,而行为科学在一定程度上纠正了前两种理论的偏颇,试图用一种整体、统合的观念看待组织和人的关系,力求实现管理过程中的组织和人的统一、协调和平衡。

行为科学兴起以后,在欧美管理学界产生极大反响,其实证研究方法被广泛运用于企业、机关、银行等各个部门的管理。与此同时,行为科学对教育行政管理也造成巨大的冲击。从 20 世纪 50 年代中期到 80 年代,欧美教育管理学界的主导理论就是介绍行为科学,再有就是韦伯的科层制理论。直到今天,虽然行为科学的研究在教育管理学界有所放慢,但其主流地位并没有从根本上动摇。对于行为科学对教育管理的影响,可以从理论、研究方法和学科建设三个方面来加以分析。

从理论角度来说,20 世纪 50 年代以前,教育管理领域的理论要么属抽象的哲学思辨,要么是单纯的经验总结。在学院里,"按照惯例,教育管理一直由以前的教育局长们教授,他们的专业知识主要来自他们多年在第一线工作中辛辛苦苦获得的经验"。[①] 50年代中期以后,在行为科学的影响和启发之下,教育管理领域进行了大量的理论化工作,如围绕学校组织的性质、作为社会系统的学校的意义、教育领导、教育决策、学校人际沟通、学校组织气氛、教师激励等等,研究者在实证调查的基础上提出了大量的理论,这些理论极大地充实了教育管理的理论体系。难怪后来有不少学者评论说,这一时期是教育管理的"理论运动"(The Theory Movement)和科学化运动时期。

在研究方法上,行为科学出现以前,教育管理研究的主流属"根据常识的价值判断"[②],实证研究虽有但不被重视。而行为科学基本的研究手段就是实证研究,包括编制问卷、访谈调查、实地观察、个案分析等等。这些研究手段被大量运用到教育管理领域之后,打破了以前的研究框式,使得教育管理的研究更为严谨和科学。

在学科建设方面,由于采用了行为科学的理论和研究方法,教育管理学的学科建设出现了极大改变,科学的成分大大增强,学科的体系也日趋严密和完善。正是在这个意义上,使得后来很多研究者得出这样的结论:教育管理学自 20 世纪 50 年代后才真正走上科学的道路,并被学术界公认为一门独立的学科。[③]

后现代主义思潮影响下的教育管理思想

后现代主义(postmodernism)思潮是指 20 世纪六七十年代以来在西方国家兴起的具有广泛影响的社会文化思潮,它涉及哲学、文学、历史、艺术、建筑、语言、教育等社会文化诸多领域。当时,在西方学术界的一些学者思想中普遍存在这样一种观点:以往的社会被"现代主义"所统治,这种"现代社会"最基本的特征是,普遍崇尚科学技术;坚信现实世界存在某些潜在逻辑模式和固有秩序;相信人们只有运

① R·欧文斯著,孙绵涛等译:《教育组织行为学》,华东师范大学出版社 1987 年版,第 25 页。
② 王如哲著:《教育行政学》,五南图书出版公司 1998 年版,第 29 页。
③ 《外国教育丛书》编辑组编:《教育行政与学校管理》,人民教育出版社 1981 年版,第 180 页。

新编教育管理学(第 2 版)

用科学方法(实证、实验、量化等)才能发现这些潜在的逻辑模式和固有秩序;理性、科学和技术的力量不但能征服自然界,也能被用于改造人类社会。然而,随着社会的知识爆炸、高度工业化、城市化、信息化、经济全球化、价值多元化等趋势发展,现在的社会已经进入继"现代"之后的又一发展阶段,即"后现代社会"。处在"后现代"这样一个社会背景之下,以理性、科学和技术为基本宗旨的传统信念,已经不能解释许多新的社会文化现象,更无法适应社会的发展,因此必须取而代之另一套思想体系,即所谓后现代主义观念体系。①

后现代主义思潮内容庞杂,涉及面广,重心不一,可谓是多种理论的混合体。然而,透过纷繁复杂的理论体系,我们还是可以察觉出它们在认识论上的一些共同点,如:拒绝科学技术的霸主地位,认为科学不可能面对纯粹的事实,人类对一切社会和自然的认识都不可避免地渗透价值、信仰、意志、体验等因素;认为知识本身具有多样性、多元性、发展性的性质,它是特定历史条件下创造的结果,如果说现代主义寻求的是永恒真理,那么后现代主义对这些永恒真理表示怀疑;认为实验研究和逻辑分析也不是唯一的认识世界的方法,解释、叙述、亲身体验、直觉、主观判断等都可以作为认识世界和社会的方法,等等。总之,对神圣科学的怀疑、信仰多元化、提倡通过主观体验认识世界等,构成了后现代主义思想家认识上的共同特征。

后现代主义思潮在 20 世纪后半叶几乎渗透西方学术界各个领域,当然不可避免影响到教育管理研究领域。由此出现了一批具有后现代主义色彩的教育管理思想家,其中最著名的有持主观主义立场的格林菲尔德(T. B. Greenfield)、霍金森(C. Hodgkinson)、英格里西(W. English)等,有具有批判论色彩的福斯特(W. P. Foster)、贝茨(R. J. Bates)等,还有主张女性主义思想的教育管理研究专家等。

以格林菲尔德为代表的主观主义理论家认为,过去的教育管理理论,尤其是行为科学影响下的"教育管理理论运动",存在着许多缺陷,如盲目地崇拜组织的自然属性,否认教育管理中的价值问题等。而在这些研究者看来,组织其实不是纯粹的自然实体,而是人为了适应社会自行创造的产物;组织的目标反映了人的意志、权力和价值;组织的结构也不是预先建构好的,而是组织成员相互作用的产物;既然是人为的产物,因此组织也不存在统一、客观、普适性的理论;教育管理面对的问题不仅是事实问题,更重要的是价值问题,在教育管理活动中,事实和价值不能截然分离;如果教育管理者只关注组织的结构、形式和工具意义,就会把更重要的教育目的置于脑后,这样教育管理的意义和价值就会被大大削弱。

以福斯特、贝茨等为代表的批判论者认为,教育管理研究应该更多地提倡人本主义,而不是科学主义和实证主义。例如,教育管理不仅要考虑学校的科层制问题,更要考虑民主化问题,如审视学校组织及管理是否促进了社会的自由、公正和

---

① 吴志宏主编:《教育管理学》,人民教育出版社 2006 年版,第 55 页。

民主化发展;教育管理者不能满足于现状,而应该成为一名批判色彩鲜明的人文主义者,他们应对所有"理所当然"的假设、常识进行质疑、反思和批判;应当把组织管理理论看成是一门道德科学,它必须时时关注管理中的道德问题,尤其是道德两难问题;教育管理问题应置于更宽广的文化和政治背景中去考察,而不仅仅局限于所谓的类似于自然科学式的研究:不能仅仅把学校视为上学读书的地方,更应视为展现各种文化和价值观念的地方等等。

女性主义教育管理观在后现代教育管理思潮中也有一定影响。持有这一类思想的研究者认为,长期以来,现代组织一直受男性文化所支配,这种文化强调权力、服从、忠诚、竞争、效率等等,把个人看作商品,其价值仅仅根据对组织所做出的贡献来衡量;女性在组织中的价值并没有真正受到重视,如在教育管理领域,学校领导大多数是男性,男性思维主导着教育管理过程,男女不平等现象到处可见,等等。针对这种状况,女性主义教育管理观主张,应该换一种视角,即从女性视角出发来体验、观察教育管理问题,在教育管理过程中充分运用女性的特点,如善于支持、非武断、充满感情色彩、关心他人、善于表达等,这样教育组织的管理才能更为完善,管理过程中的人际交流、对话和理解才能得以充分展现。

后现代教育管理思想虽然在很多方面存在种种不足,但毫无疑问,它们对今天的教育管理研究和教育管理实践具有深刻的启发意义。后现代教育管理思想反映了在新的社会背景下,人们对教育管理问题有了新的思考,如关注教育组织的特性和差异性问题,重视教育管理过程中的以人为本,重视教育管理活动中诸如学校宗旨、学生发展、学校与社会关系等与价值关系密切的问题等。通过对后现代教育管理思想的适当了解,有助于我们从更宽广的视野理解教育管理问题,进而更准确地把握未来教育管理思想和实践的发展趋势。

综上所述,20 世纪以来,管理思想每发展一步,几乎都对教育管理的理论和实践产生重大的影响。其中古典管理理论或许对教育管理的实践影响大些,而人际关系理论、行为科学、后现代思潮等则对教育管理的理论研究影响更大。今天的教育管理与历史的发展是密不可分的,它是历史的延续,也是历史的发展和创新。这其中,古人的思想和实践为我们今日的教育管理实践提供了借鉴和启发,而近现代的教育管理研究则为我们认识教育管理问题提供了深刻的科学研究方法。

思 考 题

1. 我国古、近代教育家在教育管理领域有哪些论述和活动?
2. 西方国家教育管理实践和思想是如何演变的?
3. 古典管理理论的基本主张有哪些? 它对教育管理的实践产生了哪些影响?
4. 行为科学的研究涉及到哪些领域? 它是如何影响教育管理理论研究的?
5. 后现代思潮对教育管理活动带来哪些启发?

新编教育管理学(第2版)

第二篇

教育管理体制和机构

第三章 教育管理体制

本章学习目标

1. 掌握教育管理体制的概念、意义和功能；
2. 明确教育管理体制的类型；
3. 认识我国现行教育管理体制及其改革方向；
4. 了解学校管理体制的基本内含和主要涵盖内容。

第一节　教育管理体制概述

教育管理体制的含义

"体制"一词原是生物学上的一个概念，指生物器官的配置形式，后引申为国家机关、企事业单位的组织制度。不同的体制有不同的内容，它要受到一定社会政治、经济、文化传统等各方面因素的制约，反过来也能对社会的变革和生产力的发展产生较大影响。

如果将体制的概念延伸到教育管理的话，那么很显然，教育管理体制即是一个国家的教育行政组织系统，或可理解为国家对教育的领导和管理的组织结构形式与工作制度的总称。教育管理体制主要涉及国家各级教育管理机构的设置、它们之间的相互隶属关系及权责划分等要素。教育管理体制所要回答的问题包括：一个国家的教育管理权力如何确立和划分；中央和地方各自设置什么形式的教育管理机构；这些机构之间是否表现出一定的隶属关系；一个国家对教育的管理总体上是集中管理还是分散管理，等等。在这些问题中，核心是中央政府与地方政府、教育管理部门与学校围绕教育事权方面的权限划分。在国外，这一领域的问题有时也被看作教育政治学研究的内容。

教育管理体制是国家教育体制中的重要部分。在1985年《中共中央关于教育体制改革的决定》和1993年中共中央、国务院在《中国教育改革和发展纲要》论述教育体制时,除了教育管理体制外,还涉及其他体制问题,如办学体制、教育投资体制以及诸多与教育管理体制密切相关的制度问题,如教育督导制度、学校内部管理制度、招生制度和分配制度改革等。由此可见,教育体制所包含的内容比教育管理体制广泛得多。但是,在诸多教育的具体制度的运作过程中,教育管理体制无疑处在中心的位置,它犹如一条主线,将其他有关教育的制度一一串联起来。

在国内有些教育管理学教材中,用"教育行政体制"一词来代替教育管理体制,或者认为两者是完全不同的概念。实际上,如果我们从广义的角度理解"行政"的话,那么这两种概念并没有本质的区别。归根结底,教育管理体制(或称教育行政体制)所要解决的是国家、地方及各级各类学校领导和管理教育事业的根本制度问题,围绕这一制度必然要涉及领导权力分配、机构设置等事项。如果两个术语针对的是基本相同的研究内容和对象,就没有必要将它们过于严格地区别开来。从国外的资料看,研究者一般也不对此作严格区分。①

教育管理体制的制约因素

教育管理体制并非处于真空状态,其建立、完善及效用发挥受到一个国家或社会的诸多因素的制约。

国家政治体制的制约 教育从来受制于国家政治制度、体制以及具体的行政机制。一般来说,教育管理体制与政治体制有如如影随形,实行中央集权式的政治体制,教育管理体制也不大可能为完全的地方分权。如在我国,国家政体属于统一和集中领导的形式,尽管改革开放以来,教育管理体制实行了不少权责下放的举措,但教育事业发展与改革进程及步骤由中央统一领导的性质并没有也不会从根本上发生变化,只是在中央统一领导之下,地方被赋予比以往较多的发展教育的权责,有更多的参与具体政策制订的权利和机会罢了。我们强调的是统一领导之下的地方参与管理的制度。当然,这并不排斥在具体的管理方式上的变化。不过,在一些因素的影响下,有些国家可能也会有例外情形出现,如政治体制是集权的,教育管理上却是分散和分权的。

社会经济状况的制约 一个社会的经济发展了,其教育也会得到发展,国家管理教育的组织形式也会相应地演进。如在我国,自 20 世纪 80 年代改革开放以来,经济发展水平有了极大的提高,国民收入分配格局发生了巨大的变化,国家的财税体制也经历了较多的变革,所有这一切都在整体上推进了教育管理体制的改革,同时也促成了教育管理体制不断进行局部的或适应性的调整、变化。

本国教育和文化传统的影响 任何国家都有其自身的文化教育传统,在有些国家,这些传统被强有力地保存下来,并对教育管理体制产生决定性影响。以美国

---

① T·胡森、T·N·波斯特尔斯威特:《国际教育百科全书——教育管理卷》,教育科学出版社 1992 年版,"教育政治学"和"初等和中等教育的管理"条目。

的情况为例,作为一个移民国家,其教育的发展有自下而上的特点。早期的移民初到美洲大陆时,由于村落散居,交通不便,各村镇只得自行办学。到了19世纪上半叶,由学校逐步发展到了学区,以后又在学区发展的基础上设立了州教育厅,最终建立了联邦教育部。正因为有这一传统,故在美国教育及其管理体制历来被认为是地方的事情,联邦基本上不予干预,由此形成分权式的教育管理体制。

国际改革潮流的影响　当代世界各国的教育正日益走向开放,国际教育改革潮流对各国的影响越来越大。很多国家将他国的教育管理体制改革理念、经验与措施作为借鉴,效仿他国的做法,以调整或变革自身的教育管理体制。时常可见,一些国家在进行着由教育集权式管理向分权式管理的改变,或是相反,由分权式管理向集权式管理的变革,究其原因,除了自身教育发展的需要外,往往与受到他国经验的鼓舞有关,以为其他国家的成功经验也一定能对自己国家有成效。从实际情况来看,这种外来的改革动力之下所进行的教育管理体制的革新,有成功的,也有失败的。

管理主体的影响　虽然教育管理体制从总体上说受各种客观因素的影响,但也不否认管理主体在其中所起的一定作用,只是我们对这种作用的研究还很不够罢了。在现实生活中,有什么样的管理者,往往就会形成什么样的管理形态。[①] 如管理主体可以在体制选择、具体制度制定以及效能发挥等方面产生影响。即使是在同样的社会制度下,面临大致相同的教育管理环境和对象,对管理体制的设计、评价的标准和偏好也会有所不同。这说明,教育管理体制的确立和改变,同管理者自身的政治、学识、业务、能力、修养等都有内在的关系。

在我国,由于教育政治学的研究还比较薄弱,对于究竟哪些因素在对教育管理体制发生作用,或在多大程度上、以什么形式对教育管理体制发生作用,认识还较为肤浅。相信随着这一领域的研究的深入,人们对制约教育管理体制的因素的认识会进一步加深。

教育管理体制的功能

如前所述,教育管理体制从静态意义上说是一种教育系统内的组织体系,从动态意义上说又是一种运行机制,两者构成了一个统一体。作为一个统一体,教育管理体制一般具有四项功能:其一,领导和指挥的功能。相对于其他管理教育的制度来说,教育管理体制是牵一发而动全身的,如只有在管理体制上强调地方参与、学校自主,招生制度和分配制度的改革才有可能进行。其二,权力分配的功能。教育管理体制解决的是中央和地方的关系、教育行政部门和学校的关系,这些关系既是一种权利与职责的关系,又是一种权限与利益的关系。在一定的教育管理体制规

---

① 雷·怀尔德著,尉腾胶译:《管理大师如是说》,中国友谊出版公司1986年版,第54页。

制下,参与教育活动的各方按一定的"游戏规则"办事,明确各自的权利与义务关系,以此来保证教育活动的顺利进行。其三,分工协作的功能。教育管理体制不但是各种教育主体的力量在教育系统中发挥其作用的外在表现形式,同时也是彼此间分工协作的一种表现。通过各教育主体权利的行使、职责的履行、义务的承担、利益的享有,实现有效分工与协调合作。其四,提高效率的功能。为什么要研究教育管理体制,改革教育管理体制?根本的目的是要提高教育管理的效率。"效率原则是衡量任何组织结构的基础",[1]离开了效率原则,教育管理体制的改革就变得毫无意义。

正确认识教育管理体制的意义

正确地认识教育管理体制的含义、功能及其制约因素,无论在理论层面上还是在实践层面上都有着重要的意义。从理论层面上说,它有助于我们正确认识教育管理体制与政治体制、经济体制等之间的相互关系,同时也能使我们更深刻地理解教育管理体制所具有的功能;从实践层面上说,它能有助于我们理清教育管理体制改革的思路,促使我们认真反思近年来在教育管理体制改革方面所取得的经验及应汲取的教训,使我们今后的体制改革思路更清晰,工作目标更明确,措施更可行。只要我们继续勇于探索,大胆尝试,就一定能建立一套真正符合我国国情、有效促进我国教育事业发展的教育管理体制。

第二节　从宏观层面看教育管理体制

教育管理体制的基本类型

教育管理体制的类型是指教育行政组织的形态,也就是国家干预教育活动的制度安排与组织结构预设的方式。从不同角度出发,我们通常可以得到以下几种关于教育管理体制的分类:

中央集权制与地方分权制　将教育管理体制分成中央集权制和地方分权制,其依据是中央和地方关于教育管理权责的分配关系。教育管理的中央集权体制,一般来说,是国家行政管理集权制的一个组成部分。在中央集权体制下,社会公共权力集中于中央政府,地方各级政府服从和接受中央政府的领导和统治。在教育管理工作中,就表现为中央政府及其教育行政部门直接领导和管理整个国家的教育事业,地方政府及其教育行政部门主要以实施中央制定的教育法律法规、政策、

---

① 哈罗德・孔茨等著,黄砥石等译:《管理学》,中国社会科学出版社1987年版,第379页。

新编教育管理学(第2版)

规划和指令为己任。中央和地方的关系,明显表现为一种垂直的、领导与被领导的隶属关系。地方分权制是指国家管理教育的权责由中央政府和地方政府分别执掌,以地方自主管理为主的制度。在这种制度安排下,中央和地方政府在教育管理上有各自的权责范围,维持着一种相对独立而非领导与被领导的隶属关系,呈现一种平行的管理体制。在教育上实行中央集权制的突出代表是法国。法国从教育事业是国家事业的观念出发,建立了代表国家权力的中央教育部,统一领导和监督全国的教育,其权力范围包括确定各级各类教育机构的目标、考试时间和内容、管理公立学校的教职员、确定教育经费等。实行分权制的典型代表是美国,美国在"自治办教育"理念的支配下,各州和地方学区及州所规定的其他机关拥有管理教育的权力和责任。中央教育机构即美国联邦教育部对全美教育事务主要起指导和资助作用,其职能是服务性的。

这两种体制各有利弊。中央集权制有利于统一国家的教育方针、政策,有利于制定统一的教育发展规划,也有利于中央调节各地教育发展不平衡的状况,加强对落后地区教育事业的扶持和帮助。此外,这一体制促进了教育标准的统一,各地可根据统一的标准评估和检查教育的发展状况。然而,中央集权制的管理体制也有不足之处,主要表现在:容易形成不顾地方特点和条件强求一致的局面,从而对地方因地制宜发展教育造成不利影响;教育管理的主要权责集中于中央,不利于调动地方发展教育的积极性和责任感;中央集中管理,地方缺少自主权,客观上使得地方教育行政管理工作趋于保守、僵化,缺少灵活性,降低了教育管理的效率。地方分权制的主要优点是:教育行政权力分散,地方政府及其教育行政部门负有发展教育的权责,有利于地方因地制宜管理教育,使教育适应于地方经济和社会发展的特点与需要;地方政府及其教育行政部门执掌有关教育的发展权力,有利于充分发挥其发展教育的积极性和主动性;地方自主管理教育事业,有利于地方及时处理和决断有关教育问题,可以避免出现事事请示中央的现象,提高教育管理的效率,同时也能促使中央集中精力更有效地履行其宏观管理的职能。教育管理的地方分权制的不足之处主要是:教育行政权力分散,不易在教育领域统一政令、统一标准、统筹规划及统筹兼顾;各地条件不同,对教育事业的认识不同,容易造成教育的不平衡发展;各地自主行政,中央调控能力减弱,不利于组织地方之间的教育协作。

实际上,这两种体制其各自的利弊只是一种外在的现象,真正认识造成这些利弊的原因还需要作更深入的分析研究。应该看到,一个国家教育管理体制形成的原因是多方面的,促使一个国家进行教育管理体制改革的因素也异常复杂,这些因素在不同的国家、不同的时期起着不同的作用,也会有不同的表现形式。正由于教育管理体制对一个国家的教育发展至关紧要,所以历来为各国教育管理学研究者所关注。研究者们围绕教育管理体制类型问题有不同的见解,展开了不少争论,但也存有一些基本的认识,这些认识包括:第一,一个国家的教育行政管理是实行中央集权制还是地方分权制,有其产生、形成与运作的客观基础,是该国长期形成的历史文化所造成的。正因为如此,教育管理体制的改革,绝非是轻而易举的事情;第二,从优缺点两方面来看,两种体制各有利弊,很难断言孰优孰劣。不同的价值评价观,对于教育管理领域中的具体问题会产生迥然相异的评判。例如,从中央集权的教育管理体制角度来说,统一各种教育评估标准似乎是天经地义的,这不仅有助于保证教育的质量,也便于教育评估者的具体操作;但从分权制的教育管理体制角度来看,就会发现很多不足:实行统一的标准,全国一刀切,没有照顾到各地千差万别的教育条件与特点。所以,对这两类教育管理体制的利弊,不可偏执一端,不可因为一定时期某些改革的需要,过度推崇某种类型的体制,而极力贬斥另一种类型的体制。从教育管理体制变革的历史过程看,很多国家在该领域时常表现出集权与分权的周期性改革;第三,教育管理体制并不能解决教育领域的所有教育问题,它更多影响的是国家教育制度、政策及管理层面的事务,对课堂教学的影响则小得多,要真正提高课堂教学质量,还得从改进课堂教学入手。①

从属制和独立制 这种分类的主要依据是教育行政机构与政府之间的关系。教育行政从属制又称完整制,主要指各级教育行政机构是政府的一个职能部门,接受政府首长的领导,不是脱离政府的独立组织。如我国的各级教育委员会或教育厅(局)都是各级政府的一个行政职能部门,在各级政府首长的领导下,专司教育行政管理。教育管理从属制的主要优点有:教育行政部门作为政府的一个组成部分,有利于政府统筹规划,协调教育与国民经济和社会发展之间的关系;教育行政部门在政府的领导下行使管理职权,有利于加强教育管理的权威性。教育管理从属制的不足之处主要是:由于教育是周期长、见效慢的社会公共事务,容易使政府在工作安排中出现重经济、轻教育的情况,特别在政府财政困难时期,这些情况会表现得更为突出;由于政府首长任期的限制,容易导致教育管理上热衷于追求短期效果,而忽视教育的特殊性,不按教育规律办事,结果对教育的发展带来损害。

教育行政管理独立制又称分离制,一般应用于地方教育管理,主要指地方教育管理机关脱离一般行政而独立存在。它不属于地方政府的一个职能部门,也不接受地方政府首长的领导。有些国家的教育管理体制属这种类型,如美国的地方学区制。这种教育管理体制的主要优点是:教育成为独立的社会公共事务系统,有利于避免同级一般行政对教育的不必要干扰,也有利于避免外行领导内行,提高教育管理的效率。其主要不足之处是:教育管理独立于一般行政管理之外,不利于发挥政府办教育的积极性,同时也不利于教育事业与社会其他事业的协调发展。

专家统治制和非专家统治制 这种分类的依据主要是教育管理决策权是否由教育专家掌握。这种体制的主要特点是,要求教育行政首长必须是从事过教育工作且卓有成效的专家。换句话说,在这种制度下,只有教育专家才能充当教育行政

---

① 吴志宏:《两种教育行政体制及其改革》,《华东师范大学学报》(教育科学版),1999年第3期。

首长。教育管理专家统治制的主要优点在于:有利于教育行政首长专业化,有利于对教育事业进行科学管理,重视发展教育事业,按教育规律办教育。它的不足之处在于:容易将注意力局限于教育内部的各种关系,忽视教育与社会其他方面的联系,结果导致教育行政决策的片面性,出现就教育分析教育的情况。

教育管理非专家统治制是指教育行政首长或领导者由非教育专家担任的制度。这种制度一般应用于教育决策或政策制定机关。有的教育决策或政策制定组织采用专家和非专家相结合的方式,教育专家和非教育专家各占一定的比例。教育行政管理非专家统治制的优点主要表现在:有利于密切教育与社会之间的关系,促进全社会关心教育的发展;有利于加强学校与家长及社会各方面的联系,创造良好的社会育人环境。其不足之处主要是:容易出现不顾教育的特点和规律,乱决策、瞎指挥的现象;由于非专家参与教育行政往往代表一定的社会利益集团或社会群体的利益,使教育决策和政策容易受利益集团的影响,从而影响教育决策和政策的公平性与科学性。

以上从不同角度分析了几种主要的教育管理体制类型。在这些分类中,第一种分类即中央集权制和地方分权制的划分是最基本的,后两种分类在很大程度上受其制约。在考察一个国家的教育管理体制时,我们往往首先分析其总体上属中央集权制还是地方分权制,当这一基本性质认定后,这个国家教育事务的很多现象与特点就容易解释和理解了。

建国以来我国基础教育管理体制的演进

教育管理体制有其历史发展的延续性和演变过程,我国教育管理体制的历史发展又受特定的政治、经济等社会因素的影响。研究今天的现状,有必要对历史作一简要的回顾。这里着重阐述基础教育管理体制的变革过程。新中国成立以来,我国基础教育管理体制的发展大致经历了以下几个阶段:

20 世纪 50 年代　在改造旧教育、公布新学制的基础上,教育部于 1952 年颁发了《小学暂行规程(草案)》和《中学暂行规程(草案)》。其中规定:,小学由市、县政府统筹设置,其设立、变更和停办视不同情况而定。公办和私立小学都由市、县教育行政部门统一领导。同时规定,中学由省、市文教厅遵照中央和大行政区的规定实行统一领导,省文教厅必要时得委托专员公署、省属市或县人民政府领导所辖地区的中学。各级政府部门所办中学的设立、变更、停办,要分别报中央教育部备案,或由同级文教行政部门转报中央教育部备案。其日常行政由各主管业务部门领导,有关方针、政策、学制、教育计划、教导工作等事项受所在省、市文教厅局领导。1954 年,政务院在《关于改进和发展中学的指示》中规定,中学实行统一领导、分级管理的原则,即省辖市内的中学由省辖市管理,县(市)内的中学逐步做到由县(市)管理。这说明,对中学的管理,一开始就有分级管理的思想和做法。1958 年,中共中央、国务院发布《关于教育事业管理权力下放问题的规定》,着手改变过去条条为主的管理体制,扩大地方教育管理权限。1959 年又进一步明确提出,公办的一般全日制小学由公社直接管理;民办小学由生产大队直接管理。

20 世纪 60 年代初期 1963 年,中共中央转发《全日制小学暂行工作条例(草案)》和《全日制中学暂行工作条例(草案)》,要求各地讨论试行。其中,在总结研究前一阶段工作的基础上,对中小学的领导和管理体制作出了新的规定,指出:"国家举办的全日制小学,由县(市属区)教育行政部门统一管理。""其设置和停办,由县(市)人民委员会批准。""全日制初级中学一般由省、市、自治区教育厅、局管理,也可以委托所在专区(市)或县(市)教育行政部门管理。全日制高级中学和完全中学一般由省、市、自治区教育厅、局管理,也可以委托所在专区(市)或县(市)教育行政部门管理。"由此可见,在当时,教育管理体制的主要方向是加强垂直领导的作用,而对地方办教育的积极性鼓励不够。

20 世纪 60 年代中期至 70 年代中期 在 1966 年以后的 10 年中,由于"文化大革命"的影响,我国原先已逐步完善起来的中小学领导和管理体制遭到极大破坏,全国基础教育管理体制处于混乱状态,这对我国教育事业的发展不啻是一场灾难。

20 世纪 70 年代后期至 21 世纪初 "文化大革命"结束后,教育部于 1978 年修订并颁发了《全日制小学暂行工作条例(试行草案)》和《全日制中学暂行工作条例(试行草案)》。其中规定,"全日制小学由县(市属区)教育行政部门统一领导和管理。社队办的小学,可以在县的统一领导下,由社队管理。""全日制中学原则上由县以上教育行政部门领导和管理。社队办的中学,可以在县的统一领导下由社队管理。"80 年代中期以来,我国基础教育管理体制进行了重大改革,其中心是强调地方对发展基础教育的权责。1985 年,《中共中央关于教育体制改革的决定》明确提出:基础教育管理权属于地方,实行"地方负责、分级管理"的原则。除大政方针和宏观规划由中央决定外,教育的具体政策、制度、计划的制定和实施,以及对学校的领导、管理和检查,责任和权力都交给地方。1986 年,全国人大六届四次会议通过了《中华人民共和国义务教育法》,该法律规定,我国的义务教育事业,在国务院领导下,实行地方负责、分级管理的制度。这部法律在义务教育普及以及整个基础教育的发展中发挥了重要作用,由此,"地方负责、分级管理"成为我国基础教育管理的基本制度。

21 世纪初以来 国务院确定农村义务教育"以县为主"的管理体制。2001 年 5 月《国务院关于基础教育改革与发展的决定》指出,农村义务教育管理体制实行在国务院领导下,由地方政府负责,分级管理,以县为主的体制。2003 年,国务院《关于进一步加强农村教育工作的决定》,重申了落实以县为主的农村义务教育管理体制。2006 年 9 月 1 日,新《义务教育法》正式实施。新《义务教育法》始终贯穿的一个重要特征是,政府是实施义务教育的主要的和首要的责任者。该法律规定:"义务教育实行国务院领导,省、自治区、直辖市人民政府统筹规划实施,县级人民政府为主管理的体制。"新的体制强化了中央与省级政府尤其是省级政府管理和实施义务教育的责任，明确了以县为主的体制，初步划分了中央、省和县在义务教育管理中的职责。这部法律在很多方面取得了重大突破，是我国义务教育立法和教育法制建设进程中一个新的里程碑。

50多年的历史演变表明，在中小学领导和管理体制的建设中，必须正确处理中央与地方、条条与块块的关系。从总体上说，50多年的历程是一种前进的趋势，越来越接近于上下之间、条块之间正确协调的状态。但也不可否认，发展中也出现过偏颇和差错，前进中走过弯路，有过曲折。我国目前所确立的基础教育管理体制的基本原则和改革方向，是在总结了50多年实践经验的基础上提出来的，实行这一原则，将有助于调动中央和地方各级政府的办学积极性，有助于发挥社会各界兴学助教的热情，有助于实现基础教育"地方化"的要求，做到因地制宜办教育、兴学校，提高全民族的文化科学素质和道德水准。当然，从正确的指导原则和改革方向的确立，到形成完善的管理体制，还需要长期的实践探索，需要解决一系列认识问题和实际问题。回顾历史，是为了更好地研究今天，预示明天，同时也是为了促使我们对教育管理体制的类型、结构、职责分工、权限划分等问题作更深入的分析探讨，并在此基础上增强体制改革的自觉性。

我国现行基础教育管理体制及其改革

目前，我国基础教育实行的是国务院领导，省、自治区、直辖市人民政府统筹规划，市、县级人民政府具体负责实施的地方负责、分级管理的体制。经过多年的实践，我们对中央和地方各级政府在基础教育方面的管理职责范围有了更明确的认识：中央政府负责制定有关基础教育的方针、政策、法规、规章及总体发展规划和基本学制；设立用于补助贫困地区、民族地区、师范教育的专项基金；对地方教育部门工作进行监督指导等。省、自治区、直辖市人民政府负责本地区基础教育的实施工作，包括制定本地区基础教育发展规划和中小学教学计划，组织对本地区义务教育的评估和验收；建立用于补助贫困地区、少数民族地区的专项基金，对县级财政教育事业费有困难的地区给予补助等。市、县（区）级人民政府是具体事项的主要实施者，在落实义务教育方面负有主要责任，其责任包括统筹管理教育经费，调配和管理中小学校长、教师，指导中小学教育教学工作等。实践证明，这样一种管理模式基本符合现阶段我国社会政治、经济和教育条件的需要，有利于教育事业迅速健康地发展。

我国基础教育发展的重心是农村。根据2001年5月《国务院关于基础教育改革与发展的决定》，我国农村义务教育目前实行的是地方负责、分级管理、以县为主的管理体制。这一体制的确立，是新形势下我国基础教育体制的重大调整和改革，也是实施科教兴国战略的重要内容。它对于进一步明确各级政府对发展农村义务教育的责任，加强农村义务教育管理，保证经费投入，减轻农民负担，促进农村义务教育持续健康发展起到了积极的作用。确立这一体制的意义,主要表现为两个重大的转变:一是把农村义务教育的责任从主要由农民承担转变到由政府承担;二是把政府对农村义务教育的责任从以乡镇为主转到以县为主。这两个转变,意味着县级人民政府今后将对农村地区基础教育尤其是义务教育承担起主要责任来。其责任应该包括:统筹规划本地区农村义务教育的发展;因地制宜地逐步调整农村中小学布局,整合优质教育资源,保证义务教育阶段适龄儿童少年按时入学;建立规范、稳定的经费投入保障机制,通过调整本级财政支出结构,增加教育经费预算;合理安排使用上级转移支付资金,做到"三个确保",即确保中小学教职工工资,确保中小学正常运转经费,确保中小学危房改造等所需资金;加强农村学校教职工队伍建设,提高教师整体素质;负责农村中小学校长的选拔、任用、调配和管理工作;积极推进农科教结合,统筹普通教育、职业教育和成人教育的发展。我们看到,几年来,在实施基础教育"以县为主"的管理模式以后,地方政府办学的积极性有了极大的提高,农村教育事业发展取得了可喜的成就。由此可见,农村地区教育管理体制的这一变革,符合我国农村基础教育发展的需要。下面的案例可以说明这一点。

【案例 3-1】
关于农村义务教育管理体制落实情况①

江苏省于 2002 年 6 月颁布《关于完善农村义务教育管理体制的通知》,明确县级人民政府对农村义务教育负有主要责任。该省新沂市、东海县等 20 个县(市、区)均进行了教育体制改革。县人民政府负责制定本地农村义务教育发展规划,组织实施农村义务教育;制定农村中小学布局调整方案,并组织实施;制定农村中小学教职工编制方案,并根据省人民政府核批的农村中小学教职工编制,核定学校教职工编制;负责农村中小学校长、教职工的管理;调整本级财政支出结构,增加教育经费预算,确保按时足额统一发放教职工工资;统筹安排农村中小学公用经费,安排校舍建设、危房改造和布局调整资金,组织实施农村中小学危房改造和校舍建设,改善办学条件;领导和管理农村中小学的教学工作。

明确基础教育管理以县为主后,农村义务教育管理体制进一步取得实质性的进展,县级政府对农村教育事业的统一规划、教师工资的统一发放、教师队伍的统一管理和教育经费的统一安排得到了进一步强化,农村义务教育事业的保障和整体实施水平进一步提高。以县为主的体制实施后,20 个县(市、区)2002 年教育经费总支出达 48.71 亿元,较上年增长 18.9%;财政对教育的拨款比同期财政经常性收入平均增长率高出 5.4 个百分点。县(市、区)加强了对农村义务教育的统筹管理,结合本地实际制定了教育事业发展规划。特别是在中小学布局调整、中小学危房改造和实施教育现代化工程方面,取得了显著进展。

当然,在教育管理体制改革过程中也出现了一些问题,需要进一步加以改进完善。一是对于基础教育管理重心上移、实行以县为主的管理体制,一些县、乡领导认识不到位,思想不统一,一些地方还没有从"分级办学、分级管理"或"以乡为主"

---

① 《江苏教育》,2003 年第 12 期。

的旧体制中走出来,还在按原有的体制管理义务教育;二是由于多种原因,体制转型本身的矛盾比较突出,再加之各级政府的权责划分不是十分清楚,容易造成管理上的缺失,如原先由乡镇管理的中小学,由于体制变化,乡镇不再管理,县由于还没有实现真正意义上的体制转型,故也未能及时接管;三是由于地域经济发展水平不均衡,致使教育质量出现地域差异,教师队伍不稳定,引起了许多不安定因素,阻碍了基础教育的发展。我们相信,随着教育管理体制的逐渐完善,这些问题将会逐步得到解决。

进一步完善我国基础教育的管理体制

《中国教育改革和发展纲要》指出:"教育体制改革要有利于坚持社会主义方向,培养德智体全面发展的建设者和接班人;有利于调动各级政府、全社会和广大师生员工的积极性,提高教育质量、科研水平和办学效益;有利于促进教育更好地为社会主义现代化建设服务。"根据这一精神,今后我国基础教育管理体制的改革要根据统一领导,分级管理,分工负责的原则,进一步把宏观调控与微观放权结合起来,并在此基础之上实现教育管理体制改革的最终目标。具体来说,我们要从以下几方面入手:

首先,要体现中央统一领导的精神。但是,这种"统一"不同于过去事事由中央划定的模式,也不是事事由教育行政部门直接对学校实行控制和管理。新体制中的"统一",主要是指对基础教育大政方针的导向,如提出中小学办学规格和育人质量的基本要求,调动社会各界的办学积极性,协调各地的普通教育事业发展计划,进行各种调控活动等,通过这些举措来真正发挥宏观指导作用。

其次,要体现地方分级负责的精神。要负责,就要有相应的权限。为此要加强省、自治区、直辖市一级对基础教育事业的决策权和统筹权,加强中心城市和县级对基础教育工作的统筹管理权,实行分级管理。地方各级政府和教育行政部门,都要有对本地区中小学实施领导和管理的相应权限。各级地方政府要分级管理不同层次和类别的学校,要分工管理中小学办学中各项教育行政业务工作。肯定"分级"并不意味着确定全国划一的、凝固不变的分级模式。由于各地区、各时期的实际情况不同,各级的管理水平不一,各地区的分级层次和各级的分工范围应允许有差别,并做不同模式的试验。同时,分级和分工管理模式又应是动态的,要随主客观条件的变化而调整和发展。

再次,要注意理顺农村地区义务教育的管理体制。只有农村基础教育发展了,我国科教兴国的战略目标才能真正实现。因此,要进一步加大政府对农村义务教育的投入,尤其确保税费改革以后农村义务教育经费的投入,切实减轻农民在教育上的不合理负担,从而从根本上建立长期、稳定而有效的农村义务教育保障机制。长期的农村教育实践一再证明:只有当农村义务教育的投入有了切实保障,农村地区教育管理体制的完善才有基础和可能。

最后,还要体现调动有关各方积极性的精神。中小学面广量大,尤其是九年制义务教育的实施,几乎涉及每个家庭。办好中小学,需要有关各方力量通力合作。所谓调动各方积极性,是指不仅要发挥中央和地方各级的积极性,而且要发挥中小学以及社会各界和学生家长的积极性。因此,在确立地方负责、分级办学、分级和分工管理的具体做法时,必须改善主管部门与学校的关系,使中小学在国家法规的指导下享有更多的办学自主权,在地方党委和政府及教育行政部门的领导下逐步实行校长负责制。此外,在理顺教育系统内部关系的同时,还需建立教育系统内外的协调机制。为此,要设法采取多种形式(诸如社区教育委员会、企业与学校挂钩、家长委员会等),从组织上保证社会各界和学生家长支持中小学,并在一定程度上参与学校管理和育人工作。

第三节 从学校层面看教育管理体制

教育管理体制的变革不仅影响到一个国家教育行政机关的组建形态,也影响到这个国家各级各类学校的内部管理形式。实际上,教育管理体制之所以要进行适当改革,目的之一就是要完善学校内部的管理体制,激发学校的内部活力,从而使学校教育能真正适应社会发展的需要。新中国成立以后,我国建立起以公有制为主体的社会主义经济制度,同时也对原有的国民教育制度进行了彻底改造。绝大多数的学校收归国有,由政府投资并直接管理,形成以国家为单一办学主体和政府直接管理为特征的公共教育制度,政府统包统管学校的制度模式也因此奠定。为了更好地发展教育事业和提高教育质量,使学校能主动适应社会主义现代化建设和改革开放新形势的要求,我国从 20 世纪 80 年代起,开始了学校内部管理体制的改革。

校长负责制:学校内部管理体制改革的核心

1985 年《中共中央关于教育体制改革的决定》指出:"学校逐步实行校长负责制,有条件的学校要设立由校长主持的、人数不多的、有威信的校务委员会,作为审议机构。"实行校长负责制,即让校长对学校工作全面负责,统一指挥;明确学校的党政分工,学校党组织发挥保证监督作用,集中精力抓好党的自身建设和思想政治工作;学校建立健全教职工代表大会,加强民主管理和民主监督。中共中央、国务院 1993 年颁发的《中国教育改革与发展纲要》进一步指出:"中等及中等以下各类学校实行校长负责制,校长要全面贯彻国家的教育方针和政策,依靠教职工办好学校。"根据中央的指示精神,至 20 世纪 90 年代中期,我国大部分城市地区的中小学基本实行了校长负责制。2006 年 9 月颁布的新《义务教育法》也规定:"学校实行校长负责制",由此确定了校长负责制的法律地位。这样,校长负责制成了我国中小学普遍实行的领导体制。实行校长负责制，从理论上讲，应当包含以下几个基本内容。

实行校长负责制的学校领导体制　所谓校长负责制，即校长对政府主管部门承担学校管理的全面责任。校长是学校的法人代表，应按有关规定行使职权、履行职责，对外代表学校。"权责对等"是组织管理的最重要原则，现行校长负责制赋予校长对学校的教育教学及其他各项工作实行统一领导，全面负责的权力。校长行使的管理权力主要有以下几方面：

一是决策指挥权。即在国家有关法律、法规、政策允许的范围内，校长有权对本校的教育教学和行政工作进行决策和统一指挥。如校长根据国家和上级领导部门的规定，有权进行教改实验，调整教学内容和进度，规划并实施教育教学的改革和学校内部劳动人事分配制度的改革，但改革和措施需经过学校党组织的讨论，重大的改革方案还需经学校教职工大会审议通过，报政府主管部门批准或备案。

二是干部任免权。按照当地干部管理权限规定的不同，校长在认真听取教职工意见的基础上，经与学校党组织共同考察、讨论后，可提名和任免学校中层干部和副校长，报上级主管部门批准或备案。

三是职工奖惩权。校长有权按照有关规定，对工作成绩显著的教职工给予奖励，对严重违纪并给学校工作造成重大损失的教职工予以行政处分，但对教职工的重大奖励和行政处分需听取学校党组织和工会的意见，并按有关规定，报上级教育行政部门批准。

四是学校财经权。校长有权按国家有关政策和规定，合理支配与使用学校经费、教育教学设施设备和学校其他财产。

以现行校长负责制所拥有的各项管理权力来看，校长可以在贯彻国家的教育法律法规和方针政策的前提下，按照自己的办学理念和思路，制定适合本校实际的办学目标、规划和实施方案，选择适宜的管理方式和具体策略，并承担全面的职责，从这个意义上说，校长负责制是社会组织的首长负责制。当然，这并不意味着校长可以我行我素、独断专行，他还要处理好与学校党组织的关系，并保证学校教职员工民主参与学校内部事务的管理。

党组织的保证监督　在实行校长负责制的同时，党组织仍然居于学校的政治核心地位，应充分发挥其对学校各项工作的保证监督作用，使党和国家的方针政策得到贯彻实施。这主要体现在以下几个方面：一是参与学校重大问题决策，如学校的发展规划、学年工作计划、重大改革方案、重要的工作安排、工资奖金分配原则等涉及方向、政策、全局等重大问题的讨论，提出意见，参与决策；二是加强学校党组织的思想、组织、作风建设，形成坚强的政治核心，发挥党组织的战斗堡垒和党员的先锋模范作用；三是建立由党组织统一领导的，党、政、工、团齐抓共管的思想政治工作体制，并由党组织协调、检查、督促各部门思想政治教育工作的开展和落实；四是加强对学校干部的教育、管理和监督，学校中层干部或副校长的提名与任免，一般采取校长提名,党组织研究讨论,在政治和工作作风上把关,然后由上级主管部门或校长任命;五是学校党组织对工会、共青团、少先队等群众组织实行政治思想、组织领导,定期讨论工作,支持其围绕学校的中心,按照各自的章程和特点,开展各项活动;六是做好统战工作,学校党组织要关心和支持民主党派的基层组织建设和工作,发挥民主党派成员在完成学校各项任务中的积极作用。

教职工民主管理 建立健全学校教职工代表大会制度,是在实施校长负责制的条件下实行民主管理、完善学校管理体制的必然要求。实行学校民主管理,体现教职工当家作主的核心问题,是解决好教职工代表大会的"参政"问题。教职工代表大会作为学校教职工行使民主权利的机构,是教职工发扬民主、参与学校管理的基本形式和途径。一般来说,教职工代表大会有以下几项职权:其一,听取校长的工作报告,审议学校的办学方针、学校发展规划、学年工作计划、教育教学和管理制度等重大改革方案或措施,提出意见和建议。其二,审查和通过教职工聘任制和校内结构工资制的实施方案、学校岗位责任制方案、教师职业道德规范实施细则、教职工纪律规定、奖惩条例以及其他重要的规章制度。其三,审议决定有关学校教职工生活福利的重大事项。其四,评议、监督学校行政领导干部,提出表扬、批评和奖惩建议。总而言之,教职工群众参与学校管理问题的探讨,有助于加增进他们对学校各项管理事务及改革措施的认识,加深对学校发展目标和规划的共识,从中体现教职工自身的价值,促成学校主人翁意识的萌生,增强学校对教职工的凝聚力。

二十多年来的改革实践表明,中等及中等以下各类学校实行校长负责制的领导体制是成功的。它理顺了学校里的党政关系,既保证了党的路线、方针、政策在学校的贯彻落实,又使校长及其他行政领导的作用得到充分发挥,同时也调动了教职工参与学校管理工作的积极性,提高了学校的办学效益和水平。从下面一个案例中,我们可以看到实行校长负责制后,在学校管理层面发生的变化,同时它也能加深我们对校长负责制的内涵的理解。

【案例 3-2】

曹校长的管理实践

有一位老校长,姓曹,是民主党派人士,主持一所重点中学的行政工作。近几年来,他在社会上兼职较多,不可能每天从早到晚深入学校的各项工作。于是,他同校党支部书记、副校长、教导主任和总务主任等人商议,作了明确的分工,要求各司其职。曹校长不顾年老事多,总是尽可能地到各教研组走走,同教师谈心,了解情况,听取意见。有时,他也到课堂听课,接触一些学生。但是,他对教师、学生、职工向他提出的具体意见和问题,很少直接表态。他认为:有的事是有章可循的,只要按章办事,不管是校长或是副校长,谁说了都算数;不按章办事,校长说了也不能算。校长负责制,不能是按校长个人意志办事。无章可循的事,要集体研究。特别是有关改革的事,更不能由校长个人决定。有的事还得向上级请示汇报,不能校长一个人说了算。他还认为:学校中大大小小的事都通过校长,这不叫有职有权,而是个人专权,越级用权,滥用职权。集体讨论决定的事,校长随意变更,或者对那些由其他干部分管的事,校长出面表态处理,都不是善于用权的表现。

曹校长的看法,得到学校领导班子的赞同。但有些教职工仍向他提出问题:"这样说,校长不是'无为而治'了吗?""各人分管一个方面,校长的权不就落空了吗?"对于这些问题的回答,我们不仅要从领导方式上加以寻找,更要从实行校长负责制上进行思考。

教职工聘用合同制:学校内部管理体制改革的关键

随着国家劳动人事制度和教育管理体制改革的深化,从 20 世纪 90 年代末起,北京、上海等大城市的中小学教师聘任制由岗位聘任制向聘用合同制转变。《中华人民共和国教师法》第十七条规定:"学校和其他教育机构应当逐步实行教师聘任制,由学校和教师签订聘任合同,明确规定双方的权利、义务和责任。"教职工聘用合同制是根据《教师法》的规定和国家关于事业单位用人制度改革的精神,作为深化学校人事制度改革的需要而推行的。现阶段推行的中小学教职工聘用合同制与教职工岗位聘任制不同之处在于:第一,学校和教职工双方按照平等自愿、协商一致的原则,签订具有法律约束力的合同,建立聘用关系,明确双方的责任、权利和义务。第二,在此基础上再签订岗位聘任协议,落实岗位职责任务等,以进一步完善岗位职务聘任双向选择。中小学教职工聘用合同制的改革目的,在于形成教职工由身份管理变为岗位管理,职务能上能下,工资待遇随岗而定、能高能低,教师职工合理流动、能进能出的竞争、激励机制。

学校人事制度改革中,试行教职工聘用合同制的原则是:其一,公开、平等,作为聘用单位的中小学等基础教育机构与受聘对象的教职工双方必须遵守国家法律、法规,在协商一致的基础上,签订聘用合同;其二,按编制聘用,校长应根据机构编制部门核定的编制、本单位工作任务及岗位设置等情况,在本校现有教职工中聘用,若确需要从其他学校、外系统选聘教职工,须经有关方面批准;其三,竞争、择优,学校应从工作实际出发,全面考察教职工的思想政治素质、业务水平、工作能力、健康状况,任人唯贤,择优聘用。教职工聘用合同制的内容主要包括:一是确定聘用合同期限。聘用合同分为有固定期限,无固定期限和以完成特定工作任务为期限;聘用合同的期限应根据合同双方的意愿,由聘用单位和受聘人协商确定,聘用期一般为 1 至 3 年;二是工作内容;三是劳动保护和工作条件;四是工作报酬;五是工作纪律;六是聘用合同终止的条件;七是违反聘用合同的责任;等等。

实行教职工合同聘任制,是学校人事制度的一项重大改革,其目标是在学校教职工中形成能上能下、能进能出、人尽其才、任人唯贤、不断优化的竞争机制。从实际操作进程来看,就是在"三定"(定编,定岗,定责)的基础上,实行双向选择,建成动态的具有激励、竞争功能的新型人事制度。学校对教职工实行聘任制,激发了学校内部活力,使学校有了用人管人的权利,学校内每个教职工能否上岗,上哪个岗,担任什么职务,承担什么责任,都与其思想业务素质、工作态度、能力以及绩效有关。从理论上说，每个人都存在被聘、不聘和待聘的可能。这就在教职工队伍中形成努力做好本职工作、得到聘任并争取较好职务的利益激励机制，有利于鼓励教师多上课、多承担工作任务。通过聘任制，有助于学校聘任德才兼备的人员，便于实行满负荷工作量，提高学校"生师比"，合理使用人力资源，挖掘学校内部潜力，消除人浮于事的现象，提高教育劳动效率，逐步实现教职工最佳的群体组合，建立起稳定和优化的教师队伍。由于聘任制本身是一种双向选择，因此教职工也有了选择学校和岗位的权利，初步解脱了传统计划经济体制下教职工对学校的人身依附关系。教职工可以受聘也可以拒聘，其工作单位和岗位的选择范围大大扩大，这就为自身特长的发挥提供了有利的条件，同时也有利于教育劳动力市场的形成和教师的流动。未被聘任的教职工，则由上级主管部门和学校通过多种途径安置或自谋出路。

教职工聘用合同制是我国学校内部管理体制改革的一项重大举措，在实施中肯定还有一个逐步完善的过程，需要探讨和解决很多新的问题，比如怎样科学合理地设置岗位职责和岗位数；学校内部不同系列人员之间岗位数量中的比例关系如何确定；现有人员怎样过渡；如何向农村地区、边远地区和少数民族地区的学校适当倾斜，以保证这些地区教育教学的基本需要，并避免因编制所限出现新的代课人员；如何规范聘用合同管理，特别是当出现人事争议的时候，如何切实落实聘用合同的各项条款及内容，并维护单位和教职工双方的合法权益；如何有效推行中小学新任教师公开招聘制度等等。毫无疑问，随着我国学校人事制度改革的不断深入和完善，这些问题都会得到有效解决。

学校分配制度的改革与完善：学校内部管理体制改革的保障

要想有效实施教职工聘用合同制，必须以学校劳动分配制度作保障，所以教职工的劳动聘用制度与分配制度密切联系在一起。聘用合同制通常也称为"全员聘任"，它同教职工工资收入的"全额浮动"紧密联系。学校在实施教职工聘用合同制后，作为改革的配套措施，实行主要按岗位职责和工作量计酬的"全额浮动"分配制度，即受聘的教职工根据本校试行的工资福利制度和工资福利标准，按教师授课时数和所任职务、岗位出勤情况以及工龄年限补贴等获得最终的工资收入。每位教职工可根据自己承担的教学任务乃至课时数或完成的工作，知悉自己的工资收入。由于贯彻能者多劳、多劳多得、上不封顶、下不保底、工资全额浮动、合理拉开差距等原则和方法，把教职工个人劳动的数量和质量同本人收入紧密结合起来，在搬掉"铁饭碗"的同时又防止"大锅饭"的重演，有效地调动了教职工的劳动积极性和自觉性。

为了同实施校长负责制和教职工合同聘用制相配套，政府以及教育行政部门在加强宏观调控的前提下，向学校下放工资分配自主权，实行工资总额包干或经费包干；在学校内部，实行结构工资制，对教职工工资采用分级管理。实行工资总额包干改革的主要内容有:首先是核定包干基数。根据学校所在地区的省级编制部门规定的各级各类中小学编制标准,核定学校教职工的编制;在此基础上,依照包干内容核定学校工资总额。工资总额根据国家人事部规定的标准计算。对不同情况的学校实行分类管理的方法,如满编、缺编或超编在10%以内的学校,原则上按照编制人数核定工资总额;对缺编或超编在10%以上的学校,各地区可以根据实际情况制定具体政策进行核定。包干基数核定后,原则上增人不增资(工资总额),减人不减资,节余的工资由学校自主安排,包干期限由学校上级主管部门协商决定。包干基数在发生以下情况时适当调整:一是学校经过上级主管部门批准,规模扩大而增加班级,需增加教师时;二是在国家统一部署调整工资时,需依所增资的指标进行。

实行校内结构工资制改革,主要是针对传统计划经济体制下单一的工资制度进行的,变单一的固定工资为多因素、多模式、可变型的结构工资制度。所谓多因素,即根据教职工思想品德、职务和业务水平、责任大小、工资绩效、工作态度等多种因素为标准,确定结构型的分配方式;所谓多模式,即各个学校可以根据学校具体实际,制定除国拨工资标准以外的适应本校的工资制度,并只限在本校实行,教职工调离学校时,仍按照国拨工资标准转移工资关系;所谓可变型,即在一定时期内(中小学一般以学年为单位),学校可以根据上述标准的实施效果,决定是否增加或减少与这些标准相应的工资。从一定意义上说,校内结构工资制是因校制宜,由学校自行制定的适用于本校教职工的工资制度。

一般来说,校内结构工资由基本工资、教龄津贴、课时津贴、职务津贴和职工岗位津贴、奖励工资等五部分组成。基本工资、教龄津贴为校内结构工资中的相对固定部分,课时津贴、职务津贴、职工岗位津贴、奖励工资为校内结构工资中的可变部分。

基本工资和教龄津贴在结构工资中相对稳定,前者指职务(技术)等级工资(70%部分)和中小学教师职务等级工资标准提高10%的部分,后者是体现中小学教师从事教育工作年限,鼓励教师终身从事教育工作的工资,这部分工资随着教龄的增长而增长。基本工资和教龄津贴通常依国家规定按月发放。

课时津贴一般以教师实际授课时数为主要依据计算,在学校管理中表现为教师教学工作量的分配补偿。学校根据学科和年级教学负担的差别以及教师职务层次不同,确定课时津贴的不同类别,如将教师的课时津贴分为满课时、不满课时和超课时三个档次,确定课时津贴的不同等级;也有单纯按教师授课时数发放课时津贴的。课时总量通常根据国家教育行政部门规定的教学计划时数计算,并对不同学科的课程确定适当的折合系数。

职务津贴和职工岗位津贴:职务津贴主要是对学校中层及中层以上管理人员付出劳动的分配补偿,领取对象一般为校级领导和中层干部,主要根据职务高低、责任大小以及工作量轻重而定。职工岗位津贴是对年级组长、教研组长、班主任等承担学校各项工作一定职责的教师、行政人员和工人工作的分配补偿,主要根据岗位责任、承担责任、劳动数量等因素确定。

奖励工资或绩效工资:这是在学校劳动分配上体现教职工工作绩效或工作质量的工资。主要以教职工工作质量综合评价的不同结果为依据,确定不同的等级,适度拉开奖励差距,每学期或每学年发放一次。

在分配制度方面,除了结构工资制的改革外,近年来,许多学校还进行了住房、医疗保健、离退休保险等福利制度的改革。这些改革的总体思路是建立国家、单位、个人三方面合理分担的新机制,逐步创造条件过渡到社会化运作。住房制度改革,主要改革以往的低租金、无偿分配和福利性住房制度,通过交纳公积金等方式,达到以商品性为主、福利性为辅的住房制度。医疗保健制度改革主要是改变以往医疗保健费用由国家与学校包下来的公费医疗制度,适当增加个人对医疗费用的支出份额。离退休保险制度改革,主要是建立和交纳教职工离退休养老金,逐步形成学校补充性保险和个人储蓄性保险相结合的教职工离退休保险制度。这些方面的改革也取得了一定的成效。

总的来看,改革开放30年来,学校内部管理体制的改革已取得了一定成效,有力地推动了学校教育的发展,对教师队伍的建设也起到了积极的作用。当然,由于教育形势在不断发展,还有很多新的问题值得研究。例如,随着我国小学入学高峰的过去,在未来几年里小学教师会有所过剩,如何对现有的小学教师进行适当分流是一个值得研究的问题。还有,随着办学体制的多元化,民办学校的发展越来越迅速,如何看待民办学校的管理体制,也是一个需要考虑的问题。再有,农村地区实施"以县管理"为主的行政管理模式后,对农村地区学校的校内管理体制会带来哪些影响,也值得作进一步探讨。

思 考 题

1. 试分析教育管理体制的含义及功能。
2. 比较教育管理中央集权制和地方分权制的异同。
3. 请总结20世纪80年代以来我国教育管理体制改革的经验和教训。
4. 评述学校内部管理体制的建立和完善。

第四章　教育组织机构

本章学习目标

1. 能阐述组织的意义、功能、分类与基本形式；
2. 掌握教育行政机构的性质和设置原则；
3. 了解中小学校行政组织机构的框架；
4. 能说明学校组织机构变革的意义和变革策略。

第一节　组织及组织理论概述

组织是人类社会生活中最普遍、最常见的社会现象。每一项社会活动几乎都要以某种组织为其载体，并通过组织的形式表现出来。人们正是通过各种组织，把人力、物力、财力、信息、时间等要素组合配置、利用开发，从而达到特定的目标。学校无疑也是一种组织。作为一种实体的组织（organization），它是为实现特定教育目标、根据一定管理原则而构建起来的一个体系与机构。作为一种活动过程的组织（organize），它又通过其特有的行为方式，保证传授知识、培养新人这一过程的完善并具有较高效率。

组织的含义

什么是组织？静态地看，组织就是社会集团，是一个集团内各种关系系统的总和。组织将与该组织的生长体有密切关联的人、财、物、时间、信息、环境等因素有机地联系起来，从而形成一个开放的社会技术与社会信息系统。以学校为例，学校的教师与学生、教学设备和教学手段、学校环境和学校氛围等等，所有这些都构成了一定的关系系统，形成了较为固定的模式，如年级组、教研组、班级、团队等。从动态角度来分析，组织就是人与人之间的行为构成模式，是人为了完成共同的目标而彼此分工合作、相互影响的活动系统。也就是说，组织是一个人际关系的网络，它不仅限定了人与人之间的权责关系，同时也要求成员根据自己特定的地位去扮演一定角色,形成一定等级体系,并在这一体系中以自己特定的行为方式去从事某些活动。从生态学角度分析,组织又是一个有着生命活力的生长体,它随着历史和社会环境的演变而不断进行自动调整,以适应社会环境的变化。总之,组织不是人与物或者人与人的简单集合,而是一个复杂的、永远处于活动状态、又不断在自我调整和自我发展的综合系统。

组织的功能

所谓组织的功能,就是组织所具有的功效以及实现这些功效的能力。组织的功能具体表现在以下几个方面:

实现组织机构的目标 任何组织都有其特定目标,组织就是通过共同的目标,才把本来互不相干的人集中在一起的。著名的管理学家巴纳德曾经认为,组织有三大要素,即协作的意愿、共同的目标以及信息联系。[①] 可以说组织的全部努力就是为了实现组织的目标。如果组织不具备这一功能,它就会衰亡、败落,最终停止它的生命。

满足其成员物质和精神的需要 组织机构一方面要使组织中的每个成员都认识到自己的工作对实现组织目标的重要作用,从而鼓励和促进成员按时、按质、按量完成自己的任务,另一方面又要满足每个成员的物质和精神的合理需要,使他们在付出自己的才智和努力之后得到相应的报酬。不能满足成员的需要,组织也就无法确保成员对组织的信任和忠诚。

确定每个成员的位置 组织通过分工、建立权力等级链等手段,使组织中每个成员清楚认识自己在组织中所处的地位、职责、权利和义务。只有清楚地认识自己在组织中的位置,组织成员才能高效而又协调地完成组织的任务。

及时调整和完善自身的结构 有效的组织总是根据所处环境的变化及自身的发展需要,及时地调整机构设置和人员关系的,没有自我调整的功能,组织就会被时代所淘汰。

我们说组织具有这些功能,并不是说一个组织不需要努力就会自动具备这些功能。要使组织的功能发挥到最大限度,还必须通过自身的努力,特别是在机构设置、人员安排、资源分配、信息掌握等方面下功夫。就像管理学家孔茨(H. koontz)所说:"组织机构的设计应当职责分明,使每人都知道应该做些什么,谁对什么成果负责;应能排除由于工作分配的混乱和多变所造成的故障;并能提供反映和支持组织目标的决策沟通网络。"[②]依靠这些努力,组织的功能发挥才有了保障。

---

① 周欣等主编:《世界现代管理学家管理法则全书》,中国社会出版社1999年版,第五章。
② 哈罗德·孔茨等著,中国人民大学工业经济系译:《管理学》,贵州人民出版社1982年版,第316—317页。

组织的分类

为了认识组织的特性,管理学家们常常将组织进行分类。以下是几种较有影响的分类理论。

按照社会功能所作的划分 每一个组织都有其特定的目标,而这种目标又是建立在满足社会的某种需要的基础上的。由于社会需要的不同,因而就出现了各种社会组织。根据各种组织的不同社会功能,就能将社会上形形色色的组织分成四大类,即:以解决生存和供应问题为目标的生产经营性组织;以解决社会适应和平衡问题为目标的政治团体或政府机构组织;以解决社会统一问题为目标的法院、政党等利益团体;以维护和发展社会文化形态为目标的文化组织,如学校、教会、博物馆等。

按照谁是受益者来区分 任何一种组织的存在,必有其受益者,有的组织的受益者为全体民众,有的为某种行业的民众,有的为具有某种条件的人员。从区分谁是受益者的角度,也可以将各种组织分为四大类:即:公益组织,其受益者为全体民众,如政府的行政组织、军事组织、消防部门、警察机构等;企业组织,其受益者为企业的所有者或股东,如各种公司、银行、商店等;服务组织,其受益者为与组织有直接关系的那部分公众,即通常所说的服务对象,如学校、医院、社会福利院等;互利组织,其受益者为组织内的成员,如工会、学会、俱乐部等。

按照对组织的顺从程度来划分 根据组织成员对组织的顺从程度,可以将组织分成三类:强制性的组织,即通过强制性的权力迫使成员服从的组织,如集中营、监狱、精神病院等;功利性的组织,即组织主要依靠报酬、奖励等手段来赢得组织成员的顺从,如各种企业组织、劳工组织、商业组织等;规范性的组织,即主要通过各种规范手段,如提倡荣誉、声望、理想、职业道德等来赢得组织成员的顺从,像学校、医院、司法部门、教会团体等皆属于这类组织。

按照能否自由参加所作的区分 社会的各种组织中,有的成员能自由参加或脱离,有的不能自由参加或脱离,有的不能自由参加但可自由脱离。根据这一标准,可将组织分为三类:自主的组织,即人人可自由参加及自由脱离的组织,如协会、学会、商会等;半自主的组织,即人员参加需一定的资格条件并经由遴选程序,但对脱离组织却多无限制。在担任成员期间,成员与组织之间各自负有明确的权利和义务,如企业组织、政府组织等;非自主的组织,即对参加或脱离组织都有严格限制,而无自由选择的机会,如精神病院、监狱等组织。

管理学家关于组织分类的理论不无启发。我们可以看到,在他们眼里,学校这种组织总是表现出与其他组织不同的一些特性。首先,学校教育组织不是生产和盈利性组织,故其基本作用不是追求直接的经济效应,而是要继承和发展人类的文化遗产;其次,学校从根本上说是一种服务性组织,服务对象就是学生,因此学校必须处处重视学生的利益,杜绝一切有害于学生利益的行为;第三,学校的组织和管理主要依靠规范化的手段,学校将一定社会的规范、信仰、道德习俗等灌输给学生,要求学生遵循和发扬。所以,用过于强制性的教育手段,或是用功利主义的态度对待学校工作,都是与学校组织的基本特性格格不入的。

组织的管理幅度

组织的管理幅度主要是指组织结构的层次及管辖范围。通过对这一问题的研究,可以使组织更合理地设计管理层次、从而达到提高管理效率的目的。长期以来,管理学家一直在研究组织中合理的管辖范围问题,人们很想知道,一个人最多能管几个人;一个组织究竟层次多一些,形成一种垂直式的组织结构好,还是层次少一些,形成一种扁平式的组织结构好。"我们所以要进行组织工作,理由是为了使人们能有效地进行合作,而与此同时,我们却发现由于管理宽度的限制而形成了组织机构中的等级层次。换句话说,由于一个主管人员所能管理的下属人数有限(尽管这个限度因情况不同而异),因而出现了组织层次。"①

对一个组织来说,在通常的情况下,管辖人数越少,自然管理层次就越多,管辖人数越多,管理层次就越少。前者构成垂直型的管理架构,后者构成扁平型的管理架构。管理学家们经过大量的研究发现,一个组织应有适当的管理幅度,这一幅度通常认为 7 个人较为合适,因为这是一个上司所能保持彼此间有效沟通的最大数目。较小的管理幅度意味着主管能更有效地控制部属,但如此则需要雇佣较多的管理人员,花费较高的费用。较大的管理幅度将可为组织省下部属的管理人事费用,但如此亦须冒较大的风险,因为多数员工的操作未受到充分的监督,且管理人员无法确知什么人正在进行什么工作。② 显然,对任何一个领导者来说,即使能力再强,其管理的幅度总是有限的,所以适当的组织分层对任何组织都是必不可少的,组织就是通过适当的分层实现其有效的管理的。

虽然管理幅度有一定的范围,但组织的性质和任务不同,管理的幅度也会有所不同。如在科研室或实验室中,就需要较小的控制幅度,如此管理人员才能有效地和部属讨论问题。而在大规模生产且工作专业化的工厂中,如果每一位员工都从事相似的工作,而且他们的工作结果都很容易加以衡量,则一位管理人员就可有效地控制几十位以上的员工。一般而言,凡工作性质明确、简单、固定并且较易衡量的,管理幅度可较大;反之,如果工作要求较不明确,部属有较多自由处理权,工作的责任也较大,其结果也较难评价的,管理幅度可适当小些。拿学校系统来说,教师的工作性质与工厂企业有很大不同,专业性较强,教师对教学往往有较多的自主权,教学成效的评价也非易事,故在一般的学校里,管理幅度不宜过大。一位校长下面设 2 到 3 位副手较为合适,如果学校规模较大(如大学),则可安排 3 到 5 位副

---

① 哈罗德·孔茨等著,黄砥石等译:《管理学》,中国社会科学出版社 1987 年版,第 384 页。

② R·A·韦伯著,吴斯华等译:《组织理论与管理》,长桥出版社 1979 年版,第 397 页。

新编教育管理学(第2版)

校长。在中小学的年级组,教师也不宜过多,过多了会影响教学管理的效果。

正式组织与非正式组织

管理学家常常喜欢将正式组织与非正式组织区分开来,以说明组织的内在特性。所谓正式组织,就是根据组织编制、章程或其他正式制度、规范而建立起来的系统,它是人们长时间置身其中、作用明显而且直接的社会群体,也是实现组织目标的重要载体。在正式组织的成员之间,有明确的上下级关系,有正式的公事往来,还有明确的协作义务等。教育行政管理机构、各级各类学校、各种各样的社会教育机构等,都是教育系统中的正式组织。正式组织本身不存在着任何固有的僵化的东西,相反,如果善于组织,它就会提供一种有利的环境,从而使个人当前和未来的努力都朝着有利于实现组织目标的方向发展。

所谓非正式组织,就是在正式组织内部,由于部分成员的性格、气质、爱好、兴趣等较为接近,因而在相互交往的过程中结下比一般成员更密切的朋友关系,并形成特有的小团体,且这样的小团体有自己的特有的权威和领袖,甚至有自身不成文的规范或章程。非正式组织虽然没有定员编制、明文规定,甚至没有明确的组织边界和固定的组织形式,但对其成员的思想和行为却有着重要的影响。古典管理学家们常常对这样的非正式组织表示怀疑,认为它们会对正式组织目标完成及日常运转带来损害。人际关系理论提出后,人们对非正式组织的作用和功能有了新的认识。现在管理学界普遍的看法是,正式组织和非正式组织是相互影响、相互关联的,一个正式的组织不可能完全排斥非正式组织的存在,关键是如何处理和协调的问题。只要处理得当,协调得好,非正式组织的存在不但不会对正式组织带来损害,相反能有助于正式组织目标的实现。

组织的基本形式

通常,人们把对组织各要素经过排列组合后形成的具有典型意义的、相对稳定的结构形式称为组织形式。组织形式的不同,在一定程度上体现了组织性质、目标和运作方式的不同。以下是几种常见的组织形式,它们对教育行政机关以及学校组织的改革和发展可以提供某种借鉴意义。

直线式组织 直线型组织结构,就是按照管理的纵向层次进行结构排列,由低到高,事权逐级集中,构成一个垂直分叉的金字塔形态线。图4-1中,①代表组织的首长;②代表单位主管;③代表经办人员。直线型组织结构的优点是指挥统一、权责明确、便于控制、利于监督;缺点是缺乏横向协调、应变能力较差。

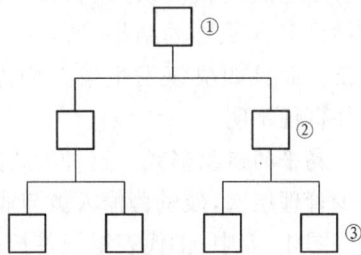

图4-1 直线式组织

功能式组织 功能式组织就是按照管理的专门职能进行横向结构排列。图4-2中，①代表组织首长；②代表专家；③代表经办人员。其特点是在领导层下设立专门的职能机构，具体负责某些专门性工作，并有权在本职业务范围内向下级下达指令，下级必须执行。功能式组织的优点是分工明确，对各项业务工作能进行直接和具体的管理。缺点是容易产生多头领导，政出多门，不利于集中统一指挥。

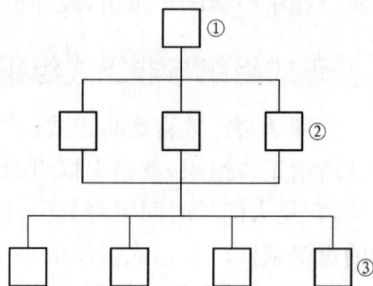

图4-2 功能式组织

直线及功能式组织 这是直线式与功能式的结合。图4-3中，①代表组织首长；②代表专业幕僚或行政管理单位；③代表直线或业务单位主管；④代表直线或业务单位经办人员。这一形式具有行动迅速和专业分工的优点，专业幕僚及行政管理单位的意见和建议，必须经过首长或单位主管而下达，以免违背统一指挥的要求。缺点是组织结构较为复杂，容易在专业幕僚与业务主管单位之间引起相互抱怨和不合作现象。

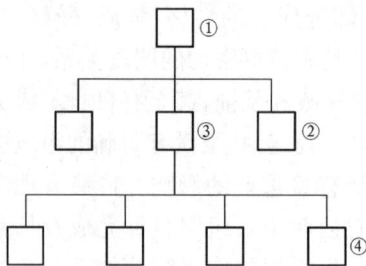

图4-3 直线及功能式组织

委员会式组织 这一组织形式的特点是决议与执行分开，决议部分的组织由若干委员会组成，执行部分的组织则跟直线式组织相似。一经决议后，即由有关负责人代表委员会去全权执行。图4-4中，①代表委员会；②代表执行委员会决议的负责人；③代表单位主管；④代表经办人员。这一形式的优点是能集合多数人的智慧，对问题作出明智的判断和决定，同时也能避免权力过于集中现象；缺点是不容易达成一致协议，而且由于所达成的协议往往是多方妥协的结果，所以不一定是最好的决议。而且如决议发生偏差而需追究责任时，往往责任不明。

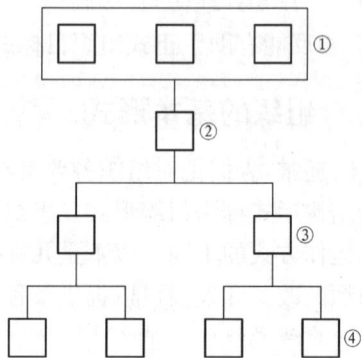

图4-4 委员会式组织

扁平的组织形式 这种形式的特点是结构扁平，组织内尽量扩大管理幅度以减少管理层次，鼓励幕僚人员与业务主管单位及其所属经办人员互相沟通，交换意见。图4-5中，①代表组织首长；②代表幕僚、专业技术人员等；③代表业务单位主管；④代表经办人员。这种形式的优点是维护了基层工作人员的自尊心，增加了专业技术人员的成就感,缺点是管理幅度易超过应有的限度以致失去有效的控制,幕僚、专业人员的设置有时会趋于浮滥,甚至产生冗员现象。

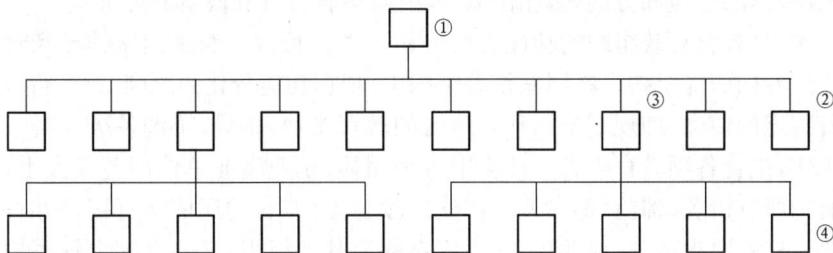

图4-5 扁平式组织

除以上组织形态外,管理学家还总结出其他一些组织形式,如扩大工作范围的组织形式、便于意见沟通的组织形式、利于员工发展的组织形式、权变的组织形式等等。[①] 虽然这些组织形式不一定都适合教育组织的需要,但对于教育行政部门的改革,对于学校组织机构的设计,有时也能起到参考作用。

第二节 教育行政组织机构及其建设

一个国家管理庞大的教育事业,除了要依靠学校这一最基层的教育行政管理组织外,还要依靠各级各类教育行政机关。在我国,最高的教育行政管理机构为中央教育部,中央教育部以下有各省、自治区和直辖市的教育委员会(教育厅、局),省以下有市、县、区等教育机构,所有这些教育行政管理机构综合在一起,构成了我们国家庞大的教育管理网络。正是通过这一网络,国家的教育事业才得以维持、运转和发展。因此,为了有效地管理教育事业,我们有必要认识和分析这些教育行政组织的性质、设置原则、管理意义以及改革策略。

教育行政组织的性质

如何全面把握教育行政组织的性质、职责功能,对教育组织改革及其成功与否关系极大。我们认为,教育行政组织的性质可从以下几个方面来分析。

首先,从教育行政组织与国家行政组织的关系方面分析。教育行政组织是国家行政组织的组成部分,是国家行政组织系统中的分系统。在各级行政组织中,往往都设有相应的教育行政组织。没有教育行政组织,国家行政组织系统就是不完

---

① 哈佛大学行政管理学院行政教程系列丛书:《行政组织管理学》,红旗出版社 1998 年版,第 90—99 页。

整的。可见,教育行政组织具有国家性,它代表国家行使对教育的行政管理权。作为国家行政活动的一部分,它的设置和活动,自然必须服从于国家的整体利益的需要,符合政体的性质和方向,遵循国家的法律、教育方针和政策的要求。

其次,从教育行政组织的功能方面分析。教育行政组织是国家领导和管理教育事业的专门职能机构。在国家行政组织中,根据功能分化的原则,教育行政组织肩负着特定的使命,即规划全国和各地区的教育事业,指导、协调各级各类教育和学校工作,主管各项教育事宜。社会中各种团体、企业事业单位的各界人士,国家和政府中所有机关、部门,都在关心和支持教育工作,有的还依法直接举办各种教育事业。这就要求教育行政组织既要依靠社会其他组织,又要发挥主管机构的统领作用。

第三,从教育行政组织的内部系统方面分析。教育行政组织是由职权分明的、纵向和横向诸多教育主管机构组成的网络体系。在国家行政组织系统中,教育行政组织作为一个分系统,又自成体系,形成内部的机构网络。从纵向上看,有中央和地方各级教育行政组织,按规定的权限管理各自区划范围内的教育行政事宜;在各级教育行政组织中,又根据工作需要,自领导层起,划分若干层级,构成内部具有隶属关系的机构系列,共同完成该级教育行政组织的任务。从横向上看,在一级教育行政组织中,按一定标准进行水平方向的分化,设有职责分明、相互关联和相互协作的若干工作部门,每个部门承担该级教育行政组织总任务中的一项或几项具体任务,在该级领导层的主管下进行各自的教育行政职能活动。

第四,从教育行政组织的活动方面分析。教育行政组织既是教育行政管理活动的主体,又是客体。教育行政组织同其他各类组织一样,是由于开展活动的需要而设置的。教育行政管理活动是由专门的机构筹划和发动的。在具体进行过程中,活动离不开人,而人是机构的成员,是代表机构行事的。因此,作为专门机构的教育行政组织自然是活动的主体。任何一个层级的教育行政组织在开展活动时都要处理各种行政事务,要管人、理财、用物,这一切又都得通过下一级的组织去进行。教育行政组织系统的活动终点是各级各类学校,而学校也是一种组织。因此,地方各级教育行政组织和学校都是活动的客体。

教育行政组织设置的原则

教育行政组织的设置,与其他组织相似,一般来说都要遵循一定的原则,以下分别说明其中的若干原则。

依法组建和按需设立的原则　教育行政组织是国家行政组织的组成部分,不是任何个人或机构都有权设置的。随意组建,不可能具有法定的行政权,也就没有权威性。除了要依法组建外,还要做到按需设立,即根据工作需要设立相应的人和机构,以实现"人(机构)—事"的协调和平衡。当然,对"适应工作需要"的理解不当,也会造成机构臃肿的局面。比如,事有大小之分,工作有轻重、缓急之别,若不

新编教育管理学(第2版)

加区别地一一设立对应机构,或者凡出现一项新的任务,不问原有机构是否能够和应该承担,就设立相应的新机构,必将导致机构膨胀,人浮于事。目前,一些地区的教育机构人员臃肿,机构庞杂,实际上就是没有正确理解按需设立原则的结果。

完整统一和合理分权的原则 设置教育行政组织,实质上就是形成某种完整的教育管理网络结构。从纵向上说,这就意味着从中央到地方均得设置相应的教育行政机构,这些机构不但接受上一级教育管理部门的领导,还接受同级人民政府的领导。从横向上说,一级教育行政组织中,应设置配套齐全的各种内部职能机构,以领导机关和执行机关为主轴,配以监督、咨询(包括信息、参谋)和辅助机关,彼此间形成相互协调的关系。除了机构纵向和横向的完整性外,教育行政组织系统也是一个统一的权力体系。在任何国家中,对全国教育的行政管理权,都是由教育组织系统中各种机构共同行使的。从一定意义上说,设置教育组织系统中的各种机构,实际上也是一个权力划分问题。权力划分越合理,机构的整体功能就越能得到有效发挥。

精简机构和事权对应原则 在教育行政组织中设立各种职能机构,既有数量问题,更有质量问题。精简的要求包含两个方面,一是不设不必要的机构,简化层次,减少、调整已设的多余机构和人员;二是保留高效能的机构,增设、扩大必要的机构和人员。在事权对应方面,为使教育的事和权对应,首先要在设置机构时通过合法手续规定其职能范围,即明确该教育机构是干什么的,它须发挥何种功能和作用,如何才能使之"在其位,谋其政"。在一般情况下,一类工作,一项事务,宜由一个教育机构承担,而不应该归属两个或更多的教育机构主管。其次,当工作范围明确之后,要赋予相应的行政管理权。这就是说,要做到有职有权,职权相称。当然,授权大小要适度。一旦授权后,机构和人员要正确用权,既不能拒绝行政,也不能有越权和侵权行为。再次,职权相称又同权责一致有连锁关系。任何教育机构和人员不但要有职有权,也要承担相应的责任。有职无权者,无法尽其职;有职有权但不承担相应责任者,则会出现在位不谋政的流弊,甚至产生滥用权力、以权谋私的现象。

适应变革和自我完善原则 教育行政机构和组织系统的模式不是固定不变的,而是每过一段时间需要变化和革新的,这是社会和时代发展的需要。不能适应改革的教育行政机构,不但自身不能得到发展,反而会影响整个教育事业的发展。当然,也决不能由此得出这样的结论:似乎机构只存在于短暂的时限之内,反正要变动,组建时可以不必精心设计。其实,机构的变动性并不排斥机构的稳定性,只是表明这种稳定性是相对的。设置的教育行政组织机构如果没有相对的稳定性,教育行政组织的完整系统也就不复存在。教育事业是一项涉及千秋万代的事业,由于教育工作具有较长的周期和复杂性的特点,因此,如果没有一种相对稳定的机构及组织系统去实施领导和管理,就会产生混乱局面。除了要适应变革外,教育行政机构也要谋求自身的完善和发展。变革本身不是目的,变革只是一种手段,目的是要通过变革促进教育管理机构的日趋完善。光有变革而无完善,那么变革就失去了意义。近年来,我国的教育行政管理机构变革较多,如近两年的教育行政机构精简,教育管理权的下放,目的都是为了完善教育管理机构本身,使之能适应飞速发展的教育事业的需要。所以,变革是为了完善,而完善又离不开变革,这就是变革与完善之间的辩证关系。

教育行政机构的管理及其意义

教育行政机构的管理是指教育行政组织内部的事务管理,这种管理有广义和狭义两种理解。从广义上说,教育行政机构管理是指遵循一定的管理原则,采用科学的管理方法,合理地规划、协调和运用组织内部的人员、经费和物材,实现对教育事业进行有效管理的目的。从狭义上说,教育行政机构管理是指各级教育行政组织中行政办公室职能范围的各项业务工作管理,包括文书管理、档案管理、人事管理、财务管理等。加强对教育行政机构的管理,意义有三:第一,提高教育行政领导的决策水平。通过有效的管理,能使决策者掌握更多更全面的信息资料,了解实情,并为决策提供客观依据,从而最终提高决策水平。第二,提高教育行政活动的效率。提高效率是教育行政的目的之一,在机关工作中,容易出现办事拖拉,相互推诿的现象,导致人们对行政行为的厌恶。通过有效的管理,就能最大限度地减少这种官僚作风,提高教育行政活动的效率。第三,提高为基层学校教育服务的质量。教育行政机构的工作对基层学校来说,不仅仅是一种领导行为,更重要的是一种服务行为。一些教育领导者只看到教育行政机构的领导作用,却忽视了其服务作用,导致在从事行政行为时高高在上,指手画脚,而对下面学校遇到的实际问题不闻不问,漠然处之。为改变这一局面,也需要对教育行政机构的工作加强管理。

教育行政机构的改革策略

党的十七大报告中明确提出,要加大机构整合力度,探索实行职能有机统一的大部门体制,健全部门间协调配合机制。由此,中国将掀起新一轮政府管理体制的改革浪潮。改革开放以来,中国分别在1982年、1988年、1993年、1998年和2003年进行了五次大的政府机构改革。教育行政机构是各级政府管理部门中的一个重要组成部分,自然属改革之列。如何正确地认识教育行政机构的改革,我们可从以下三方面来考虑改革策略。

首先,必须根据现时代教育改革的需要来转变教育行政机构的职能,精简有关的机构。如:机构设置如何体现对中等及中等以下教育实行分级办学、分级管理的原则?如何有利于提高地方政府的办学积极性?如何进一步促进中小学的校长负责制?如何有利于对高校管理的自主权下放?等等。教育机构改革的重要前提是管理职能转换,该下放的坚决下放,不该管的坚决不去管,加强立法、调控、评估、服务等宏观性管理手段。只有这样考虑，才可能真正做到精简机构、精简人员，否则不但不可能做到实质性的精简，反而会越简机构越庞杂。

其次，教育行政机构要根据学校工作的整体性来设置。现行的教育行政机构，在职能部门的设置上，大都为对应学校的工作而设，即设立相应的人事、教学、课程、师资、总务后勤等。殊不知，这样做难免要出现政出多门、多头领导的局面。而学校的各项工作和教育活动是一个统一的有机整体，对学校各项工作和教育活动的行政管理，必须从其所属的不同层次的教育特点出发来统筹考虑。解决的办法，一是在教育机构中最好将有关职能部门适当综合统筹；二是坚决落实校长负责制，把有关的事权放给学校。管得过多，统得过死，对基层学校左右不放心，总想管头管脚，对于这种思想和管理方式一定要扭转，否则教育行政机构改革的目标就永远难以实现。

再次，教育行政机构应运用市场调节的手段，对教育资源包括人力资源、物财资源等进行适当调节，譬如可适当借用市场营销手段来调控教学仪器、教学设备、校舍、校产等资源；用公开招标方式来调控学校后勤、科研项目等工作；用市场拨款方式对教学、课程、校办产业等事项进行调配等等。总之，管理方式和手段也应力求创新，为教育行政机构的改革打开新的思路。

第三节　学校组织机构及其变革

学校作为基层教育组织，既负有开展教育教学活动、传播文化知识的职能，同时也负有对学校这一机构的人、财、物等进行有效管理的职能。没有后一种职能，学校的前一种职能也无法真正实现。

学校组织机构设置的原则

学校也是一级管理机构，要提高学校管理的效率，同样也应该认真研究学校的机构设置问题。对于中小学来说，设置校内的机构可以考虑以下几条原则。

精简机构，讲求效率　学校机构设置要精简干练，可设可不设的坚决不设。因事设人，而不是因人设事，这样才能提高管理的效率。

集权与分权相结合　给校长办学自主权，是为了加强对学校工作的统一领导，统一指挥，提高工作的效率，但是权力过于集中，又容易造成个人专断，产生官僚主义，妨碍集体智慧的发挥。为了妥善处理这一对矛盾，最好的办法是集权与分权相结合。贯彻这条原则，最重要的是实行岗位责任制，各部门的职责是什么，各级管理干部的职权责是什么，一般工作人员的职权责是什么，都要明确，上下左右各司其职，各负其责，主动处理自己职权范围内的事。当然，校长也应该有一定的民主管理意识。

分工协作 各个机构之间既要有明确的分工,又要积极协作,建立良好的横向关系。行政与工会之间,教导处与总务处之间,教研组与教研组之间,年级与年级之间,班与班之间,都需要互相支持,密切配合。从某种意义上说,协作比分工更重要。因为事业在发展变化,新情况、新问题不断出现,有些问题一时难以确定应由哪个机构管,或与好几个机构有关,这就特别需要协作精神。

信息联系渠道畅通 学校工作的范围很广,包括教学工作、思想政治工作、总务工作、体育卫生工作、人事保卫工作、课外教育工作等。要对这些工作进行有效的管理,决策和指令必须准确、迅速地下达到执行人员;而执行情况和效果又能及时地反映上去,做到上情下达、下情上达、左右通气。为做到这一点,就需要在学校机构的设置上,结合考虑学校信息联系的特点以及信息联系的方式,同时又考虑如何有效地运用现代化的信息手段于学校管理之中。

因校制宜 每所学校的性质、规模、师资队伍情况等都不同,因此,机构设置要考虑到学校的具体情况,切莫盲目攀比,强求一律。如学校是否设政教处、校办公室,可以根据各校自身的情况决定。

上述机构设置的原则,对学校管理工作具有重要的指导作用。请看下面的案例:

【案例 4-1】

究竟是谁的职责? ①

　　学校快开学了,教导处正忙于编班、安排课务、制定教学计划等工作。总务处正忙于修缮设备,添购教学设备,为新来的教师安排住房。这时,新华书店发来通知:新学期学生的课本已到,请学校即日去取。教导处将通知转总务处。意思是让总务处派人派车去取。总务主任找到教导主任说:"有关教学的事该你们教导处管,怎么让我们去取?"教导主任说:"这怎么是教导处的事呢?教导处只负责有关教学的事。""难道课本不是有关教学的事吗?"两位主任都有点不冷静了。教导主任继续说:"如此说来,学校工作都与教学有关,岂不是都得由我们教导处包下来?那你总务处干什么?"总务主任仍不服气:"我们并没有把什么都推给你们教导处,建校修房、购置教学用品、柴米油盐,这么大一摊子事,哪一件不是总务处干的?"教导主任说:"课本问题,教导处只负责填征订单,至于课本供应,完全是你们总务处的工作,历来如此。"总务主任对"历来如此"几个字感到刺耳,反感地说:"咱们照章办事,该谁管就由谁管。如果你们教导处忙不过来,总务处可以帮忙,但不要把你们工作范围内的事硬推给我们做。"教导主任说:"搬运课本正是你们工作范围内的事,总务工作的首要任务就是为教学服务。"总务主任很不以为然地说:"为教学服务得有个范围,得照章办事。"两个人争论了半天没有结果,只得请校长裁决。校长沉思了一会,没有马上肯定谁是谁非,而是请总务处与教导处各派一人随车先将课本领回,以后再解决两人争论的问题。

　　教导主任与总务主任的争执,问题出在分工协作方面。事实上,学校虽有各种

---

① 萧宗六著:《学校管理学》,人民教育出版社 1994 年版,第 176—177 页。

机构设置,但并不是每一件事都能分得那么清楚的。学校要有分工,但更要有合作。有分工而无合作,学校的工作效率就难以真正提高。

学校行政组织机构

学校的组织可分成两大类:一类是行政组织机构,这是为完成正常的教育教学任务、维持学校的正常运转而设立的;另一类是非行政组织机构,它们是为配合、监督、保证学校的各项活动而设立的。这两类组织互相联系,互相支撑,共同对学校的管理工作发生作用和影响。学校行政组织机构由以下几个方面所组成:

校长办公室 这是校长领导下处理日常校务的办事机构。其日常的工作包括:对外联系、接待、文件收发、报表统计、信息反馈等,通常设主任和干事一、二人。

教导处 为学校教育教学的组织管理机构,负责领导各教研组、年级组的业务工作,同时兼管学校与教学业务有关的科、室,如实验室、图书馆、文印室等。一般设主任、副主任若干人。

政教处 为管理学生思想工作、组织学校各种德育活动的机构。对各年级组德育工作的展开负有领导、管理和协调责任。通常设主任、副主任若干名。不是所有学校都设政教处的,有些学校没有设立这一机构,学校德育活动由教导处统一协调。

总务处 组织和管理学校的后勤工作,包括安排经费的使用、学校的基建、校舍的维修、账目的支出和报销等。同时兼管学校的食堂、宿舍、校办工厂等。一般设主任、副主任和办事员若干人。

教研组 为学校的基层教学活动单位之一,负有组织本学科教学、开展教学研究活动、提高教师教学业务能力等责任。通常设组长一人。

年级组 为同一年级的班主任和任课教师的集体组织,其任务是了解学生德、智、体发展情况,协调班主任与各科教师的关系,组织本年级师生开展各项文体活动、社会活动等。

就上述最后两项来说,一般学校都是教研组和年级组并存,但究竟以何者为行政实体,这要视学校情况而定。通常情况下,平行班级较多的学校以年级组为宜,当然也要兼顾到教研组的活动;而规模较小、平行班较少的学校,可以教研组为行政实体,但也要使同年级的教师经常在一起开展一些活动,以便沟通信息,了解学生的思想和学习发展情况。

学校行政组织机构的架构模式

我国现行的中小学行政机构设置,其形式虽有所不同,但大致上是相近的。以下是我国目前中小学较普遍的机构架构模式(图4-6):

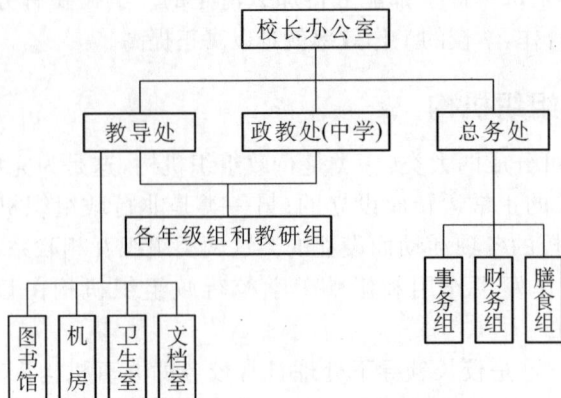

图 4-6 中小学行政组织系统

需要说明的是,图 4-6 只是最一般的学校机构设置形式。由于我国地域辽阔,各地的经济水平和办学条件存在差异,加上中学与小学的情况有所不同,因此学校机构的设立形式不可能千篇一律。这表现在:第一,并非所有中学都设有政教处,没有设政教处的中学,其学生的德育工作由教导处统筹管理;第二,绝大部分的小学不设政教处;第三,有些民办学校有其特殊架构形式,如在校长办公室上层还设有校董会,校董会为学校的最高权力机构,对学校的重大事项进行决策,然后由校长执行;第四,一些学校不设传统的"两处"或"三处",改设有关的委员会,如思想教育委员会、教学委员会、后勤管理委员会等,学校通过这些委员会直接领导相关的职能部门;第五,随着对教育科研工作越来越重视,越来越多的学校设立了教育科研室,负责统筹和协调全校的教育科研工作。此外也有不少学校成立了学生心理健康咨询室;第六,部分学校为开展师生的国际交流工作,特设了国际交流部;第七,为改善学校办学条件,有些学校成立了校办工厂(或校办农场、商店)。总之,目前我国中小学行政机构有一般的形式,也有依学校情况不同而架构的特殊形式。以下是一所民办九年一贯制实验学校的机构设置情况:

【案例 4-2】

某校机构改革后的架构形式

　　该校根据"减少管理层次,提高管理职能"的原则,在校内实行分部分段式管理模式。现设立由校长、副校长各 1 位和校长助理 2 位共 4 人的校长室。校长室全面主持学校工作。正副校长和一位校长助理分别兼任中学部、小学部和校务部主任。小学部、中学部主要负责中小学日常教学、管理工作,校务部负责人事、工资、财务、宣传策划、科研、总务等工作。全校机构设置精简干练,一室三部,减少了管理层次,缩减了管理人员,使得管理重心下移,决策的制定、实施和反馈更为迅速、准确和及时,从而有力地推动了学校教育教学工作的展开。以下是该校的机构设置图:

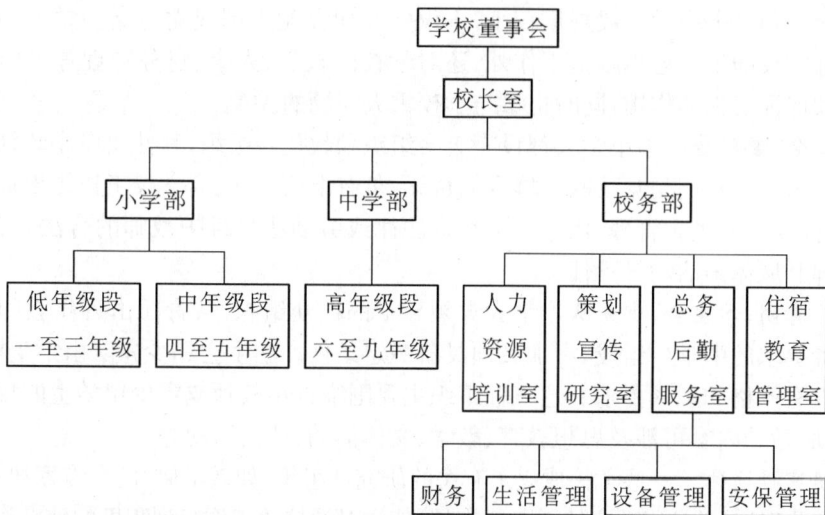

```
                    ┌─────────┐
                    │学校董事会│
                    └────┬────┘
                    ┌────┴────┐
                    │ 校长室  │
                    └────┬────┘
        ┌────────────────┼──────────────────────┐
   ┌────┴────┐      ┌────┴────┐            ┌────┴────┐
   │ 小学部  │      │ 中学部  │            │ 校务部  │
   └────┬────┘      └────┬────┘            └────┬────┘
```

低年级段 一至三年级	中年级段 四至五年级	高年级段 六至九年级	人力 资源 培训室	策划 宣传 研究室	总务 后勤 服务室	住宿 教育 管理室

财务	生活管理	设备管理	安保管理

上面案例所反映的学校机构形式颇有新意。像人力资源培训室、策划宣传研究室等机构,在一般学校不会设置。当然,也并非所有学校在机构形式方面一定要有建新。事实上,在前些年的教育改革中,一些学校用委员会组织形式取代了传统的教导处、总务处设置,可是随着时间的推移,由于种种原因,委员会的形式运转得并不顺利,结果又回复到原来的"两处"或"三处"形式。所以并不是学校机构变化越多、越新就越好,一切都得从学校实际出发考虑机构的设置。这也从某个侧面论证了国外一些学者所声称的一个观点,即学校组织具有其特有的超稳定性特性。之所以这样,无疑跟教育活动自身的规律有关。

当然,学校机构的设立也并非只取决于学校的因素,在实际生活中,一些社会因素的变化也会影响到学校机构的建设。例如,目前在城市尤其是一些大城市,人口自然增长率下降,入学高峰已经从小学转移到初中甚至高中。在这种背景之下,小学招生数逐年减少,越来越多的学校开始尝试小班化教学。小班化教学完全有可能导致"包班制"的出现,即一个教师将一个班级的主要课程都包下来,既教数学,又教语文,还教一些其他课程。这样一来,学校组织机构也会发生相应变化,年级组和教研组的定位将改变,每个包班制教师甚至可能直接接受教导处或校方的领导和管辖,就像国外很多实施小班化教学的学校那样。再有,现在不少地方为了扩大或充分利用优质教育资源,而将条件较好、质量较高的中(小)学(重点校)与薄弱校兼并、合并、联合办学或结合成松散的校际联合体,这样,一方面导致学校规模的扩大,另一方面开始形成集团式的学校机构管理形式。总而言之,总体稳定和局部改变相接合的学校组织机构建设格局,将会在我国中小学教育领域中长期存在下去。

学校非行政组织机构

学校非行政组织机构包括以下方面:

党支部　中小学一般规模较小,不设党委而设党支部或党总支。党支部除着重抓好学校师生的思想政治工作外,还对学校的教学、人事、财务管理等工作负有监督和保证实施的作用,同时也参与学校重大问题的决策。

工会、教代会　中小学大都设有工会组织和教代会组织,其性质属党政领导下的群众组织。它们是党政联系群众的桥梁,负有下情上达、向学校工作提出批评和建议、推动学校民主管理、依据有关教育法律或劳动法律维护教师的合法权益、组织教师开展休闲活动等责任。

共青团、学生会、少先队　都为党领导下的群众组织,共青团由青年教师和符合年龄要求的中学生组成,参加者须具备一定条件。学生会和少先队由学生构成,一般没有严格的加入要求。这三种组织主要围绕青年教师或青少年学生的特点开展活动,活动内容可涉及思想教育、教学、文体活动、社会活动等。

研究性团体　一些学校成立了有关的研究性组织,如教学研究会、专家协会等。对于这些组织,学校行政应给予必要支持,使之对学校的工作起到积极的辅助作用。

学校组织机构需要变革

学校组织是一个开放的系统,每时每刻都受到各种环境因素的影响。不断变化的环境因素对学校的要求越来越高、越来越多、越来越多样化,由此带来学校组织机构日趋增多,分工也越来越具体。例如,有传统的德育、教学、后勤之分,也有年级、教学部、信息中心之别,还有因事业发展而设国际部、服务公司等,可谓部门林立,校长的很多精力牵制于部门工作的协调。由于机构繁多,整个管理组织貌似严密,实际上反应迟笨,常常缺乏必要的检查、监督。德育与教学分离、教学与管理分割、教育与服务脱节等问题在学校管理中也屡见不鲜。对此,管理学家西蒙曾认为,有效开发社会资源,首要条件是要建立一个有效的组织机构。所以,我们有必要实施学校组织机构变革,以提高学校管理的效能。所谓学校组织机构变革,是指根据学校外部环境和内部环境的变化,有目的、有计划地改变学校组织的内在结构、行为和技术等,从而适应客观发展的需要,有利于促成学校组织形成新的平衡状态,更好地实现学校组织的目标、促进学校组织发展。

学校组织机构的变革要素

一个理想的学校组织机构由哪些要素组成? 要素之间应达到什么要求? 从哪些方面来变革学校组织机构? 管理学家孔茨(H. Koontz)认为:"组织机构的设计应当职责分明,使每人都知道应该做些什么,谁对什么成果负责;应能够排除由于工作分配的混乱和多变所造成的故障;并能提供反映和支持组织目标的决策沟通网络。"[1]因此,学

---

[1]　[美]哈罗德·孔茨等著,中国人民大学工业经济系译:《管理学》,贵州人民出版社1982年版,第316—317页。

校管理者在变革学校组织结构时,必须考虑 6 个关键要素:工作专门化、部门化、命令链、控制跨度、集权与分权、正规化。[①] 表 4.1 表明了这些要素对重要的结构问题可能提供的答案。

表 4.1　在变革组织结构时学校管理者需要回答的 6 个关键问题

关　键　问　题	答案提供
1. 把教育任务分解成各自独立的工作应细化到什么程度?	工作专门化
2. 对教育工作进行分组的基础是什么?	部门化
3. 教职工个人和工作群体向谁汇报工作?	指挥系统
4. 一位学校管理者可以有效地指导多少教职工?	管理跨度
5. 决策权应该放在哪一级?	集权与分权
6. 应该在多大程度上利用规章制度来指导教职工和管理者的行为?	规范化

工作专门化指的是组织把工作任务划分成若干步骤来完成的细化程度。这是在纵向上对组织机构进行划分,其实质是:一个人不是承担一项工作的全部,而只是完成某一步骤或某一环节。通过工作专门化完成任务细分之后,还需要按照类别对它们进行分组,这个过程称为部门化。它是在横向上对组织机构进行划分。学校组织机构部门化的依据包括职能、服务、地理位置分布等。职能是最常见的标准,一所中学常常根据其职能分出教务处、政教处、后勤处、校长办公室、教育科研室等部门。指挥系统是一种不间断的权力路线,从组织最高层扩展到最基层,澄清谁向谁报告工作。如校长领导教导主任,教导主任领导教研组长,教研组长领导本组教师。它能够回答教职工提出的这种问题:"我有问题时,去找谁?""我对谁负责?"在命令链中,每个管理职位都有自己的权力和责任。

在学校组织结构中,另一个重要的要素是管理幅度,即一个校长能够完全管理和监督的中层干部人数。它决定着中学要设置多少层次,配备多少管理人员。在其他条件相同时,控制跨度越宽,组织层次越少,信息沟通更畅通,效率越高。集权与分权主要指管理权力在各层级的配置程度。近年来,学校组织机构呈现分权趋势,分权能使学校组织更加灵活和主动地作出反映,使教职工学会自我管理。分权结构的实现要求管理者合理授权。如何授权?首先要明确任务要求,其次规定下属的权限范围,第三是允许下属参与,第四是把授权之事公之于众,第五是建立反馈机制。[②] 正规化是指对学校中的工作实行标准化、制度化的程度。如果一种工作的正规化程度较高,就意味着做这项工作的人对工作内容、工作时间、工作手段

---

① ［美］斯蒂芬·P·罗宾斯著,孙健敏等译:《组织行为学》,中国人民大学出版社 1997 年第 1 版,第 423 页。

② 同上书,第 429 页。

没有多大自主权。而正规化程度较低的工作,相对来说,工作执行者和日程安排就不是那么受限制,员工对自己工作的处理权限就比较宽。

学校组织机构的变革策略

学校组织成员对于变革,往往会采取惧怕甚至抵制的态度,因而我们常听到如下说法:愈改愈乱,了无新意,劳民伤财,以不变应万变。为了提高学校组织机构变革的效率,需要采取多种多样的变革策略。主要有以下三种:经验-理性策略、权力-强制策略、规范-再教育策略。[1] 经验-理性策略假定,个体和群体是有理性的,当资料和经验显示一项变革是合情合理的,并有充分依据证明这一变革会取得预期成就时,人们便会行动起来。权力-强制策略强调,把政治或经济的制裁作为发动变革手段,认为政治的、经济的权力是实现改革的基础,是改革成功的保证,这种策略可能是合法的,也可能是不合法的。规范-再教育策略认为,人是有理性和智慧的,还认为动机和行动的心理基础不仅仅是逻辑,因为组织行为的方式除了社会文化规范的影响外,还受态度、人际关系、忠诚观念和技术特性的影响。因此,规范-再教育策略不仅探讨组织变革的目标因素,而且关心人的情感和价值观,认为教育变革的关键是实现人的态度和价值观的转变,激发人的情感、意志等心理动力,开发人的创造力。

上述三种策略各有偏重:经验-理性策略偏重于理性的价值,忽视情感、意志等因素的影响以及外在权力的支持;权力-强制策略重视权力因素,忽视理性、情感等人的社会心理特征;规范-再教育策略在重视情感因素的同时,强调理性因素的价值,但却忽视了权力因素。要使组织变革和发展更顺利、有效,必须综合上述三种策略。

学校组织变革的过程

学校组织变革一般包括如下四个阶段[2]:

第一,现实"危机"阶段。发现教育现状中存在的问题,感到需要改革的迫切性,做好改革的准备工作:一是创造改革的条件,包括人力和物力资源;二是根据已有条件构思改革的基本设想。

第二,决定阶段。一是宣传改革的意义,使有关的决策者充分理解改革的设想;二是明确提出具体的改革方案,包括改革的目标,以及为达到目标所必须采取的方法和技术;三是验证改革设想的可行性范围或限度。若可行性小,则退回到前

---

[1] Chin, R. & Benne, K. D., General strategies for effecting change in human systems. In W. G. Bennnis, K. D. Benne & R. Chin, *The planning of change* (2nd), Holt, Rinehart & Winstonred. ed., 1969, pp. 34 – 43.

[2] 黄志成、程晋宽:《现代教育管理论》,上海教育出版社 1999 年版,第 188 页。

一步,继续补充和修改原方案;若可行性达到满意或最优标准、限度,即通过一定的法规手段和相应的舆论宣传推行改革设想。

第三,实施阶段。影响改革实施的因素很多,包括制度、资源、人事、经济、政治等,实施改革要考虑组织外部的社会大系统,还要把改革的方案转化为可操作的程序,并说明具体的要点,对有关人员进行训练。

第四,反馈调节阶段。这是指把变革方案的执行结果及时反馈到决策或管理机构,其目的在于控制和调节改革方案。就某一具体的教育改革来说,一般要经过六个步骤,即提出或发现问题,收集并处理资料,拟定备择方案,优选最佳方案,确定改革行动,反馈评价。

学校组织机构的变革模式

随着学校教育的发展,我们看到,很多学校结合本校实际,对学校组织机构实施大胆变革,进行了许多有益的探索和创新,创造了以下一些模式。

二级管理模式 学校组织机构必须服从于学校的发展战略,如果学校发展战略发生了重大变化,组织机构也应做相应调整,以支持学校发展战略的变化。就一所学校成长发展的过程而言,常常经历两种发展战略:规范和创新。当学校刚建立时,学校发展战略是尽快让学校走向规范,必然采取制定详细规章制度,自上而下严密控制的机械模式。其特点是严格的部门制,高度正规化,自上而下的明确的命令链,下属参与决策很少,集权化程度高等。随着学校的不断发展壮大,各项工作井然有序,学校的发展战略需要转向如何创新、如何创建特色上来,这时候,学校的管理组织机构就可考虑走向二级管理的模式。二级管理模式的特点是结构扁平,组织正规化程度较低,信息自由流通,下属参与决策程度较高,实行分权化管理,以保持最大的适应性。如一些学校在规模扩大的发展过程中,提出了充分发挥教研组、年级组职能的"二级管理模式":校长是学校的第一级,各处室主任和教研组组长并行为学校管理的第二级,其中教研组是学校教育、教学管理的实体,各处室为学校的行政职能机构。各职能处室和各教研组在业务工作中是平行单位,是起配合、协调、服务的作用。该模式突出了教研组的地位,有助于实现教学为中心的学校任务,提高教学质量,见图4-7。

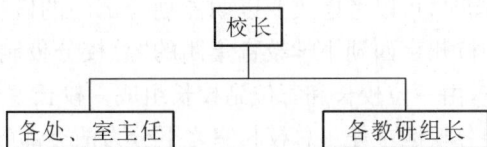

图4-7 二级管理模式组织图

综合系统模式 随着教育改革的深入和发展,人们对学校不断提出了新的要求和期望:学校既要"德育为首",又要成为"教学中心";既要"科研兴校",又要"校本课程开发";既要"等级评估",又要"创建特色"等等。学校职能的增多,必然要求有相应的机构来完成。一些学校感到中层机构太少太粗,难以应付方方面面的复杂事务,认为机构要适当分化。因此,有的学校把教导处一分为三甚至一分为四,分出教务处、政教处、教育科学研究室(教科室)、体卫处。但是,中层机构设置太多太细,容易导致相互之间推诿扯皮,权责不清,经常出现"管理盲点",只局限于小圈子思考问题,难以从宏观的、整体的角度处理问题。因此,有学校提出机构设置要注意综合性,将原来的教导处、总务处、校长办公室等职能部门合并为校务办公室,再另设教学委员会、思想教育委员会、体育卫生委员会等统筹管理。学校职能的改变要求机构的分化与综合,如何平衡?依照传统的直线式设计的思路是无法实现的,只能构建纵横交错的网络型机构。如深圳某学校打破传统的"两处一室"直线式模式,将管理系统分为三个:行政的管理系统、专业的管理系统、网络的管理系统(图4-8),形成纵横交错的"一体化"和"紧密型"组织机构。

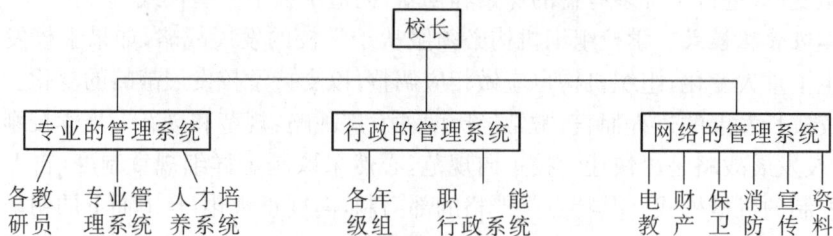

图4-8 深圳某学校组织机构图

分校(部)制模式 学校规模大小影响学校组织机构。当一所学校只有12个班,几十个教职工,学校的组织机构是直线型的,管理层级少,一般只有二到三层,校长集权化程度高。目前,许多学校实行从小学到初中的九年一贯制或从小学到高中的十二年制,有的学校成立教育集团,下设若干校区,形成巨型学校或超大规模学校。学校班级数量迅速增加,教职工人数增多,必然倾向于更高程度的专业化和横向及纵向的分化,显然简单模式已无法满足管理的需要。这时候,如果不对组织机构进行调整和改革,学校将因为规模太大而导致组织机构的过分庞大臃肿,由此造成管理成本增加,管理的效能降低。为了解决规模过大而带来的机构庞杂的缺陷,在设计组织机构时,可以考虑改变以职能划分部门的做法,实行分部(校区)分段式管理模式。如杭州市西湖小学教育集团的"总校分校制"就是这样设计的。该校设立了总校长室,由一位校长和三位副校长组成。校长室全面主持学校工作。副校长分别兼任三个分校区主任。总校长室之下分为两类部门:行政线和业务线。行政线下设集团办公室、教育教学管理中心、科研师训中心、后勤服务中心、教育技术中心。业务线分别是三个分校区,每一分校区下设教务处、总务处、科研室、大队部,详见图4-9。

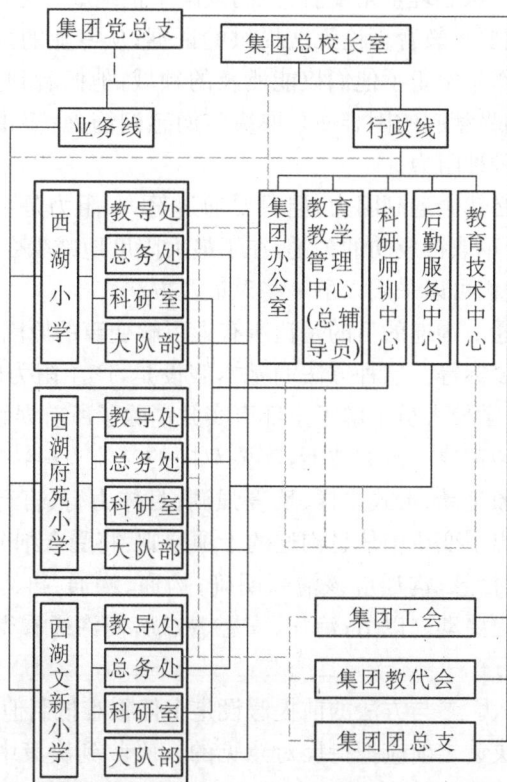

图4-9　杭州市西湖小学教育集团管理结构示意图

学校变革的阻力及其克服

变革本质上是一种创新,即通过学校的变革给学校组织带来新观念、新技术、新结构、新行为、新格局和新结果,要求学校成员承担新的工作任务和职责。如果学校的变革过程缺乏足够的宣传和沟通,仅仅是下发一份变革方案,颁布变革指令,大会小会宣传一通变革理念,就认为变革能够顺利实施,无疑是一种天真的想法。当教师不知道为什么要进行变革,不知道何时、何地、如何进行变革,变革是否会影响到自己的利益,对学校和个人有什么好处等等问题的答案时,必然引发对变革的忧虑和不确定感,对变革产生排斥。比如:"变革好是好,但是就凭我现在的水平,没有能力去实施这场变革。""我们这里每天的日常工作就够忙的了,哪有时间去干那些事情!"借口没有时间、精力或能力去做变革所要求的事情而对变革加以排斥和抵制。有时,即使教师们知道详细的变革方案,但如果变革方案是由学校之外的政府或变革专家制定的,他们就会把外来的变革方案看作是"不符合实际的理想主义方案",而对变革方案的可行性提出质疑。联合国所属经济合作与发展组织曾就这个问题提出过报告书:"教师因为知识水平高,比其他人更容易求全责备,对待新思想尤其如此。从心理学角度看,他们倾向于拒绝威胁他们安全的革新;从实用的角度来说,他们要求教育理论无法提供的证据;从专业的角度来说,他们把从外界发起的变革看作是侵犯了他们权能所及的领域;他们看到业余作者不向他们请教,也没有预见到将惹起的困难便采取决定而感到恼火。"①由此可见,学校变革不可避免地会遇到种种阻力。

虽然学校变革必然会遇到阻力,但只要通过努力,阻力是可以克服或减少的。从某种程度上说,变革取得成功的关键,在于最大限度地减少变革阻力。针对各种学校变革的阻力,我们可以采用以下一些对策及方法。

一是教育和沟通。沟通的目的是让所有人了解变革的原因、变革的内容、变革的步骤以及变革的目标等。这种方法的基本假设是,产生阻力的原因在于信息失真或沟通不良,如果学校人员了解了全部事实并消除了所有误解的话,阻力就会自然消失。有效的沟通需要一定的技能,需要双向的交流。科特曾提出沟通的 7 大原则:言简意赅、形象生动、形式多样、反复强调、身体力行、言行一致和虚心倾听。迈克尔·哈默也提出了变革中信息沟通的十项原则:将受众细分;利用多种沟通渠道;让更多的人传达信息;沟通应该清晰明确;沟通、沟通、再沟通;诚实是最佳方针;不但晓之以理,更要动之以情;治疗、安慰、鼓励;使沟通看得见,摸得着;倾听、倾听、再倾听。②

二是参与与投入。参与方法的前提假设是个体很难抵制他们自己参与作出的变革决定。在变革决策之前应把持反对意见的人吸收到决策中来,听取他们对学校变革方案的意见和建议,对变革方案产生认同感和归属感,消除对变革的恐惧和抵制。

三是提供便利和支持。学校变革推动者可以通过提供一系列支持性措施来减少由于资源不足导致的阻力。比如在学校中实行教师弹性坐班制、发展性教师评价、团体绩效考核等等,让教师愿意和能够完成学校变革的要求。

四是协商和同意。面对某些非常强硬的变革阻力及其团体,比如中老年教师对学习和发展抵触时,学校管理者可以通过谈判和协商来取得他们的妥协和同意。不过,这种方法不适用于所有变革阻力人群,否则变革成本太高。

五是制度支持。可通过带有一定强制作用的相关制度,如规定对直接抵制者实施调职、扣薪、淘汰、不予晋升等处罚措施,迫使学校人员接受变革,执行变革。这种应对方法见效快,但容易使人口服心不服,甚至产生抵制情绪,故应用起来宜小心谨慎,即使要用,也要配合思想教育工作。

---

① 让·托马斯:《世界重大教育问题》,上海师范大学教育系外国教育研究室译,(原)上海师范大学印刷厂,第 116 页;转引自陈桂生:《学校管理实话》,华东师范大学出版社 2004 年版,第 69 页。
② 张可:《企业变革管理策略研究》,对外经济贸易大学硕士学位论文,2002 年,第 26 页。

思 考 题

1. 请分析组织的含义和功能。
2. 评述教育行政机构的设置原则。
3. 评析学校组织机构的模式及机构建设。
4. 结合某一个具体的学校组织变革,分析其变革过程和策略。

第三篇
教育政策和法律

第五章　教育政策和教育管理

本章学习目标

1. 明确教育政策的含义和特点；
2. 认识教育政策的制定过程和模式；
3. 了解建国以来我国教育政策的演变历程；
4. 能阐述教育政策与教育管理的关系。

　　教育政策与教育管理关系密切，教育政策作为实现一定教育目标的行动准则，能够指导和约束教育管理行为，而教育管理的实践也能对教育政策是否正确和有效加以检验，并进而深化和丰富教育政策内容。本章将重点讨论教育政策问题，并对教育政策与教育管理这两者之间的关系作些简要分析。

第一节　教育政策概述

什么是教育政策

　　目前，人们对教育政策这一概念理解不一。一种观点认为，教育政策是"一个政党或政府为教育事业的运行与发展所制定的规划、方针和原则"。[1] 这种观点强调教育政策与其他社会公共政策的共同性、联系性，把教育政策看作是整个政策体系中的一个分支。正如美国学者彼得森（P. E. Peterson）所认为："教育政策的制定与其他政策相比并没有更多的自由。……并没有令人折服的理由根据说明教育政策有如此显著的特征和区别，以至于对它们的研究需要特殊的分析，特殊的概念，或者特殊的方法。"[2]另一种观点认为，教育政策是"负有教育法律或行政责任

---

　　[1]　郑新立主编：《现代政策研究全书》，中国经济出版社 1991 年版，第 508 页。
　　[2]　［美］斯图亚特·S·那格尔编著，林明、龚裕等译：《政策研究百科全书》，科学技术出版社 1990 年版，第 442 页。

的组织及团体为了实现一定时期的教育目标和任务而规定的行动准则。"①这种观点强调教育政策是一种行动准则,是对该做什么或不该做什么,该怎么做不该怎么做而立下的规定。第三种观点认为,教育政策"是一种有目的、有组织的动态发展过程,是政党、政府等政治实体在一定历史时期,为了实现一定的教育目标和任务而协调教育的内外关系所规定的行动依据和准则。"②这一定义强调教育政策的动态过程以及复合主体等,是比较周全的。

从以上分析可以看到,虽然对教育政策的理解有所不同,但学术界一般都承认,教育政策是指导教育实践活动的依据、纲领和准则,由此我们可以给教育政策一个较全面的界定:教育政策是指政党、政府等各种政治实体在一定历史时期,为实现一定的教育目的任务而协调内外关系所制定的行动准则。

教育政策涵盖面极广,我们可以从不同的角度对教育政策进行分类,如从层次上可将其分为教育基本政策和具体政策;从其发挥的作用可分为鼓励性政策和限制性政策;从其对实施对象所产生的影响可分为直接性政策和间接性政策;从其内容分又可分为各项部门的政策等等。③

教育政策的特点

教育政策有着与其他政策相似的一些特点,这些特点表现在以下一些方面:

第一,指向明确。教育政策不同于教育规律,它是人们主观意志的体现,因而总具有明确的指向性。人们制定教育政策,总是为了解决某类问题,没有目的的教育政策是不存在的。教育政策的条文、原则,也总以具体的行为准则、规则出现,并告诉人们应该怎样做,不应该怎样做。

第二,相对稳定。教育政策一经确定,一般总要保持相对的稳定,不会随意变动,否则就会影响人们对其信任程度和执行时的坚定性。有关教育的基本政策常常在几年甚至十几年的时间里都起作用。当然,当外部环境发生重大变化,现行政策已不能适应需要,对教育的发展已经起到一种阻碍作用,这时,就必须作出相应调整,制定出新的政策。教育政策就是在这种不断变化、调整的过程中走向完善的。

第三,影响广泛。教育活动联系千家万户,因此教育政策也直接影响到社会的方方面面,如1999年夏天有关高校扩大招生的政策一出台,就立即受到社会舆论的广泛关注。一些涉及公众利益的重大教育政策,甚至会引起社会全员参与讨论;有的公众甚至期望以自己的教育观念和教育期望来影响国家教育决策。

第四,体现统治阶级意志。尽管各党派、各社会团体都可以制定教育政策,但占据主导地位的教育政策总是体现着统治阶级的意志,代表着统治阶级的根本利益。这在任何制度的国家都是毫无例外的。

第五,不具强制性。教育政策的实施主要通过人们的表率作用、组织约束、舆论引导等途径来实现,一般不具有直接的强制性。当然,它也不是一纸空文,通过一定的宣传途径和行政措施,它同样也能发挥巨大的影响力。说不具强制性,并不是说教育政策不要执行,而只是说在实施过程中和对违反者的惩戒过程中,它主要依靠宣传教育的手段,而不依赖于国家的强制力。

教育政策与教育法律

在实际生活中,人们常常将这两者混淆起来,实际上这两者是有区别的。就两者的联系而言,教育政策是制定教育法律的依据,很多教育法律条款都是从较为稳定的、对全局有重大影响的,以及在实践中获得了巨大成功的那些教育政策的基础上发展起来的,成为教育政策的具体化和条文化;但从另一方面说,教育法律一旦确定下来,又会对教育政策产生影响和制约,以后任何新的教育政策出台都不能与教育法律相抵触。不能设想一个国家会允许违反法律的教育政策存在。如果两者发生矛盾,显然应以法律为准绳,依法办事。就两者的区别而言,首先,制定主体不同:法律只能由特定的国家权力机关制定,如我国的教育法律是由全国人民代表大会制定的,而政策制定的主体可以是政党或政府机构,如《中国教育改革与发展纲要》就是中共中央和国务院共同发布的;其次,表现形式不同:政策通常以决议、决定、纲要、通知、意见、指示等形式出现,而法律则是以规范性的法律条款文件形式出现,并有专门的法律名称;第三,实施方式不同:政策的实施主要依靠宣传教育,而法律的实施则具有普遍的约束力和强制性,违反了会受到惩罚和制裁。

教育政策的社会制约基础

教育政策并不是在真空中诞生的,它要受到社会中各种因素的制约,在这诸多因素中,社会的政治、经济和教育因素是最主要的影响因素。

政治因素 教育政策的制定是一种政治行为。在政策制定的整个过程中,政治的影响无时不在,无处不在。例如,政治影响教育政策目标的确定,政治影响政策方案的选择以及教育政策的修订等等。从这个意义上说,就像西方很多学者所认为的,教育政策学实际上就是一门教育政治学。

经济因素 一个国家的经济实力是教育政策制定和实施的基本物质条件,这表现为:首先,经济实力影响教育政策的实施。一个国家的教育发展会不断产生种种问题,有些甚至较为严重,虽然政府对此早有认识并制定了相应的政策,但限于经济条件,问题始终得不到解决,例如发展中国家普遍存在的学龄儿童失学和沦为文盲的问题就属这种情况。其次,经济实力影响方案的选择。各国在制定本国教育政策时,对政策方案的选择无疑会有不同,一个超越本国经济实力的教育政策方案往往会被排斥。如在义务教育年限的政策方案选择上，发达国家普遍选择了十至十二年的义务教育方案，而很多发展中国家只能选择六至九年的义务教育方案。

教育因素 教育对政策的影响来源于两方面：教育的传统和现状。教育的传统对教育政策有较大的影响，如我国教育历来具有重视德育的传统，在教育过程中注重道德自觉和理想人格的培养，所以我国制定的许多教育政策常与此有关。教育现状对教育政策的影响也不可忽视。近年来，人类社会的知识总量急剧增长，由此提出终身教育、回归教育、继续教育、终身学习等一系列新思想、新观念，这些新思想、新观念显然对审视和制定教育政策产生了极大的影响。再有，教育的现状也制约着教育政策方案的选择。如果教育水平低，政策目标就只能建立在一个较低的水准上。很多发展中国家由于受现有教育基础的限制，故其教育政策只能在较低的起点上考虑。

第二节　教育政策制定的理论模式

教育政策制定的过程

教育政策制定是判定教育政策问题和对政策方案进行选择的过程，其程序大致分为认定政策问题、确定政策目标、拟订政策方案、选择政策方案等几个环节。

认定教育政策问题 认定教育政策问题又称教育政策问题诊断，它是以一定的理论和政策评价资料，对教育政策问题的存在形式、范围和性质进行系统分析，找出问题产生的原因的过程。认定教育政策问题首先是从发现问题开始的，一般可通过这么几个途径来发现教育政策问题：一是通过社会调查发现教育政策问题。如 20 世纪三四十年代，著名的教育家晏阳初先生通过深入细致的社会调查，发现当时的中国农民中普遍存在着"贫、愚、弱、私"的弊病，因而提出"生计教育以救贫，文艺教育以救愚，卫生教育以救弱，公民教育以救私"的对策，并掀起了轰轰烈烈的"乡村教育"运动。二是通过研究信息提出教育政策问题。如我国 20 世纪 80 年代到 90 年代的教育体制改革，就是在深刻分析经济、科技体制改革的基础上提出来的。三是通过预测分析提出教育政策问题。如预测入学高峰过去后，适龄儿童将减少，导致学校布局调整。① 发现问题后还要对问题进行界定。并不是所有发现的问题都能作为政策问题的，能够作为政策问题的，往往是有普遍意义、并迫切需要解决、现实条件又有可能解决的那些问题。这样，就需要政策制定者认真分析问题，探明问题的性质，以确定是一般的问题还是政策性的问题。

---

① 孙绵涛主编：《教育政策学》，武汉工业大学出版社 1997 年版，第 128 页。

确定教育政策目标 教育政策目标是对教育政策活动的方向和水平的具体规定,是整个教育政策活动的立足点。确定教育政策目标一般要考虑四个因素,一是方向正确,符合国家总的方针政策;二是抓住要害,选准突破口和时机;三是适度,即不是高不可攀,而是经过努力可以达到的;四是具体,即有一定可操作性。

拟定教育政策方案 教育政策目标确定之后,接着就要考虑拟定教育政策方案。拟定教育政策方案时要注意:方案应是可行的;方案应估计到全部的正、负效果,并对可能产生的问题提出解决对策;应尽可能数量化;应提出两个以上的政策方案供选择。制定政策方案时,还应该有专家参与,以保证方案的科学和合理性。

选择教育政策方案 一位学者这样评价选择政策方案的意义:"选择一项政策意味着你既有规范性的标准又有经验性的判断。因为当你选择一项政策时,你就是试图走进一个你认为是可取的目标,因而你就不得不对达到那一目标的各种可能的方式作出判断,并判断某种方式的难易程度。一项好的政策是你认为以值得付出代价达到的最佳境界的途径。"①的确,选择教育政策方案,需要制定者对教育问题有深刻的理解,同时又对教育的条件有充分的认识。在通常的情况下,决策者总希望追求最佳的决策,如最好是实施完全免费的义务教育,最好高等教育完全大众化,最好教育经费达到国民生产总值的多少百分点,但在实际情况下,由于种种条件的限制,人们作出的选择大都只是一种满意选择,而非最佳选择,在这种时候,政策实施的条件是否成熟,就成为政策选择时所要考虑的首要因素。

政策制定模式的含义

政策制定的模式是指政策制定的机构和人员本着自己的价值取向,通过一定的途径和方法去应对或解决面临的政策问题。政策制定模式的研究在于促进决策的合理性和目标的达成。现实问题是复杂多样的,针对不同问题制定政策,显然必须采用不同的方法,因此政策制定的模式也不是唯一的。有学者根据国外戴伊(P. R. Dye)、艾兹厄尼(A. Etzioni)与德罗尔(Y. Dror)的分类和观点,将公共政策制定的基本模式分为八类,即理性模式、渐进模式、综合模式、组织模式、团体模式、精英模式、竞争模式、系统模式。② 下面就其中的三种模式进行介绍。

理性模式(Rational Model) 理性模式指政策制定者根据一套近似完美的、合乎理性的政策制定程序来制定政策。崇尚该模式的人认为,政策制定应该有一套程序,借此程序,决策者就能制定出一个有最大净价值成效的合理政策,即用最小的投入(包括时间、人力及其他资源)来获取最大的收获。效率是理性模式的最终目的。具体来说,理性模式的决策过程可分为这么几个步骤:确认可操作的政策目标;准备完整的政策方案;建立各种价值标准及社会资源;预测每一政策方案的

---

① 桑玉成、刘百鸣著:《公共政策学导论》,复旦大学出版社 1991 年版,第 142 页。

② 林水波、张世贤著:《公共政策》,五南图书出版公司 1982 年版,第 18 页。

成本与效益;估计每个方案的净效益情况;比较每个方案的优劣次序;制定出理性和优化的政策方案。

虽然按照理性模式能够制定出最优化的政策,但实现这一目标需要满足下列条件:知道所有的社会价值及其相对的重要性;知道所有可能的政策方案;知道每一政策方案可能产生的结果;能估计政策方案所能得到的与失去的社会价值的比值;能选择最经济、有效的政策方案。[①] 满足了这些条件,理性模式无疑是政策制定的最理想模式。然而在现实生活中,这种情况几乎是不存在的,因此理性模式受到人们的广泛批评,这些批评主要集中在:一是世界上任何国家都不存在绝对中立的价值,即不存在整个社会共同认定、追求的价值目标。例如在制定教育发展政策时无法衡量追求公平与追求效益的价值比值。二是政策目标难以操作化和量化,因为环境不断变化,不可预测。三是资料难以收集齐全。为收集及分析资料所花费的时间、精力和金钱,代价极其高昂,而且决策者用于决策上的时间及分析资料的能力都非常有限。应该说上述这几点批评还是非常中肯的。以下是应用理性模式的一个案例,描述的是 20 世纪 60 年代美国学者柯尔曼(J. S. Coleman)所作的关于"教育机会均等"的研究。

【案例 5-1】

科尔曼报告书[②]

美国联邦政府卫生教育福利部于 1964 年聘请科尔曼进行美国少数民族学生和白人学生的教育机会和学业成就的比较研究。柯尔曼在调查中小学 5 个年级 64.5 万个学生后,提出一系列研究结论,其中最令人震惊的是报告中的第 4 条结论:美国少数民族学生,其学业成就远远低于白人学生,但就读于种族合流学校的少数民族学生,其学业成就高于就读种族隔离学校的少数民族学生。这一结论在美国教育界引起了强烈震撼,推动了学校废除种族隔离政策的实施。为了提高黑人学生的学业成绩,政府当局决定用校车送黑人学生进白人学校学习。然而,这样做产生了另一个消极后果,即白人学生逃离学校。这一结果是决策者们所未能预料到的。这一事件所引发的新的种族矛盾,恰好暴露了理性模式的不足,即它过于依赖量化推理和注重经济可行性,忽视其他方面的可行性,如政治可行性等。

这个案例说明,由于政府对某些情况未能预料到,机械地按照理性的标准来制定政策,结果影响了政策的有效执行。

渐进模式(Incremental Model) 这是指制定新政策时只对过去的政策做局部的调整和修改,使新政策成为过去政策的延伸和发展。这一模式认为:一种和以

① T. R. Dye, *Understanding Public Policy*, Englewood Clihs, N. J. Prentice-Hall, Inc, 1975, p. 17.

② 此案例编译自 W. F. M. Kirst (1982): *Schools in Conflict*, Berkely Cali: MoCufchan Pulishing Corporation.

往政策越不同的方案,就越难预测其后果,也越难获得大众的支持,其政治可行性也越低。所以,决策者不必每年都对现行政策进行全面审查,只要根据以往经验,在现有政策基础上实现渐进发展、小范围调整就可以了。渐进模式的决策过程如图5-1所示。

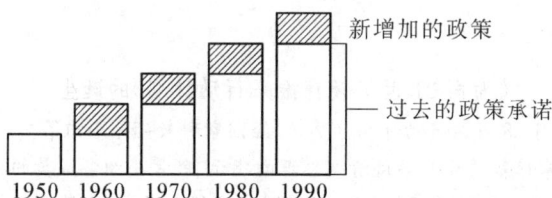

图5-1

总的来说,渐进模式有优点,也有其局限性。优点在于,政策制定较为稳妥可靠,决策者不必花很多时间去调查和寻找所有的政策方案,决策时目标也比较单一,只要注重纠正、减少现行政策的缺陷就行了,不必做整体上的调整,执行起来阻力也比较小。局限性在于,它主要用于变动不大的环境,用于对总体上尚好的现行政策的补充和修改。但当环境发生巨变,需对政策加以彻底修改时,它就束手无策了,有时甚至会成为前进的障碍。从这个意义上说,渐进模式是比较保守的模式。

团体模式(Group Model) 团体模式又叫政治协商模式,是指决策者在制定政策时,广泛听取各政党、团体及不同职业的人的意见,在充分讨论、对话和协商的基础上,协调各方的利益关系,最终达成具有妥协谅解色彩的决定。按照团体模式的理解,政策就是团体之间在目标与利益的冲突中达到的一种平衡。团体模式可以用下面的模型来表示(图5-2):

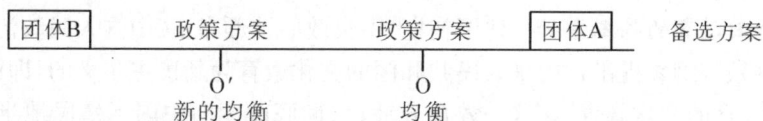

图5-2

图5-2中,A、B团体同时对政策产生影响。当A团体影响较大时,政府采取O点的政策使均衡实现。当A、B的影响发生变化,B团体的影响增大后,原有的均衡被打破,政策也会随之变化,又在O′点上采取新的政策方案,从而达到新的均衡。政治协商模式中的均衡点取决于各个团体的相对影响力,而各个团体的相对影响力则由成员的多寡、财富的多少、组织力量的强弱、团体内部的团结性、领导者能力的高低、团体与决策者的亲疏等因素决定。

在教育政策制定过程中,团体模式是一种经常运用的方法。因为教育涉及到社会千家万户的利益,因此其政策大都是代表不同利益的团体斗争、协调、妥协的结果。如教育财政政策,作为教育系统内部的教师团体希望教育投资越多越好,对家长而言希望自己出的钱越少越好,有些社会团体则认为应先发展经济,再解决教育发展问题。作为政府,总是在多方听取意见、反复权衡利弊、尽可能照顾到各阶层利益的基础上,最后作出国家的教育财政政策的。下面的例子也说明教育政策是多方协商的结果。

【案例 5-2】

《面向 21 世纪教育振兴行动计划》的诞生

1998 年 10 月 28 日,《行动计划》(草案)经国家科教领导小组第二次会议原则通过。会后,教育部根据朱镕基总理和李岚清副总理的指示、领导小组各成员的意见和建议,对计划草案再次作了修改。1998 年 12 月初,报送国务院领导审阅,李岚清副总理作了重要批示。之后,教育部又将新的修改稿送国家科教领导小组各成员及有关部门审阅,并召开部分省、自治区、直辖市教委主任、教育厅(局)长会议听取意见。12 月下旬,教育部收到大部分的反馈意见,对《行动计划》进一步作了修改,形成向国务院上报的送审稿。在经过广泛讨论和多方协调之后,《面向 21 世纪教育振兴行动计划》出台了。

第三节　建国以来的教育管理政策

建国初期的教育管理政策

建国伊始,我们面临着建立社会主义教育体系的新任务,在这一时期,中央政府主要围绕改造旧教育的问题制定相关的教育管理政策。这些政策大致包括:

改造旧教育的基本方针　建国初期,中央政府即颁布了《中国人民政治协商会议共同纲领》,纲领提出,"中华人民共和国的文化教育为新民主主义的,即民族的、科学的、大众的文化教育"。这一教育方针,为彻底改变旧中国半殖民地半封建性质的教育,建立社会主义的新教育指明了方向。

接收原国民党统治区学校的决定　从 1950 年 12 月开始,中央政府发布了《关于处理接受美国津贴的文化教育救济机关及宗教团体的方针的决定》、《接收外国津贴及外资经营之文化教育救济机关及宗教团体登记条例》、《关于接办私立中、小学的指示》等一系列政策性文件,并着手处理接受外国津贴的学校,这一时期共接管接收外国津贴的高等学校 21 所,中等学校 514 所,初等学校约 1500 所,①收回了国家的教育主权。与此同时,从 1952 年下半年开始,逐步将全国私立中小学及大学改为公立。到 1956 年,所有学校全部收归国有。

---

① 《中国教育年鉴》(1949—1981),中国大百科全书出版社 1984 年版,第 79 页。

进行学制改革的决定 1951 年 10 月,中央人民政府颁布了《关于改革学制的决定》,对各级各类学校的学制改革作了新的规定,内容包括将小学改为五年一贯制、将业余教育列入学制、设立工农速成中学等。

全面建设社会主义时期的教育管理政策

从 1957 年到 1965 年,是我国开始全面建设社会主义的十年。1956 年召开的党的八大提出:"社会主义制度在我国已经基本建立起来,……全国人民的主要任务是集中力量发展社会生产力,实现国家工业化,逐步满足人民日益增长的物质和文化需要。"为配合这一目标,中央政府在这一时期提出了相应的教育管理政策:

确定党的教育方针 针对当时一些学校不重视政治教育的倾向,1957 年 9 月,中共中央、国务院发布了《关于教育工作的指示》,明确提出了党的教育工作方针:"教育为无产阶级的政治服务,教育与生产劳动相结合;为了实现这个方针,教育工作必须由党来领导。"

划分教育管理的权限 新中国成立初期和第一个五年计划时期,我国的教育管理强调集中统一。随着教育事业的发展和群众对教育事业的需求,高度集中管理体制的弊端逐步显露出来。针对这种情况,1958 年 8 月,中央颁布了《关于教育事业管理权力下放问题的规定》。《规定》指出:今后要改变过去以条条为主的管理体制,根据中央集权和地方分权相结合的原则,加强地方对教育事业的领导管理。这一规定为 50 年代末 60 年代初教育管理体制的改革提供了政策的依据。

规范学校的日常管理工作 在 50 年代后期教育管理体制改革的过程中,曾一度出现各类学校一哄而起的失控现象,造成学校发展的大起大落。为及早纠正这一现象,教育部分别于 1961 年和 1963 年颁发了《教育部直属学校暂行工作条例(草案)》(简称高教 60 条)、《全日制中学暂行工作条例》(简称中学 50 条)、《全日制小学暂行工作条例》(简称小学 40 条)。这三个条例对整顿教育秩序产生了显著的作用,但不久开始的"文化大革命"使"三个条例"未能全面推广和实施。

"文化大革命"时期的教育管理政策

1966 年开始到 1976 年结束的"文化大革命",是建国以来最大的政治运动。这十年间由于受错误思潮的影响,制定的教育管理政策不仅未能推动教育的发展,反而使我国的教育事业陷入极度混乱的境地。这一时期出台的教育管理政策主要有:将教师队伍的大多数定性为基本属资产阶级知识分子,要求加强对其世界观的改造的教师管理政策;废除升学考试,实行推荐入学的大学招生政策;"四个面向"的毕业分配政策;工宣队、军宣队等接管学校的学校管理政策等。

全面恢复与改革开放时期的教育政策

党的十一届三中全会以后,我国的教育事业经过拨乱反正,重新走上健康发展的轨道。这一时期制定的对教育管理产生重大影响的政策有:科教兴国,优先发展教育;恢复高考和出国留学;加强学校德育工作的管理;基础教育地方负责、分级管理;实行以政府办学为主体和社会各界参与办学的体制;高校毕业生双向选择、自主择业;教育投资多元化,等等。这一时期颁布的最引人注目的教育政策文件有《中共中央关于教育体制改革的决定》(1985)、《中国教育改革和发展纲要》(1993)、《面向21世纪教育振兴行动计划》(1998)等,这些文件为新时期教育的发展指明了方向,在相当长时间内成为我国教育发展的纲领性文件。

最近几年,在构建和谐社会和科学发展观的政治背景下,教育公平和教育均衡发展受到了政府极大的关注和重视,成为当前我国教育政策的重要导向。党的十七大报告中把教育视为民族振兴的基石,强调教育公平是社会公平的重要基础。从2005年5月教育部发布了《关于进一步推进义务教育均衡发展的若干意见》以后,教育部会同国家有关部门出台了一系列的政策,以推进教育公平,促进教育的均衡发展:一是全面推进农村义务教育经费保障机制改革,普及和巩固九年义务教育。二是扎实推进西部地区"两基"攻坚,促进区域教育协调发展。三是贯彻实施新的《义务教育法》,依法保障每一个适龄儿童、少年接受义务教育的权利。四是坚持"以流入地为主,以公办学校为主",努力保障农民工子女平等接受义务教育。五是支持中等职业教育发展,不断扩大高中阶段的入学机会。六是加强对高校招生工作的管理,切实维护考试录取工作公平公正。七是完善家庭经济困难学生资助体系,进一步加大资助工作力度。八是统筹教师队伍建设,大力提高农村教师队伍素质。九是依法规范学校办学行为,努力建设平安、卫生、文明、和谐的校园。十是深入开展治理教育乱收费工作,建立健全规范教育收费长效机制。[①] 这十个方面的政策都有助于教育公平的推进。

第四节　教育政策与教育管理

教育管理的政策导向

与教育过程的某些领域如教学方法、课程、教育哲学等相比,教育管理似乎受教育政策的影响更大些。如从上述建国以来教育管理政策的回顾可以看出,教育管理工作与教育政策关系是何等之密切。教育管理离不开政策的导向,教育政策又为教育管理工作提供了理论的依据。进一步分析的话,教育政策在教育管理工作中的导向作用大致可以体现在以下几方面:

① 《孙霄兵答问教育腐败　10项政策推进教育公平》,《人民网》,2007年4月2日。

第一,在社会转型期,教育政策常常成为教育管理的指路灯。例如,"文革"结束以后,教育事业拨乱反正,方向在哪里? 1985 年《中共中央关于教育体制改革的决定》为此提供了完整的思路,即从教育体制入手,有系统地进行改革,在加强宏观管理的同时,坚决实行简政放权,扩大学校的办学自主权,同时调整教育结构,相应地改革劳动人事制度。在这一思路的引导下,教育体制改革成为 20 世纪 80 年代中期到 90 年代初教育改革的核心内容,并通过体制改革带动了教育事业的蓬勃发展。在发展社会主义市场经济体制的同时,教育管理又怎么发展? 1993 年《中国教育改革和发展纲要》又为此提出了系统的方案,即在进一步深化学校内部管理体制改革,扩大学校办学自主权的同时,发展社会多元化办学的模式,形成国家办学和社会办学相结合的局面。面临着知识经济的挑战,新世纪的教育以及教育管理又如何发展?《面向 21 世纪教育振兴行动计划》再次为此勾画出了蓝图,即从管理体制、课程、教材、教师观念创新、师资队伍培养等方面入手,进一步加大教育改革力度,为培养新世纪高素质的人才创造条件。总之,在社会环境发生较显著和激烈变化的时候,教育政策的导向作用总是显得非常突出。

第二,教育政策为协调教育的内外关系作出了具体的规定。管理工作说到底就是协调各方面的关系,教育管理工作也不例外。在教育领域,存在着各种各样需要协调的关系,如学校与社会的关系、普通教育与职业教育的关系、初等教育与中等教育及高等教育的关系、教育发展的数量与质量的关系、教育的效率与教育公平的关系、教育的发展与现实的可能性的关系等等,这些关系都需要教育管理者去尽可能加以理顺。靠什么去理顺? 显然离不开教育政策。例如针对职业教育与普通教育发展不均衡的问题,国家有关部门制定了"大力发展中等职业教育"和"积极发展高等职业教育"的政策;针对长期以来教育发展的中心过分偏向高等教育,教育经费在三级教育间比例倒挂,高等教育经费所占比例偏重,基础教育发展滞后的状况,近年来我们逐步实施了义务教育阶段免学杂费、高等教育收取学费的政策,从而推动计划内教育拨款向基础教育倾斜,推动基础教育办学条件改善和教育质量的提高。再比如,由于国家经济条件的限制,难以把整个教育包揽下来,为此自 20世纪 90 年代起,国家实行了国家办学为主、社会共同参与办学的政策,从而促进了民办教育的发展,较好地解决了教育的需求与发展的可能性的关系。正因为政策对协调关系的重要性,所以教育部在《面向 21 世纪教育振兴行动计划》中特别强调,要"正确处理若干关系,带动教育事业的全面振兴"。

第三,教育政策直接或间接作为教育管理的手段和方式。随着计划经济向市场经济的转轨,政府对教育的管理,必将从过去的直接管理、过程管理转向间接的宏观调控。教育政策将逐渐成为宏观调控的重要手段。通过教育政策进行宏观调控,虽然是间接的,但影响深远。如提高教师地位和生活待遇的政策、师范生免费接受高等师范教育的政策等,会影响人们就业的选择,引导学生积极报考师范院校。高考实行"3+X"的政策也必将有助于素质教育的进一步实施。教育经费匮乏,"穷国办大教育"一直是制约我国教育发展的瓶颈。如何筹措更多的教育经费?《中国教育改革和发展纲要》提出"改革和完善教育投资体制,增加教育经费","要逐步建立以国家财政拨款为主,辅之以征收用于教育的税费、收取非义务教育阶段学生学杂费、校办产业收入、社会捐资集资和设立教育基金等多种渠道筹措教育经费的体制"。这些筹资手段带来了教育的大发展。对解决中小学的"一无两有"和危房起到了决定性的作用。从案例 5-3 所反映的数据可以看出,多渠道筹措教育经费所取得的巨大成效。

【案例 5-3】

多渠道筹措教育经费①

　　1992 年 9 月 8 日,原国家教委发布了《关于多渠道筹措教育经费改善办学条件的公告》。据统计,从 1981 年到 1991 年,多渠道筹措用于改善中小学办学条件的经费达 1066 亿元,其中国家财政拨款为 356.5 亿元,占 33.5%,社会集资、捐资等各种渠道筹措的经费为 708.5 亿元,占 66.4%,共修缮、新建、改建中小学校舍面积达 6.72 亿平方米,添置课桌椅 1.16 亿套,并使 80 多万所中小学校的教学仪器、图书资料、文化器材和校园设施等有了不同程度的改善,教学仪器设备总值 48.7 亿元,图书总值为 11.98 亿元。

　　教育政策对课程管理具有调控的作用。在国外,政策调控已成为课程管理的主要手段之一。请看下面的案例:

【案例 5-4】

80 年代各国课程改革②

　　20 世纪 80 年代,美国当时的教育部长贝内特提出:"教育改革的首要目标是以充分协调而富有学术内容的课程来取代那些肤浅的'自助餐式课程'。"1983 年的"国家高质量教育委员会"的《国家处在危急之中,教育改革势在必行》的报告则提出了重整旗鼓的五门新基础课程。1991 年,当时的总统布什发表了《美国 2000 年战略》,提出了所谓"新的世界标准",即英语、科学、地理、历史等核心课程的教学大纲,并规定了对不同年级学生的要求。1993 年,克林顿政府颁布了《2000 年目标:美国教育法》,除继续强调五门核心课程的教学外,还增加了外国语和艺术作为核心学科,并从法律上对核心课程的基础地位给予保障。

　　法国政府于 1985 年作出了初等教育课程改革的重要决定,重新恢复传统的分科教学,以便加强基础学科的教学。1985 年法国教育部公布了全国小学新的教学大纲,决定小学均开设 7 门课程,即法语、数学、科学与技术、历史与地理、公民教育、艺术教育、体育,并于当年付诸实施。

　　日本为了适应时代发展与社会发展变化,每隔十年对小学教学大纲进行一次修改。现日本各小学十分重视加强学生的基础教育,强调要从终身学习的角度出发,重视基础知识

　　① 吴畏主编:《有中国特色社会主义教育管理体制研究》,浙江教育出版社 1997 年版,第 238 页。
　　② 国家教委人事司组织编写:《比较中小学教育》,北京师范大学出版社 1997 年版,第 242 页。

新编教育管理学(第 2 版)

和基本技能,培养自我表现教育能力,让学生切实地掌握以后的学校生活和社会生活必须的读、写、算的基础,形成基本的生活习惯。在日本小学课程里,算术和理科教育被强化。

英国则一反传统,主张设立国家统一课程,打破了以往对学校课程不作具体要求的惯例,明确规定了英国国立中小学均要开设核心课程、基础课程和附加课。

在我国,随着办学自主权的扩大,教育政策对课程管理的影响也在日益加大。目前我国有关部门已在逐步落实课程修订方案,推行国家课程、地方课程和校本课程相结合的课程制度,由此可看出教育政策对课程管理的调控作用。

教育管理实践检验和完善教育政策

制定出来的教育政策必须付诸实施,才能发挥作用,其实施主要是通过具体的教育管理行为体现出来的。改革开放以来,在《中共中央关于教育体制改革的决定》、《中国教育改革和发展纲要》、《面向 21 世纪教育振兴行动计划》等教育纲领性文件的指引下,我国教育的发展取得了前所未有的巨大成就。仅就教育管理实践而言,我们至少可以列举出下列八项成就:

第一,从社会主义初级阶段的基本国情出发,正确处理基础教育、职业教育、成人教育、高等教育等各级各类教育的关系,初步确立了以九年义务教育为基础、以普通高等教育为龙头、职业教育和成人教育共同发展的具有中国特色的社会制度教育体系的基本框架。

第二,打破了政府包揽办学的格局,逐步建立起政府办学为主与社会各界参与办学相结合的新体制,民办教育得到迅速发展。到 1997 年,社会力量举办的各级各类学校已达 5 万多所,在校生约 1600 万人,成为我国教育的有机组成部分。

第三,扭转了过去在教育管理体制上高度集中、统得过死的局面,初步形成了分级办学、分级管理的新体制,把义务教育的责任分到地方,极大地调动了地方政府和人民群众的办学积极性。

第四,职业教育和成人教育在政府统筹管理下,发挥自己的特色,面向社会办学,取得了可喜的成绩。

第五,高等教育管理体制改革通过共建、调整、合作、合并等形式,初步打破了条块分割、重复办学的局面,已有数百所普通高校进行了管理体制的调整,中央和省两级管理、以省级政府为主的新体制框架正在形成,高等教育的规模效益得到相应的提高。

第六,改变了高校招生和毕业就业方面的"统分"、"统包"的状况,完成了高校招生收费并轨改革,大中专毕业生实行了"双向选择",逐步走向自主择业的新体制。

第七,开展农村和城市教育综合改革,促进了教育与当地经济社会发展的紧密结合和教育整体效益的提高,农村的农业、科技、教育相结合以及各类教育的统筹改革,为农业和农村工作的发展作出了重大贡献。

第八,高等教育的办学自主权进一步激发了学校的活力和教职工的积极性。

上述成就说明,近年来我国所出台的教育政策绝大部分是有效的,符合我国教育发展实际的,同时也是经得起教育管理实践的检验的。

教育管理不仅能起到检验教育政策的作用,还能起到深化和完善教育政策的作用。通过教育管理的实践,积累了经验,将经验上升为理论,这样就为深化和完善教育政策奠定了基础。例如,为了普及九年制义务教育,国家提出了"就近入学"的政策,这一方面是对长期以来"以分择校"制度的否定,体现义务教育的平等性,另一方面也是规范各级政府在设立学校、决定学校布局时必须保证学生能够就近入学。我们都知道,由于历史的原因,学校间的差距大量存在,"就近入学"必然受到部分学校和部分家长的反对。为推行就近入学政策,政府出台了"改造薄弱学校"的政策以及相应的措施,如重点学校与一般学校挂钩,实行"一帮一";教育拨款向薄弱学校倾斜;在薄弱学校进行"改制"试验,利用民办学校的机制搞活薄弱学校等等。再有,就近入学政策主要以户口所在地为依据招生,户口不在本地的流动人口子女的读书怎么办?针对这种情况,各地先后推出了"外来人员子女就读的相关规定"等地方性行政规定,在一定程度上保证了流动人口子女接受正常的义务教育的权利。就这样,在教育管理实践的基础上,就近入学的政策不断得到完善和发展。

教育政策与校长工作

教育政策对每一个中小学校长的工作也产生着直接或间接的影响。这些影响可以从几个方面体现出来:

第一,教育政策是校长取得主管学校资格的重要依据。例如,《中共中央关于教育体制改革的决定》指出:"学校逐步实行校长负责制,有条件的学校要设立由校长主持的、人数不多的、有威信的校务委员会,作为审议机构。"《中国教育改革和发展纲要》进一步指出:"中等及中等以下各类学校实行校长负责制。"这样,校长负责制就以政策的形式得以确定。实行校长负责制,意味着校长有相应的办学自主权,有助于提高学校的管理水平和教育质量。

第二,教育政策规范校长的办学行为。校长工作必须以国家规定的教育政策为准绳,模范执行教育政策,而不能违反教育政策。比如,针对许多学校存在的加班加点、搞题海战术,加重学生课业负担的状况,国家教委颁布了《关于全面贯彻教育方针,减轻中小学生过重课业负担的意见》,并提出了解决学生课业负担过重的问题的八点要求:一是学校应严格按照国家和省级教育行政部门颁发的课程(教学)计划组织教育教学活动,不得随意增减课程和课时,不得搞突击教学,提前结束课程。二是学生使用的教科书,必须是国家和省级教育行政部门审查通过并列入教学用书目录的教科书。三是作业的分量和难度要适当。小学一年级不留书面家庭作业,二、三年级每日课外作业量不超过 30 分钟,四年级不超过 45 分钟,五、六年级不超过 1 小时,初中各年级不超过 1.5 小时。四是要严格控制学生在校活动总量。原则上保证小学生每日有 9 小时以上的睡眠,初中生和高中生 9 小时睡眠。五是改革考试办法,严格控制考试的科目与次数。除高中阶段招生考试、高中会考外,废止其他年级任何形式的统考统练。六是任何部门和个人都不得单纯以学科考试成绩或升学率高低评价学校和教师,不得以此排列学校、教师、班级的名次,学校、教师不得按学生考分高低排列名次、张榜公布。七是努力办好每一所小学和中学。义务教育阶段不应分重点学校(班)与非重点学校(班)。八是要严格控制各种类型的竞赛、读书、评奖等活动。对于这 8 点要求,校长在安排教育教学工作时必须严格遵照执行。

第三,教育政策引导和启发校长制定学校的规章制度。校长在管理学校时,总要制定若干规章制度,以达到规范管理的效果。不过,并不是所有的规章制度都是符合现有教育政策的。例如,一些学校热衷于以罚代管:学生违反校纪校规,罚款若干;学生不做回家作业,罚款若干,等等。类似这样的规章制度,显然是与现有教育政策背道而驰的。因此,教育政策对于校长制定正确的学校制度,摒弃错误的学校制度,有着明显的指导和启发作用。

应当指出,校长在执行教育政策时,必须因校制宜,实事求是。一般说来,教育政策与办学规律是一致的,但政策总是比较原则、比较宏观的,并侧重方向性的指导,而学校管理则是生动的、具体的,内容涉及到人、财、物等各个方面。因此,在贯彻执行政策时,校长必须坚持从实际出发,探索符合教育政策的各项管理规律。学校管理者应当知道:无论怎样完备的政策,都不能取代学校根据自己的优势和条件来确定自己的管理方式,其中的关键就在于发挥自己的聪明才智,创造性地运用政策。

教育政策与教育管理的错位

虽然教育政策对教育管理工作有着巨大的指导作用,但在现实生活中,我们常常可以看到,教育政策与教育管理之间有时也会发生错位现象。这表现为以下两个方面:

一方面,有了政策,却不去执行,即教育管理工作不到位。贯彻执行党和国家教育政策的有效性,不仅要认真严肃,而且要有实事求是的科学态度。在这一点上,有些校长漠视党和国家的教育政策,凭借经验和主观意志管理学校,我行我素,以致既有的政策得不到有力执行,政策成为一纸空文。例如,教育领域普遍存在的忽视学生思想政治工作、学生课业负担过重、乱收费、高收费等现象,都是教育管理工作中政策不到位或架空政策的表现。再有,近年来,在减轻农民负担的呼声中,有些地方发文随意取消或停止执行农村教育附加费等筹资政策,使本来就投入不足的办学经费更加紧缺,以至于造成拖欠教师工资、中小学校舍危房比例回升等严峻问题。针对这一现象,必须在中小学管理工作中大力加强对教育政策的宣传和学习,使学校管理者真正认识到政策对学校管理工作的重要意义。

另一方面,有了实践,却没有相应的政策支撑,即教育政策的滞后。教育政策在付诸实施的过程中,随着外界情况的变化,所要解决的问题性质的变化,以及新情况、新问题的不断涌现,需要不失时机地作出调整和更新,以加强对教育管理实践的指导和控制作用。然而在现实中,时常看到这样一种现象,一些新的改革方案出台了,而且取得了一定的效果,但由于没有相应的政策支撑和政策配套措施,结果不了了之,改革的倡导者也成为昙花一现的人物。而在另一些场合,教育管理工作中出现了矛盾和问题,同样由于没有相应的政策措施,只能听之任之,等到问题实在无法拖延下去,才有政策文件出台,结果对事业造成了损失。比如,在成人高等教育发展的问题上,一度只讲求发展速度,对于办学条件、质量等方面则没有相应的政策规范要求,结果造成办学效益不高,办学与社会需求相脱节等现象。再比如,教育体制改革是我国教育政策的重要内容之一,但由于缺乏配套的具体政策措施,致使权力过于集中、统得过死的现象依然没有得到解决,其结果是简政放权、扩大学校办学自主权难以真正得到落实,妨碍了学校管理效能的提高。还有,现在我国市场经济已基本建立,市场经济的建立呼唤着与之相适应的教育政策,但这方面的政策到现在为止仍然很薄弱。所以,政策滞后的现象也需要引起每个教育政策制定者和执行者的关注。

总之,教育政策虽然出自宏观,但对具体的教育管理工作影响巨大。每个教育管理工作者都应该熟悉政策,了解政策,并通过自己的工作实际,全力保障教育政策的有效实施。与此同时,教育管理者也应该发扬主人翁的精神,结合自己的工作实践,不断去总结摸索,创造性地应用政策,如有可能,向有关方面提出有价值的政策建议,致使教育政策不断发展和完善。

思 考 题

1. 请分析影响教育政策的因素。
2. 评述政策制定的模式。
3. 试论述教育政策与教育管理的关系。

新编教育管理学(第2版)

第六章　教育法律与教育管理

本章学习目标

1. 掌握我国教育法的体系；
2. 了解教育法治化的重要性和必要性；
3. 全面把握教育行政与教育法治的关系；
4. 明确教育法在学校管理过程中的重要性。

第一节　教育法概述

教育的法治化

随着社会的不断发展和进步，法律在人们的生活中发挥着越来越重要的作用。人们时时处处都可以感受到法律的存在，法律的触角伸展到了人类生活的各个领域，作为人类一项重要活动的教育自然也不例外。实际上，早在两千多年前的古希腊雅典城邦，亚里士多德就曾指出："大家当一致同意，少年的教育为立法家最应关心的事业。"[1]他主张国家应该订立有关教育的规程，统一管理教育，以培养未来的年轻公民。

教育的法治化是伴随着教育的国家化进程而逐步深入的，这主要表现在两个方面：一是由国家机关制定的教育法律法规数量不断增加，这从后面将要讲到的我国教育法体系可以得到证明；二是法院系统越来越多地参与审理教育方面的案子，从而使大量的教育问题通过司法途径得到解决。在国外，20 世纪 50 年代有美国著名的"布朗案"，日本则有历时 32 年的"教科书诉讼案"等。在我国，20 世纪 80 年代以来，教育的法治化进程逐渐加快，法院审理教育类案件的报道时有所闻。如1993 年浙江省嵊泗县法院对违反《义务教育法》，拒不履行送子女入学义务的 22

---

① 亚里士多德著，吴寿彭译：《政治学》，商务印书馆 1965 年版，第 406 页。

户学生家长实施强制执行的案件;1996年陕西省宁陕县法院判决县文教局对某小学4名教师处理不当的案件(见案例6-2)等。这些事实说明,法院在处理教育问题的过程中已扮演越来越重要的角色,教育的法治化时代已然来临。

教育法的体系

各国的教育法体系不完全一致,这一体系通常是由一系列的教育法律、法规所组成的。在我国,教育法的体系大致由以下部分组成:宪法中有关教育的条款、教育基本法律、教育单行法律、教育行政法规、地方性教育法规、教育规章(含部门教育规章和政府教育规章)。所有这些教育法律、法规及教育规章,由于制定机关的不同而表现出不同的法律效力(见表6-1):

表6-1

层 级	形 式		制 定 机 关
	宪法中有关教育的条款		全国人民代表大会
第一层级	教育基本法律		全国人民代表大会
第二层级	教育单行法律		全国人民代表大会常务委员会
第三层级	教育行政法规		国务院
第四层级	地方性教育法规		省、自治区、直辖市和较大市的人大及其常委会
第五层级	教育规章	部门教育规章	教育部及国务院其他部委
		政府教育规章	省、自治区、直辖市及较大市的人民政府

宪法中有关教育的条款 宪法是国家的根本大法,具有最高的法律地位和法律效力,是所有立法的依据。世界上绝大多数国家的宪法中都有关于教育的条款。在我国的宪法中,第19条、46条、47条、49条、89条、107条、119条等涉及到了教育的内容,这些条款对国家发展教育事业的目的、公民的受教育权利、父母在教育方面的义务、各级政府管理教育工作的权限等作了根本的规定,其他任何形式的教育法都不得同宪法的这些规定相抵触。

教育法律 从狭义上说,在我国,教育法律指的是全国人民代表大会及其常务委员会制定的教育方面的规范性文件,它又可以分为教育基本法律和教育单行法律两类。前者是对国家教育的基本方针、任务、制度以及各教育法律关系主体权利和义务的总体规定,由全国人民代表大会制定并通过;后者是针对教育的某一领域或某一部分而做出的法律规定,由全国人大常委会制定并通过。迄今为止,我国的教育法律有《教育法》、《教师法》、《义务教育法》、《职业教育法》、《高等教育法》、《民办教育促进法》、《学位条例》等七部。

教育行政法规 教育行政法规是最高国家行政机关(国务院)为实施、管理教育事业,根据宪法和教育法律而制定的教育方面的规范性文件。从性质上说,教育行政法规主要针对某一类教育管理事务,因而其内容比较具体,而且具有较强的操作性。目前对我国教育管理工作有较大影响的教育行政法规包括《幼儿园管理条例》、《学校体育工作条例》、《学校卫生工作条例》、《教学成果奖励条例》、《残疾人教育条例》、《教师资格条例》、《中外合作办学条例》、《民办教育法实施条例》等。

地方性教育法规　地方性教育法规主要指省(自治区、直辖市)人民代表大会及其常务委员会,省、自治区人民政府所在地的市和国务院批准的较大市的人民代表大会根据本地情况和实际需要,在不与宪法、法律、行政法规相抵触的前提下,制定和颁布的地方性教育规范文件。这类教育法规只在本行政区域内有效。目前我国各省(自治区、直辖市)都制定了一定数量的地方性教育法规,随着我国教育管理权限的不断下放,地方性教育法规的数量会越来越多。

教育规章　教育规章有两类,一为部门教育规章,一为政府教育规章。前者由国务院各部委(主要是教育部)发布,在全国范围内有效;后者由省、自治区、直辖市以及省、自治区人民政府所在地的市和国务院批准的较大市人民政府制定,只在本行政区域内具有法律效力。教育规章的调整范围极其广泛,数量也很大,在教育管理工作中起着十分重要的作用。

教育立法的意义

教育立法有以下几个方面的意义:

第一,通过教育立法确立教育的基础性地位,保障教育优先发展。虽然可以通过多种途径和方法发展教育,但各国都将教育立法作为一种必要手段,期望借助于法律的严肃性和权威性来达到发展教育的目的。例如20世纪50年代末,苏联人造卫星发射成功,使美国朝野震惊,美国政府迅速制定了尽快提高学校教育质量的战略目标,美国国会则起草并通过了《国防教育法》,从制度上和财政上加以保障。在我国,1995年颁布的《教育法》也明文规定:"教育是社会主义现代化建设的基础,国家保障教育事业优先发展。全社会应当关心和支持教育事业的发展。"教育是整个国家建设的基础,依靠法律规定保障教育事业的发展成为现代教育发展的主要特征。

第二,通过教育立法协调教育系统的内外部关系,有效进行教育管理。同传统教育相比,现代教育体系越来越庞杂和复杂,这给教育事业的管理带来诸多不利因素。通过教育立法,在教育系统内部确立起一系列法律制度,如学校教育制度、义务教育制度、职业教育制度、国家教育考试制度、教育督导制度等,使教育的管理有序化、规范化,理顺教育同社会各方面的关系,从而有效地整合教育资源,最大限度地发挥教育效益。

第三,通过教育立法明确教育关系主体的法律权利与义务,规范教育行为。教育行为是各教育关系主体在参与、实施教育活动的过程中所做出的行为,教育法是调整教育行为的法律规范。法律的核心是权利与义务,合理行使自己的权利,全面履行自己的义务,是法制社会的一个基本特征。通过教育立法,明确主体各方的法律权利与义务,就可以知道自己该如何行为,不该如何行为,这样就把教育活动全面纳入法治的轨道中来,使教育事业得到健康发展。

教育管理:走向法治

教育管理活动总是会受到多方面因素的影响,除众所周知的政治、经济等社会环境因素外,也受到管理者本人管理能力、个人风格的影响。在现代社会,还受到一定法律规范的影响和制约。虽然在众多的教育管理实践中,领导者的个人魅力和能力往往成为影响教育活动的关键因素,这在我国尤其突出,但一个值得注意的事实是,当今世界的教育体系正越来越服从于日益增多的法律规范。德国社会学家韦伯曾经就此指出,带有一个官僚系统和一批行政人员的法律控制是合法控制的一种最现代的、富有希望的形式,因此,从韦伯的角度看,"教育法的膨胀可被视为解决教育系统合法性危机的答案"。[1] 从我国现有的教育法律法规来看,虽然目前的教育法律体系还有待进一步完备,但对于教育管理活动已经有着一些明确的规定,如《教育法》对国务院和地方各级人民政府教育管理权限的规定,《义务教育法》规定的义务教育的基本管理原则等。可以预见,随着我国教育法制的不断健全,教育管理活动必将越来越多地接受法律规范的调整和制约。在"人格之治"和"法规之治"两者之间,教育管理正在明显地向后者转移。

第二节 教育法与教育行政

教育管理是一个非常复杂的动态过程。从国家对教育事业的宏观管理,到学校对学生行为的规范引导,它涉及教育活动的方方面面。本节介绍国家对教育事业的管理所涉及的法律问题。

国家教育权与教育行政

教育行政是同教育的国家化紧密联系在一起的,是现代国家行政职能扩大化的产物。在很长的一段历史时期内,教育主要属于个人事务,与国家的关系并不明显。教育虽然有时也被纳入政府的管理范围,但政府对教育的管理在范围、程度等方面都远不及现代。以西方国家教育行政的演变为例,直到文艺复兴以后的很长

---

[1] Ian Birth & Ingo Richter, *Comparative School Law*, Pergamon Press, 1990, p. 350.

新编教育管理学(第2版)

一段时间,教会势力依然是控制教育事业的主要力量,尚未确立起国家办学的主体地位。这种情况直到 18 世纪、19 世纪才出现变化。为了顺应资本主义工商业的发展,各国政府逐步地意识到了民众受到一定程度的教育的必要性和重要性,于是通过立法将教育事业的领导权逐渐收归国家,以行政手段来统一领导和管理教育事业。在法国,拿破仑上台后,实行独裁统治,重视公共教育,要求教育为军事和政治服务。因此,自拿破仑时代开始贯彻帝国教育法令,并在此基础上建立了中央集权的教育行政领导体制。在英国,早在 19 世纪初,有关的"工厂法"中就有关于童工接受一定时间义务教育的条款;到 19 世纪下半叶,鉴于教育对国家政治、经济生活的重要意义,政府在 1870 年正式颁布了《初等教育法》,从而确立了英国的国民教育制度。在德国,政府也于 18 世纪末颁布有关法令,规定各公立学校和教育机关俱应接受国家的监督,从而打破了教会对学校教育的垄断权。在美国,虽然宪法并未授权联邦政府管理教育事业,但各州政府却通过其地方教育法和地方教育行政机构牢牢地控制着教育的领导权。发展到今天,虽然国家教育权在不同国家有着不同的表现形式,但几乎没有一个国家不在一定程度上控制、领导和管理着本国的教育事业。

我国与大一统中央集权的政治领导体制相适应,很早就建立起全国统一的教育行政领导机构。隋唐时代设立的国子寺(后改称国子监)及国子寺祭酒被认为是"我国历史上第一次设立专门管理教育的政府机构和官员",[1]以后的历代封建王朝均沿袭此制,统一管理全国的教育。到清末,中国教育的形式已大大不同于以往。《癸卯学制》实施后,各级各类学校更是得到了大发展。为了加强对新式教育的领导和管理,清政府于 1905 年始设学部,作为统辖全国教育的行政机关,并将原来的国子监并入。这以后,尤其是辛亥革命以后,现代意义上的中央教育行政机构逐渐建立,国家教育权对教育行政的影响也越来越明显。新中国成立以后,教育体制虽几经变革,但国家教育权的基本内容却并没有发生实质性的变化,它们包括"确定并保证贯彻国家教育的性质、方向、方针和教育目的、培养目标;确定教育结构、学校制度、教学计划和大纲,审定教材;规定教育机构的设置和标准,教育人员的标准和选任,教育经费的征集和分配;教育法规的制定以及教育事业的督导检查等等"。[2] 这些内容几乎渗透到教育行政活动的每一个环节之中。

教育行政机关

教育行政机关,是指按照宪法和有关组织法的规定设立的,依法享有并运用国家行政权,专门从事教育行政管理的国家机关。它是国家行政机关的一个重要组成部分。在我国,中央一级的教育行政机关为教育部,地方教育行政机关中,省一

---

① 孙培青主编:《中国教育史》,华东师范大学出版社 1992 年版,第 269 页。
② 北京教育行政学院编著:《教育法概论》,学苑出版社 1989 年版,第 42—43 页。

级为各地教育厅(局或教育委员会),地县两级为教育局(教育委员会)。无论哪一级教育行政机关,都必须在它的法定职权范围内行事,充分、及时地行使自己的法定职责,管理其职权范围内的教育事业。

【案例6-1】

刘某某能否上学①

　　刘某某,男,1991年4月生,家住山东师范大学宿舍,其父为该校教师。1997年,刘某某要求进入山东师大附小接受义务教育,附小则拒绝接受。理由是:济南市历下区教育委员会制定的区中、小学97年度招生方案规定,山东师大附小的新生入学年龄为六周岁零十个月,而刘某某至1997年8月31日新生入学前只有六周岁四个月零十天。刘某某父亲认为其已达到《义务教育法》第5条规定的应当入学的年龄(六周岁),学校拒绝其入学,系违反义务教育法的行为。经多次与附小交涉,附小坚决拒收刘某某入学。刘某某的父亲无奈,遂多次找历下区教委处理此事,教委对此事则一直不作处理。于是,刘某某以历下区教委为被告,向法院提起行政诉讼,要求其对山东师大附小拒收刘某某一事作出处理,保护刘某某的受教育权。

　　此案经济南市天桥区人民法院受理并组成合议庭审判认为:依照义务教育法的规定,原告已达到法定入学年龄。在学校拒绝接受原告入学,原告监护人向被告提出申诉时,被告作为管理教育工作的行政机关,理应依照法律规定及时作出适当的处理。而被告仅由工作人员口头向原告监护人作答复,因无书面材料可查,难以确认其内容是否符合有关法律规定,因而应认定被告对原告的申诉未作处理。现原告继续要求被告对学校不接受其入学问题作出处理的请求应予支持。遂作出(1997)天行初字第26号《行政判决书》,判决如下:自本判决生效之日起七日内,被告对原告的入学问题依据《中华人民共和国义务教育法》的规定作出书面处理决定。案件受理费50元由被告承担。判决后被告不服,上诉至济南市中级人民法院,济南市中级人民法院经二审审理认为,受教育权是公民的社会文化权利,且单项法规没有规定当事人可以提起行政诉讼,故依法作出(1997)济行中字第58号《民事裁定书》,裁定如下:(一)撤消天桥区人民法院(1997)天行初字第26号《行政判决书》;(二)驳回刘某某的起诉。

　　这起案件的焦点虽然在是否属于人民法院行政诉讼受案范围,一审和二审的分歧之处也在于此,但是透过这种现象,我们可以看到,案件的起因在于教育行政机关是否及时履行了自己的职责。公民的受教育权利是一项基本权利,特别是接受义务教育的权利,更是一项由国家、社会、家庭和学校共同保护的基本权利。根据《教育法》、《义务教育法》、《义务教育法实施细则》等法律法规的具体规定,政府部门特别是教育行政部门都负有实施、监督和管理本辖区义务教育实施情况的法定职责,不履行职责显然与其法定身份不符。

---

　　① 《判例与研究》,1999年第1期,第19—22页。

教育行政行为

所谓教育行政行为,是指教育行政机关在行使行政职权、对教育事务进行组织和管理的过程中作出的具有法律意义的行为。教育行政行为有如下几个特点:

首先,它由教育行政机关作出。教育行政行为只能由教育行政机关作出,至于是由教育行政机关直接作出还是依法委托其他社会组织作出,都不影响教育行政行为的性质。但是,如果教育行政机关以外的其他国家机关或其他社会组织,在无教育行政机关依法委托下所作出的行为,就不能认定是教育行政行为。

其次,它是教育行政机关行使行政职权、履行其行政职责的行为。教育行政机关工作的重心不是民事活动或者有关其他事务的行政活动,而是对教育事务进行领导、组织和管理,以促进教育事业的顺利发展。背离了这一点,教育行政机关就没有存在的必要。

最后,它必须是具有法律意义的行为。教育行政行为具有行政法律意义,能够产生行政法律效果,它能规范教育领域的各项活动,同时对学校或其他教育机构、教育工作者以及受教育者的权利和义务产生直接或间接的影响。

教育行政行为的形式

教育行政行为作为行政行为的一个分支,承继了后者的一般特征,同时也表现出多种形式。下面着重从抽象行政行为和具体行政行为的角度分析这种行为的主要表现形式。

教育行政立法 教育行政立法是指特定的国家行政机关依照法律规定的权限和程序,制定有关教育的行政法规和行政规章的行为。它主要是针对一些具有全局性的具体教育管理问题而制定的,如国务院制定的《教师资格条例》等。教育行政立法既有行政的性质,是一种抽象行政行为,又具有立法的性质,是一种立法行为。教育行政立法的特点是:第一,实施教育行政立法的主体是特定的国家行政机关,如国务院及其各部委,省一级政府或较大的市政府。第二,教育行政立法是依照严格的程序制定的,一般要经过规划、起草、征求意见、审查、通过、发布与备案等几个环节。第三,教育行政立法制定的教育行政法规、规章是教育法的一种形式,具有教育法的效力,但是它又不同于国家权力机关的立法行为,而是有着很强的从属性。

制定其他规范性教育文件 具有教育行政事项管理权的各级行政机关可以在自己的权限范围内制定有关教育的规范性文件,这种规范性文件向人们提供有关教育的行为规则和行为模式,但它不可自主规定法律后果,也不可自我设定强制手段。

教育行政监督检查 这是指对教育事业具有管理权的行政机关对学校及其他教育机构、教育者、受教育者以及其他组织或公民遵守教育法规和执行教育行政机关的决定等情况进行的监督检查活动。教育行政监督检查是一种重要的教育行政管理方式,《教育法》规定了学校及其他教育机构有义务"依法接受监督",藉此,教育行政部门可以有效地了解学校等教育机构执行教育法律法规、贯彻国家教育教学要求、完成教育教学等方面任务的情况。教育行政监督检查的内容是多方面的,如对义务教育学校办学情况的监督检查,对学校卫生工作或体育工作的监督检查等。

教育行政许可 这是指教育行政机关应教育行政管理相对方的申请,通过颁发许可证等形式,依法赋予教育行政管理相对方从事某种教育活动的法律资格或法律权利的行政行为。在一般情况下,教育行政许可必须以教育行政管理相对方提出的申请为前提,如果没有相对方的申请,教育行政机关不能主动地予以许可,如县级以上教育主管部门或者乡级人民政府对需接受义务教育的适龄儿童、少年缓学、免学的许可,需首先由其父母或者其他监护人提出缓学或免学的申请。教育行政许可在程序上主要由受理申请、审查、颁发许可证明三个环节所组成。

教育行政处罚 这是指教育行政机关依照法定的权限和程序对违反教育法律规范的尚未构成犯罪的教育行政管理相对方给予行政制裁的具体行政行为。与教育行政许可不同的是,教育行政处罚是教育行政机关依职权主动进行的一种教育行政执法活动。实施教育行政处罚,应遵循处罚法定、一事不再罚、公正、公开、惩罚与教育相结合等原则,既要对违法行为施以必要的制裁,又要切实保护被处罚者的应有权利。处罚的形式主要有申诫罚、能力罚、财产罚、救济罚等类型。

教育行政强制执行 这是指教育行政机关对拒不履行教育法义务的教育行政管理相对人,依法强制其履行义务或达到与履行义务相同状态的教育行政执法行为。如政府或者教育行政部门依法强制监护人履行送被监护人入学的义务。教育行政强制执行的主体是教育行政机关,强制执行的目的在于维护正常的教育教学秩序,保障教育关系主体权利的实现。

教育行政法律责任

在教育行政法律关系中,经常会出现一些行政违法问题。违反了法律,自然要承担法律责任。教育行政法律责任是指教育行政法律关系主体,由于违反了有关教育的行政法律规范或不履行相应的行政法律义务而应依法承担的行政法律后果。

【案例6-2】

请 依 法 行 政①

1995年夏,宁陕县文化教育体育局根据举报电话,查实该县老城乡中心小学在当年6月29日的全县小学统考中,隐瞒五、六年级考生共9人。为了严肃统考纪律,教育本人,震慑违纪者,经局党委、局纪检委、局务会议研究决定,依据文教局《关于对全县统考违纪处理的暂行规定》,以《查处通报》的形式,对该小学统考违纪人员作出处理:①撤消柯某校长职务;建议乡教委撤消李某教导主任职务。柯、李二人异地安排工作。②主要责任人柯某、李

---

① 《教师报》,1996年12月8日及1997年1月5日。

某各赔偿统考违纪经济损失 500 元。③违纪事件责任人付某、王某各赔偿经济损失 400 元。④违纪事件所涉柯某等四人,三年内不得评优评模,不得晋升专业技术职务,本年度师德考核记零分,年度考核定为不称职。

柯某等四人对文教局的处理不服,于 1996 年 10 月 3 日向县人民法院递交了行政诉讼状。诉讼理由为:①被告的处分程序不合法。没有处分决定。《查处通报》不能代替处分决定。②被告的罚款无法律依据。《关于对全县统考违纪处理的暂行规定》没有法律依据。所以,她们提出诉讼请求:①撤销被告对四原告作出的行政处罚决定。②退回不合理的罚款 1800 元。③由被告支付本案诉讼费 120 元。

四名原告也反映,县文教局在全县范围内进行统考排队,严重违背了国家教委 1993、1994、1995 年"关于减轻中小学生课业负担通知"的精神,制造了学校与学校、领导与教师、教师与教师、教师与学生的矛盾,片面追求考分,有悖于党的教育方针。同时,文教局以统考为王牌,用统考名次定学校、教师的奖惩,逼着校长、教师弄虚作假。隐瞒考生的现象也远不止一、两所学校,而隐瞒人数较多的学校,大多统考名次较好。

县人民法院经审理查明,柯某等人为提高本校学生成绩,隐瞒考生人数,均属事实。但法院认为,被告文教局作为文教系统行使行政管理权的职能部门,应在法律规定的职权范围内,按照法律和行政法规行使其行政管理职权。在国家教委禁止用任何形式进行统考统练的意见下发后,被告自行设定统考统练,且在无法律依据的前提下,责令原告赔偿损失的行政处罚,于法无据,属于无效行政行为。四原告要求撤销被告违法处罚决定的请求,应予支持。依照《中华人民共和国行政诉讼法》第五十四条第二款、第五十三条的规定,参照国家教委《关于全面贯彻教育方针,减轻中小学生过重课业负担的意见》第三条第五款的规定,作出如下判决:撤销被告文教局下发的《关于对老城乡中心小学统考严重违纪问题的查处通报》中责令四原告赔偿经济损失的处罚决定。案件受理费、诉讼费共计 120 元,全部由被告负担。

这起案件中,尽管四位教师也有其工作的不合理之处,但更为重要的意义在于,它使教育行政部门如何依法行政的问题逐步显露出来。传统的"官本位"观念,使得学校领导和广大教师对教育行政部门的问题不到万不得已,往往敢怒不敢言,也导致教育工作中的民主气氛较之其他行业相对淡薄。因此,这起案件可促使我们从两个方面来思考问题:一是教育行政机关要有依法行政的意识,要依法管理教育事业;二是学校、教师和学生要充分认识自己的权益,并懂得如何运用法律武器保护自己的合法权益。

第三节　教育法与学校管理

学校作为有目的、有计划、有组织地进行教育教学活动的重要场所,是教育法调整的基本对象,学校工作正逐步纳入法治化的轨道。教育法对学校管理工作有着直接的影响,它有助于规范学校管理行为,督促学校在法律法规许可的范围内行事,也有助于提高学校教育工作者的法律意识,推动依法治校的进程。

学校的设置

自 1995 年《中华人民共和国教育法》颁布实施以后，学校的设置开始进入了法治化的轨道。《教育法》第三十一条规定："学校及其他教育机构具备法人条件的，自批准设立或登记注册之日起取得法人资格。"为使学校真正具有权利主体能力，能够独立地承担民事责任，《教育法》对设立学校的条件作出了明确的规定：有组织机构和章程；有合格的教师；有符合规定标准的教学场所及设施、设备等；有必备的办学资金和稳定的经费来源。在我国境内开办学校，凡不符合上述条件的，都视为非法，教育行政部门有权采取关闭或下令整改等处罚措施。学校的设置除了要具备上述基本条件，还要履行一定的程序。根据具体教育机构性质的不同，我国分别实行审批制度和登记注册制度。审批制度一般适用于各级各类正规学校等，主要审核学校的设置是否符合法律规定的基本条件，是否符合本地区的教育发展规划等。登记注册制度是主管部门对申请者提交的申请报告进行审核通过后，予以登记注册，它不如审批制度严格。幼儿园的设立实行的即是登记注册制度。

学校的权利和义务

现代社会的学校管理工作，需要妥善处理好一系列的权利和义务关系。而对于学校来说，首先需要明确自身的法律权利和义务。

我国《教育法》第 28 条对学校的权利作出了如下规定：①按照章程自主管理；②组织实施教育教学活动；③招收学生或者其他受教育者；④对受教育者进行学籍管理，实施奖励或者处分；⑤对受教育者颁发相应的学业证书；⑥聘任教师及其他职工，实施奖励或者处分；⑦管理、使用本单位的设施和经费；⑧拒绝任何组织和个人对教育教学活动的非法干涉；⑨法律、法规规定的其他权利。

我国《教育法》第 29 条规定的学校义务有：①遵守法律、法规；②贯彻国家的教育方针，执行国家教育教学标准，保证教育教学质量；③维护受教育者、教师及其他职工的合法权益；④以适当方式为受教育者及其监护人了解受教育者的学业成绩及其他有关情况提供便利；⑤遵照国家有关规定收取费用并公开收费项目；⑥依法接受监督。

学校在进行教育教学以及教育管理的过程中，面临许多法律问题，有时候是学校的权利受到了侵犯，有时候是学校在行使职权的过程中，其管理举措或处理决定侵犯了教职工或学生的权利。

【案例 6 - 3】

学校的决定是否得当？ ①

田某是北京科技大学物理化学系 1994 级的学生。1996 年 2 月 29 日，田某参加电磁学

---

① 《北京科技大学一学生状告校方》，《民主与法制》1998 年第 22 期。

考试。考试进行了1小时后，田某经监考教师同意去上厕所，走出教室时，从身上掉下了一张写有电磁学公式的纸条。田某返回教室后，承认纸条是自己的。监考教师随即停止了他的考试，让他离开教室，并根据学校要求立即上报教务处。

3月1日至4日，田某的班主任和辅导员对事情的经过和细节进行了认真细致的调查。认为田某的行为违反考场纪律，尚不构成作弊行为，并拟成书面材料，准备上报学校。3月4日，两位监考教师也出具了证明："在令田某离开考场之前，并未发现他查看这张纸条，实际上纸条中也查不到考题可以直接套用的公式。从一小时内完成的卷面情况看，成绩是50分，继续做下去，是完全可能及格的，这表明该生在考试前作了认真的复习准备。"但这些情况还来不及上报学校。3月5日，学校发出通报，对田某按作弊处理，给予退学处分。

为此，物理化学系在3月7日召开了党政联席会议，形成共识，认为："田某是将与考题内容无关的纸条放在了身上，情况应属违反考场纪律而不属考试作弊"，并且田某平时学习努力，为人正派，成绩名列前茅，因此，建议学校给予其通报批评处分。随后，田某的班主任和辅导员也向学校递交了证明材料。希望学校更改对田某作出的过重处理。但学校对此始终没有给予明确答复。

在以后的两个学年中，物理化学系仍然按正常手续为田某办理学籍注册，交纳的学习费用也如数上缴学校。学校的学生津贴也有田某的一份，所有的公益活动如无偿献血，田某也都积极参加。学习上更加刻苦努力，四年考试成绩平均排名全班第9，毕业论文答辩得了91分，论文被评为优秀论文。

然而，1998年3月18日，物理化学系突然接到教务处通知，要求为田某办理退学手续。物理化学系以及知道真相的教师和学生非常震惊。他们随后分别向学校领导和教育部有关部门多次反映情况，希望对此事慎重处理。教育部学生司也于5月18日明确表示，对田某处理过重，请学校复审后，回复教育部。可是，这一切都无济于事。万般无奈下，田某向北京市海淀区人民法院提起诉讼，诉北京科技大学在他完成四年学业后不发给毕业证书。海淀区法院经审查后，认定该校的处理依据与教育行政部门有关规章的规定相抵触，对田某的退学处理属于无效行为，判令北京科技大学颁发给田某毕业证、学位证。北科大不服上诉，二审法院驳回上诉，维持原判。

这一案例虽然不是发生在中小学，但同样具有启示意义。第一，教育法赋予学校对学生进行学籍管理、实施奖励或处分的权利，但学校在行使其权利的时候，也必须合理合法，特别是不能侵害到学生正当而合法的权益。对教师的管理同样如此。第二，学校制定的规章制度必须在现有的法律法规范围内，不能同有关法律法规相抵触，否则即为无效。第三，学校的义务应该及时履行，放弃义务就构成了失职，须追究相应的法律责任。第四，学校不论是行使权利，还是履行义务，都应该按照规定的程序和要求进行，杜绝教育教学和日常管理工作中的疏漏，全面落实依法治校。

教师的权利与义务

在法律上，教师有两种身份：一方面他们是普通的公民，享有普通公民所应享有的权利，履行普通公民所必须履行的义务；另一方面，他们又是履行教育教学职责的专业人员,有其特定的法律权利和义务。明确教师作为教育行业从业人员的特定权利和义务,对于教师管理活动的意义尤其重大。

根据《中华人民共和国教师法》的规定,教师享有如下权利:①进行教育教学活动,开展教育教学改革和实验;②从事科学研究、学术交流,参加专业的学术团体,在学术活动中充分发表意见;③指导学生的学习和发展,评定学生的品行和学业成绩;④按时获取工资报酬,享受国家规定的福利待遇以及寒暑假期的带薪休假;⑤对学校教育教学、管理工作和教育行政机关的工作提出意见和建议,通过教职工代表大会或者其他形式,参与学校的民主管理;⑥参加进修或者其他方式的培训。

根据《中华人民共和国教师法》的规定,教师须履行如下义务:①遵守宪法、法律和职业道德,为人师表;②贯彻国家的教育方针,遵守规章制度,执行学校的教学计划,履行教师聘约,完成教育教学工作任务;③对学生进行宪法所确定的基本原则的教育和爱国主义、民族团结的教育,法制教育以及思想品德、文化、科学技术教育,组织、带领学生开展有益的社会活动;④关心、爱护全体学生,尊重学生人格,促进学生在品德、智力、体质等方面全面发展;⑤制止有害于学生的行为或者其他侵犯学生合法权益的行为,批评和抵制有害于学生健康成长的现象;⑥不断提高思想政治觉悟和教育教学业务水平。

在学校日常工作中,教师实际充当着两方面的角色:对于学生来说,他是管理者;而对于学校和教育行政机关来说,教师则成为被管理者。在教育教学过程中,教师的权利和义务是其进行教育教学活动的基本保障和最低要求。学校对教师的管理,就是要创造条件,能够使教师充分享有权利,同时监督教师全面履行义务。

教师管理的基本法律制度

教师管理除了要遵循教师作为专业人员的工作特点,正确看待教师的权利和义务之外,国家为了加强教师管理的科学性和规范化,还逐步建立起了一整套基本法律制度,包括教师资格制度、教师职务制度、教师任用制度、教师进修培训制度、教师奖惩制度等。我国1993年颁布的《教师法》对有关教师的法律制度作了规定。

教师资格制度　教师资格制度是国家对教师实行的一种特定的职业许可证制度。教师资格是国家对专门从事教育教学工作人员的最基本要求,它是公民成为教师的前提条件。当今世界上许多国家都实行教师资格制度,意在藉此促进教师职业专门化,提高教师的社会地位,从而更好地建设和发展教师队伍。《教师法》和1995年颁发的《教师资格条例》对教师资格作了明确而详尽的规定。

关于教师资格条件,主要包括:①必须是中国公民;②必须遵守宪法和法律,热爱教育事业,具有良好的思想品德;③必须具有教育教学能力,包括进行教育教学所必要的身体条件;④具有规定的学历或者经国家教师资格考试合格。

达到了上述教师资格条件，并不意味着自然取得教师资格，还必须经过法定机构的认定。关于教师资格的认定，需要注意的是：第一，认定教师资格，应当由本人提出申请。第二，不同的教师资格分别有不同的认定机关，如幼儿园、小学和初级中学教师资格，由申请人任教学校所在地的县级人民政府教育行政机关认定；高级中学教师资格，由县级教育行政机关审查后，还须报上一级教育行政机关认定。第三，认定机构有一定的时间限制。教育行政机关或者受委托的高等学校在接到公民的教师资格认定申请后，应当对申请人的条件进行审查；对符合认定条件的，应当在受理期限终止之日起 30 日内颁发相应的教师资格证书；对不符合认定条件的，应当在受理期限终止之日起 30 日内将认定结论通知本人。

教师职务制度　教师职务是根据学校教学、科研等实际工作的需要而设置的、有明确职责、任职条件和任期的教育专业技术工作岗位。教师职务制度的主要内容包括：其一，教师职务系列。我国现设高等学校教师职务、中等专业学校教师职务、中学教师职务、小学教师职务、技工学校教师职务五个系列。其二，教师职务的任职条件。一般包括相应的教师资格、相应的学科专长、相应的教学研究能力和相应的工作任务等内容。其三，教师职务的评审。一般而言，各级教师职务的评审都是由相应的教师职务评审委员会来进行，评审依据为申报者申报的职务相应的任职条件。

教师聘任制度　教师聘任制度，是聘任双方在平等自愿的基础上，由学校或者教育行政机关根据教育教学需要而设置的工作岗位，聘请具有教师资格的公民担任相应教师职务的一项制度。教师聘任制是一项关于教师任用的重要法律制度，在执行时须注意：第一，聘任教师是一种法律行为，聘任合同具有法律效力；第二，聘任双方完全平等自愿。第三，聘任教师有一定的任职期限，聘任期满后，双方自主决定是否续聘。中小学教师聘任制度大致有招聘、续聘、解聘和辞聘（教师本人主动请求用人单位解除聘任合同的行为）等形式。

学生的权利和义务

学生在教育活动中占有重要的位置，对学生的管理是学校管理活动的重要内容。从依法对学生进行管理的角度讲，学生管理应注意以下几点：

首先，受教育权利是一项基本权利。现代法制社会中，人们普遍关注对公民权利的保护，并将受教育权利视为公民的一项基本人权，而要求政府和社会提供必要的保障。我国宪法和教育法都明确规定中华人民共和国公民有受教育的权利，这是国家对受教育者的一个郑重承诺。学校管理的一切活动，都应该以维护受教育者的这一基本权利为前提。

其次，受教育者的法律权利和义务是学生管理的重要法律依据。学生管理工作者必须明确学生的法律权利和义务，以避免在实际工作中侵犯学生的有关权利。我国《教育法》规定，受教育者的权利包括：一是参加教育教学计划安排的各种活动,使用教育教学设施、设备、图书资料;二是按照国家有关规定获得奖学金、贷学金、助学金;三是在学业成绩和品行上获得公正评价,完成规定的学业后获得相应的学业证书、学位证书;四是对学校给予的处分不服向有关部门提出申诉,对学校、教师侵犯其人身权、财产权等合法权益,提出申诉或者依法提起诉讼;五是法律、法规规定的其他权利。受教育者的义务:一是遵守法律、法规;二是遵守学生行为规范,尊敬师长,养成良好的思想品德和行为习惯;三是努力学习,完成规定的学习任务;四是遵守所在学校或者其他教育机构的管理制度。

第三,中小学生多为未成年人,对中小学生的管理要注意到未成年人的身心发展特征,符合《未成年人保护法》的规定。

由于传统习惯的影响,在学校的管理和教育教学实际中,经常会出现一些对学生的权利不够重视的现象,比如体罚学生,私自拆阅学生的信件,随意没收学生的财物,对学生实施罚款处理等。下面的案例就很能说明问题。

【案例 6－4】
小王老师的做法不应该

某市一小学由于教学质量优异,在社会上反响很好,因而学生数量比较多。开学后不久的一天,该小学四年级(1)班在上音乐课时,坐在教室后排的几个同学聚在一起说个没完,影响了课堂的秩序。任课的小王老师很生气。下课后,小王老师把这几个同学召集到一起,同他们商量成立一个"特别行动小组",即在上音乐课时可以进行自由活动。这几个同学本来就不喜欢音乐课,就欣然同意了。以后的音乐课时间,这几个同学就在教室后排或在学校内找一个角落自娱自乐。一个多月后,一个"小组成员"的家长在检查孩子的学习情况时发现了这个秘密,经与其他学生的家长联系,大家都感到非常气愤,于是相约找到学校问个明白。学校领导了解情况后,严厉地批评了小王老师。要求小王老师向这几个学生家长当众道歉,并把所缺的音乐课给这几个同学补上;同时写出书面检查,在全校教职工大会上作检讨。

学生进入学校,有权利接受学校教学计划规定的课程的学习,这是受教育权利的一项重要内容。本案例中的小王老师,仅仅是因为几个同学在课堂上不太安静,就不让他们参加音乐课的学习,虽然也征得了这几个同学的同意,但是因为小学四年级的学生年纪尚幼,缺乏必要的判断能力,所以她的做法是很不妥当的,侵犯了学生的受教育权利。可见,对学生违反纪律的现象,教师应该加以及时、合理的批评与制止,但决不能矫枉过正,反过来侵犯学生的法定受教育权利。

学校收费管理

教育事业体现着国家和社会的公共利益,学校则是公益性的社会组织,这决定了学校教育活动的非营利性。《教育法》明确规定:"任何组织和个人不得以营利为目的举办学校和其他教育机构。"其基本含义是指:"不得把举办学校及其他教育机构作为举办者牟利的手段,无论在办学活动中还是办学停止后,都不能像设立企业一样,通过促进资产增值,获得投资回报和进行盈余分配。"①学校及其他教育机构通过依法举办校办产业、开展社会服务、收费等方式都可以获得部分正当合法的收入,但是这些收入都只能用于学校自身的建设和发展。

在教育经费相对紧张的情况下,学费、杂费、住宿费等费用是学校经费的有益补充。对学校及其他教育机构的收费管理,是依法治校的一项重要内容,国家和政府通过立法手段确保学校教育的公益性。为了加强对国家举办的义务教育学校、普通高级中学、中等职业学校、高等学校的收费管理,1996 年 12 月,原国家教委、国家计委、财政部联合发布了《义务教育学校收费管理暂行办法》、《普通高级中学收费管理暂行办法》、《中等职业学校收费管理暂行办法》、《高等学校收费管理暂行办法》等四项规定,对这些类别学校的收费标准、审批、减免收费等问题做出了具体规定。现阶段我国正在逐步减免农村和城市义务教育阶段的学杂费。对于民办学校,根据《中华人民共和国民办教育促进法》及其《实施条例》的规定,虽然允许出资人可以从收费中取得合理回报,但对其取得回报的时间、比例和条件等都作了相应的规定。

学校事故预防与安全管理

近些年来,在校学生人身伤亡事故成为教育领域的一大法律问题。因其影响面广,处理难度大,不仅引起了教育管理学界的广泛关注,教育行政部门也不断采取措施来加强学校安全教育。

学校事故的类型　学生伤亡事故虽然是学生在校期间所发生,但细究其类型及原因却不大容易,因为诱发这类事故的因素往往防不胜防。研究者根据不同的分类方式对学校事故作了如下不同的划分:

从诱发学校事故的主体或其成因方面讲,学校事故一般可归结为如下几种类型:一是与学校的设施设备有关的学校事故,主要是由于设施设备不全或陈旧老化以及建筑物塌落、火灾等原因而造成;二是与教职员有关的学校事故,这是教职员在教育教学活动中由于故意或过失所造成的学生人身伤害事故;三是与学生本身有关的学校事故,主要表现为课外活动或休息时间学生之间的嬉戏或打架斗殴造成的人身伤害。②

从学校事故发生的时间或场合来分析,学校事故又表现为如下几种常见的类型:一是运动伤害,主要是体育课或课外活动过程中,由于器材、教师指导等方面原因而引起的人身伤害;二是课余伤害,是指课余时间学生在操场、走廊和楼梯旁嬉戏玩耍时,由于自己不小心,或是他人推搡打闹而引起的伤害;三是课内事故,指上

---

① 国家教育委员会人事司组织编写:《学校教育法制基础》,教育科学出版社 1997 年版,第 139 页。
② 劳凯声著:《教育法论》,江苏教育出版社 1993 年版,第 231 页。

课期间由于教师疏于管理或其他因素而引发的学生意外伤亡事故；四是校外活动事故，指的是学校组织的校外活动中所发生的事故；五是上学或放学期间发生的伤亡事故，这主要指在上学或放学期间在校内或进出校门时发生的事故。[1]

学校事故的特征 在校学生人身伤亡事故常常表现为如下几种特征：一是后果的严重性。学校事故中的受害者大都是未成年的学生，他们正处于生长发育的关键阶段，身体上的伤害不仅影响到他们的身体发育，而且容易对他们的心灵造成损伤；并且，现在的独生子女是多个家庭关注的焦点，一旦发生伤害事故，极易造成大的社会影响，对学校的正常教育教学活动也造成冲击。二是原因的复杂性。未成年的学生处在学校、家庭和社会的高度关注之下，各方面的因素都会对学生的心理和行为产生一定的影响，形成其独特的个性特征；教师对学生的指导和教育，虽然提倡因材施教，但是并无任何具体、有效的特定方法可以遵循，而不同的学生在不同的时刻，又可能会对同一种方法作出各种不同的反应。学校事故往往是多种因素综合作用下的结果。三是处理的特殊性。学校是专门进行教育教学活动的机构，承担着人才培养的重任，学校教育的成败，其意义影响深远。处理学校事故，应该充分认识到学校正常教育教学工作的重要性，把保证学校教育教学工作的正常进行摆在第一位，认清学校在学校事故中所应承担的责任，而不能够动辄就将学校拖入纠缠不清的事故处理的泥沼中。

学校事故的预防 根据《中华人民共和国未成年人保护法》第二十二条第二款规定："学校、幼儿园、托儿所不得使未成年学生在危及未成年人人身安全、健康的校舍和其他设施、场所中进行教育教学活动。"从这一条出发，显然，学校有义务保护学生的人身安全。在学校的安全管理方面，学校管理者应当尽可能做到：第一，学校必须提供符合国家安全标准的教育教学设施、设备，以保障学生在校期间的人身安全；第二，学校教育工作者要尊重学生的人格尊严，禁止体罚或变相体罚学生；第三，学校的体育场地和器材应当符合卫生和安全要求，运动项目和运动强度应适合学生的生理承受能力和体质健康状况，以防止人身伤害事故发生；第四，学校组织学生参加劳动或者集会、文化娱乐、社会实践等集体活动，应当有利于学生的健康成长，要进行安全教育，并提供必要的安全保障措施；第五，学校应建立卫生制度，为学生提供必要的卫生保健条件，并把健康教育纳入教学计划，开设健康教育课，建立学生健康资料卡片或者健康档案；第六，对于残疾、体弱学生给予特殊照顾，注意女学生的生理特点，对体力或室外活动宜作适当安排；第七，学校应配备必要的处理伤病事故的医疗用品等等。[2]

学校安全管理 针对在校学生的人身伤害事故，教育部于 2002 年颁布实施了《学生伤害事故处理办法》，各地也相继采取措施，对事故的处理起到了积极作用。

---

① 杨安定、吴志宏主编：《中小学生伤亡事故案例》，上海教育出版社 1998 年版，第 143—144 页。
② 吴志宏主编：《中小学管理比较》，上海教育出版社 1998 年版，第 259—260 页。

学校事故,重在预防。为了有效地防范事故的发生,教育部会同公安部等十部委还联合颁布了《中小学幼儿园安全管理办法》,对学校安全管理工作作出了明确的规定,具体可归结为如下几方面:

第一,明确安全管理职责。地方各级人民政府及其教育、公安、司法行政、建设、交通、文化、卫生、工商、质检、新闻出版等部门应当按照职责分工,依法负责学校安全工作,履行学校安全管理职责,为学生的人身安全创造良好的外部环境。

第二,建立健全校内安全管理制度。学校应当成立校内安全工作领导机构,健全门卫制度,建立实验室安全管理制度,落实消防安全制度,建立校内安全定期检查制度和学生安全信息通报制度等,对学生的用餐、用水、用电和住宿、医疗及校车等方面制定严格的规范,并建立安全工作档案,记录日常安全工作。

第三,落实日常安全管理。学校在日常教育教学活动、大型集体活动、体育活动中要采取安全措施,落实安全要求;做好晚自习巡查和上学、放学的交接工作;对学校人员资质和场地使用严格把关,关注特殊体质和心理异常的学生。

第四,加强安全教育。学校应将安全教育纳入教学内容,在开学初和放假前,有针对性地开展实验器皿、用水、用电、交通、消防、卫生和人身防护等项安全教育活动,组织事故预防演练,培养学生的安全意识,提高其自我防护能力。学校还应对教职工进行安全教育培训,使其掌握指导学生预防事故、自救、逃生、紧急避险的方法和手段。

思　考　题

1. 谈谈法律与教育管理的关系。
2. 试分析学校、教师和学生的权利和义务。
3. 评述教育行政机关应该如何依法行政。
4. 评述学校应该如何依法治校。

第四篇

教育人员和教育对象管理

第七章　教育领导者及其管理

本章学习目标

1. 掌握领导与领导者的含义；
2. 了解领导行为等相关的领导理论；
3. 理解教育决策与沟通行为的意义及方式；
4. 认识与教育领导者自身有关的管理制度。

第一节　领导者与教育领导者

领导的界说

人类的共同劳动，将人们联系在一起，形成了具有分工和协作的劳动群体。随着社会的发展，一些群体发展成具有共同目标、共同任务并按一定规则和程序排列组合、开展活动的社会群体，这种群体便可称之为组织。每一组织的生存与发展，很大程度上依赖于有效的领导。古往今来的管理学家曾对领导作过种种界定。20世纪70年代，美国人斯多格迪尔（R. Stogdill）在查阅了大量的文献资料后，归纳了10种有关领导定义的主题句：①领导是团体过程的核心；②领导是个性及其影响的重合；③领导是一门引导服从的艺术；④领导即施加影响；⑤领导是一种行动或行为；⑥领导是一种说服的形式；⑦领导是达成目标的手段；⑧领导是相互作用的结果；⑨领导是特别的角色；⑩领导是结构的创新。①

美国教育管理学家汉森（M. Hanson）则认为，虽然有关领导的界说因作者的观点而异，但是有关领导的种种表述往往都涉及人、过程和系统三个基本要素。如果对斯多格迪尔所罗列的10种表述加以分析，便不难发现：每一种表述之中均蕴含了三个基本要素中的一个或几个，当然各种表述对每个基本要素的强调程度和

---

① Stogdill, R. *Handbook of Leadership*. New York: Free Press, 1974, pp. 7 - 16.

角度是不尽相同的。例如,古典理论对领导的界说往往强调心理品质(人)、强制服从(过程)和正式结构(系统);社会—政治理论强调行为特征(人)、引导服从(过程)、不同的问题情景和正式及非正式结构(系统);而开放系统理论则更注重人、过程和系统的动态性,强调对不同的情景应作出不同的反应。[1] 汉森的上述观点,在西方学术界是颇具代表性的。相对而言,我国的学者对领导的基本见解是比较接近的,例如有的将领导定义为:"引导与影响组织、群体、个体,使之在一定条件下实现固定目标的行动过程。"[2]有的认为,"领导是一种影响力,带领和引导他人(包括他人的集合形式——群体、集体)以实现组织目标"。[3] 还有的表述为:"领导是管理人员影响个体或群体去努力实现既定的目标的过程。"[4]这些有关领导的界说均包含了三层基本含义:第一,领导是一种过程;第二,领导是领导者向被领导者施加影响的过程;第三,领导是领导者对被领导者施加影响以实现组织目标的过程。

上述中西学者对领导的界说,可谓各有特点:中国学者强调的是人、过程和组织目标三个基本要素,而西方学者关注的是人、过程和系统三个基本要素;我国学者注重定义的完整与严密,西方学者则通过对领导的种种表述,来反映其不同的领导理念。当然,中外学者对领导的界定与表述虽各有特点、不尽统一,但是对组织运行中领导活动的主导性和极端重要性几乎是一致公认的。

领导者的角色

领导者是组织中领导活动的主体。在现代社会组织中,一个领导者往往担当着多方面的重要角色。虽然,在不同的社会组织中或在同一组织的不同发展时期,领导活动的侧重或重心会有所变化,但组织发展的导引者、组织运行的指挥者和组织沟通的促进者三种角色,乃是现代领导者必须要担当的基本角色。

组织发展的导引者 领导者是组织改革和发展的总设计师和导引者,他应当具有强烈的时代意识和正确的管理思想,他必须能够客观地分析组织面临的内外环境和各种条件,他应善于审时度势,不失时机地提出组织的发展方向,并通过种种领导方法和管理手段,来影响组织成员,引导他们去认识组织发展规律,树立正确的思想观念,认同组织的发展方向,共同参与规划组织的未来。共同制定既符合社会要求,又有利于组织发展的奋斗目标和组织发展的具体规划。

组织运行的指挥者 领导者是组织成员的主心骨,是组织运行的总指挥。在组织的奋斗目标和发展规划确定之后,在组织实施既定目标和规划的过程中,领导者要对组织的各种资源进行合理的组织与科学的配置,要对组织活动进行全面的

① 马克·汉森著:《教育管理与组织行为》,上海教育出版社 2005 年版,第 213 页。
② 俞文钊著:《领导心理学》,上海人民出版社 1987 年版,第 2 页。
③ 张济正主编:《学校管理学导论》,华东师范大学出版社 1990 年版,第 20 页。
④ 陈孝彬主编:《教育管理学》,北京师范大学出版社 1990 年版,第 307 页。

协调与统筹,以保证组织目标的实现和规划的达成。至于领导者如何扮演好指挥者的角色,法约尔在《工业管理和一般管理》中曾提出过八点意见:对自己的员工要有深入的了解;淘汰没有工作能力的人;深入了解组织与员工之间的协定;领导作出良好榜样;对组织进行定期检查;会议与报告的利用;不要在工作细节上耗费精力;使员工保持团结、积极、创新的效忠精神。虽然法约尔的上述见解是近百年前提出的,但是对于今天的领导者仍颇具参考价值。

组织沟通的促进者 沟通是确立组织目标、制定组织规划的前提,也是组织运行的基本条件。领导者应当成为组织沟通的促进者,应当通过建立各种制度、运用各种形式加强组织内部各部门、各成员之间的联系和交流,保证组织中信息沟通渠道的畅通,从而使组织内部思想更为统一,分工合作更为协调,组织活动更为有效。同时,领导者还应推进组织与外界的沟通与联系,及时地将组织的目标、组织的成绩等信息传递给公众,并促使组织成员了解社会对组织的期望与要求,意识到自己的社会责任,从而提高其工作的积极性和自觉性。

领导者按其所处组织的属性,可以分为工业组织领导者、商业组织领导者、军事组织领导者、教育组织领导者等等。其中,教育组织领导者是指某一教育组织中的领导活动主体。由于教育是一项培育人的事业,因此,教育组织领导者在担当组织发展的导引者、组织运行的指挥者和组织沟通的促进者三种基本领导者角色的同时,还必须担当起组织示范者的角色,在思想作风和道德品质方面成为广大教育工作者和受教育者的楷模。

教育领导者的分类与领导环境的差异

教育领导者基本可以分为两大类,一类是各级教育行政机关的首长,诸如中央教育部部长、地方教育厅厅长或教育局局长等;另一类是以学校校长为代表的学校领导者。两类教育领导者所面对的环境虽然是共性居多,但也存在着较大的差异:教育行政机关首长面对的是一种科层化的组织环境,而校长则身处专业化的组织氛围之中。

教育行政机关是专门代表政府管理教育事业的管理机构,是一种行政性组织,其科层化倾向比较强烈。而学校则是办学的实体,是行使育人职能的专业化组织,其科层化倾向比较微弱而专业化的组织氛围比较浓厚。这种科层化和专业化的差异主要反映在下述四个方面:

第一,从组织机构的设置和人员分工来看,教育行政机关机构设置比较齐全,人员分工精细而专门化。而学校的机构则相对简单,尤其是一些学校总务后勤工作社会化的国家,学校机构设置更为精简。学校的人员分工也不可能有非常清晰的界线。以一位中学的教导主任为例,他既是一位管理人员,又是一位教师。当他在教导处处理日常教学管理事务时,他是一位行政人员;当他走进课堂进行教学时,他是一位专业人员;而当他的教学活动体现教育性时,他又是一位学生思想工作者。

第二，从组织内部的层级关系和权限划分来看，教育行政机关的层级比较分明，上下级关系十分明确。科长听从处长，处长服从局长是不容置疑的。各层之间权限范围也很明确，不得随意超越。学校虽然也设置若干层级，各层之间的权限也有所划分，但这种层级和权限的划分有时却是比较模糊的。例如当涉及某一学科教学业务问题时，该学科的教研组长或资深教师的意见往往是最有权威性的，校长也不得不尊重他们的见解。而在以教学业务活动为中心的学校，这种现象经常会出现。

第三，从组织内部的沟通方式来看，教育行政机关中命令与服从、汇报与批示最为常见。而学校中命令与服从、汇报与批示虽然也不可避免，但命令与服从、汇报与批示对于学校中教学研究之类的业务活动显然是不适宜的，因而学校中磋商与探讨、征询与建议的沟通方式往往更为常见。

第四，从组织成员的工作行为来看，教育行政机关人员的规范化行为和程式化行为占绝对主导地位，他们的工作规章意识比较强烈，其工作行为带有较为明显的非人格化倾向。学校虽然也有各种规章制度，但作为一种专业化组织，其成员的工作行为较为灵活多变，特别是教师的教学行为难以完全用制度进行规范。

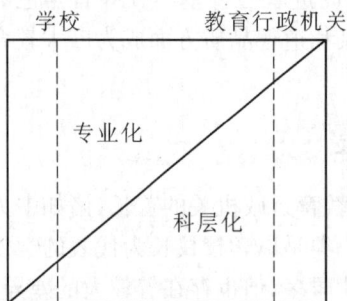

图 7-1　教育行政机关组织环境与
学校组织环境的相对差异

当然，教育机关与学校有科层化与专业化方面的差异是相对而言，仅仅是程度不同而已，并不意味着教育行政机关绝对科层化，也不意味着学校毫无科层化的因素。这种相对的差异可以用图 7-1 来表示。

上述教育行政机关组织环境与学校组织环境的种种差异，使教育行政机关首长和校长面对着不尽相同的领导环境，而在不同的领导环境之下，领导者应采取不同的领导方式或领导策略，否则，领导工作的挫折便难以避免。

【案例 7-1】

赵校长的感叹

老赵原先在区教育局机关工作，后来被调到 A 校任校长。上任伊始，赵校长就仔细查阅了所有教师的档案，以便对教师队伍状况做到心中有数。不久，A 校原教导主任退休，经党政讨论，决定在校内外物色一位新主任。作为物色工作的一部分，赵校长分别找一部分骨干教师谈话摸底，其中包括物理组的杨老师。在赵校长与杨老师谈话结束时，赵校长礼节性地讲了下面一段话："杨老师呀，好好工作，像你这样的年龄(35 岁)已经有了很不错的工作能力和经验，今后会大有用武之地的。"说者无心，听者有意。赵校长的结束语，竟给杨老师留下了极其深刻的印象，并由此产生了许多联想。

后来，学校决定从校外引进一位教导主任。任命一宣布，群众中并无什么大的反响，但杨老师的表现却很反常,时常发无名火,甚至顶撞领导。赵校长并未意识到杨老师的变化与那次谈话之间有什么联系,更不了解杨老师是 A 校有名的"敏感者"。由于杨老师是物理组的骨干,过去一贯表现不错,赵校长就找他谈话,很委婉地批评了他的表现之后,对他作了一番鼓励,结束语是这样的:"……你过去的表现一直不错的,你的能力领导和群众也是了解的,希望你不要为一些小事而发火,以破坏别人对你的好印象。"这次谈话,果然见效。杨老师不仅改变了常发无名火的情况,而且积极性比以前更高了。

一个学期后,那位从校外引进的教导主任因故调到区里工作,于是 A 校又得提拔一位新主任。当时 A 校教导处的两位副主任均是理科教师,从工作出发,提拔了语文组组长任教导主任。这一下,杨老师再也沉不住气了,到支部书记那里大骂校长"要人",并坚决要求调离学校。至此,赵校长方才恍然大悟,不禁摇头感叹当校长的艰难。

本案例中的赵校长经历了一次领导工作的挫折。虽然,杨老师的过于"敏感"是导致这一挫折的因素之一,但赵校长作为学校领导者也有很多值得反思之处。可以说,赵校长机关化的领导方式运用于学校组织环境之中,是导致这一挫折的根本原因。首先,赵校长初到学校时,试图通过查阅档案来掌握教师队伍状况。殊不知档案材料长于记载教师的成绩与过失,却很少反映教师的性格特点,于是杨老师的"敏感"便成了赵校长了解杨老师的盲点。其次,赵校长的礼节性语言习惯在学校组织环境下,在与教师交往时,往往会显得多余,甚至会带来误会。其三,赵校长似乎习惯运用命令-服从之类的线性沟通方式,而不善于运用学校中常见的征询-建议之类的互动性沟通方式。倘若赵校长对杨老师的第二次谈话能采用后一种方式,便可能了解到杨老师情绪波动的真正原因,不至于形成第二次误会。倘若赵校长在感叹艰难之余仍不能认识到学校领导环境的特点,仍不改变领导方式和领导策略,可以想见,在今后的学校领导生涯中,挫折依然在所难免。

第二节　领导理论与教育领导者

有关领导的思想理念可谓源远流长。在中外历代思想家、政治家的著述中,包含着大量有关领导的见解和理念。然而,早期的思想理念往往缺乏科学理论的支撑,仅仅是一种思辨性的描述或推论,而不是实证性的研究。真正对领导和领导者进行实证性研究,并建立起系统化的领导理论是从近代特别是从 20 世纪才开始的。

领导特质理论

领导特质理论的基本假设是:成功的领导者与不成功的领导者具有不同的人格特质;通过科学的方法可以测定并归纳成功领导者应具有的人格特质,以便作为选拔领导者的重要依据。

20 世纪初,由于心理测量技术的发展,使得人格特质的测定成为可能。随之,有关领导者特质的研究便大量出现。例如,亨利(W. F. Henry)通过研究发现,优秀的领导者往往具备以下几种人格特质:获得成就的欲望强烈;获得社会进步的欲望强烈;喜爱自己的上司;坚决、果断、务实。有的研究者则从反向进行研究,归纳出成功领导者一般不会具有的五种人格特质:利己自私;重视组织的效能,忽视成员的需要;马虎草率、毫无主见,任职虽久,却无建树;胆怯畏缩,尤怕团体;顽固专横,不善应变。[①]

类似的领导者特质研究还有许多,但结果往往是众说纷纭,莫衷一是。1948年,斯多格迪尔曾对 124 项有关领导特质的研究加以分析,结果发现,受到 15 项以上研究支持的领导特质分别为:智力、学识、责任、社交活动的参与、社会经济地位。受到 10 项或 10 项以上研究支持的领导特质是:社会性、主动性、持久性、知道如何完成任务、自信心、对于情景的了解、合作性、受欢迎度、适应性、语言能力。[②] 此外,还有大量的领导特质研究结果是不相一致的,甚至是互相矛盾的。即便是上述受到 15 项以上研究结果支持的领导特质也是比较笼统而含糊的。更何况不同的社会组织,不同的领导情景对领导者的要求也不尽相同。因此,想要通过特质研究来确定理想的领导素质实在是非常困难的。此外,还有人对通过人格测量来鉴别领导者特质的研究方法本身提出质疑,认为人格测试的不完备、主试的经验以及被试的伪装等因素均可能影响研究结果的准确性。鉴于上述种种原因,20 世纪 50 年代之后,西方学术界对领导特质研究的热情已大为减退。

在教育领域,有关教育领导者的特质研究一度也非常兴盛。很多人或写文章或发议论,提出教育领导者必须具备的特质条件,如学历、教育管理的专业知识、教学组织能力、工作责任心、对教育法规的熟悉程度、对学生的关心、社会活动能力、个人心理素质等等。虽然这些研究对认识教育领导者特别是学校校长的基本特质条件有所帮助,但总体来看,这类的研究意义不大,因为我们既无法通过一套实际可行的方法鉴别出所有这些特质,也无法将此作为划分教育领导者与非领导者的依据。毕竟,人无完人,一个教育领导者,一个校长,不可能具备所有这些特质条件,况且很多特质本来不具备,当了领导者以后也可以逐渐养成。所以,领导的特质研究只能作为选拔领导者时的一种参考,而不应该过于突出此类研究的意义和价值。

领导行为理论

如果说领导特质理论仅仅是对领导者作静态描述的话,领导行为理论则是对领导者的动态研究。20 世纪 30 年代末,莱温等人进行了一项有关领导方式的研

---

① 黄昆辉:《教育行政学》,东华书局 1988 年版,第 374—375 页。
② 秦梦群著:《教育行政理论与应用》,五南图书出版公司 1989 年版,第 286 页。

究,对民主型、独裁型和放任型三种领导方式进行比较研究,并发现民主型领导方式优于另两种领导方式。这项研究为有关领导者的研究打开了新的思路,并对以后的领导行为研究产生了很大的影响。40 年代末 50 年代初,随着领导特质理论的失势,许多研究人员都将研究的视角由领导特质转向了领导行为。在诸多领导行为研究中,由美国俄亥俄州立大学开发的领导行为描述问卷(Leader Behavior Description Questionnaire,简称 LBDQ)颇具代表性。该量表最初由汉姆菲尔和库恩斯(Coons)设计,后经哈尔平等人修订完成,用以测量领导行为的两个基本方面:主动结构(initiation of structure)和体谅(consideration)。主动结构是指确定领导自身与成员的关系以及建立界限分明的组织模式,确定沟通渠道和程序方法的领导者行为;体谅是指领导者与下属之间建立信任、友谊、互相依赖、互相尊重的行为。从表面上看,主动结构和体谅似乎是两种对立的领导行为,一个领导者强调主动结构,体谅一定会少一些,反之亦然。然而有关研究表明,主动结构和体谅这两种领导行为并非一定是一种此消彼长的关系,两者完全可以并行不悖。而在领导行为中既包含了高主动结构,又具有高体谅的,则被认为是理想的领导行为。在 LBDQ 之后,有关领导行为的研究还有一些新的发展。例如美国得克萨斯大学的布莱克和莫顿曾于 1964 年提出"管理方格论",以"关心生产"和"关心人"作为领导者的两种基本行为,并以 1—9 的数字来表示其关心程度的低与高,对领导行为作了更为细致的划分。

在教育管理学界,有关教育领导者尤其是校长领导行为的研究也很多。如有些研究者认为,校长的领导行为从总体上看属"任务型",也有少数属"人际型";也有的认为,杰出的校长在工作和人际两方面都会有出色的表现。在领导风格方面,有些研究揭示,女性校长往往比男性校长更具民主性,更表现出参与而较少专断或发号施令。[①] 类似这样的研究,对我们认识和改进教育领导者的领导行为都有一定的帮助。

如前所述,从领导特质理论到领导行为理论,显示了西方学术界对领导者的静态研究到动态研究的变化,是研究上的进步。但是随着有关领导研究的发展,人们发现,领导行为理论也有其不足,最主要的缺陷在于,过于强调领导者自身的行为倾向,忽视环境因素对领导者工作成效的影响,致使所认定的某种理想的领导行为常常在实践中碰壁。学术界开始认识到,试图寻找某种放之四海而皆准的领导行为是徒劳的,因为在不同性质的组织环境或在同一性质组织的不同发展阶段,可能会需要不同的领导行为或领导方式。于是,重视领导情景变量的权变理论开始受到人们的普遍关注,并从 20 世纪 70 年代起逐渐成为领导研究的主流。

---

① Eagly, A. H. *Gender and leadership style among school principals*: *A meta analysis* [J]. Educational AdministrationQuarterly, 1992,28(2).

领导权变理论

权变理论认为,领导的有效性既不完全取决于领导者的人格特质,也不完全取决于某种领导行为,而是取决于领导方式或领导行为是否能与特定的领导情景相匹配,一成不变的、普遍适用的领导方式是不存在的。

在领导权变理论之中,菲德勒的理论是提出较早也是影响较大的。菲德勒首先将领导方式分为两类:工作取向和关系取向。然后菲德勒设计了最难同事者问卷(Least Preferred Co-worker Scale,简称LPC)来测量和鉴别领导者的领导取向。如果被试能以积极的词语描述他最不喜欢的同事,就被认为是人际关系导向型领导;如果被试以消极的词语描述其最不喜欢的同事,则被认为是工作导向型领导。接着菲德勒又提出三种主要的领导情景变数:领导者与下属的关系(包括领导者与下属的关系是否以信任、忠诚为基础,下属是否喜爱和接受领导者等等)、工作结构(包括目标是否清晰,规章制度是否完备等等)和领导者的地位和权力(包括领导者是否拥有对下属的聘用权、奖惩权、解雇权等等)。根据这三种情景变数的不同排列组合,菲德勒将领导情景分为8种类型(见图7-2),并通过研究得出结论:在有利的领导情景中,工作导向型领导更有效;在居中的领导情景中,关系导向型领导更有效;在不利的领导情景下,工作导向型领导较为有效。①

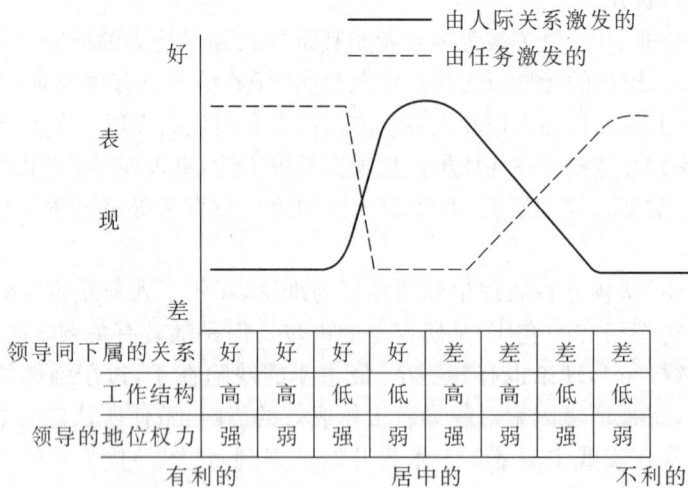

图7-2 工作导向型领导与关系导向型领导在不同情景下的表现

除菲德勒之外,豪斯的路径-目标理论,坦南鲍姆(R. Tannen baum)和施密特(W. Schmidt)的领导方式连续体理论,以及雷定(W. Reddin)的三维领导理论等,

---

① 马克·汉森著:《教育管理与组织行为》,上海教育出版社2005年版,第232页。

均对领导权变理论的形成和发展作出了重要的贡献。

道德领导理论

20 世纪后期,随着科学技术的进步和社会环境的快速变迁,无论是企业组织还是教育组织都面临许多新的挑战。于是,一些新兴的领导理论便应运而生了。其中,比较著名的有圣吉(P. Senge)的学习型组织(Learning Organization)以及如何领导学习型组织的理论,伯恩斯(J. Burns)的转化式领导(Transformational Leadership)理论,马歇尔(C. Marshall)等人的性别领导理论(Leadership and Gender)以及德鲁克(P. Drucker)在 20 世纪和 21 世纪之交提出的一系列巨变时代的领导思想(Managing in a time of great change)等等。这些新兴领导理论一般都颇具冲击力,对教育领导实践的改进很有启发意义。然而,这些理论一般都是由企业管理研究者提出,主要应对的是企业组织领导问题,倘若将其应用于教育领导实践中,都会存在一定的局限性。从这一角度看,萨乔万尼(T. Sergiovanni)的道德领导(Moral Leadership)理论的相对优势就比较明显了。

1992 年,美国学者萨乔万尼在《道德领导:抵及学校改善的核心》一书中,对道德领导理论框架作了初步的构筑,并很快引起了西方教育领导研究界的广泛关注。在随后的 10 年中,萨乔万尼等人又以大量后续著述不断补充和完善道德领导理论体系,而这一理论体系,已经对西方教育领导研究和实践形成了广泛的影响。道德领导理论内容比较丰富,其中影响较大的,是对一系列学校领导关键问题的重新回答。[①]

学校的本质是什么? 对于这个问题,传统的回答一般是两个字:"组织"。道德领导理论认为,这是一个错误的假设,因为学校知识生产和教书育人的特征决定了它在本质上是一个学习共同体,而组织和学习共同体的领导着眼点和侧重点都是不同的。例如就成员控制而言,组织侧重依赖规章制度和操作规程,这对于控制流水线上的产业工人已经足够,但就教师而言,再精细的规章制度都无法涵盖他们的一切行为,因此共同体必须重在目的、信仰、价值观、专业精神、团队精神、成员互依、对社会的承诺等方面的建设。又如,组织和共同体虽然都强调参与管理,但是,组织视野中的参与管理总是与"权利"的分配甚至争夺联系在一起,而共同体视野中的参与管理则聚焦于组织的信仰和成员间的承诺等等。[②] 可以说,"学校是一个学习共同体"是道德领导理论最基本的一个假设,道德领导的其他观点和主张多半都是据此推演开来的。

校长拥有哪些领导权威? 孰轻孰重? 对于这个问题,道德领导理论有两个

---

① 冯大鸣:《美英澳教育领导理论 10 年进展述要》,《教育研究》2004 年第 3 期。

② Sergiovanni, T. J. Organizations or communities? Changing the Metaphor Changes the Theory[J]. *Educational Administration Quarterly*,1994,30(2).

基本观点：一是对校长权威的现有认识需要扩展；二是必须将道德领导置于首位。在道德领导理论之前，教育领导理论界已鉴别了三种领导权威：科层权威、心理权威和技术-理性权威。科层权威源自于校长的职位权力和学校的等级制度，行使科层权威的典型方式是对教师的监督与考核。心理权威建基于校长的人际技能和激励技术，行使心理权威的典型方式是了解教师需要并满足这些需要以换取教师良好的工作表现。技术-理性权威的基础是科学知识，行使该权威的典型方式是以科学知识为依据，找出教学工作的最佳路线，并在教师中推广应用。由于在道德领导理论发表之前，人们对科层权威的弊病早已明了，因此，道德领导理论的贡献主要是对心理权威和技术-理性权威缺陷的揭露。按道德领导理论的分析，心理权威的致命弱点在于把校长与教师的关系建筑在互相利用、各取其利的交易之上。倘若把这种关系复原到实践情景中，就存在三个问题。第一，整日忙于事务的校长根本无暇观察每位教师各不相同且又不断变化的需求；第二，校长手中通常没有足够的资源来与教师作不断的交易；第三，只看重交易而没有信仰、承诺支撑的教师，是不能真正完成教育使命的。技术-理性权威的根本问题，是将教育环境看成是因果一一对应的线性环境，想用"科学"解决一切，殊不知有关教学的知识不是科学知识而是一种技艺知识（Craft Knowledge），而技艺知识难以标准化，也几乎没有统一的最佳路线。萨乔万尼指出，以往的领导理论往往只根据前三种领导权威来描述领导的工作维度。这虽然是必要的，但还远远不够。因此，他又鉴别了两种领导权威：专业权威和道德权威。在专业权威之下，教师依据共同的社会化、专业价值观、认可的实践原则以及内化了的专业精神对环境召唤作出回应。专业权威需要道德权威的支撑，而道德权威则是来自学习共同体的共享的价值观、信仰、理念、承诺和理想的力量。上述前三种权威，实际上正是传统领导的工作维度，而后两种权威则是对传统领导权威来源的扩展，也是道德领导的工作维度。[①] 萨乔万尼还特别强调，鉴于学校组织所担当的育人使命，真正适合于学校的领导理论，必须将道德领导置于首位。[②]

  校长的第一要务是什么？校长应作怎样的角色定位？ 萨乔万尼认为，既然要将道德领导置于首位，校长的第一要务就不是监督考核，不是和教师去做交易，不是为教学工作开具"科学处方"，而是学习共同体的共享的价值观、信仰、理念、承诺和理想的建设。而这一建设，又可以通过建树目的来实现。建树目的（purposing）与传统领导理论中的确立目标（goal setting）相比，具有三个方面的根本差别：第一，在传统的理论中，确立目标主要依靠校长个人的智慧与卓见，常常是校长一人提出高见，而后众人服从、响应的过程；而道德领导理论中的建树目

  ① 萨乔万尼：《道德领导：抵及学校改善的核心》[M].上海教育出版社 2002 年版，第 38—49,149 页。

  ② Sergiovanni, T. J. The principalship: a reflective practice perspective [M]. Boston: Allyn and Bacon, 2001. 348.

的虽然也注重校长的主导作用,但更强调目的的共享性,强调建树目的是校长与教师共同完成的任务,是校长帮助教师对工作赋予超越自利的意义,把工作与宽宏的社会福祉相联系的过程。第二,确立目标往往与技术层面的元素(如,绩效指标等)相联系,并且只是领导活动的起始步骤,是必须在一个相对短暂的时间内完成的工作,是领导活动的一个"点";而建树目的则与文化精神层面的元素(如,价值观、信仰、承诺、意义等)相联系,并且不是短期内完成的一次性的领导活动,而是一个漫长的文化建设过程,是贯穿领导活动始终的一条"线"。第三,确立目标是为了让教师按照既定标准路线完成任务;而建树目的则是让教师树立共同的信仰、自主把握工作的准则并根据信仰和准则自主选择恰当的工作路线。因此,确立目标所追求的是教师"把事情做正确",而建树目的的结果是,使教师"做正确的事情"。教师一旦能够"做正确的事情",也即意味着教师已被培养成了他们各自工作范围内的领导者。在这样的情况下,校长的角色定位就随之改变,他无须再扮演单打独斗的英雄,而是一批领导者的领导者。① 在道德领导理论框架内,"领导者的领导者"始终是一个道德领导者最为基本的角色。

　　道德领导理论的贡献是巨大的,因为自泰罗创立科学管理理论以来,企业界似乎始终是领导理论的摇篮。而教育领导理论只不过是把企业领导理论拿来,根据教育组织的特点作一些修改而已。然而道德领导理论的问世,终于打破了教育领导理论追随企业领导理论亦步亦趋的尴尬局面,标志着教育领导理论研究进入了独创阶段。在此后的 10 年中,"学校是一个学习共同体"已逐渐成为教育领导理论界的共识。同时,道德领导理论对校长角色的重新定位、对建树目的的阐释、对培育共享价值观的关注都深刻地影响了后来的教育领导理论。当然,道德领导理论也远非完美,它本身也存在很多弱点与局限。例如,长于哲理思辨而欠缺实证研究基础就是它的弱点。又如,比较适合于基础规范已经到位并致力于追求卓越的学校,而不太适合于薄弱学校建设则是它的局限。

第三节　教育领导者的决策和沟通行为

教育决策的含义和分类

　　教育决策有广义和狭义之分,广义的教育决策泛指教育领导者对教育组织中各种问题的处理或对各种方案的选择,无论是政策性的还是事务性的,无论是全局性的还是局部性的各种决定和选择,均可包含其中。狭义的教育决策一般仅指教

① 冯大鸣:《沟通与分享:中西教育管理领衔学者世纪汇谈》,上海教育出版社 2002 年版,第 159 页。

育领导者为了达到一定的教育目的而对本组织未来实践的方向、目标、原则和方法所做的决定。

依据不同的划分标准,可对教育决策作各种划分:首先,依据决策的来源,可将决策分为居中的决策、请求的决策和创造的决策。居中的决策是根据上级的权威指示和要求而作出的决策。这种决策重在"执行"上级指示,而没有太多选择的余地。此时组织的领导者处于居中的位置,一方面决策要反映上级的指示精神,另一方面又要力图使组织成员能够接受决策的内容。居中决策对领导者的协调及沟通能力有较高的要求。请求的决策是因组织成员的要求而进行的决策。请求的决策越多,越反映组织本身的不健全,也反映出领导者预见能力和把握全局能力的薄弱。创造的决策是领导者旨在推动组织的变革和发展而进行的决策。这种由领导者创意的决策往往能反映领导者的才能和胆识。

第二,依据所要解决的问题的性质,可将决策分为程序性决策和非程序性决策。程序性决策是指对一些重复出现的例行事务的决策,对决策的过程可作程式化处理。非程序性决策是指对复杂的没有先例的新问题的决策,决策的过程没有明显的程式可以依据。

第三,依据所选择的决策态度,可将决策分为积极的决策和消极的决策。积极的决策是对决策采取积极的态度,对所要解决的问题作出明确的决定。消极的决策是对所要解决的问题采取回避的态度,不作任何决策。这种不作任何决策的决定就是一种消极的决策。

此外,依据决策所涉及的层面可将决策分为战略性决策和战术性决策;依据决策目标的多寡,可将决策分为单目标决策和多目标决策;依据决策时所掌握的信息,可将决策分为确定型决策、非确定型决策和风险型决策;依据决策是否运用计量手段,可将决策分为定量决策和定性决策等等。

古典决策理论和西蒙的决策理论

在当代决策研究领域中影响最大者,当推美国卡内基-梅隆大学的西蒙。在西蒙的决策理论提出之前,古典决策理论一直颇为流行。古典决策理论对决策及决策过程的描述是建立在下列五个基本假设之上的:决策的目标是给定的;决策者必须审视所有的可能方案;决策者必须审查所有的方案结果;决策者可获得完整的信息;决策者是理想化的,即决策者具有很强的贮存、分析、加工信息的能力。这五项基本假设从表面看,似乎是合理的,但将其放到实际情景中逐一分析,便会发现存在许多问题。

首先,组织的决策目标常常不是预先给定的。任何一个组织在其发展中都会面临着一系列可选择的目标,决策的中心问题之一,就是要决定哪一个目标更重要或在当前更重要。第二,由于对每一项目标来说,总是有许许多多可供选择的方案或潜在的方案,因此审视所有的方案几乎是不可能的。第三,既然审视所有的方案是不现实的,审查所有方案的结果当然也是不可能的。第四,获得完整的信息是极其困难的,几乎所有的决策都源于不充足和不完整的信息。第五,现代心理学研究表明,任何决策都不具备古典理论所假设的那种超凡的智力和能力。西蒙和马奇(J. G. March)正是在分析批评古典决策理论的基础上,提出了新的决策理论。这一新理论的贡献主要表现在对于有限制条件的最佳决策、满意方案、压力和决策的关系、程序的合理性等四个方面充满新意的阐述和论证。

有限制条件的最佳决策 西蒙和马奇认为,对于每一次决策来说,要找到如古典决策理论所要求的最佳决策方案是不可能的,而寻求有限制条件的最佳决策则是可能的。这种有限的最佳决策也可称为"满意方案"。

满意方案 满意方案与有限制条件的最佳决策是一致的。寻求最佳决策方案是不可能的,但要寻求一个较为令人满意的解决问题方案则是比较容易做到的。在实践中,"大部分决策所关心的不是从大海中捞出一枚最尖的针来,而是希望只要捞出一枚尖得能缝东西的针来就行了"。[①]

压力和决策的关系 决策者在选择决策方案时会产生一定的心理压力,这种压力的程度与决策所涉及问题的重要性程度成正比。压力过高与压力太低都不利于有效决策的产生。

程序的合理性 决策方法和决策程序的设计非常重要,合理的决策方法能使决策者的注意力集中在问题的主要方面,可以保证决策效率的提高。

员工参与决策的原则与方式

由于教职工参与决策是教育组织决策较为常见的形式,因此,教育领导者对于教职工参与决策的程度和方式的把握显得十分重要。布里奇斯(E. Bridges)与欧文斯(R. G. Owens)等人曾先后在教育组织中做过参与程度的研究,结果发现,教育领导者在教职工参与决策程度上,把握如下三个原则至关重要。[②]

相关原则 教职工并非一定对参与决策感兴趣,关键要看该决策是否与参与者的利益相关。若相关,教职员工参与决策的积极性就高,若不相关,则员工没有参与决策的兴趣。

能力原则 除兴趣之外,还要考虑参与者的专业能力。若该教师虽有了兴趣,但对有关决策的问题不可能提出建设性的意见,则既是一种人力浪费,也会给其他决策者带来干扰。

权限原则 参与决策者对所决定的事项是否有管辖权是兴趣、能力之外的第

① D·S·皮尤等著,唐亮等译:《组织管理学名家思想荟萃》,中国社会科学出版社 1986 年版,第146—147 页。

② 张明辉著:《巴纳德组织理论与教育行政》,五南图书出版公司 1991 年版,第 38 页。

三个重要因素。如果参与决策者虽有兴趣和能力，但决策作出后并不交与他们执行，也可能会影响到他们的情绪以及下次再参与决策的积极性。

至于参与决策的方式，按布里奇斯的看法，可以分为以下五种方式：第一，照会式：教育领导者将某一决定的意见告知有关教职工，虽然不存在征询意见的成分，但却有打招呼的意思。第二，寻求意见式：教育领导者就某一事项主动征询教职工的意见，以便帮助自己集思广益，作好决断。第三，民主集中式：即先民主，后集中。领导者先广泛听取意见，最后由领导者拍板决定。第四，议会式：对于要决断的问题若在充分酝酿讨论的基础上，仍不能达成共识，则以投票表决、少数服从多数的方式作决断。第五，参与者共同决断式：对于要决断的问题，必须在每一个参与者均同意后才能决定。

教育领导者与组织沟通

沟通是社会组织的一种基本行为，西蒙曾以简洁的语言道出了沟通的重要性，他说："没有沟通就没有组织。"[1]虽然，西蒙的这一判断已被管理学界广为接受，但是管理学界在沟通的目的、过程、方式等具体问题的认识上，却并未达成完全一致的看法。在 20 世纪 70 年代初期，有人曾对有关文献进行过研究，结果发现沟通的定义多达 95 种，[2]其中有些是比较接近的，有些则距离较大，而有些甚至是互相冲突的。造成这一现象的根本原因是人们持有不同的沟通观。汉森认为，古典领导理论、社会—政治领导理论和开放系统领导理论均有各自的沟通观。古典理论认为，沟通有助于领导者通过正式的等级以向下直行的方式传递命令和有效指挥，沟通的目的在于提高效率和产量。社会—政治理论认为，有效的沟通必定是双向的，而不是简单的命令下达。而且沟通的渠道可以是正式的，也可以是非正式的。沟通的方向可以是垂直的，也可以是横向的。开放系统理论则强调沟通的目的在于把一个组织的各子系统合为一个整体。而且沟通的另一个目的是要使组织的行为与环境的需要相互匹配。[3]

教育组织中，正式沟通具有非常重要的地位。作为组织沟通的促进者和统筹者，教育领导者应当注意把握好正式沟通的基本要点。巴纳德认为，领导者要把握的沟通基本要点可归纳为七个方面：[4]要使每个组织成员明确了解组织沟通的渠道和线路；明确的正式沟通渠道必须通达每个组织成员；沟通的渠道应尽可能短而直接；沟通的线路应经常加以利用；领导者是组织沟通的中心人物，他应具备足以

① 霍伊、米格斯著，方德隆等译，王家通、曾灿灯校订：《教育行政学——理论、研究与实际》，复文图书出版社 1991 版，第 347 页。

② 同上书，第 349 页。

③ 马克·汉森：《教育管理与组织行为》，上海教育出版社 2005 版，第 272—296 页。

④ 张明辉：《巴纳德组织理论与教育行政》，五南图书出版公司 1991 年版，第 72—73 页。

胜任这一角色的才能；组织正在运作时，应确保沟通线路不被打断；每项沟通应该被认证，亦即对沟通者是否有权作某项沟通应加以确认。

巴纳德的组织沟通七项要点虽然在西方管理学界一直颇具影响，但这些要点还是带有一定的局限性。首先，它主要是对如何构筑组织沟通网络的描述，基本是一种静态的描述。这种描述对于组织沟通实践中的许多动态现象是难以解释的。其次，这些要点主要限于组织内部的沟通体系及其沟通活动，基本没有涉及组织与外界的沟通问题。然而按照现代管理实践的要求，无论是组织内部的沟通活动，还是组织与外界的交往联系，均应进入领导者的视野之中。第三，这些要点是就组织的正式沟通而言的，非正式沟通并未在其考虑之中。然而从组织沟通的实践来看，组织中的正式沟通虽然占主导地位，但非正式沟通是正式沟通不可或缺的补充，同样发挥着重要的作用。而且非正式沟通的补充作用，在教育组织中往往显得特别突出。例如，工商企业的目标任务一般是由一系列硬性指标构成的，如产量、利润、市场占有率等等。相比之下教育的目标任务却显得相对模糊，如"培养学生能力"、"发展学生个性"、"提高学生素质"等等，均可以有多种多样的理解。要对此类教育目标任务形成共识，单凭领导作报告等正式沟通方式似乎还难以实现，而必须要依靠大量的正式沟通与非正式沟通的配合运用才能奏效。此外，教育领导者还应掌握如何有效地利用非正式沟通了解教育组织的气氛、群体的士气、师生员工当前关注的焦点，并且应当善于运用非正式沟通营造宽松和谐的人际关系等等。

第四节 教育领导者的管理

在古代，各国并未对教育领导者的管理问题作统一的规范。至近代，各国政府才开始对教育领导者管理问题有了一个比较稳定的看法和要求，并且通过法规或其他形式将其统一和规范起来。到了现代，特别是第二次世界大战结束以来，各国政府都建立起了一套比较完整的教育领导者管理制度，主要包括教育领导者的选拔任用制度、评价制度和培训制度。

教育领导者的甄选

由于一个人的领导才能不仅得之于书本知识，而且更主要得之于领导工作实践，因此，各国在选拔任用教育领导者时，候选人的行政领导经历往往都被作为甄选的重要条件之一。以校长的选拔为例，日本的校长一般要从 3 年或 3 年以上行政工作经验的副校长中挑选；英国的校长候选人如有副校长、助理校长的经历，将会得到优先录用；德国明确规定，校长任职之前，必须经过助理校长这一实际行政管理工作岗位的考验。这里的所谓行政领导经历通常是指候选人的胜任经历或成功经历,因此,注重候选人的行政经历实际上就是注重候选人以往的领导成就和业绩。这种通过评审候选人在原来工作中的成就来估量其能否任高一级职务,从而决定是否选用的方法,从表面上看似乎无可厚非。然而在实践中,人们却常常可能遭遇到这样的尴尬。

【案例 7-2】

马校长的经历

C中学的马校长年仅36岁,但他已有数年校长工作的经历。他善于审时度势,经常能不失时机地推出一些改革的思路和措施,学校的质量与声誉年年攀升,上下左右均对马校长称赞有加。不久,县政府换届,马校长被提升为县教育局局长。小马初任局长时,觉得心里没底,工作也就比较谨慎。不久,马局长基本适应了局领导的角色。他大力推广在C校取得的教改经验,使全县的教育改革颇具声色,也受到县领导的赞扬和肯定。于是,小马被作为年轻化、专业化的典型上报到市里,成为市里挂号的后备干部。

数年后,市政府换届,小马被提升为市教委副主任,主管全市的中学教育。由于有了县教育局局长的工作经历,小马上任后不再觉得心里没底,而是信心十足,决心在最短的时间内做出非凡的工作成绩。然而未过多久,马副主任的领导才能受到了挑战:他的教改思路在市教委主任会议上未获通过;他推出的一些教改措施受到来自基层的抵制;他亲自抓的几个教改试点的教育质量未获改善,有的甚至出现滑坡……

对此,群众议论纷纷。有的说,小马官当大了,离基层远了,主观主义抬头了;有的说,小马这些年太顺了,骄傲起来了,哪有不栽跟斗的? 有的说,小马当官以后,进取精神衰退了,不想上进了;还有的说,小马这些年提升得太快,有道是“高处不胜寒嘛”。

对于如何看待“小马现象”,可借用《彼得原理》的作者彼得(L. J. Peter)和霍尔(P. Hall)独到的见解。他们认为,领导者在其职位上取得了成就,便被提升到高一级的职位;当其在高一级职位上做出成就时,又被提升到再高一级的职位。这样,领导者就有可能被提升到他所不能胜任的职位,从而使领导者陷入尴尬的境地。彼得和霍尔的这一观点,被称作彼得原理(Peter's Principle)。尽管彼得原理未必适用于每一个领导者,但对于大多数领导者而言,确实并非职位越高越能发挥其聪明才智和体现其价值。苏联著名教育家苏霍姆林斯基曾担任过教育局长,但他认为基层学校是最适合他工作的地方,于是主动辞去局长职务,到一所农村中学担任校长。他在校长的岗位上作出了卓越的成就。①

彼得原理不仅告诫人们,甄选领导者不能过于看重候选人以往的成就;而且提示人们,任何依据单一条件来挑选领导者的方法都是不太可靠的。有鉴于此,美国著名管理学家孔茨(H. Koontz)和美国旧金山大学的韦里克(H. Weihrich)提出了一套选拔管理者和领导者的系统方法(见图7-3)。这一系

---

① 赵祥麟主编:《外国教育家评传》(3)上海教育出版社1992年版,第661—698页。

统方法虽然是以企业管理为背景的,但它对于如何科学地甄选教育领导者是有启发的。

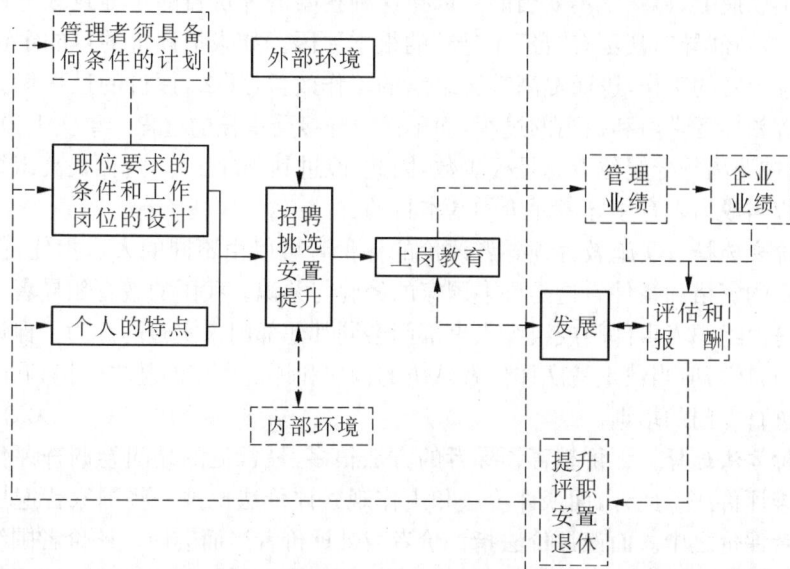

图7-3 选拔管理者和领导者的系统方法[1]

评价教育领导者的取向

虽然世界各国考核评定教育领导者工作业绩的活动可以回溯到久远的年代,但是真正建立比较完整而科学的教育领导者评价制度的历史并不算长。即便是美国、英国等评价制度相对发达的国家,教育领导者的评价体系也是在第二次世界大战之后才逐步建立起来的。我国的教育领导者评价制度建设还处于初级阶段,尽管近年来在教育领导者评价制度特别是校长评价制度建设方面取得了一定的成绩和经验,但是要真正建立起具有中国特色的教育领导者评价制度,似乎首先须对有关教育领导者评价的四项基本选择作一番理性的思考。

评价取向选择 教育领导者的评价可以有两种取向:以"督"为主或以"导"为主。我国以往的教育领导者评价基本是以"督"为主。这一方面是由于我国尚未有严格意义上的教育领导者评价制度,而只有考核教育领导者的概念;另一方面则是由于"督"比"导"要简单许多。评价者只要有相应的对照标准,就可以完成"督"的职能。而若要行使"导"的职能,就会对评价者的素质提出更高的要求。从国外的有关经验来看,教育领导者评价不应偏向单一取向,而应做到"督"与"导"的有机结合。

① 哈罗德·孔茨、海因茨·韦里克著,郝国华等译:《管理学》,经济科学出版社1993年版,第362页。

评价目的选择　评价目的选择与评价取向选择密切相关,评价取向选择受制于评价目的选择。如果把评价教育领导者的目的定位在决定教育领导者的升留免降或褒奖惩戒上,显然是不妥当的。选择这种狭隘的评价目的是导致教育评价取向上重"督"轻"导",甚至有"督"无"导"的根本原因。如果把评价的目的定位于改善教育领导者的工作,进而提高教育组织的工作效益,那么,评价的过程就会被看作是教育领导者学习和提高的过程,而不是单纯接受审核的过程。事实上,每次评价之后,被调离领导岗位者总是极少数,因此,改进其领导工作,进而提高组织的工作效益应当成为教育领导者评价的基本目的。

评价者选择　实施教育领导者评价的评价者可以由不同的人员担任,但必须具备一定的资格和条件。这是许多国家的经验与共识。我国的教育领导者评价工作通常是由组织人事部门或组织人事部门会同其他部门来实施的。为了保证评价的准确与科学,应当慎重考虑评价者队伍的构成和评价人员的基本资格,同时应对评价者进行专门的培训。

评价方法选择　评价教育领导者的方法很多,最常见的是问卷调查评价法和座谈调查评价法。此外,面谈评价法和工作观察评价法也被一些国家普遍用于教育领导者评价之中。面谈评价法指评价者与被评价者当面会谈。评价者围绕教育领导者评价标准提出一系列问题,被评价者在回答提问时,还要提供一些支持自己回答的旁证材料或数据。评价者运用这种方法时,不仅仅限于一些事实,更重要的在于了解被评价者的价值观、态度和能力等。工作观察评价法指评价者通过实地观察被评价者的领导工作活动,对其作出评价的方法。如,观察被评价对象如何主持会议,如何统一思想,如何处理下属的冲突等等。我国评价教育领导者历来比较注重群众性,比较常用的是问卷调查评价法和座谈调查评价法,而对比较能够发挥评价者主观能动作用和比较能够体现评价者专业评价水平的面谈评价法、工作观察评价法等运用较少。国外的有关经验表明,依赖个别的方法来评价教育领导者往往是不可靠的。因此,应当在教育领导者评价实践中提倡各种方法并用,以综合发挥各种方法的长处。

我国教育领导者的培训制度

　　教育领导者培训制度是整个教育领导者管理制度的一个重要方面。随着时代的进步和教育事业的发展,社会对教育领导者的培训日益重视。完整的教育领导者培训制度,应该涵盖中小学校长培训和教育行政机关领导者培训两个部分。在我国教育领导者培训制度建设的初期,曾出现过中小学校长培训和教育行政机关领导者培训不平衡的现象。近年来,这一不平衡的现象在很大程度上发生了改变。

校长培训制度的建设与发展　我国中小学校长培训工作虽然在20世纪50年代中期已经起步,但由于种种原因,一直未入正轨。1989年12月,国家教委制定并下发《关于加强全国中小学校长培训工作的意见》,不仅对校长培训工作的基本要求和内容、方式作了规定,而且提出搞好培训工作的五个方面的措施。这一文件的发布,是我国致力于现代校长培训制度建设的标志。此后,国家教委又相继下发了一系列有关校长培训的文件,对校长培训工作作了进一步的规范和指导。经过一个时期的努力,我国已初步形成了一个比较完整的中小学校长培训制度,其具体标志为:制定了全国中小学校长培训的基本目标;编写了中小学校长岗位培训教学计划、教学大纲和系列教材;加强了培训基地的建设,形成了一支培训校长的师资队伍;建立了培训与任用、考核挂钩的政策制度。根据国务院《中国教育改革与发展纲要》的要求,在 1997 年前后,基本在全国实现了中小学校长持证上岗。1999年,教育部以"中华人民共和国教育部令"的形式,发布了《中小学校长培训规定》,校长培训工作由此获得了更加专门的法规保障,从而使校长培训更趋于规范与专业,也标志着我国校长培训工作已开始走向规范化和制度化。

教育行政机关领导者培训制度的建设与发展 在一个比较长的时期内,我国的教育行政机关领导者培训制度的建设相对薄弱。教育行政机关领导者除接受一般党政干部培训之外,很少有机会参加专业对口的培训。各地政府也很少组织专门针对教育行政机关领导者的大规模培训,这就导致了我国教育领导者培训制度建设上的失衡现象。由于基层中小学校长是在教育行政机关的领导下开展工作的,因此其失衡带来的直接的负面后果是:当校长面对观念陈旧或思想片面的上级时,全面贯彻教育方针和听从上级领导指挥有时成为一对矛盾。对于这一点,下面案例中孙校长的经历很典型。

【案例 7-3】

"三朝元老"的感慨

县一中的孙校长担任正职校长的经历已有十几年。他先后经历三次县政府换届,在三位教育局长手下工作过。由于县一中连年先进,孙校长得了个"三朝元老"的雅号。孙校长当年的学生小戴,新近被提拔为一所初中的校长。小戴初任校长,便登门拜访孙校长。孙校长当然高兴,然而在一番赞扬和鼓励之后,他不禁叹起苦经来:

当校长难那!难的不是如何管好学校,而是如何在全面贯彻教育方针与听从上级指挥方面寻求平衡。人称我"三朝元老",可有谁知道我的苦衷呢?第一任江局长强调办学效率,可他的"效率"就是升学率。江局长经常对我说,检验办学效果的标准就是升学率。你县一中不抓升学率,示范性在哪里?我知道,片面追求升学率不符合教育方针。可校长不听局长的行么?第二任何局长主张搞素质教育,可他理解的素质教育就是"唱唱跳跳"。我参加过省里的素质教育专题培训班,知道什么是真正的素质教育。可教育局的"唱唱跳跳"指标不完成,年终的考核评估如何通过?第三任朱局长上任前到北京参加过素质教育专题研讨班,情况就大不相同了。朱局长号召全县的学校走出"应试教育"的误区,全面实施素质教育。他主张教育改革科要先行,教师培训要跟上。朱局长不仅带着我们到教改先进地区考察学习,而且还亲自抓教改试点。县一中"教会学生学习"的教改课题扎扎实实搞了两年,升学率没有下降,学生的综合素质大大提高。以我这个"三朝元老"的体会,校长培训很重要,但局长培训更重要。否则,校长的办学思想再正确,也难以付诸行动啊!

随着我国教育行政体制改革的深化,教育领导者培训的失衡现象已经受到政府的关注,并在"十五"期间逐步得到扭转。2001年教育部党组印发的《全国教育干部培训"十五"规划》指出:"对教育干部培训工作进行整体规划,统筹协调。在全面推进教育干部培训的基础上,着重抓好县级及其以上教育行政机关主要领导干部、高等学校领导及其后备干部、中小学校长和中等职业学校校长的培训工作。根据各级各类干部的不同情况和需求,分别制定有针对性的培训计划,实施分类指导。"明确将教育行政机关领导者列为重要的培训对象,并提出了教育行政机关领导者培训的具体任务与要求:"要适应教育改革和发展以及政府职能转变的需要,围绕建设廉洁、勤政、务实、高效的教育行政机关和高素质、专业化教育行政干部队伍的目标,进行有针对性的培训。要争取在5年时间内使县级以上(含县级)教育行政部门主要领导干部普遍参加一次专题研修培训。省级教育行政部门领导、地(市、州、盟)教育行政部门领导(含副职)和县教育局局长(教委主任)的培训任务由国家高级教育行政学院承担。上述范围之外的其他教育行政干部的培训,由省级教育行政部门按照分级分类培训的原则进行统筹规划,并组织实施。"①

为了保障教育行政机关领导者的培训质量,教育部于2005年专门组建了一个对全国教育干部培训工作进行研究、咨询和指导的专家组织,即"全国教育干部培训专家委员会"。该委员会将在教育部人事司领导下对全国教育干部培训工作中的重要问题进行调查研究,为教育部和各级教育行政部门在干部培训方面提供决策咨询意见和工作建议。2007年,教育部印发的《全国教育系统干部培训"十一五"规划》对教育行政机关领导者的培训提出更为清晰、具体的要求:"县级以上教育部门的主要领导干部5年内脱产培训的时间不少于3个月。教育部门的其他干部脱产培训时间根据有关规定和需要由各地确定。争取在5年时间内使县级以上教育部门主要领导干部普遍参加一次研修培训。"同时,为了多渠道、多形式地促进教育行政机关领导者的专业发展,该文件还提出:"在加强培训的同时,鼓励部分符合条件的教育行政管理干部攻读教育管理方向的专业硕士学位或其他学位。"②尽管我国目前在教育行政机关领导者培训方面,还没有一个类似于《中小学校长培训规定》的专门的行政规章,但教育行政机关领导者的培训正在逐步走向制度化。

校长职级制的试行

教育管理体制改革的不断深化和校长负责制的进一步完善,均要求建立与之相适应的校长管理制度。然而由于历史的原因,长期以来我国实行的是校长职位与行政级别挂钩的校长管理制度。如初级中学的校长一般定为科级,完全中学校长一般定为副处级,省重点中学的校长一般定为正处级等等。随着我国教育管理

---

① 教育部党组:《全国教育干部培训"十五"规划》,2001年。

② 教育部:《全国教育系统干部培训"十一五"规划》,2007年。

体制改革的深入发展,原有的校长职位与行政级别挂钩的制度已越来越不适应新时期校长队伍管理的特点和实际。其弊端主要表现在四个方面:一是强化了校长的官本位意识,却淡化了校长专业领导者的角色意识;二是区县教育局业务科室与基层学校在行政级别上出现倒挂现象,业务科长难以领导副处级以上的校长;三是校长按行政级别分等,使校长只能单向流动,即只能往上提,不能向下调,不利于加强薄弱学校特别是薄弱初中的领导班子建设;四是无论校长工作出色与否,既定的行政级别不变动,缺乏激励校长积极进取的竞争机制。

20世纪90年代初,上海首先在部分区试行校长职级制。校长职级制的指导思想是,依据人事部有关事业单位人事制度改革实行"脱钩、分类、放权、搞活"的基本思路,按照教育管理体制改革中有关政事分开的原则,建立符合中小学管理特点和校长成长规律的校长职级制度,以激励广大校长积极进取,争优创先。校长职级制的基本要点是:第一,在校长职位与行政级别脱钩后,重新规定一套校长职级系列,并规定各级等的比例限额。第二,制定校长职级工资系列,使校长的工资与其级等相对应。第三,制定各级等校长的任职条件。第四,制定评审各级等校长的指标体系。第五,规定考评各级等校长的工作程序。

校长职级制的实行,充分调动了校长的积极性,增强了校长的事业心和责任感,同时也形成了与我国当前教育管理体制改革相适应的校长管理制度。1999年6月发布的《中共中央国务院关于深化教育改革全面推进素质教育的决定》提出,要"试行校长职级制,逐步完善校长选拔和任用制度,鼓励优秀校长到薄弱学校任职"。2001年发布的《国务院关于基础教育改革与发展的决定》更进一步要求:"改革中小学校长的选拔任用和管理制度。……积极推进校长职级制。"[1]可以说,校长职级制已成为我国中小学校长管理制度改革实践的一个重要方面。

思 考 题

1. 现代教育领导者必须担当哪几种基本角色?
2. 在教职工参与决策的程度上应把握哪三条原则?
3. 试行校长职级制的意义何在?

① 国务院:《国务院关于基础教育改革与发展的决定》,2001年。

第八章　教师管理

本章学习目标

1. 把握教师管理的功能和基本内容；
2. 明确教师管理的基本特点；
3. 把握教师任用与评价的意义和方法；
4. 认识教师专业发展的重要性及其保障措施；
5. 了解教师激励的意义和策略。

第一节　教师管理概述

教师管理的基本功能

　　教师是向受教育者传递人类积累的文化科学知识和进行思想品德教育的专业人员，是人类社会进步和人类文明发展的桥梁和纽带，是人类灵魂的工程师。由于教师职业是与学校教育共始终的职业，也由于教师工作是学校教育活动的一个基本组成部分，因此，教师管理历来是教育管理的一个重要领域。在我国的学校教育活动中，教师管理的基本功能主要表现在下面三个方面：

　　学校管理的重要组成部分　教师是学校最基本的组织元素之一。在学校教育过程中，教师要根据政府和学校的要求以及学生身心发展的规律和特点，创造性地贯彻执行教育教学计划，有计划地对学生进行教育和培养，从而为社会培育合格的公民。为了使教师能够准确理解国家的教育方针，正确认识学生身心发展的规律，也为了充分调动教师的工作积极性，保证教育教学工作的质量，政府和学校就必须制定相关的教师管理制度和规范。因此，教师管理必然是学校组织运行的基本前提和学校管理的一个重要组成部分。

　　教育改革成功的重要保障　教育改革是世界各国教育事业发展中的长久命题，它给各国的教育事业发展带来了勃勃的生机。然而，从严格意义上说，教育改革只是一个价值中立的命题。它强调变革的事实,而并不涉及价值判断。因此,教育改革并不等于教育进步。而只有当教育改革获得成功时,教育改革才能体现其积极的进步意义。教育改革的成功需要多种条件来作保障,其中教师的素质甚为关键。因为教师是新的教育思想、新的教育方法、新的教育措施的最终贯彻者和执行者。为了使教师队伍的状况符合教育改革的要求,政府和学校往往需要制订一系列教师管理的新政策、新措施,以提高教师队伍的素质并激励教师积极投身于教育改革之中。从这个意义上说,教师管理是教育改革成功的重要保障。

教师成长发展的重要条件　教师的专业成长与发展一方面有赖于教师自身的终身学习意识和自我完善的要求,另一方面也取决于政府和学校为教师的专业成长所提供的客观条件。因此,现代的教师管理应当是一个含义宽泛的概念,它不仅是指对教师的使用和管辖,而且还应包括如何通过建立集体教研、专业发展、梯队建设等方面的制度和措施,为教师的成长发展提供良好的环境条件。

教师管理的基本内容

从历史的角度来看,教师管理的内容是随着教育事业的发展而逐渐丰富完善起来的。一般说来,现代教师管理的基本内容主要包括教师的任用、教师的评价、教师专业发展的领导和教师的激励等几个方面。当然,对这几个方面的内容还可以再作进一步的细分。例如,"任用"还可细分为"资格证书"、"招聘遴选"、"岗位聘任"等等。从世界范围来看,自第二次世界大战结束以来,上述教师管理的内容已基本为各国政府所接受,且在各国的教师管理实践中稳定下来。然而,这并不意味着现代教师管理的内容是统一而凝固的。事实上,就教师管理的内容细节而言,不仅各国之间存在着较大的差异;而且,随着社会对教师职业性质认识的深化和对教师专业要求的提高,在不断地发展和变化。

教师管理理念的基础

教师管理的实践在很大程度上受教师管理理念的支配,而教师管理理念的基础则主要反映在政府、社会对教师的职业性质和基本素养的看法和认识上。

教师的职业性质　对于教师职业性质的认识,其焦点在于教师是属于专业人员还是非专业人员。对此,1993年颁布的《中华人民共和国教师法》第三条明确规定:"教师是履行教育教学职责的专业人员,承担教书育人,培养社会主义事业建设者和接班人、提高民族素质的使命。"可见,我国的法律已经认定教师属于专业人员。然而,法律认定的教师职业性质能否获得社会各界的完全认同,能否在教师管理实践中充分体现,还有赖于人们对反映教师职业性质的关键特征的深入认识。国内有学者认为,反映教师专业性质的基本特征可以概括为四个方面:第一,教师必须经过长期的专门教育;第二,教师必须享有相当的独立自主权;第三,教师应有反映其专业特点的职业道德;第四,教师必须不断地在职进修。在我国当前的教师管理实践中,这四条特征可以进一步细化为社会对教师的专业化要求。

教师的基本素养 关于教师的基本素养问题,国内外学术界均有相应的研究。其中,我国有学者从建设面向 21 世纪新型教师队伍的要求出发对教师素养要求所作的分析与阐述,是具有代表性的。按照该学者的观点,新型教师的理想基本素养大致可以用表 8-1 来概括。

表 8-1　新型教师的基本素养

项　目	主　要　内　容
基础性素养	• 个人价值取向和发展的内动力,包括:事业心、责任心、爱心和自我发展的内在追求等。 • 宽厚扎实的文化底蕴,包括:文、史、哲、艺的基本人文素养和科学、技术的基础素养等。 • 实践创生的思维能力,包括:在发现、处理和解决问题中表现出来的创造性以及在实践中进行探究与策划、反思及开拓的思维能力等。
专业素养	• 学科专业素养,包括:熟练掌握所教学科的知识体系与结构,学科发展的历史趋势;熟悉相关学科的知识范围、性质与相关程度;了解学科知识与人类多种实践(从社会、生产、研究到生活、人生发展)的多重关系,以及它在实践中的多种表现形态;掌握进一步学习和研究所教学科的基本途径与方法,适应知识更新、满足培养学生创造意向和能力的要求。 • 教育专业素养,包括对学校教育、教学实践和学生的内在认识,以及用这种内在认识去研究、策划和改进、创造自己的学科教学的实践和行为的本领。

资料来源:叶澜:《"新基础教育"论——关于当代中国学校变革的探究与认识》,教育科学出版社 2006 年版,第 360—365 页。

教师管理的基本特点

教师的职业性质和教师的专业化要求造就了教师的工作具有自身的特点,它既不同于体力劳动者的工作特点,又有别于医生、工程师、报刊编辑、文艺工作者等其他脑力劳动者的工作特点。这就要求管理教师的方式方法也应当具有与之相适应的特点。

对于教师管理的特点,许多研究者曾从不同的角度提出了各自的见解。有的研究者认为,教师管理应当体现三条基本特点:一是对教师的日常管理要体现灵活性特点。包括不搞硬性的 8 小时坐班制,以开放教师的时间与空间,让教师选择最有利于提高工作效率的环境,最大限度地发挥其潜能;不硬性规定教师的教育手段和教学方法,以充分发挥教师的创造性;不单纯以学生成绩的优劣来评价教师工作的好坏,以全面地综合评定教师的工作成绩。二是在教师管理的过程中要体现参与性特点,即发动教师参与学校大事的讨论和决策,发扬民主,集思广益,并增加教师的认同感和责任感,以提高管理工作的效率。三是在教师管理制度建设上要体现重精神轻物质的特点。包括注重和谐的学校人际关系的建立;为教师的进修提高和专业发展提供机会等等。① 也有的研究者认为,教师管理的特点应当体现在三个方面:在刚性管理和柔性管理上,一般以柔性管理为主;在权力管理和参与管理上,一般以参与管理为主;在定量管理和定性管理上,一般以定性管理为主。② 诸如此类的观点,均为教师管理实践者提供了有益的参考。

第二节 教师的任用与评价

师资来源的多样化

在各国普及教育之初,因急需大量新师资,一般均以举办短期师资培训班的方式为学校输送新教师。以后,随着社会对教师业务要求的提高,短期师资培训班逐渐被中等师范学校和高等师范院校所取代。这种由专门的师范教育机构为中小学定向培养、输送新教师的体制被称为"定向师范教育"。"定向师范教育"的优点是培养目标明确,学生所接受的教师职业训练较为集中,其专业思想准备也比较充分。同时,"定向师范教育"也比较能够适应国家培养新师资计划的需要。然而,"定向师范教育"使得中小学的新师资来源过于单一,加之师范院校课程设置的宽度和深度又往往不够理想,难以适应现代社会对教师提出的越来越高的要求。于是,从 20 世纪中叶起,一些发达国家开始采用"非定向师范教育"的体制,即通过综合大学或其他非师范院校内设的教育学院(师范学院)或教育系科,为欲取得教师资格的本科或本科后学生提供教育科目和教育实践训练,以此为中小学输送学术水平较高,文化知识面较宽,工作适应能力较强的新师资。当然,"非定向师范教育"也有自身的弱点,例如培养目标不够明确,学生的专业思想准备不充分等等。为此,有的国家采用了"定向"和"非定向"相结合的中间型体制。

我国现有一千多万中小学教师,每年因老教师的自然退休需要补充大量的新师资。从这一现实出发,我国长期以来一直沿用的"定向师范教育"体制,还不可能完全为"非定向师范教育"所取代。然而,随着我国经济、科技和文化事业的发展和教育改革的日益深化,中小学特别是沿海经济发达地区中小学对师资来源丰富化、多样化的要求与"定向师范教育"所造就的师资来源单一化的矛盾已日益突出。为了既保证为面上广大中小学提供足够数量的新师资,又满足发达地区对新师资多样化的需求,我国政府决定"调整师范学校的层次和布局,鼓励综合性高等学校和

---

① 安文铸主编:《学校管理研究专题》,科学普及出版社 1997 年版,第 200—205 页。

② 吴志宏主编:《中小学管理比较》,上海教育出版社 1998 年版,第 125—127 页。

非师范类高等学校参与培养、培训中小学教师的工作,探索在有条件的综合性高等学校中试办师范学院"。"全面实施教师资格制度,开展面向社会认定教师资格工作",①以拓宽新师资来源的渠道。从实践层面来看,我国各级政府在近年来的教师管理改革中,已在改变师资来源单一化方面进行了许多有益的尝试与探索。这些尝试与探索主要反映在三个方面:一是部分综合性大学已开始计划筹建师范学院。这意味着"非定向师范教育"将在我国出现,并会逐渐形成以"定向师范教育"为主,以"非定向师范教育"为补充的新局面。二是部分地区的教育行政部门根据教师资格认定制度,依法招聘非师范院校的毕业生充实中小学师资队伍,以满足这些地区中小学师资来源多样化的要求。三是一些地区通过对地区内现有教师资源的重新配置,将重点学校过剩的高级教师调往一般学校或薄弱学校,使那些师资力量薄弱的学校获得以往难以获得的优质师资。由此可见,我国中小学师资来源正在由单一化逐步走向多样化和丰富化。

教师任用着眼点的变化

完整的教师任用应当包括新教师的招聘和在职教师的岗位聘任两个部分。为了满足教师管理制度改革的需求,也为了在师资来源扩展的情况下保证新师资的质量,我国政府于 1995 年 12 月颁发了《教师资格条例》,以法规的形式对各级各类教师的资格分类、教师资格条件、教师资格考试及教师资格认定等作出了较为严密的规范。《教师资格条例》的颁布与实施,使我国新教师的起点条件基本趋于一致。教师资格的规范化、教师起点条件的整齐化使教育行政部门和中小学无须再去考虑新教师学历达标等问题。而与此同时,我国新一轮基础教育课程改革又对教师的素质提出了更高层次的要求。在这样的背景下,教育行政部门和中小学招聘新教师的着眼点便发生了新的变化。这种变化主要表现在三个方面,一是甄选新教师的着眼点由候选人静态的档案材料转向了候选人动态的表现。例如,招聘单位普遍建立了较为严格的新教师录用前的试教制度。有的学校还专门成立由学校领导和相关学科专家组成的试教评估小组,对候选人的学科业务水平、驾驭课堂的能力、未来发展潜质等诸多方面进行综合评估,然后决定取舍。有的学校还将试教改为试用,在长达数周的时间内,让候选人参与各种教育教学活动,以便对候选人作出更为全面和准确的评估。二是招聘新教师的着眼点由候选人的学科对口转向了对候选人的多科要求。随着中小学课程改革的深入,中小学需要大量一专多能的人才。招聘单位往往希望教师不仅能承担某一必修课的教学,而且能同时开设一门甚至若干门选修课或活动课。为此,一些既有一门学科专长,又拥有计算机、劳技或书法、绘画等多方面才干的候选人往往会获得优先录用。三是招聘新教师的

---

① 《中共中央国务院关于深化教育改革全面推进素质教育的决定》,1999 年 6 月 13 日。

着眼点由候选人的单一教学能力转向候选人的教学、科研、组织、人际等多重能力。近年来，一批既有硕士、博士学位，又有一定社会工作经历者备受中小学青睐的现象，正是这一着眼点变化的结果。

从在职教师的岗位聘任来看，随着我国教育人事制度的改革，中小学全员聘任合同制已得到了广泛的推行。推行中小学全员聘任合同制的主要目的是要建立一种与社会主义市场经济大背景相适应的校内用人机制，以使教师队伍实现动态性的优化。因此，中小学全员聘任合同制的实施必然带来教师岗位聘任中选聘教师着眼点的变化。其中，选聘教师的着眼点从重资历转向重能力，从重资格转向重实绩在当前中小学教师岗位聘任实践中表现最为突出。所谓"从重资历转向重能力"是指教师岗位聘任中不过于看重教师的教龄、以往担任过的职务等"历史"因素，而注重教师是否具有胜任现有岗位的能力，真正达到因事设人的要求。"从重资格转向重实绩"是指教师岗位聘任时不为教师现有的职称所囿，而是依据教师的工作实绩来聘任教师，必要时可以评聘分离。以下两个案例，反映了教育界在选聘教师时着眼点的变化。

【案例 8－1】
外语教研组长该由谁来当

甲校的外语教研组长退休在即，新组长的选聘问题便被提上了校领导班子的议事日程。按照以往的惯例，应当选聘一位经验丰富、办事稳重的资深教师来担任外语教研组长。甲校外语教师中不乏其人，从中选择一位外语教研组新组长并非难事。然而，当学校领导成员认真讨论新组长人选时，大家却犯了难。原来，学校今年刚刚把外语学科定为教学改革的突破口，并确定了新目标：听说领先，读写跟上。为实现这一目标，统编教材与引进教材同时并用；增加听说训练的比重；创建学校"英语广场"等改革措施即将启动。因此，单凭经验丰富、办事稳重显然不能满足外语教学改革的要求。

经过反复比较，大家把目光集中在了外语组小刘老师的身上。小刘虽然只有三年教龄，但在工作中表现出了较强的教学能力和组织能力。小刘的业务基础比较扎实，他的发音准确，板书规范，并善于在课堂教学中运用现代化的教学手段；他的教学观念也比较新，善于启发学生思考，注重发掘学生的学习潜能，调动全体学生的学习积极性；他所教的两个班级成绩稳中有升，学生学习兴趣高涨。小刘进校第二年就担任班主任。他所带的班级气氛活跃，关系和谐，纪律严明，为各任课教师所称道。按照外语教改的要求，小刘应是新组长的当然人选。然而，他是外语组教龄最短、资历最浅的教师。如果聘小刘当教研组长，其他教师的积极性是否会受到挫伤？如果其他教师没有积极性，单凭小刘单打独斗，是难以完成外语教改任务的。

经过再三讨论，学校领导成员终于达成了共识，并作出两条决定：第一，新组长的首要条件是必须具有符合学校外语教改需要的能力，而不是教龄或资历。由此出发，小刘是新组长的合适人选；第二，考虑到外语组其他教师的积极性问题，任命小刘为外语组副组长，组长由外语教师出身的李副校长兼任。

一年以后，甲校的外语教改初见成效，小刘的工作也获得了全校上下的认可。当学校宣布李副校长不再兼任外语组长、由小刘出任组长时，一切都顺理成章了。

【案例8-2】

评聘分开,收入浮动①

　　重庆市秀山土家族苗族自治县教委为推动教师岗位聘任的改革,专门制订了《专业技术人员低职高聘或高职低聘实施细则》。经过从下至上逐级认真考核和严格评估,决定对45名在1997—1998学年度不称职的、具有高中级技术职称的中小学教师降低1档到2档聘任,低聘期为一年。低聘期间,当事人的工资、津贴、福利等均与现职挂钩。一年期满后,当事人要接受所在学校和区教育行政部门的考核,并接受县教委的评估审核。经考核、评估合格者,方可恢复聘任原职。与此同时,该县有10名工作实绩突出的教师被低职高聘,聘期也为一年。在聘期内,这些教师的工资待遇也随职增长。

教师评价与教师考核

　　教师评价和教师考核似乎是两个可以互换的概念,都是指教育行政部门或学校依据一定的标准对教师的工作状态和工作成就作出判断和评定的过程。然而,教师评价和教师考核的目标指向是有区别的。教师评价的目标一般指向教师工作的改进与提高,而教师考核的目标则往往指向教师的去留升降。例如,我国的《小学教师职务试行条例》第十四条规定:"学校要对被聘任或任命的教师的政治表现、文化专业知识水平、教育教学能力、工作成绩和履行职责的情况进行定期或不定期的考核,建立考绩档案。为教师职务的评审、聘任或任命提供依据。"②在这段文字中,教师考核"去留升降"的目标指向是十分明显的。由于"去留升降"的目标指向在一定程度上束缚了教师考核的视野,因此与教师评价相比,教师考核更容易走入过于强调约束、限制的误区。

　　一位校长曾对当前我国中小学教师考核中片面强调"约束"、"限制"的情况作了如下的描述:"在一部分学校的考核标准(奖惩条例)中,连篇累牍地充满了'违反什么罚多少'、'迟到几分钟扣多少钱'、'什么事情没做好扣多少钱'等内容,无意中形成一种'提心吊胆过日子'的工作环境,教师极易产生抵制考核的心理,压抑了教师的积极性。""在全员劳动合同制的改革过程中,不少学校片面地把考核结果作为'下岗'、'待岗'的依据,经常以'紧迫感'和'危机感'来增强教师的心理'承受力',有时甚至在大会上也明确提出本单位要安排多少人'下岗'、'待岗'。这种改革口号及改革实践,初听起来,改革力度似乎很大,但从调动人的积极性的管理实质来说,却是事与愿违的。"③由此看来,在全面评定教师的表现时,似乎应以视野较为开阔的"教师评价"取代视野相对狭窄的"教师考核"。而且在教师评价中,应更多地关注评价的信息反馈功能,像教育部《基础教育课程改革纲要(试行)》所要求的

①　刘发生、杨通富:《评聘可分开,收入能浮动》,载《中小学管理》1999年第5期。
②　国家教委办公厅编:《基础教育法规文件选编》,北京师范大学出版社1988年版,第341页。
③　李佩林:《试析当前教师工作考核的误区及其影响》,《宝山教育》1999年第1期。

那样,强调教师对自己教学行为的分析与反思,建立以教师自评为主,校长、教师、学生、家长共同参与的评价制度,使教师从多种渠道获得信息,不断提高教学水平。

教师评价的多维性与发展性

现代教师评价的视野是开阔的,评价的指标也应当是多维的。参照前述教师的职业性质和专业化要求,在建立教师评价的指标体系时,至少应当从三个维度来考察评价教师的表现。第一是教育维,即从教育者的角度考察教师的素质、表现和成就;第二是学习维,即从学习者的角度考察教师的终身学习的意识、终身学习的能力、不断自我完善的表现和成绩;第三是创造维,即从创造者的角度考察教师的创新精神、创造才能和革新成就。这种三维教师评价与以往仅从教育者的角度对教师作单维评价相比,不仅要求评价具有较为广阔的视野,而且要求在关注教师当前表现的同时,还要关注教师未来发展的问题。美国教育管理学家托马斯·萨乔万尼(Thomas J. Sergiovanni)曾对如何建立这种多维性和发展性兼顾的教师评价体系作过专门的研究,并初步描绘了多维性和发展性教师评价体系的大致轮廓。

	知识	当前能力	未来意愿	未来发展
目的				
学生				
学科事务				
教学技术				

图 8-1 萨乔万尼的教师评价体系框架

资料来源:据 Thomas J. Sergiovanni, *The Principalship*, 1995. Figure 11-1. 略有改动。

萨乔万尼认为,典型的教师评价是先订出教师工作的标准,然后通过现场观察和书面的检查来考察教师是否达到了有关标准。这种评价实际上是考察教师是否能够按照有关的规定去做,显得比较狭隘。萨乔万尼以鲁宾(Rubin)所鉴别的 4 项教师评价指标为例,[1]勾画了新的教师评价框架(见图 8-1)。萨乔万尼指出,在评价教师过程中,对于任何一项评价指标都应从知识、当前能力、未来意愿和未来发展四个层面来加以考察。在"知识"层面,主要考察教师是否具有如何去做的知识,萨乔万尼把它简称为"Know how";在"当前能力"层,主要考察教师是否有能力去实践"知识",萨乔万尼称之为"Can do";在"未来意愿"层,主要考察教师是否具有保持并发展已有能力的意识和愿望,萨乔万尼称之为"Will do";在"未来发

---

① 鲁宾曾鉴别了教师评价的四项指标:(1)教师对教学目的的见识;(2)教师的学生观;(3)教师的学科知识;(4)教师掌握教学技术的情况。这里的"教师评价"是指狭义的教师评价,即仅指教师课堂教学绩效评价。参见 Louis Rubin, *The Case for Staff Development*, 1975。

展"层,主要考察教师是否具有专业上持续发展的能力和行动,萨乔万尼称其为"Will grow".[1] 这一教师评价体系框架虽然还比较粗糙,但它毕竟为人们思考如何建立多维性和发展性兼顾的教师评价体系提供了有益的参考。

教师评价中的三对关系

教师评价的多维性和发展性问题十分重要,在建立教师评价体系时必须要加以考虑。然而在教师评价体系建立起来之后,在实施教师评价体系的过程中,仍然需要对一些具体问题作出妥善的处理。在当前的中小学教师评价实践中,妥善处理好下列三对关系显得尤为重要。

显性与隐性的关系 教师的工作大致可分为显性工作和隐性工作两大类。显性工作主要有教师的出勤、任课节数、所教班级的成绩、发表文章数量、参加进修情况等等。隐性工作主要指对学生的日常品德教育、心灵陶冶;课堂教学中对学生思想的引导、品德的熏陶等等。教师的显性工作容易记载,而教师的隐性工作却常常难以计量。实际上,就实现学校教育目标促使学生全面发展而言,显性工作和隐性工作处于同等重要的地位。而且,从中小学的实践来看,成功的教育教学工作往往都是教师的显性工作和隐性工作有机结合的结果。例如,上海一师附小总结的愉快教学基本策略之一——"爱心融入策略"就是强调教师的显性工作和隐性工作紧密结合的典型。[2] 因此,在教师评价实践中,既要关注教师的显性工作,也不能忽视教师的隐性工作。

定量与定性的关系 从一定意义上说,教师的工作质量需要通过一定的工作的数量表现出来。这是因为一定的工作数量是工作质量的基础。从这一角度出发,教师评价的指标应当尽可能数量化。然而,教师在日常的教育教学过程中还有大量无法计量的隐性工作。更何况教师的根本工作是育人,育人的质量除部分可以量化(如学业成绩、体锻标准)以外,还有许多因素是难以量化的。因此,教师评价中除定量分析之外,还要坚持定性分析,并将两者很好地结合起来。

结果与过程的关系 在基层中小学的教师评价中,评价人员往往存在只注意教师的工作结果而忽视工作过程的情况。实际上,工作结果重要,工作过程(产生结果的原因)也很重要。虽然在通常情况下,教师的工作结果的优劣与其工作过程的好坏是一致的。但是在某些情况下,教师的工作结果并不是其工作过程的真实反映。例如,某教师任教的某班的成绩在年级中名列前茅。这一事实表明,某教师的工作结果是好的。但是其工作过程是不是好,还要经过仔细的分析才能下结论。如果这位教师是通过考前对学生进行大运动量的题海突击操练,甚至是通过考前的押宝猜题等取巧手段而获得良好的工作结果,这种工作结果也只能是一种虚假

---

① Thomas J. Sergiovanni, *The Principalship*, 1995, pp. 218‑222.

② 倪谷音、卢家楣主编:《愉快教学法的理论与实践》,上海人民出版社 1998 年版,第 86—88 页。

的结果。可见,教师评价中必须注意工作结果与工作过程同时并重,才能对教师的表现作出真正客观公平的评价。

第三节　教师专业发展的管理

教师培训的重要性和必要性

教师的职前培养和教师的职后培训是构成整个教师教育的两个基本组成部分。在早期,人们普遍关注的是教师的职前培养,而教师的职后培训并未受到足够的重视。20 世纪 70 年代以后,随着英国《詹姆斯报告》[①]的发表,以及国际终身教育思潮的兴起,教师的职后培训才受到了各国政府的真正重视。这一转折的出现决非偶然,而是现代社会的必然要求。据统计,一名大学生在校期间所学的知识,只相当于其一生中所需知识的 10%左右,而其余的 90%则需要通过职后的学习来补充。[②] 对于担负着培养下一代重任的教师来说,他所需要的知识更不可能通过职前培养一次性获得解决。因此,教师职后培训的重要性和必要性便显得越来越突出了。1993 年《中华人民共和国教师法》颁布以及 1999 年《中小学教师继续教育规定》的发布,是我国教师职后培训进入法制轨道的标志。

从教师培训到教师专业发展

在 20 世纪 90 年代中期之前的我国相关文献中,"教师专业发展"出现频率是很低的,当时主要使用的是"教师培训"或"教师继续教育"的概念。因为当时关注的重点,还在于社会如何建立教师接受职后教育的制度以及如何通过政策制度来推动教师参加职后学习的问题。然而,随着教师管理研究和教师培训实践的深入,人们已逐渐认识到,对于教师的职后继续学习而言,使用"教师专业发展"是比"教师培训"更为恰当的概念,因为两者在目的、内容、机制以及取向上均有不同的含义与侧重。

目的:节点性成效与连贯性发展　与"教师培训"配合使用的词,常常是"班"或"轮"。比如,"青年教师培训班"、"骨干教师培训班"或"第一轮培训"、"新一轮培训"等等。也就是说,培训所追求的,往往是阶段性的、节点性的成效。当人们谈到"教师专业发展"时,则并不突出它的明确的节点性成效,而是指向教师长期的、连

---

① 1972 年,由詹姆斯勋爵领衔的英国师范教育委员会发表了《师范教育和师资培训调查委员会的报告》,简称《詹姆斯报告》。该报告提出了将教师的职后培训正式作为教师教育的一个组成部分的构想,受到英国政府的认可,也受到各国政府的普遍关注。

② 安文铸主编:《学校管理专题研究》,第 204 页。

贯性的专业成长。如果说"教师培训"所侧重的是教师职业生涯中的某一个点的话，那么，"教师专业发展"所着眼的，则是连贯教师职业生涯的一条线。

内容：部分与完整 我国有学者指出，所谓教师专业发展，是指教师在充分认识教育教学工作意义的基础上，不断提升专业精神、增强专业修养与掌握规律，拓展专业知识、强化专业技能的过程，是教师在教育这一特殊岗位上充分实现自身人生价值、服务社会并造福人类的过程。[①] 如果把教师的专业发展仅仅看成是教师拓展专业知识、强化专业技能的过程是不全面的。教师专业发展至少应当包含教师的专业精神、教师的职业道德与伦理追求、教师的专业知识与专业技能（能力）三个层面的内容。显然，教师的专业精神很难通过单位时间内的培训活动来提升，教师的职业道德与伦理追求也很难通过某一轮培训来形成。所以，培训的内容往往只能局限在知识和技能层面，而具有长期性和连贯性的教师专业发展，才可能承担完整的内容。

机制：外在驱动与内在驱动 教师培训既然要追求阶段性的、节点性的成效，最后必然要有物化的结果来衡量，比如，成绩单、结业证书等等。而为了保证教师有必要的积极性去争取这些物化的结果，就需要制定一定的奖励性政策，比如，优异的成绩单可以换取奖金，或结业证书可以作为专业职务晋升砝码等等。由此而形成了一种外在驱动的机制。而具有长期性和连贯性的教师专业发展则不同，它更侧重教师自主自动的一面，更强调满足教师的工作胜任感和内在的专业成长需求。它所倚靠的，是一种内在驱动的机制。

取向：外塑与内生 通过以上对教师培训和教师专业发展两者的目的、内容、机制上不同含义与侧重的分析，我们可以发现，教师培训的基本取向是通过外力塑造教师的专业素质；而教师专业发展的基本取向则是通过主体内生性的态度和行为的改变来培育教师的专业素质。根据唯物辩证法"外因是变化的条件，内因是变化的根据，外因通过内因而起作用"的原理，具有内生性取向的教师专业发展当然比外塑取向的教师培训更有利于推动教师的终身专业成长。

当然，对教师培训和教师专业发展两个概念加以甄别，并不是想说明两者绝对对立甚至相互排斥。事实上，两者在实践中是相互交叉、互为补充的。当教师的专业境界还没有达到一定水平时，外力驱动的教师培训还是必要的。因此可以说，外塑性的教师培训是必要的基础，而内生性的教师专业发展则是我们的追求。

校本教师专业发展的引领

20 世纪 90 年代末，我国的一些地方开始尝试校本教师培训。校本培训是一种由学校自行策划、自行组织、自行实施、自行考核的教师培训模式，其核心是培训

---

① 陈玉琨：《发展性教育质量保障的理论与操作》，商务印书馆 2006 年版，第 179 页。

的自主化和培训的个性化,即培训完全服务于本校的实际需要,培训内容和形式根据本校及本校教师的特点来编制设定,培训者基本由本校的教师来担任。由于校本教师培训具有缓解工学矛盾、贴近工作实际、服务本校现实需求的优势,很快便在全国各地得到了推广。随着教育界对教师专业发展认识的加深,校本教师培训的概念也正在被"校本教师专业发展"所取代。

尽管校本教师专业发展强调教师的自主与自动,但仍然需要学校领导者必要的引领。我国香港学者曾对新旧教师专业发展观念进行了比较(参见表8-2),该比较虽然是建基于其境外研究基础和实际经验,所归纳的传统观念也未必与内地实情相符,但其中的一些教师专业发展新观念,仍可为内地校长引领校本教师专业发展时作参考。

表8-2 新旧教师专业发展观念的比较

教师专业发展传统观念	教师专业发展新观念
1. 外控形式 • 活动由教育署计划及管理,强调有关政策为主 • 教师不愿参与及提出意见 • 活动未能切合教师的实际需要 • 活动多在校外进行,参与者必须离开本身工作岗位,影响学校正常工作	1. 校本形式 • 活动由校内教师计划及管理,内容依据每所学校教师需要而设计 • 教师愿意参与及分享意念 • 活动切合教师需要 • 活动多在校内进行,教师无须离开工作岗位,亦可即时实践所学
2. 补救式 • 活动是为补救教育过程中的问题而安排 • 只应付一般问题,未能针对每所学校的需要	2. 发展式 • 活动是为学校、小组及个人发展需要而策划 • 为学校的需要服务
3. 临时、缺乏系统 • 以临时性活动为主,由外来专家推行 • 无长远发展策略,亦缺乏系统管理	3. 连续、有系统规划 • 活动被纳入全年学校计划中,而且得到行政人员的全力支持 • 有长远策略及系统管理
4. 内容 • 片面、零碎 • 过于强调技术知识及行为的改变	4. 内容 • 持续及全面 • 兼顾技术、情意及价值信念的发展
5. 偏重个人需要 • 强调个别成员的改进,忽略小组及学校整体的发展	5. 兼顾个人、小组及全校需要 • 强调个人、小组及全校层面的发展
6. 只限于教师	6. 兼顾教师、行政人员及职员

教师专业发展传统观念	教师专业发展新观念
7. 外来讲者为主 　　• 不熟悉学校情况,引用不相关的例子	7. 校内外的讲者 　　• 内容切合参与者的需要,并能引用真实个案,对实践有用
8. 教师角色被动	8. 教师角色主动
9. 形式单调 　　• 演讲方式为主	9. 形式多元化 　　• 研讨会、短讲座、工作坊、训练、素质圈、课堂研究及评鉴等
10. 参加动机 　　• 以外在报酬鼓励参与,升职及减少工作量等	10. 参加动机 　　• 参加者重视内在报酬,例如专业成长及当家作主

资料来源:郑燕祥:《学校效能与校本管理:一种发展的机制》,上海教育出版社 2002 年版,第 158 页,表 8-1,
　　个别文字略有改动。

　　当然,我国广大校长目前应该重点考虑的是,如何引领校本教师专业发展为当前的新课程改革服务。要实现这样的引领,首先要求校长关注教师的日常教学状况,在深入调查研究的基础上发现问题,引领教师们在解决贯彻落实新课程改革的问题中实现专业发展和专业成长。案例 8-3 中的赵校长,正是沿着上述思路对教师专业发展加以引领,从而取得了良好的效果。

【案例 8-3】
在研究新课程标准中实现专业发展①

　　2004 年,赵校长调任 D 校校长时,学校已经在试行新课程了。赵校长所做的第一件事就是进教室听课,全面了解教学情况。仅一年,他先后听了 80 多节课。在听课过程中,他发现教师普遍对新课程标准不太熟悉。不少教师把新课标放在一边,仍按照老套路上课。他找来几位教师仔细交谈,发现通读过新课标的教师并不多,更谈不上把握好新课标了。通读并领会新课标是实施新课程的起码要求,教师对新课标都不熟悉,课堂教学怎会符合新课程改革的要求?落实新课程岂不成一句空话?

　　于是,赵校长策划启动了以"解读课程标准,提出教学建议,提供教学素材"为主要内容的新教材导读研究项目。这个项目既为教学过程提供了清晰的教学目标蓝图,也为教师专业发展提供了平台。赵校长和学校教学处亲自设计研究方案,要求所有教师写出对新课标的理解,在此基础上,要求部分骨干教师写出教学设计和教学实施中可能遇到的难题,提出相应的教学建议,并附带提供恰当的例题、典型课件、实验方案、其他参考书目等教学资源。在一段时期内,学校组织的培训、自学、教研、教师论坛、学校教师—外请顾问互动等各种教

①　本案例改写自罗阳佳《师生关系与质量管理"协奏曲"》(载《上海教育》2007 年 11 期)

师专业发展活动,均围绕这一项目开展。

经过两年的努力,在教师的共同参与下,学校编写了数、理、化、生等四门学科实施新课标的校本《新教材导读》16 册。通过这个过程,教师对新课标的理解深入了,初步把握新课程教学中的基本问题和解决方法,从而使教学质量和教师专业水平得到了提升。其他学校听说 D 校编出了《新教材导读》,纷纷前来索要,赵校长来者不拒。有人问,教师们辛辛苦苦编写了两年的成果,就这么无偿地流出去了,岂不可惜?赵校长说,流出去的只是结果,研究的过程流不出去,而我们教师在这一过程中所获得的专业发展是最为宝贵的。

校本教师专业发展的保障

教师的校本专业发展不仅需要引领,而且需要管理的保障。一般来说,为了确保本校教师的持续专业发展,学校应该在制度、资源和文化三个方面提供必要的保障。

制度保障 所谓校本教师专业发展的制度保障,就是要求学校建立一套保证教师专业发展活动正常开展的规则与程序。它可以包括对什么是校本教师专业发展,什么算不上校本教师专业发展的明确界定;对校本教师专业发展目标(还可细分为长期、中期、近期目标)的规定;对校本教师专业发展内容和形式的规定;对个人、级组、学校各自在校本教师专业发展中分别应当扮演的角色以及三者之间权责关系的规定;对校本教师专业发展考核评估、奖惩办法的规定等等。

资源保障 校本教师专业发展必须要有一定的资源保障才能得以开展。首先校本教师专业发展不可能完全局限于本校教师内部的活动,有时需要请校外专家来参与,有时需要请教研室的教研员来点评,有时需要与外校教师进行交流,有时甚至还需要走出校门,到其他学校去考察学习。这样的活动一旦开展起来,不仅需要学校组织人力资源,而且需要一定的经费开支。其次,无论是进行群体性的还是个体性的校本教师专业发展活动,都需要一定的设施设备、图书影像资料的辅佐,也需要为教师提供一定的活动空间并保证教师有一定的活动时间。由此可见,"资源"在这里是一个含义宽泛的概念。学校欲为校本教师专业发展提供资源保障,就需要从人、财、物、时、空、信息等各个方面加以考虑。

文化保障 作为校本教师专业发展的基础条件,学校必须建立有关的制度并提供相应的资源,以保证校本教师专业发展活动的实质性开展。不过,制度和资源只能维持校本教师专业发展的初级水平,因为教师参加各种专业发展活动只是为了遵守制度或服从学校对员工的要求而已。如果要把教师的专业学习与探究活动由教师被动的依章行事转变为教师自觉自动的生活方式,成为教师日常的思维习惯与行为方式,就需要相应的文化保障。与制度保障和资源保障不同,文化保障需要学校领导者运用管理手段去精心打造,也需要一个比较长的形成过程。在这一过程中,学校应着力转变校本教师专业发展的两个基本关注:

一是从单一关注到多重关注。作为对员工的要求,校本教师专业发展必然要追求一系列显性的技术指标,以方便对教师进行考核。比如像培训活动的出勤、教学反思的记录、读书心得的撰写、公开课的开设、同伴交流的次数以及任教班级成绩的变动等技术指标等,都是这一阶段重点关注的内容。当校本教师专业发展的着力点由对员工要求向生活方式转变时,上述技术指标就不再是学校领导的唯一关注了,教师对教育工作价值的认识、对学生及学生家庭的社会承诺、教师在专业发展活动中本身的体验与感受等精神层面的元素,都将成为倍受关注的内容。

二是从工作业绩到动力来源。在对"员工要求"时期,教师的工作业绩是评估校本教师专业发展成效的根本指标。当领导校本教师专业发展的着力点由对员工要求向生活方式转变时,学校领导在关注工作表现的同时还将关注教师工作表现背后的动力来源。因为教师工作表现背后的动力来源可以是利益,也可以是信仰。如果说利益驱动在对"员工要求"时期不可避免的话,那么在"生活方式"时期信仰驱动就应取代利益驱动而处于教师专业发展动力来源的首位,否则将根本影响教师"生活方式"的质量,并进而阻碍教师队伍走向卓越。

第四节 教师的激励

激励理论与教师管理

激励是管理心理学的一个概念,"主要是指激发人的动机,使人有一股内在的动力,朝向所期望的目标前进的心理活动过程。激励也可以说是调动积极性的过程"。① 有关激励的理论在 20 世纪初已经出现,50 年代行为科学出现后,有关激励理论的研究更为活跃了。

激励理论可以分为内容型激励理论和过程型激励理论。内容型激励理论包括马斯洛(Maslow)的需要层次论、奥尔德弗(Alderfer)的 ERG 理论②、赫兹伯格(Herzberg)的双因素论、麦格雷格(McGregor)的 X 理论和 Y 理论、麦克米兰(McClelland)的成就动机理论及阿德勒(Adler)的权力动机理论等等。过程型激励理论包括亚当斯(Adams)的公平理论、弗鲁姆(Vroom)的期望理论以及波特-劳勒(Porter-Lawler)的期望理论等。这些激励理论的出现,大大丰富了管理中的激励实践活动,也使激励成为领导者的工作主题之一。诚如美国著名管理学家哈罗德·孔茨(Harold Koontz)所言:"领导者和主管人员(如果是有效力的主管人员,

---

① 苏东水著:《管理心理学》,复旦大学出版社 1987 年版,第 225 页。

② 奥尔德弗假定人有三种层次的需要:生存(Existence)、关系(Relatedness)和生长(Growth),将三种需要的第一个字母合起来即为 ERG。

几乎肯定是领导者)假如他要设计一个人们乐意在其中工作的环境,就必须使这个环境体现出对个人的激励作用。""一个主管人员如果不知道怎样激励人,便不能胜任这个工作。"①正因为此,自20世纪50年代以来,激励理论被人们广泛应用于管理实践之中,教师管理当然也不例外。如何激发教师的动机,如何调动教师的积极性已成为教育领导者经常思考的问题。许多教育领导者对于激励理论在教师管理实践中的应用也表现出了极大的热情,有的教育领导者以马斯洛的需要层次模型来分析不同类型教师的不同需要,以采取对应的措施来调动教师的积极性;有的教育领导者依据赫兹伯格的双因素论对教师管理中的保健因素和激励因素加以区分,采取措施增加激励因素的比重,充分调动教师的积极性。这一切均表明,激励理论与教师管理的联结已经建立,激励理论被应用于教师管理实践已成为一种现实。

激励理论的贡献与局限

教师管理引入激励理论之后,开阔了教师管理者的眼界,丰富了教师管理者的思想,也改变了教师管理者对教师管理的许多基本看法,并由此而带来了一些新型的教师管理方式。激励理论的这些贡献自然是不言而喻的。然而,当激励理论被大量地运用于教师管理实践时,它的局限性也逐渐地表露出来了。

【案例 8-4】

林校长的困惑

S校是一所县属完中,论设备、师资都算不错,可学校办学质量总是中不溜。林校长调到S校不到一年,便看出其中的症结:教师积极性没有充分调动起来。这一问题不解决,学校工作要再上一个台阶,难!林校长曾尝试过不少调动教师积极性的手段,比如为教师提供免费午餐、逢年过节发水果副食,鼓励教师外出进修等等,可效果总是不明显。林校长为此而苦恼不已。

今年,林校长到省城参加了一个校长培训班,学了不少教师管理理论,颇有茅塞顿开之感。林校长想,以往学校调动教师积极性效果总不明显。现在看来,调动教师积极性得运用激励理论,特别是马斯洛的需要层次论。于是,林校长召集校领导班子开会,研究如何分析教师的不同需要层次,然后分别采取针对性的措施。经过半个月的紧张工作,各位教师的需要层次被大致排了出来,并为每位教师设计了进一步发展的目标。林校长想,这下调动教师积极性可有了抓手。

可是,真正与教师一接触,发现许多教师的需要并不是按马斯洛的需要层次来发展的。例如,青年教师小于曾为结婚无房而苦恼万分:分房不够工龄,买房又没实力。学校想尽办法为他腾出一间房来,还免费为他装修。当时,小于真是感激不尽,表示今后一定以努力工作来回报学校。林校长认为,小于生理的和安全的需要已不突出了,应考虑他的社会需要和受尊重的需要了。于是,林校长安排小于去读硕士课程班。不料,小于对读书根本不感

① 哈罗德·孔茨、海因茨·韦里克著,郝国华等译:《管理学》经济科学出版社1993年版,第489、464页。

兴趣。他坦率地说，当前最大的需要还是房子。他想要一套像模像样的单元房。为筹资买房，他们夫妇俩正利用业余时间为一家公司打工。读硕士课程班真没时间。

又如，数学教师老胡是S校屈指可数的高级教师，家庭经济状况不错，三室一厅的住房也早已解决。县一中曾想挖他，可老胡说S校的氛围不错，不愿意走。林校长认为，老胡的当前需要应当是"自我实现"。要调动老胡的积极性，一定得为他提供向高层次发展的条件。经研究，林校长打算让老胡领衔搞数学教改课题，还设想请老胡搞个高中数学尖子班，争取在数学竞赛方面有所突破。谁知与老胡一谈，老胡直摇脑袋。老胡说自己还有八年要退休了，啥都不想了。当初不去县一中，是担心一中竞争太激烈。留在S校，就是为了图个清闲。类似小于、老胡的教师，林校长还遇到了几位。对此，林校长深感困惑：为什么激励理论到咱S校就不灵了呢？

激励理论为何在S校失灵呢？一方面是由于林校长在分析教师需要时，方法过于简单，过于主观；另一方面，也暴露了激励理论特别是马斯洛的需要层次论本身的局限性。有的西方学者曾将马斯洛需要层次论的缺陷概括为理论假设缺乏实验支持和由于个体差异而使需要层次论应用于每一人群没有实际意义等两个方面。[①] 与此同时，激励理论的另一些假设和学说也受到了不同程度的批评或质疑。当然，这些批评和质疑在指出激励理论局限的同时，均对激励理论的贡献和价值予以肯定。事实上，任何理论都是价值与局限并存的。激励理论可以为教师管理活动提供一种富有参考价值的理性框架，但不可能解答教师管理实践中的一切问题。因此，当教师管理者将激励理论运用于教师管理实践时，应当注意理论假设与实验结论的区别，应当避免机械地套用马斯洛需要层次论之类的假设模型；更应当在教师管理实践中探索激励教师的新思路，创造激励教师的新方法。

教师激励的策略

我国的各级教育管理部门和管理者历来十分重视教师积极性的调动问题，在长期的教师管理实践中已积累了大量有关调动教师积极性的经验。自20世纪80年代以来，我国的广大教育管理者特别是基层的中小学校长在继承发扬传统经验和借鉴西方激励理论的基础上，创造了多种行之有效的教师激励策略，其中包括物质激励、目标激励、制度激励、情感激励、榜样激励以及信息激励等等。

物质激励主要包含两个方面的内容：一方面是通过普遍提高全体教师的经济收入和福利待遇来调动教师积极性；另一方面是通过建立一定的物质奖励机制。对于工作成绩突出的教师给予必要的物质奖励，以鼓励教师为教育事业作出更大的贡献。

目标激励是指通过设置科学合理的学校发展目标，让教师看到未来美好的前

---

① S·阿尔特曼、E·瓦伦齐、R·霍德盖茨合著，魏楚千等译：《管理科学与行为科学》，北京航空航天大学出版社1990年版，第182页。

景,并将这一前景与教师当前的工作学习和未来的个人发展联系起来,从而激励教师为实现预定目标而积极投身于学校的各项工作。

制度激励是指基层中小学校长通过校内民主制度的建设,充分发挥教代会的作用,使教师有机会参与学校重大决策和工作计划的制定。同时,校长要通过建立沟通制度,经常与教师沟通情况,交流思想,从而激发教师在工作上和思想上与学校患难与共的积极态度。

情感激励是指学校领导通过与教师谈心、家访、探病、交朋友与教师建立正式或非正式的情感联系,了解他们的发展愿望和遇到的种种困难,真诚地帮助他们解决问题,使教师心情舒畅、情绪高昂地投入教育教学工作之中。

榜样激励是通过领导者的以身作则和率先垂范或通过发现、总结和宣传校内先进人物的典型事迹,为广大教师提供积极工作、努力进取的参照和范例,从而激发教师为效法榜样而奋发向上。

信息激励是通过组织教师外出参观先进学校、请外校教师来学校传授经验,以及向教师推荐报纸杂志有关教改的信息资料,使教师在不断的信息交流中,体会社会变化之迅速和教育改革之紧迫,由此而促进教师产生抓住机遇、奋起直追、力争上游的积极心态。

上述种种教师激励策略反映了领导者从不同的角度、不同的侧面来调动教师积极性的手段与方法。它们之间不是完全割裂的,而存在着互相交叉甚至部分的互相包容。因此,在教师管理的实践中,往往需要领导者根据不同的情况,综合运用各种教师激励的策略,才能收到预想的效果。

教师的群体激励

教师激励的基本目的是为了调动教师积极性,改善教育教学工作质量,加速实现学校预定的办学目标。而学校的教育教学工作是由学校全体教职员工共同承担的,学校教育教学工作质量的改善以及学校办学目标的实现也是以全体教职员工共同努力为基础的。从这个意义上说,教师激励要考虑的,不是某一两个教师积极性调动的问题,也不是将教师作为一个个孤立的个体来考虑他们每一个人的积极性调动问题,而是要在学校组织整体背景之下考虑如何追求一种教师群体激励的效应。因此可以说,教师激励的重点不在于个体激励,而在于群体激励。

当然,把群体激励作为教师激励的着重点并不意味着搞平均主义,也不是主张平均分摊教育资源,而是要在考虑全面的基础上突出重点,以有限的资源投入,换取最大的激励效应。近年来,我国各级政府在不断改善办学条件和提高教师待遇的同时,积极推出骨干教师制度,就是反映了我国政府教师群体激励的基本原则:既考虑全面,又突出重点。

教师激励中的骨干与全员兼顾

我国是一个发展中国家,教育投入不可能十分充足。要让有限的教育资源发挥其最大的激励效应,科学地把握教师群体激励的基本原则十分关键。当前,在各级政府普遍实施骨干教师工程,并不断加大对骨干教师投入的情况下,更应当注意正确地贯彻"既考虑全面,又突出重点"的教师群体激励原则以及"骨干与全员兼顾"的教师群体激励指导思想。具体来说,就是要在建立和推行骨干教师制度的过程中,注意解决好下面三个问题:

终身制还是流动制 "骨干教师"是对经过鉴定的拔尖教师的一种特殊称呼,是表明某一教师职业素质、综合能力及工作成就明显高于一般教师的标志。这里所谓的"职业素质"和"综合能力"均是动态的概念。比如在 20 年前,人们可能并未将"创新精神"作为教师职业素质中最为重要的方面,也未将"多媒体技术用于教学"列为教师综合能力的一项内容。但是在今天,"创新精神"和"多媒体技术用于教学"则常常被看作是一个骨干教师必备的素质。至于"工作成就",只能说明一个教师的以往,难以说明他的未来。因此,骨干教师不应当成为一种终身的荣誉称号,而应当是一种具有一定有效期的,也可以在教师之间流动的拔尖教师资格。如此,才能激励更多的教师向更高的目标前进。

是培养个人还是发展全员 建立骨干教师制度是为了在教师队伍建设中引入竞争机制,打破平均主义,鼓励有才华的教师冒尖。然而,任何一所学校的发展,都不可能仅仅是几位骨干教师的劳动结果,而要依靠绝大多数教师的共同协作和努力。因此,从更深一层的意义上说,建立骨干教师制度不仅仅是为了激励几位拔尖的教师,更是为了让拔尖教师发挥示范和辐射作用,激励全体教师人人争先,从而带动整个教师队伍素质的改善,促进学校教育教学整体质量的提高。1999 年教育部制定的《面向 21 世纪教育振兴行动计划》在决定对中小学骨干教师队伍建设重点投入的同时,就把发挥骨干教师带头作用和辐射作用作为骨干教师工程的产出要求。因此,骨干教师制度的根本意义不仅在于培养个人,而且更在于发展全员。

是看个人表现还是看团队绩效 循着"不仅培养个人,而且发展全员"的思路,评价骨干教师激励的效果自然就不仅仅停留在骨干教师的个人表现,而且更要看骨干教师所带领的教师团队所取得的工作绩效。早在 1988 年,美国管理学家德鲁克就曾对 21 世纪的新型组织作过前瞻性的研究与描述。德鲁克认为,信息化办公将使组织的上下沟通变得快速而便捷,组织不再需要那么多的中层管理人员,一种更为小型化的工作单元——任务小组将会在新型组织中出现,同事之间的互动与互依因此而凸现,组织中的团队精神与和谐氛围就显得尤为关键。[①] 随着我国中

① 波得·德鲁克等著:《知识管理》,中国人民大学出版社 1999 年版,第 1—17 页。

新编教育管理学(第2版)

小学"校校通"工程的推进和信息化办公程度的提高,在中小学中建设德鲁克所描述的任务小组式的教师工作团队已成为可能。学校领导者应当努力把骨干教师队伍建设与教师和谐团队的打造有机地结合起来,既要使骨干教师在任务小组的发展中脱颖而出,又要以骨干教师能否带动任务小组作为考核骨干教师工作业绩的重要指标;既要让一个骨干教师的当选成为一个任务小组全体成员的共同光荣,又要使当选的骨干教师意识到个人与一个团队成长的关联;既要让骨干教师优先享用优质培训资源,又要使骨干教师把学习所得回馈他所在的团队,并由此来推动整个教师队伍的和谐发展。

思 考 题

1. 教师管理具有什么样的基本功能和基本特点?
2. 教师评价中应注意处理好哪些基本关系?
3. 学校管理要为校本教师专业发展提供哪几个方面的保障?
4. 为什么说群体激励是教师激励的着重点?

第九章　学生管理

1. 明确学生管理的含义、目标和内容；
2. 了解学生常规管理的主要内容；
3. 把握学生组织管理的主要内容；
4. 能阐述学生自主管理和参与管理的重要性。

第一节　学生管理概述

学生管理：一个需要认真审视的概念

学生管理是什么？这是开展学生管理的理论研究与实践探索无法回避的一个基本问题。有研究者将学生管理定义为：学生管理是学校对学生在校内外的学习和活动进行计划、组织、协调、控制的总称，它是学校教务管理者组织、指导学生，按照教育方针所规定的教育标准，有目的、有计划、有组织地对学生进行各种教育，使学生在德、智、体几方面都得到发展，成长为社会主义事业的接班人的过程。学生管理是教务管理工作的中心任务之一。[①] 该定义基本反映了学生管理的本质，但也有值得商榷之处。

学生管理的主体问题　学校是学生管理的当然主体，但不是唯一主体。教育行政部门通过制定法律、法规以及各种规章制度，对学生的学习和活动作出明确的规定，以此在宏观层面上对学生进行管理。例如，规定招生制度、制订学生守则等。因此，教育行政部门是学生管理的重要主体，学校负责教育行政部门各种规定的具体实施。此外，学生并不只是管理的客体。正如有的研究人员指出，学生是学校中不容忽略的管理主体之一。因为学生是管理活动的参与者，参与管理活动的过程

---

① 田晓娜主编：《中国学校校长工作实用全书》，国际文化出版公司 1994 年版，第 320 页。

正是其主体性不断形成的过程。学生也是管理活动结果的建构者,学生既要认识管理对象,又要认识自身,逐步形成科学的精神与态度,将自己建构成认识主体。①从这个意义上讲,在学生管理中,不仅要发挥教育行政部门和学校的作用,而且要发挥学生自我管理的主体作用。

学生管理的时空范围问题 随着课程改革的不断深化和教育教学途径与方式的多样化,以及高科技对人类生活的改变,学生的学习与活动在空间上不再局限于教室之中,在时间上不再限定在课堂教学的时间里。这就是说,学生管理已经超出了课堂的范围,越过了校门的界限,突破了在校的时限。

上述定义显然注意到了这一情况,因而将学生管理的范围确定为"校内外",而不是限定在校内。然而,"校内外"的规定过于宽泛,使学生管理失去了明确的时空界限。这就意味着教育行政部门和学校在学生管理上要承担无限度的责任,这既不合理也不现实,同时也限制了其他方面(如:家长、社会各界和学生自身)在学生管理中应发挥的作用。因此,在学生的学校生活疆域大为扩展的背景下,需要进一步梳理各方在学生管理中的职责与权限。

学生管理与教学管理的关系问题 按照上述定义,学生管理是教务管理的组成部分,它包容于教学管理之中。不可否认,学生管理中有许多属于教学管理的内容,如学籍管理、学生成绩和档案的管理等。但是,学生管理中也有许多教学管理所不能涵盖的内容,如学生日常行为规范的管理、学生社团的管理等。可见,教学管理与学生管理不是包含与被包含的关系。从分类标准上看,教学管理与学生管理所依据的标准是不同的,前者以任务为分类标准,后者以人员为分类标准。因此,学生管理和教学管理、德育管理等在内容上会有部分交叉,但彼此之间并非从属关系。为了避免重复,本章在论述学生管理问题时,将避开在教学管理、德育管理等章中已经阐述的内容。

学生管理的价值揭示

学生管理的价值是多重的,站在不同的角度可以发现其不同的价值体现。在此,我们试图揭示学生管理的个体价值和社会价值、工具性价值和本体性价值。

学生管理的个体价值 科学有效的学生管理能够促使学生个体健康成长,这是学生管理的个体价值所在。学生的成长需要良好的"生长土壤",有效的学生管理为此提供了适宜的外部环境,使学生置身其中能够得到最充分的发展。尤其对于尚未成年的学生而言,他们的自我控制能力较差,放任不管显然不利于他们的成长。管理不仅创设了一种良好的环境,而且起到了一种导向的作用。学生管理中的规章制度明确了学生该做什么、不该做什么,应该怎么做、不应该怎么做。学生

① 吴志宏主编:《教育管理学》,人民教育出版社 2006 年版,第 169 页。

可以从中学到做人的道理,养成良好的行为规范,形成良好的个人品性。

学生管理的社会价值　学生是社会的一员,学生管理不仅影响学生个体的成长,而且关系社会的安定与发展。据统计,全国 2.2 亿青少年学生中,平均每分钟发生一起刑事案件。中国青少年犯罪研究会的统计资料表明,近年来,青少年犯罪总数已经占全国刑事犯罪总数的 70% 以上,其中十五六岁少年犯罪案件又占青少年犯罪案件总数的 70% 以上。由于青少年身心不成熟,辨别能力和自控能力差,犯罪往往不计后果,致使恶性事件呈上升趋势,对社会构成了严重的威胁。[1] 在美国和加拿大,近年来发生了多起校园枪击事件,造成了众多师生的伤亡。因此,"未成年人犯罪"在世界范围内已被列为继吸毒贩毒、环境污染之后的第三大公害。如果不加强学生管理,任由这些现象蔓延,无疑将危害社会的安定、阻碍社会的发展。

学生管理的工具性价值　教育系统的一切管理活动,都是为教育教学服务的,学生管理也不例外。科学有效的学生管理,有助于维护正常的学校教育教学秩序和学生生活秩序,保证教育教学活动的有序开展。科学有效的学生管理,能够引导学生形成良好的学习习惯、生活习惯和行为习惯,使其更自觉地投入到教育教学的过程中去,从而提高教育教学的效果和效率。一旦失去了科学有效的学生管理,学校的教育教学质量就会滑坡,国家的教育目标就难以实现。事实上,我国在这方面是有过惨痛的历史教训的。从某种意义上讲,科学有效的学生管理,是教育教学活动正常进行的支撑,是实现教育目标的基石。这正是学生管理工具性价值的体现,它为学校的中心任务——教育教学的完成创设了条件,提供了保障。

学生管理的本体性价值　主要表现在三个方面:一是学生管理是教育管理不可或缺的组成部分。学生是教育系统的主要服务对象,教育管理活动应当围绕学生来展开。没有学生管理,教育管理体系就失去了存在的理由。二是学生管理有助于发展学生的自我管理能力。科学有效的学生管理,并不单纯要求学生机械地服从他人的管理,而是积极倡导和扶持学生开展力所能及的自我管理。在此过程中,促使学生学会管理,提高自我管理的能力。三是学生管理能够为教育管理水平的提高奠定基础。教育管理是一项复杂的系统工程,良好的学生管理对其他领域的管理是一个有力的支持,其成功经验也可为其他领域的管理提供借鉴,从而带动教育管理整体水平的提升。

学生管理的目标、任务与内容

各个不同的时代,学生管理的目标和任务既有相同的方面也有相异的方面。学生管理并非是僵化不变的,它在根本目的、基本任务和工作内容上需要有所继承,但又必须随着时代和社会的进步而有所发展。

---

[1] 《我国青少年犯罪逐年增多已呈恶性发展态势》,《人民日报》2003 年 12 月 24 日。

学生管理的目标 长期以来,学生管理是以将学生管住为目的的。通过种种约束性的规章制度,借助量化打分等手段,采用检查评比等方式,迫使学生服从纪律,保证教育教学活动顺畅进行。学生管理需要一定的规范,但不能将此作为唯一目标,否则,将不利于学生主体性的发挥和创新精神的培育,在推行中也会遇到重重阻力。

【案例 9-1】

"学生行为自律仲裁庭"的一项裁决①

深圳市高级中学有一条规定:学生谈恋爱,发现一次即作处分,不能参加任何评优活动,再扣量化得分15分。学生认为校方的这一规定深深地挫伤了他们的自尊,应修改内容。为此,"学生行为自律仲裁庭"进行了开庭裁定。"仲裁庭"成立了告诉团(学生观点的代表)和律师团(校方或另一方观点的代表),双方确定证人,并各自寻找资料做准备。开庭时,告诉团与律师团进行了举证和询问,并展开了激烈的辩论。休庭后,经过仲裁委员们短暂的讨论,仲裁主席宣布"仲裁决议":

1. 反对早恋,但提倡同学间建立正常互助的友谊关系。

2. 将《深圳市高级中学学生违纪处分规定》第八条"谈恋爱,发现一次即作处分,不能参加任何评优活动,再扣量化得分15分"修改为"影响范围十分广泛、情节十分严重者,发现后应以教育为主,不改正错误行为者,再作处分,扣15分"。

3. 学校应加大对"青春期情感咨询中心"的宣传,并对咨询同学姓名、内容进行保密。

4. 班主任、导师定期和同学进行心理交流。

5. 同学积极主动与教师交谈,以求解惑。

6. 学校处理此类事件,应实事求是。在没有确切证据,未作充分核实时,不能随意以"早恋"作结论,否则学生有权向仲裁庭申诉。此外,责成本庭监督小组监督校方、学生对本庭裁决的执行情况,为让同学们顺利、平稳地走过"花季雨季"而共同努力。

从上述案例中可以看到,学生管理需要与时俱进,在目标上应当体现时代特征。学生管理的目的在于服务学生,目标是帮助学生形成良好的学习习惯、生活习惯与行为习惯,使学生具有基本的自理能力、自治能力和独立生活能力,在德智体诸方面得到和谐的发展。

学生管理的任务 教育行政部门和学校是进行学生管理的主要机构,两者的根本目的是一致的,但在任务上各有侧重。教育行政部门偏重于宏观调控,而学校偏重于微观管理。教育行政部门通过把握学生的总体状况,发现学生管理中的普遍问题,研究与制定相应的法规与政策,起间接管理学生的作用。

---

① 改编自孙泽军:《透视学生行为自律仲裁庭》,《思想·理论·教育》,2001年第10期。"学生行为自律仲裁庭"是深圳市高级中学建立的一种学生自治组织。该组织可对学生中存在的有关情况和问题,以及学生中发生的违纪行为和纠纷,依据《中学生守则》、《中学生行为规范》等校内外有关规章制度进行仲裁。通过告诉人(与当事人观点一致者)和当事人的陈述、律师的辩护,由仲裁庭作出最后裁定。

学校的任务主要有：一是用国家的教育方针和政策，统一教职员工的思想和教育行为，开辟有效的教育教学途径，培养学生自学、管理、自我教育及心理承受的能力，为其确立正确的人生观、世界观打下基础。二是制定并执行学校学生管理工作计划、管理常规和管理措施。三是健全和完善学校管理组织系统，主要是健全和完善班级管理组织，明确班级管理的任务与目标，选派好班级管理的领导者——班主任，健全班委会和挑选、培训班干部；建立、健全年级管理组织，统一本年级管理力量和管理活动；健全以教导处为主体的学生管理指挥系统，以统筹安排，统一指挥，有效地进行学生管理工作。[①]

学生管理的内容　有研究者指出：学生是受教育的对象，也是被管理的对象。对学生的教育活动和管理活动都是并行而又交织着的。把学生作为一类管理对象，从实施管理的角度分析，主要管理工作内容如图 9-1 所示：

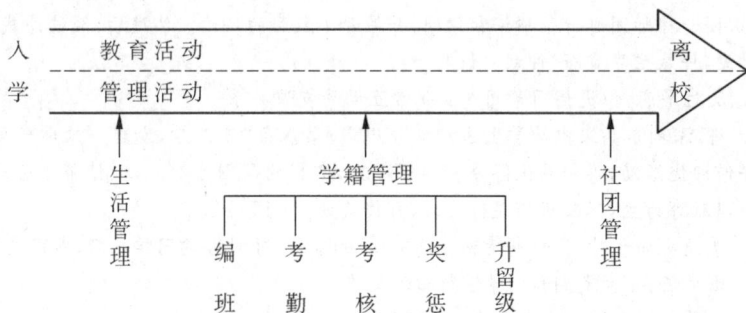

图 9-1　学生管理内容示意图

资料来源：张济正主编：《学校管理学导论》，华东师范大学出版社 1990 年版，第 149 页。

图 9-1 基本反映了学生管理的主要内容，但还有一些工作未能在示意图上得到体现。比如，班级管理和学生组织的管理，就不能用社团管理来涵盖。近年来逐步兴起的心理健康教育，已经成为学生管理中必不可少的组成部分。因此，学生管理工作的内容可分为学生常规管理和学生组织管理两大方面，前者包括学习常规管理、生活常规管理和心理健康教育等，后者包括班级管理、学生组织管理和学生社团管理等。

各具特色的学生管理

"他山之石，可以攻玉。"了解别国的学生管理，可以从中汲取多方面的经验，为我们进行学生管理提供更广阔的视野和思路。这里对部分国家在学生管理方面独具特色的做法作一些简要的介绍。

英国的学舍制　在英国，小学的学生管理较为简单。教师在课内是任课教师，

① 黄兆龙编著：《现代学校管理学新论》，中国经济出版社 1994 年版，第 474—475 页。

在课外则是学生的辅导员,负有照看学生的责任。中学的学生管理相对比较复杂,通常采用学舍制(House System)和学级制(Year System)两种学生工作管理体制。[①]

为了便于在课外对学生进行管理,英国的一些学校在校舍设计上采用建立学舍(House)的方法。一所学校被分成若干个学舍,每个学舍都配有小礼堂、餐厅、教师办公室。每个学舍设舍长(Head of House)1名,向主管学生工作的副校长负责,统管本学舍的学生管理工作。舍长领导若干名辅导员(Group Tutor),每名辅导员负责一个辅导小组(Group 或 Unit),承担具体的学生管理工作。学生入学时,被编入其中一个学舍的某一个辅导小组。这样,每名学生都由指定的教师负责管理,即便是课外发生的问题也能得到及时的处理。另外,在学舍的安排上,通常将高年级学生和低年级学生分配在一起,让高年级的学生学会照顾小同学,使低年级的学生在课外也能得到保护。

日本的生活指导　在日本,学生管理中的许多内容是通过生活指导来完成的。其内容包括以下五个方面:修学指导;职业指导;余暇生活的指导;健康指导;性格指导。[②] 随着社会的发展,近年来生活指导的内容也进一步扩展,主要涉及九个方面:班集体生活指导;学生健康人格指导;确定目标与激励实现目标的指导;学会在校内和在社会中过民主生活、使用民主权利的指导;适应社会道德行为规范的指导;选择行为方式、作出决定的指导;认识社会矛盾、启发改造社会意向的指导;了解世界、跟世界各国公民友好交往,做"国际人"的指导;预防和矫正问题行为和犯罪学生的指导。

由于生活指导涉及面广、头绪繁多,因而需要建立一个强有力的组织体系来加以实施。为此,日本建立了完备的教师指导体制,教师人人承担生活指导责任;设置了健全有效的生活指导机构,学生指导部是负责此事的专门机构,并且配备了专门的生活指导员和教育咨询员;以班主任为生活指导教育的具体组织者和推动者,并且注重形成学校、家庭和社区的合力。[③]

美国的家长参与　美国的教育行政体制是典型的地方分权类型,联邦政府及教育部在学生管理方面没有多少统一的要求,地方和学校担负着学生管理的大部分职责。在学校层面上,对学生的管理主要是通过规章制度的约束和家长的参与实现的。许多中小学为学生制定了明确的规章制度,其条文往往是十分具体而详尽的。但由于各种原因,学校各项规章制度的执行情况并不理想,学生的违纪现象一直较为普遍。近年来美国的学校加强了与家长的合作,以求达到有效管理学生

---

① 金含芬主编:《学校教育管理系统分析》,陕西人民教育出版社 1993 年版,第 203—206 页;张斌贤主编:《现代国家教育管理体制》,上海教育出版社 1996 年版,第 51—52 页。

② 〔日〕安藤尧雄著,马晓塘、刘北鲁译:《学校管理》,文化教育出版社 1981 年版,第 75—77 页。

③ 李荼晶:《日本中小学的生活指导教育》,《河南教育》,2001 年第 12 期。

的目的。比如,建立向家长报告制度,向家长介绍学生的在校表现、学习成绩,解释学校的工作计划,从家长那里了解学生在家的表现和对学校的意见与建议,使学生家长随时配合、参与对学生的管理。

法国的教师监护制度　在法国,自 1983 年起,部分初中开始进行教师监护制度的试点,随后这项制度逐步在全国推行。[①] 原则上,初中所有教师都可充当学生的监护人,如果本人愿意,学校的教育顾问和资料员也可成为学生的监护人。每名监护教师负责 12 至 15 名学生,监护时间至少为 1 年。监护教师负责在学习安排、学习方法、时间分配等方面向被监护学生提供具体和切实的支持、指导和帮助;在各任课教师的协助下,系统地考察学生的学习情况,并负责对学生进行道德品质教育。同时,监护教师还须协调学生与其他任课教师和行政人员的关系,并定期与学生家长见面,以解决学生日常生活与学习上的种种问题。取消班主任,建立教师监护制度是法国中小学学校管理的一项重要措施。

让学生管理走向科学化

学生管理事务繁多、细小琐碎,人们往往认为只凭经验就能完成。值得指出的是,不能将学生管理当作简单的事务性工作来对待,必须寓育人理念于其中,精心设计各项活动,妥善安排各种事务。否则,难以达成学生管理的目标。因此,让学生管理从经验化走向科学化是一种必然趋势。

建立科学的观念　观念具有先导的作用,能否形成正确的观念体系,在相当程度上决定了学生管理活动的成败。因此,必须构建科学的学生管理的观念体系,以此来指导学生管理的实践活动。完整的观念体系包括学生观、管理观、师生关系观等,其中学生观是核心。

从历史考察和现实对比来看,不同国家和民族所形成的学生观是不同的。东方以中国、日本、韩国等封建社会发展历史较长的国家和地区为代表,倾向于把学生视作被教育和被管理的对象,强调严格管理和纪律约束,不太尊重学生的个体意识和权利,要求学生单向地服从管理人员的命令。西方以美国等国家为代表,倾向于把学生当作独立的个体和平等的公民看待,比较尊重学生的个体意志和权利,强调自由,提倡学生自我管理。这两种传统的学生观各有利弊,前者便于形成良好的纪律,培养学生的集体主义精神,但容易抑制学生的独立意识、平等意识和自主意识;后者充分发挥了学生的主体作用,但在学生行为规范的养成和纪律性的培养方面比较薄弱。显然,科学的学生观应当集东西方之长,避两者之短。

关注学生的生活世界　生活世界"就是人所经验的世界","是任何人活动的总背景"。[②] 学生有其特定的生活世界,包括现实的生活世界和虚拟的生活世界。在

① 曾天山主编:《外国教育管理发展史略》,教育科学出版社 1995 年版,第 253—254 页。
② 薛文华主编:《现代西方哲学评介》,高等教育出版社 1993 年版,第 236 页。

现实的生活世界中,学生有着自己喜好的活动、崇拜的偶像、交往的朋友,这些都塑造着他们的价值观和行动准则。不仅如此,互联网所编织成的虚拟世界对学生也产生了越来越大的影响。在虚拟世界里,他们接收到了来源众多、数量巨大的信息,改变着他们的思想和行为。

管理好学生的前提是了解学生,理解学生,尊重学生。学生的言行受到他们自己的生活世界极大的影响,所以,教育者和管理者必须介入学生的生活世界,感知他们的所思所想。然而,在现实中,教师往往习惯用成人世界的眼光来看待学生,用成人化的标准来要求学生,致使学生管理难以奏效。

机构与制度建设 要使学生管理走向科学化,还须构建合理的组织机构,制订完善的规章制度。构建学生管理组织机构,需要考虑两方面的问题:一是纵向组织机构的设置,即设立从中央到地方以及学校的学生管理的垂直管理系统,形成通畅的自上而下的决策指挥系统和自下而上的信息反馈系统;二是横向组织机构的设立,即建立教育系统与社会各界横向联系的组织机构,以强化教育行政部门、学校与社会的联络,吸纳社会各界共同参与学生管理。这样,就能形成纵横交错的管理网络。组织机构建立后,还要制定规章制度,以明确各机构的主要职责、权限范围、工作方式等,以使这些机构能够有效运行。另外,还须制定学生学习与生活方面的规章制度,如课堂常规、宿舍规则、阅览室守则、实验操作规则等,对学生的日常行为作出必要的规定,使学生明确自己的行为标准。

总之,学生管理工作涉及面广、影响因素众多,唯有在正确的学生观的指导下,理解学生的生活世界,构建科学完善的实施体系,才能使这项工作有序开展,取得实效。

第二节 学生常规管理

学习常规管理:学习活动的基础性工作

学生在学校的主要任务是学习,教育行政部门和学校有责任帮助学生顺利完成学业,这是学习常规管理的根本目的。建立正常的教学秩序,规范日常的教务工作,能够为学生的学习提供适宜的条件。因此,可以说,学习常规管理是学习活动的基础性工作。

从时间流程上看,学习常规管理覆盖了从招生入学到毕业离校的整个学习过程。这个过程大致可以分成以下三个阶段来实施:

开端管理 招生和编班是两项主要工作。招生是十分烦琐且政策性很强的工作,教育行政部门和学校必须高度重视、认真组织、通力协作,确保招生工作的顺利进行。近年来,各地纷纷取消了小学升初中的考试,采用划片对口、就近入学的政策。这就更加需要提高招生工作的透明度，严格执行既定的程序，杜绝弄虚作假、徇私舞弊的现象。在高中阶段的招生工作中，要做好报名、试卷命题、考场安排、阅卷等一系列工作，并保证录取环节的科学、公正与高效。

招生录取工作完成后，还要进行编班工作，需要注意两个方面：一是班级规模。班级人数过多，必然会影响教育教学质量，因此，学校（尤其是优质教育资源集中的学校）必须将班级人数控制在合理的限度内。而有条件的地区，可以推行小班化教学。二是编班方式。学校应当以平行编班为主，尤其是在义务教育阶段不应分设重点班和普通班。为适应学生不同的兴趣和专长，可以采用"走班制"的方式。

过程管理　过程管理主要包括对学生出勤与纪律情况的考察、课堂学习常规与课外学习常规的执行、作业与考核的管理等。在校就读期间，学生不得无故缺课，不得迟到早退；请假须履行必要的手续，得到校方准许后方可；在教学活动中，学生应自觉遵守各项纪律，确保学习过程顺利进行。要加强考察，对出勤率高、纪律好的学生要予以表扬和鼓励；对出勤和纪律较差的学生要进行批评教育，情况严重的还要给予一定的处罚。

课堂是学生学习的主要场所，为提高课堂教学的效益，应对课堂学习的各个环节提出具体可行的要求。例如，在上课准备方面，要按时进入教室，备好学习用具，保持课堂安静；在上课过程中，要认真听讲，积极思考，不开小差；在课间，要注意休息，调整身心，为下一堂课做好准备。对于这些要求，学校应让每个学生都了解与熟悉，使之成为学生的自觉行动。在近年来的教育改革中，一些学校打破传统，允许学生在课堂上"插话"。这一现象提示管理者，有必要研究和建立新的课堂教学常规。

学习活动并不仅仅局限在课堂上，课外学习已经成为学生学习生活的重要组成部分。课外学习应更多地考虑学生的兴趣爱好与特长，因而课外学习常规不能简单套用课堂学习的规章制度。在课外学习的管理中，要给学生一定的学习自主权和更多的选择机会，培养学生的主动学习精神和善于选择的能力。

作业的布置与批改，是教学过程中必不可少的环节。加强作业管理是必要的。作业可分为课内作业和课外作业（即家庭作业），鉴于当前学生家庭作业多、课业负担过重，作业管理的重点在于控制家庭作业量，提高家庭作业的有效性，有条件的不妨尝试分层作业。[①]

考核是检查学校教学效果的重要方法，也是评定学生学习状况的主要依据，还是国家和社会选拔人才的有力手段。考核能够鉴定学生现有的发展水平，了解其长处与不足，预测其发展的趋势，激励学生更加努力地学习。但是，如果考核的指导思想发生偏差，那就会对学生产生误导，成为障碍学生健康成长的绊脚石。

---

① 刘著著：《当代教学管理引论》，教育科学出版社1997年版，第206页。

终端管理　经过一个学年的学习,需要根据学生的学习情况,对其作出不同的安排。学业成绩合格者,准予升入高一个年级继续学习;对于学习出类拔萃的学生,可以免修教学大纲中的某一段内容,跳级学习;而成绩不合格且补考仍未通过者,则要留在原来的年级重新学习。学习是一个循序渐进的过程,教育行政部门和学校一般不鼓励学生跳级,而对于留级更须谨慎对待。在义务教育阶段,学校应努力提高教学质量,尽力避免留级的发生。对于完成教学计划所规定的全部课程,并且成绩合格的学生,学校应准许其结束学业,发给毕业证书。

生活常规管理:为人处世的奠基性工程

学校不仅要向学生传授知识,而且应教会学生做人。因此,除了做好学习常规管理外,学校还须强化生活常规管理,以培养学生的日常行为规范、自理能力和生活技能。

日常行为规范的养成　我国历来就有学规、学则,用以规范学生的日常行为。北京汇文学校的章程中,有关学生行为规范的条例就有"宿舍规则"、"礼堂规则"、"讲堂规则"、"图书馆规则"、"食堂规则"等等。南京东南大学附中曾"汇成学生应有之良好习惯一百五十四条,编订成册,名曰《模范学生》"。这些规则对于养成学生良好的行为习惯起到了积极的作用。著名教育家陶行知先生十分注重发展学生的个性,培养学生的创造意识和能力,但他并未忽视对学生进行日常行为规范的培育。他给育才学校制定的公约包括:会场中、师生间、同学间、师生工友间、穿衣、饮食、居住等八个方面,每个方面都有许多具体条文。例如,他认为"集会"是"学习运用民权的基本原则",对"会场中"提了19条规定:一切集会,都要做到迅速、整齐、安静;集合预备钟响,即把坐凳送到会场摆好;分队长检查人数后,后来者即算迟到;集合时,精神集中,注意口令,口令后即不得说话;遇友来,注目点头,无声招呼;开会前、休息时,邻座可以低声说话;检点仪容;轻步进出;会未毕,不退;离开会场,必得值日分队长允许;不大声咳嗽,不随地吐痰,不打瞌睡;端正而坐;不看书报;有意见发表,先举手,得主席允许而后发言;值日中队长、干事负责布置会场,维持会场秩序。[①]

为提高行为规范养成的有效性,应当注意以下几个方面:一是注重实际训练。行为规范的养成要靠说服教育,但更离不开实际训练,因为良好的行为习惯只有在不断的练习和强化训练中才能形成。二是加强经常性检查。没有经常性的检查,学生的行为习惯就会陷入放任自流的境地。通过检查,能够让学生了解自己的行为离标准的差距,也可使学校明确改进工作的重点。三是开展评比,树立典型。评比能够激发学生自觉遵守行为规范的积极性,树立典型可以为学生提供直观的学习楷模。它比管理者单纯的说教,或者强制性的条规约束,更能为学生所接受。

---

① 华中师范大学教科所主编:《陶行知全集》第3卷,湖南教育出版社1985年版,第496—497页。

生活技能的培养　有调查表明，目前，6岁儿童不能自己穿衣的有63%，洗脸、洗脚需要父母帮助的占72%；8岁儿童上学需要护送的占96%，学习用具需要家人帮助整理的有72%；10岁的孩子不会做饭的占82%，不会自己洗衣服的有73%；初中生缺乏主见、遇事需要别人帮忙拿主意的占34%，能够独立生活的只有30%；高中生会自己洗衣被的男生占20%，需要家长陪伴读书的有3%；[①]甚至有人到了研究生阶段，仍然缺乏基本的生活自理能力。

【案例9－2】

出国恐惧症

有个学生以优异的成绩考取了某地质学院的硕士研究生，并被学校指定为留法预备生。按照计划，他先要在北京进行为期一年的法语学习，然后赴巴黎留学。但半年之后，他却休学返回了原先的地质学院，失去了留学的机会。这是怎么回事呢？

原来，这个研究生虽然在学习上是佼佼者，但缺乏管理自己的生活能力。以往，由于学校离家不远，母亲经常给他送吃的、穿的、用的，帮他洗衣、补衣、拆洗被子。母亲出于对儿子的溺爱，什么活儿都不让他动手。到北京后，由于得不到母亲的悉心照料，他在生活和学习上出现了明显的不适应。晚上躺在床上，他总是翻来覆去难以入睡：法国，如果真的去了那里，该如何生活？一去数年，如果身体不好该怎么办？带来的衣服破了，被子该洗了，可妈妈不在……他经常失眠，身体迅速衰弱下去，学业也难以继续。不得已，他提交了休学报告。

休学后，该学生的"出国恐惧症"仍未得到控制，后来发展到全身抽搐。神经学专家的结论是："病人发病的根源在其社会生活能力差，出国给他带来了极大的心理压力。休学后，这种压力的后效是发病的直接原因。"认识该学生的人都说：他是"研究生的科学水平、小学生的社会生活能力。"

这种现象并不是个别的，而具有一定的普遍性。因此，加强对学生生活技能的培养是一项不可或缺的任务。陶行知对此相当重视，他提倡加强学生的常能训练。所谓"常能"，就是指最平常、最基本的生活能力、活动能力，要通过常能训练来提高学生的生活技能。他将常能分成初级与高级两个层次来训练，[②]并要求循序渐进。陶行知当年所提出的要求在今天不一定完全适用，但他重视常能训练的思想仍有启示意义。

如今，人们已经将生活技能教育提上议事日程，并且进一步丰富了生活技能的内含。它不仅包括基本的生存技能（如做饭、洗衣）的训练，而且包括个体与他人和谐共处、融入社会的能力。美国近年来出台了提升生活技能的训练计划（Arise Life Skills Training Programes），确定了260种生活技能，开设了40多门课程，取得了一定的成效。[③]我国浙江省在高二开设"通用技术"课程，修马桶、做凳子、换灯泡等成为高中生必修课的内容。

---

① 刘政智、舒瑜：《浅谈学生自理能力的培养》，《科学咨询（教育科研）》，2005年第4期。

② 华中师范大学教科所主编：《陶行知全集》第3卷，湖南教育出版社1985年版，第504—506页。

③ 杨焕梅：《美国的提升生活技能教育》，《世界教育信息》，2005年第7期。

心理健康教育:学生管理必不可少的组成部分

学生的成长,不仅是指身体的发育和思想的成熟,而且意味着心理的日益健全。在关注学生的生理变化和思想动态的同时,我们不能不关心其心理状况,必须加强心理辅导。

重视学生的心理健康教育　在我国,学校以"培养德、智、体等方面全面发展的社会主义事业的建设者和接班人"为目标。这一目标的达成需要心理辅导的支持,因为德智体等方面的发展在一定程度上受制于心理健康状况。心理学大量的对比研究发现,品行端正、学业优良、身体健康的学生,通常其心理健康水平也较高;而心理健康状况不良,往往会妨碍学生思想品德的提高,降低其学习能力,损害其身体健康。因此,学校应当通过教育提高学生的心理健康水平。

就目前情况而言,我国学生的心理健康状况令人忧虑。中国科学院心理研究所于 2000 年对北京、河南、重庆、浙江、新疆等地区的 16 472 名中小学生进行了调查,结果发现初中生有异常心理行为问题的占 14.2%,有严重心理行为问题的占 2.9%;高中生有异常心理行为问题的占 14.8%,有严重心理行为问题的占 2.5%。[①] 对此,教育部于 1999 年和 2002 年相继颁布了《关于加强中小学心理健康教育的若干意见》和《中小学心理健康教育指导纲要》,指出:"中小学心理健康教育是根据中小学生生理、心理发展特点,运用有关心理教育方法和手段,培养学生良好的心理素质,促进学生身心全面和谐发展和素质教育全面提高的教育活动;是素质教育的主要组成部分。"地方教育行政部门和学校要贯彻《意见》和《纲要》精神,将心理健康教育落到实处。

完善心理健康教育的内容体系　在每个学生的成长历程中,总会遇到这样或那样的心理问题。著名心理学家埃里克森(E. H. Eriskson)敏锐地指出:在发展的不同阶段,个体面临着不同的问题。这些问题若能得到积极的解决,则能促进其成长;否则就会阻碍发展的进程,导致心理的缺陷。人的心理问题一般可分为三类:第一类,轻微的心理失调,如焦虑、自卑、孤独、妒忌等;第二类,各种神经症,如神经衰弱、强迫症、神经性抑郁等;第三类,严重的心理疾病,如精神分裂症、情感性精神病等。学生的心理问题多数属于第一类,少数属于第二类,极个别属于第三类。学校的任务主要解决第一类心理问题,对于后两类问题要能够作出鉴别,以便及时将患者转介给医疗单位进行心理咨询与治疗。

需要指出,心理健康教育不仅仅是为那些存在心理问题的学生服务的,它是面向全体学生的。除了要帮助心理失调的学生做好调适工作外,还要指导正常的学生做好心理问题的预防工作,并且增进其心理健康,挖掘其内在潜力。这方面的工

---

① 申继亮、彭华茂:《当前学校心理健康教育的困境与出路》,《北京师范大学学报(人文社科版)》,2002年第 1 期。

作主要包括以下一些内容：一是学习辅导，旨在激发学生的学习动机与兴趣，养成良好的学习习惯，进行学习方法与策略的指导，调适学生的学习志向水平，帮助学生了解自己的学习潜能；二是生活辅导，主要培养学生健康的生活情趣、乐观的生活态度和良好的生活技能；三是职业辅导，旨在帮助学生作出正确的专业与职业选择，做好升学与就业的心理准备，尽快适应工作岗位的要求。有的学校利用校本课程的空间，将心理健康教育排入课程表，形成了时间上持续性、对象上全覆盖、内容上序列化的课程体系。

【案例 9-3】

中学心理健康教育课程设计①

　　江苏省昆山中学早在 20 世纪 90 年代中期就开始了心理健康教育的尝试。长期的实践取得了明显的成效，也暴露了一些问题。为此，学校考虑建立完善的课程体系，将心理健康教育推向深入。

	高　一	高　二	高　三
绪论	中学生应具备的素质		
生活辅导	入学适应教育 自理自立能力培养	休闲辅导	
学习辅导	学习方法之一：学习动机	学习方法之二：厌学心理调适	如何克服考试焦虑 系统复习辅导
认知辅导	思维力训练之一：注意力的培养	思维力训练之二：观察力的培养	思维力训练之三：记忆技巧
情绪情感	青春期教育：对异性有好感怎么办	调控不良情绪	
意志		如何对待挫折	
个性品质	认识自我，悦纳自我 合理需要的发展	设计自我，发展自我	培养宽广的胸襟
人际交往	礼仪教育 同学关系	师生关系	亲子关系
心理健康	克服自卑	如何看待和消除妒忌	
性心理	正确认识和对待自己的性心理		
升学择业			升学择业心理辅导

---

　　① 徐永琴：《江苏省 KS 中学心理健康教育的实践研究》，华东师范大学硕士学位论文，2006 年。引用时，笔者略有改动。

加强对心理健康教育的组织管理　在我国，心理健康教育起步不久，一些地方和学校将其视为可有可无的工作，影响了其发展。因此，加强对心理健康教育的组织管理十分必要。一方面，教育行政部门要转变观念，做好心理健康教育工作的规划与执行，建立相应的领导机构，调拨一定的经费，加强师资队伍建设，组织适应本地需要的教材的编写；督导机构应制订科学的评价指标体系，对学校的心理健康教育工作开展督导。另一方面，学校要按照《中小学心理健康教育指导纲要》的要求，"逐步建立在校长领导下、以班主任和专兼职心理辅导教师为骨干、全体教师共同参与的心理健康教育工作体制"，用制度保证心理健康教育的有效实施。

第三节　学生组织管理

纷繁复杂的管理对象

在学生管理中，组织管理的对象并不是单一的，而是包括了班级、团队会组织、学生社团等诸多正式组织，以及正式组织中的非正式群体。由于对象的多样化，各种组织在人员构成、组织目标、权力结构等方面各不相同，因而组织管理是一项复杂的管理工作，必须把握不同组织的特性，使管理措施更具针对性和实效性。

班级　班级是学校进行教育教学及管理活动的基本单位，它是学校根据一定的编班原则正式组建的师生群体。自从班级授课制诞生以来，学生在校的大部分时间是在班级里度过的，学校对学生的管理也主要是通过班级来实施的。因此，班级对学生影响至深，班级经营对学生的成长具有至关重要的作用。

班级经营的重要任务是推动班集体的建设，因为只有形成了班集体，才能对生活在其中的学生施加积极的影响，促进学生的健康成长。但是，编班形成的只是班级（class），它不会自然地成为班集体（class collective）。教育家马卡连柯曾经说过："我们不可随便拿一群个别的人作为集体。集体是活生生的社会有机体，它所以是一个有机体，就因为它那里有机构、有权能、有责任，有各部分之间的相互关系和相互依赖。如果这样的因素一点也没有的话，也就没有集体了，所有的只是随随便便的一个人群罢了。"[1]可见，班级并不能等同于班集体，班集体有其自身的特征：即在目标上，班集体具有定向统一的特征；在价值观念上，班集体崇尚集体主义取向；在行为上，班集体倡导令行禁止；在情感上，班集体具有彼此相悦的特征。

共青团、少先队、学生会　共青团是中国共产党领导下的先进青年的群众组织，是党的助手和后备军。共青团的组织性质决定了它的基本任务，即用马列主

---

[1]　《马卡连柯全集》第5卷，人民教育出版社1956年版，第226—227页。

义、毛泽东思想、邓小平理论和现代科学文化知识武装青年。少先队是中国共产党委托共青团领导的少年儿童的群众组织，是少年儿童学习共产主义的学校。其基本任务是坚持以共产主义精神教育学生，引导他们听党的话，好好学习，天天向上。学生会是学生的群众组织，它要在学校党政和上级学联的领导下，在共青团组织的帮助下，团结全体学生，积极开展学习、科技、文体、公益劳动等各种活动，使学生得到全面的发展。

团队会组织的性质，决定了对其管理要防止两种不良倾向：一是纯政治化倾向，即一味进行政治说教，忽视学生的特点；二是纯文娱化倾向，即热衷于文化娱乐活动，放弃对学生进行必要的思想政治教育。教育行政部门和学校要把团队会的管理作为自身工作的有机组成部分来对待。要注意将团队会的活动计划与班级计划、学校的教育计划、教育行政部门的工作计划协调起来，提供一定的物质条件，配备合适的辅导教师，支持和指导团队会开展有意义的活动。此外，要协调好团队会三者之间的关系，使之能在根据学生特点、按照教育规律、遵循组织原则的前提下，独立自主地开展工作，充分发挥各自的组织职能。

学生社团　学生社团是学生根据自己的兴趣、爱好和特长，按自愿原则自由组成的课外群众组织的总称。它对发展学生独立工作能力，扩大知识领域，丰富课余生活，发挥学生的兴趣、爱好和特长都有重要作用。[1] 学生社团的形式多种多样，如学术、社会问题的研究会，文学艺术、体育、音乐、美术等活动小组，文艺社、棋艺社、摄影社、美工社、歌咏队、话剧团、运动队等。对学生社团的管理，要坚持正确的政治方向，促进学生的全面发展。要定期开展内容丰富、形式多样的有益活动，使学生每次参加活动都感到新鲜，获得满足。要充分发挥学生的主动性和积极性，同时要争取有关教师的指导。

非正式群体　非正式群体是指自然形成的群体，其主要特征是：其一，以某种共同的利益、观点和兴趣爱好为基础，以感情为纽带；其二，有较强的内聚力和行为一致性；其三，其首领是最有威信的成员；其四，有一套不成文的各成员必须遵守的规范；其五，有较强的排外性；其六，有比较灵敏的信息沟通渠道。[2] 非正式群体的存在是客观的，是无法消除的。它对正式组织的影响可能是积极的，也可能是消极的。因此，对于不同类型的非正式群体，在管理上要区别对待，引导它们积极发展。

从班级管理走向班级经营

班级经营的涵义　长期以来，人们习惯于使用"班级管理"一词。但是，近年来"班级经营"逐步为人们所了解和接纳。研究人员认为，从"班级管理"到"班级经营"，变化始于 20 世纪 70 年代。所谓班级经营，是指教师或师生遵循一定的准则，

---

① 李冀主编：《教育管理辞典》，海南人民出版社 1989 年版，第 181 页。
② 袁运开主编：《简明中小学教育词典》，华东师范大学出版社 2000 年版，第 29—30 页。

通过计划、组织、安排、督导和预期等活动，适当而有效地处理班级中的人、事、物等各项业务，以发挥教学效果，完成教育目标的历程。

我们认为，用班级经营取代班级管理，并不仅仅是因为活动范围上的扩大，更重要的是理念上的变迁。班级管理往往偏重于制度约束、刚性管理、严密监控，以确保学生不出事，保障教育教学活动安稳开展为准绳；而班级经营在不排除必要的管理手段的前提下，以班级全体成员的共同成长为其价值追求。

我国台湾学者总结了班级经营的八大理念：一是平等，以学生为出发点。对学生一视同仁，不因学生来自不同的社会经济地位或文化背景而给予不同的待遇。二是扎根，为学生寻找方向。教师应该通过各种策略，引导学生进行自我探索，了解自己的优缺点，掌握自己的各种兴趣，提早进行生涯规划。三是包容，体谅学生的差异。教师应该能了解学生的个别差异，给予不同的关爱和关怀。四是关爱，接纳学生的不同。教师要以开放接纳的心，让学生可以随时向教师表达需要关怀的需求，并且为特殊的学生拟定各种辅导方案。五是引导，提供正确的方式。教师本身除了负责教学活动的拟定、规划设计、实施教学之外，也应给予学生在生活上、态度上的正确引导。六是同理，给予真诚的关怀。教师要能够冷静地倾听学生的心声，并给予改过的机会和时间。七是温暖，营造温馨的环境。轻松、自由、温馨的教室环境是学生所向往的，教师要和学生一起努力营造。八是接纳，了解个体的差异。教师必须了解学生的个体差异所在，秉持专业接纳的心来看待学生的行为表现，并鼓励其进步。[①]

班级经营的内容　班级经营涉及人、事、物等各个方面，范围广泛，内容繁多。不同的研究人员对于班级经营内容的概括不完全相同。以下一些方面是多数研究者共同提及的：

其一，行政经营。班级中有许多行政工作需要处理，比如班级常规的制订、学生座位的安排、班级目标的设定、班会活动的组织、班级事务的处理、每日例行工作的执行等。

其二，班级环境经营。班级环境经营包含物理环境的经营和心理环境的经营两大板块。物理环境主要是指教室，也包括可供学生活动的其他场所和设施。在物理环境的经营方面，要注意教室的座落方向、通风、整洁、光线、课桌椅的摆设等，要做好教室的功能区划分、环境美化等工作。心理环境是指班级教室气氛或班级学习环境、心理社会环境，它是一种无形的环境。需要通过师生彼此的良性互动和学生之间的沟通协调，以形成和谐的班级氛围。

其三，课程与教学经营。学生的基本任务是学习，因此，课程与教学经营必然是班级经营的重点之一。其范围包括了教学活动的设计、教学内容的选择、教学方

---

① 林进材著：《班级经营》，华东师范大学出版社 2006 年版，第 6—8 页。

法的应用、学生作业的指导以及学习效果的评价等。其目的在于通过有效的经营，给予学生一个适当的安排，以提升教学效果。

其四，班级常规辅导。班级常规是学生在学校生活（尤其是教室生活）中的一种规则，包括课堂礼节、教室秩序、集体公约等，目的在于辅导学生实践日常生活规范，养成良好的行为习惯。在订立班级常规时，应当由师生共同协商达成共识。

其五，自治活动经营。自治活动是指学生在教师的指导下成立自治组织，从事自我管理的活动。其目的在于培养学生的公民意识和独立自主的精神。原则上，学生自治组织是以"班干会"为基本单位，在级任教师指导下处理各班的自治活动。自治活动是班级的重要活动之一，教师应起积极辅导的作用，给学生以充分的协助。

其六，偏差行为应对。由于学生的不成熟，出现偏差行为在所难免，如果不妥善处置，会对班级活动、同学关系、群体氛围产生不利的影响。因此，教育者和管理者要及时发现问题，寻求有效对策，帮助行为偏差学生回归正途。

班集体的建设

班集体不会自发生成，必须通过全班师生的共同努力去创建形成。班集体的建设应当着力抓好以下几方面的工作：

第一，选派合适的人选担任班主任。班主任是受国家和学校委托，全面负责一个班级学生工作的教师。班集体建设的好坏，与班主任的职业素养有极其密切的关系。我国的研究人员对班主任的胜任力因素进行了调查，其结果见表9-1。教育行政部门应综合考虑国家的要求、班主任工作的性质和学生的期望，制定班主任的任职条件、岗位职责、素质要求等方面的详细规定。学校在安排班主任时，要严格把好选派关，将最合适的人员配置到班主任工作岗位上去。

表9-1　班主任的胜任力因素

序号	胜任力因素	包　含　项　目
1	育人能力	思想品德教育；指导学生的学习；人际活动；全面了解学生；培养学生的兴趣和爱好
2	心理辅导能力	观察力；沟通力；换位思考；理解学生；宽容；掌握学生的心理状况；敏感性
3	职业道德	处事公正；工作扎实；坚守岗位；有社会公德
4	情感	批评艺术；真诚；尊重学生；帮助特殊学生；热爱工作
5	知识结构	教育学知识；心理学知识；经验性知识
6	成就动机	超越自我；自信；奉献精神；创新性
7	人际关系	与社会的联系；与家长的联系；亲和力；与学生的互动

序号	胜任力因素	包 含 项 目
8	自我监控能力	自我反省;解决问题;调节能力;计划能力;理性思维;自我评价;思路清晰
9	教学能力	专业知识运用;灵活性;口头语言表达;书面表达
10	班级管理技能	协调性;预见性;团体合作;倾听他人意见;组织能力

资料来源:根据王英、敖洪、王蓓蓓的《班主任的十个胜任力因素》(《班主任》2007 年第 2 期)编制。

第二,确定班集体共同奋斗的组织目标。班集体目标是维系班级全体成员的纽带,是促进班集体发展的驱动力。在确定班集体目标时,要注意将目标的激励性和现实性有机地统一起来。唯有如此,才会对全班成员具有吸引力和鼓舞作用。实践证明,马卡连柯提出的远景目标、中景目标与近景目标的建议是行之有效的。实现近景目标的时间不宜过长,要尽快让学生取得"成功",尽早得到"快乐"的体验。为达到目标而组织的行动,既不要轻而易举,也不能高不可攀,要经过一定的意志努力能够实现。近景目标达到了,中景目标就成了近景目标,远景目标也相应成为中景目标。

第三,建立强有力的班级集体的核心。建立班集体核心的关键,是培养和选拔好学生干部。安排班干部通常有两种方式:一是"终身制",即班干部一旦当选就保持人员稳定。采用这一方式,班干部都经过了选拔、培养和锻炼,各方面素质较好,便于开展工作,但其他学生缺乏锻炼才干、展现风采的机会。二是"轮换制",即班干部人选不固定,由全班学生轮换担任。这种方式为所有学生提供了参与班级管理的机会,有利于学生人格的完善和才能的培养。但是,如果人员更替过于频繁,人员变动幅度过大,则会给班级工作的稳固性带来较大影响。

第四,健全规章制度,培育良好班风。规章制度对班级成员具有规范和导向的作用,它能使学生明白在班级里可以做什么、不可以做什么,使班级的各项活动保持正常有序的状态。良好的班风是指班级集体成员中普遍具有的符合道德标准的良好行为举止,它是一种潜移默化的影响力,对学生具有较强的约束力。正如专家指出:良好的班风具有很高的德育价值,它是巩固学生班集体的精神力量,是教育班集体成员的重要手段。①

学生的自我管理和参与管理

在组织管理中,一方面,教育行政部门、学校和教师要承担起应尽的职责;另一方面,要引导学生开展自我管理和参与管理。可以说,让学生学会自我管理和参与管理,是组织管理的重要追求目标,因为这达到了"管,是为了不管"的最高境界。

---

① 胡守芬主编:《德育原理》(修订版),北京师范大学出版社 1989 年版,第 212 页。

自我管理和参与管理的意义　陶行知十分注重学生的自我管理和参与管理，他在《学生自治问题之研究》一文中指出，学生自治的好处是：第一，学生自治可为修身伦理的实验。第二，学生自治能适应学生之需要。第三，学生自治能辅助风纪之进步。第四，学生自治能促进学生经验之发展。[①]

在今天，管理者更要大胆地放手让学生进行自我管理和参与管理，强化学生的主体意识和参与意识，引导他们在知、情、意、行方面实现自觉、自律、自强、自理。在认知方面，要引导学生自我观察、自我分析和自我评价，让学生自己认识自己，提高自我管理的自觉性。在情感方面，要引导学生自我体验、自我激励、自我肯定和自我否定，正确处理好自己与他人的关系。在意志品质方面，要引导学生自我监督、自我誓约、自我命令、自我控制，使自我和环境协调一致。在行为习惯方面，要引导学生自我计划、自我训练、自我检查、自我总结、自我修养和自我调节，实现自律化。

自我管理和参与管理的途径　学生的自我管理和参与管理需要由学校和教师提供一定的途径，给予适度的指导。这方面的途径很多，关键在于教育者和管理者能否有意识地加以设计和利用。

【案例9-4】

做"实验"的主人[②]

福建省南安市实验中学以"一切为了学生的发展"为办学理念，提出了"让学生当家作主，让学生管理学校"的模式，要求每名学生"寻找一个岗位，扮演一个角色，学习一种本领，体验一种感受，明白一个道理，养成一个习惯，形成一种品质"，让学生"在活动中体验，在体验中感悟，在感悟中自我发展"。为此，学校采取了三项措施：

一是实施学生干部轮换竞选机制，构建学生自立管理环境。在班级层面上，班队干部通过"就职演说"、"中期评价"、"离职演说"等渠道，全部实行岗位轮换。在学校层面，由政教处和团支部拟订竞选学生会委员及实施办法，班级、年级和学校逐层竞选。

二是建立学生校园生活自管制度，培养学生自我管理能力。在住校生的管理上，学校建立了学生自治组织——"自管会"。自管会坚持每周"一评一会"制度，周日召开工作会议，各楼长汇报安全、纪律、卫生检查等情况，周一公布各宿舍的量化积分。在食堂管理方面，学校也成立了有学生参与的膳管会，及时收集和反映学生的意见。此外，还实行"值周管理制度"，由学生会成员和班干部轮流值勤，维护秩序，纠正不良行为，反映问题。

三是学生自主开展活动，提升学生主人意识。主要做法：一是积极探索丰富多彩的自主主题班会形式；二是让每一年的艺术节和校运会成为学生自主管理的"练兵场"、"实验田"；三是让"志愿者小组"走出校门，培养社会责任感。

---

①　中央教育科学研究所编：《陶行知教育文选》，教育科学出版社1981年版，第11—13页。

②　改编自福建省南安市实验中学课题组：《今天是"实验"的主人，明天是祖国的栋梁》，原文载于杨小微、李家成主编：《"新基础教育"发展性研究专题论文·案例集（上）》，中国轻工业出版社2004年版，第204—206页。

上述案例表明,引导学生进行自我管理和参与管理,不仅有利于学生综合素质的提高,而且会给学校的管理带来全新的气象。当然,学生的自我管理和参与管理需要校方精心组织,使它逐步从低级向高级发展,由不自觉向自觉转化。一般先由学校或教师向学生提出统一要求,并在各种活动中让学生逐步建立起正确的观念,形成一种共同的理想,养成执行集体组织要求的习惯,逐步地转化为约束自我行为的规范。有了规范,就有了自我管理目标,学生在达到目标的过程中,不断与他人比较,与自我过去比较,调整自己的思想观念、方式和行为习惯,克服困难,战胜自己的弱点和不足,最终形成自我认识、自我体验、自我调控的自组织、自适应系统。即自己教育自己、自己管理自己的较为成熟的阶段。[①]

思 考 题

1. 请给学生管理下一个定义。
2. 谈谈别国的学生管理给我们哪些启示?
3. 请分析心理健康教育在学生管理中的地位与作用。
4. 在学生管理中应如何引导学生进行自我管理?

① 吴秀娟等编著:《中国校长工作新论》,辽宁人民出版社 1996 年版,第 222 页—229 页。

第九章 学生管理

第五篇

教育实务管理(上)

第十章 课程与教学管理

本章学习目标

1. 把握课程与教学管理的含义和意义；
2. 明确课程与教学管理的内容；
3. 全面认识我国现阶段课程管理的体制；
4. 能全面分析教学管理有哪些主要工作。

第一节 课程与教学管理概述

课程与教学管理的含义

在讨论课程与教学管理的含义之前，有必要了解一下课程论与教学论的关系。从源头来看，课程问题最初都是在教学范畴内被讨论的。随着课程论在某些英语国家成为一个独立的研究领域，这一情况发生了变化。英语国家一般倾向于采用"课程论"概念系统来包纳教学论；欧洲大陆的德语、法语、俄语国家则倾向于用"教学论"概念系统来包纳课程论。而我国自 20 世纪 80 年代末开始，课程论研究才开始逐渐受到重视。时至今日，关于课程论与教学论两者的关系尚无统一看法，主要有大教学论观、大课程论观、一体化的观点、并列论等数种观点。① 虽然二者的关系值得细究，但这里还是倾向于将二者并列进行研究，因为我们认为，课程与教学及其管理都是学校教育中必不可少的基本要素，有时很难判断究竟是哪一种概念涵盖了另一种概念，尽管我们也承认二者之间有一定的联系甚至重叠。

什么是课程管理 顾名思义，课程管理就是对课程政策、课程方案、课程制度、课程实施等作出一定规定。显然，课程管理是教育管理尤其是学校管理的基本内容之一。很多与课程计划、课程标准（教学大纲）、教科书等相关的课程材料，都需

---

① 洪明：《课程论与教学论关系的历史嬗变》，《教育评论》，2007 年第 1 期。

要通过教育行政部门、学校及学校的每间课堂一级一级地加以贯彻、体现。此外，对课程实施结果的评价，也是教育管理必不可少的活动内容。

什么是教学管理　虽然对这一问题看法不一，但如下一种观点还是比较中肯的，即教学管理是学校教学行政人员为完成教学任务，提高教学质量，运用一定的原理和方法，通过一系列特有的管理行为，组织、协调、指挥和控制教学工作，以求实现教学目标的过程。[①] 这一定义较为清楚地阐明了教学管理的目的、活动内容和性质。当然，这一阐述也略有不足。因为教学管理不仅仅是学校的责任，也是各级教育行政机关的责任，教育行政部门对各级各类学校及其他教育机构的教学活动的组织、管理和指导，无疑是其职责之一。

无论课程或教学管理，都不是今天才特有的。自从有了学校教育，就产生了学校的课程与教学管理。人们对其规律性的认识，随着社会的发展和学校的变革而逐步发展完善。我国的学校教育历史悠久，在长期的教学管理实践中积累了不少经验。早在我国古代第一部教育专著《学记》中，就提到了考核办法、如何管理学生、如何安排作息时间等教学管理问题。19世纪资产阶级教育学家、捷克的夸美纽斯在其《大教学论》中也探讨了学制、班级编制、课表、教学秩序等问题。到近现代，随着办学规模的扩大和学校教学内容的增加，课程与教学管理的活动日益复杂，不再局限于维持教学秩序、确定几门学科、编排学校课表等单项活动，而逐渐趋向于对教学内容、教学组织、教学过程等进行全方位统筹并实施系统化管理。

课程与教学管理的意义

课程管理的意义　加强课程管理，是正确组织和实施课程，提高我国课程建设水平的客观要求。具体而言，加强课程管理的意义主要表现为三个方面：第一，有利于国家课程、地方课程和学校课程的建设，可为三级课程管理体制的实现提供组织上、制度上的保证；第二，通过组织、协调、控制等管理手段来加强课程管理，可以使课程建设与实施过程中所急需的经费、设备、师资、教材等必要的条件发挥最大效益；第三，加强课程管理，可以有力促进课程系统的顺利运行。

课程管理是一个系统工程。为什么这样说呢？首先，在课程决策前，需要组织力量对制约课程的社会因素、学生因素以及相关的科学文化因素等进行充分的调查研究，在此基础上，做出有关课程建设或课程改革的重大决策；其次，在课程实施过程中，需要通过组织、协调、控制等一系列的管理手段，使各种课程资源得到充分有效的运用；再次，在课程实施以后，需要对课程实施状况与结果进行评价，找出结果与目标的差距，以便对课程决策和课程实施过程予以修改和校正，使课程系统朝着正确的目标继续前进。显然，在这整个过程中，必然涉及课程及其管理的决策系

---

① 刘茗著：《当代教学管理引论》，教育科学出版社1997年版，第1页。

统、运行系统、考试评估系统等等，并要面对和解决各种各样的矛盾。所以，我们要运用系统论的观点来看待课程管理问题，力求使各个子系统协同运作、协调发展。可见，加强课程管理，对于探究与课程有关的实际问题和理论问题，掌握课程管理的规律，进而提升我国的课程管理水平，具有重要的实践意义和历史意义。[①]

教学管理的意义　教学管理历来是教育管理的重要内容，无论是教育行政管理人员还是学校的管理工作者，都应该把教学管理作为教育管理的主体部分来抓，充分运用教学管理的职能，采取行之有效的措施和方法，对教学工作实施科学的管理。如何认识教学管理的意义？我们可通过下面案例来加深对其认识。

【案例 10-1】

教学管理不能松

　　××中学是县里有名的重点中学。年轻的王校长调到该校后，采取了许多改革措施。他认为，教学质量的高低取决于教师学术水平的高低。抓好科研，促进教师的学术水平，是提高教学质量的关键。因此，他把学校管理的中心由原来的教学管理转为科研管理，期待着这一改革会带来学校教学质量的明显提高。然而，事与愿违。许多教师埋头科研，虽然写出了一些论文，但由于没有深深地扎根于教学的土壤，缺少对教学实践问题的研究，学术水平并没得到根本的提高。相反，一方面，许多教师忙于科研，无暇认真钻研教材和研究学生，对教学采取应付的态度；另一方面，由于学校放松了教学管理，出现了教学上的紊乱无序。这样，导致该校的教学质量明显的下降。

　　在上述案例中，王校长的教训在于他对教学管理不够重视，误以为教学管理和科研管理有着必然的因果联系，因而没有把教学管理摆到应有的位置。学校教学管理的意义在于：第一，它是学校教学正常运行的基础。现代学校的教学活动是建立在一系列教学管理活动基础之上的。教学场所的安排、教学设施的提供、教学人员的组织、学生班级的编制以及课表的编排，均是教学工作不可缺乏的条件，也是教学管理的内容。没有教学管理这一基础，就会影响正常的教学秩序，使教学工作遭到破坏。第二，它有助于带动其他各项工作的开展。教学工作在学校各项工作中处于中心地位。教学工作组织协调得好，不仅有助于建立稳定正常的教学秩序，而且有助于带动其他各项工作，如果学校工作重心经常转移，教学管理时紧时松、时抓时放，学校就会处于紊乱无序的状态。教学上不去，其他工作也搞不好。第三，它能够促进教师不断发展提高。教师专业素质和教学水平的发展提高，虽离不开科研，但更有赖于教学工作中的锻炼和提高。在学校中，教师的主要活动是教学，进行科研的目的是为了促进教学，不能本末倒置。科学、合理的教学管理能保证教师在教学活动中获得有益的锻炼，加速其专业素质、教学水平的发展和提高。第四，它是教学质量提高的有效途径。学校教学质量的高低，固然与教师的个体专

①　廖哲勋等著：《课程新论》，教育科学出版社 2003 年版，第 446 页。

业素质有关,但也和能否发挥整个教师的集体力量有关,如通过先进教学管理手段,推广成功的教学经验和科学的教学方法,使学校全体教学人员都能提高业务水平,教学潜能得以发挥,人尽其才,就能使学校长期保持在较高的教育质量层次上运行和发展。第五,它直接影响着学生的质量和育人目标的实现。教学过程决不是单向的知识传授过程,而是在教师指导下学生德、智、体诸方面全面发展的过程。良好的教学管理,有助于引导教师全面认识教学工作,正确处理教与学的关系,从而保证学校育人目标的实现。

课程与教学管理的内容

课程管理的内容　我们知道,课程管理既是教育行政管理部门的一项重要管理职能,又是学校管理的一个重要组成部分,因此,课程管理的内容可以分别从教育行政部门和学校部门两个层面来分析。我们先从教育行政部门角度进行分析,而将学校部门的有关内容放到后面进行论述。就教育行政部门而言,课程管理的内容大致包括以下一些方面:

第一,保证国家的教育方针和各级各类学校培养目标对课程建设的指导性作用。

第二,组织并领导专门的课程委员会或专家工作小组进行课程分析、课程设计,起草有关的课程文件,包括课程发展规划、课程计划、课程标准(教学大纲)等;在此基础上,组织专门的课程审议机构,审议已起草的课程文件。

第三,通过一定的行政程序,颁布审定的课程文件,作为有关机构或人员编制教材的依据。

第四,实行教科书国定制的国家,由中央教育行政部门组建和部署有关团体或人员编写统一的教科书;实行教科书审定制的国家,由地方教育部门、学术研究机关以及专门的研究人员,根据国家颁布的课程文件各自编写教科书。

第五,组织、领导课程教材审定(审查)机构对统一编写的教科书或分散编写的教科书进行审查、审定。

第六,向各级学校颁布经审定通过的教科书,供学校采用或选用。

第七,监督和检查学校实施课程计划、执行课程标准(教学大纲)以及使用教科书的情况;并组织专门人员对课程实施的过程和结果做出评价,在科学评价的基础上进一步修改和完善已有的课程方案。

教学管理的内容　虽然教学管理的内容对于教育行政部门和学校来说有所不同,但它们有许多重叠之处。概括地说,教学管理的内容主要有以下几项:

首先,全面贯彻党的教育方针,提高教育质量,这是教育行政部门和学校的中心任务,不论是教育行政部门在制定相关政策,还是学校在具体组织教学工作的过程中,都必须围绕这个中心。

其次,建立和维护教学为主的工作秩序,保证教学活动的有序进行。教育行政部门通过建立必要的保障机制,如合理的课程设置、教材内容的协调组织、教学资源的有效供给、排除外部对学校正常教学秩序的非法干预等,确保学校教学过程的顺利进行。学校则要依靠学校内部的严格管理,建立和健全各项教学制度等,使学校始终保持正常的教学秩序。

再次,深化教学管理改革,建立科学的教学工作体系。要实现教学管理的目标,不但要抓好微观的课堂教学工作,也要实施宏观的教育改革。例如,要宣传先进的教学思想和教学改革模式;要根据提高国民素质的需要,在课程方案、教材内容、招生考试制度等方面不断进行探索和创新;要引导和帮助教师树立正确的教学观、学生观和质量观,建立科学的教学质量评价体系;要建立教学优秀成果奖励制度,表彰优秀教师,形成学校教学工作良性循环的激励机制,等等。

最后,加强教学科研工作,不断促进教学的科学化。学校要做好教学研究和教改实验,引导教师进行科学研究,鼓励和支持他们更新教学内容,改革教学方法,推广新的教学手段和技术。教育行政部门要为教学创新提供信息资料,大力开展对教师的业务培训,及时总结和推广优秀的教育科研成果,以促进教学工作的科学化、现代化。

第二节　课程管理

课程管理体制

课程管理体制是指国家课程机构设置、人员配备、职责权限及其隶属关系的划分等方面的制度体系。课程管理体制是国家教育行政体制的重要组成部分,教育行政体制及其改革必将在课程管理体制上体现出来。与教育行政体制类型相适应,课程管理体制一般可以分为中央集权型与地方分权型两种。

中央集权型的课程管理体制　这种体制是指由中央统一规定课程标准,制定统一的教学计划和教学大纲,编写和审定统一的教科书,确定统一的课程评价标准等。这种体制的长处在于:有利于保证教育质量,提高全国教育的整体水平;有利于实现一种相对的教育平等;有利教育行政部门评价不同学校的教育质量和办学水平,等等。但其弊端也是明显的:不利于调动地方政府管理教育、办好教育的积极性和主动性;不利于适应不同地区经济与社会发展对教育的多样化的需求;不利于学生的个性发展,不利于发挥教师的主动性和创造性,等等。中国、日本、韩国、挪威、瑞典等国家曾在很长时期里实行这种课程管理体制,但随着教育民主化、科学化、多样化的发展,这些国家为克服上述弊端都先后不同程度地进行了中小学课程管理体制的改革,逐步实行中央、地方和学校分级管理的体制。

地方分权型的课程管理体制　这种体制是与中央集权型的课程管理体制相对

应的一种管理体制。它强调各地各校的具体情况,没有统一的课程计划、课程标准,也没有统一的教科书和统一的考试制度。这种体制有利于充分发挥地方和学校办学的创造性与积极性,有利于学校办出个性与特色,有利于推进教育的民主化和科学化。但其弊端是由于没有统一的课程标准和评价标准,地方和学校对课程设置和教学实施易有时表现出随意性,质量难以保证,甚至导致课程管理的失控和混乱。因此,许多原来长期实行这种管理体制的国家,如美国、英国、澳大利亚、瑞士等,都在逐步加强中央政府对地方和学校课程管理的干预,纷纷制定相对统一的国家课程标准或课程大纲,加强审定各类教科书,使中央和地方在课程管理方面的权限逐步趋于合理。

总的看来,当今世界上中小学课程管理体制改革和发展的趋势是:一些长期以来实行中央集权课程管理体制的国家开始实行中央、地方、学校多层次的课程管理体制;而另一些一直实行地方分权课程管理体制的国家,则努力实行国家统一课程、制定国家课程标准,将多样性、灵活性和统一性、原则性结合起来。也就是说,各国的课程管理体制都在谋求中央集权与地方分权的平衡与协调,①从这一角度出发,我们甚至可以将这种平衡和协调趋势称为第三种类型的课程管理体制——混合型。

我国新课程管理体系

长期以来,我国实行的是中央集权型的课程管理体制,这表现为全国统一的教学大纲、统一的课程标准、统一的国家课程,地方和学校缺乏选择的权力,僵化、统一的制度使得千校一面,学生创新能力也难以培养。尽管新中国成立以来课程管理体制有过不少改革和探索,但受非此即彼、对立性思维的影响,一直在集权与分权两极上摇摆不定,总是走不出"一统就死、一放就乱"的怪圈。直到 20 世纪 90 年代,我国的课程管理体制才逐步转变思维方式,寻求课程管理上的中央集权与地方分权的平衡与协调。1999 年,中央政府颁布了《关于深化教育改革,全面推进素质教育的决定》,正式提出"建立新的基础教育课程体系,试行国家课程、地方课程、学校课程"的课程改革目标。目前,教育部正将建立和完善国家、地方、学校三级构成的分级课程管理体制作为新一轮基础教育改革的主要内容,一种与以往不同的课程管理体系正在逐步形成。之所以称之为"新型的课程管理体系",主要可从课程主管、课程设置与教材选用三个方面体现出来。

课程主管 实行中央、地方、学校三级课程主管制度。中央教育行政部门制定并颁发指导性的课程计划,规定国家课程;省级教育行政部门根据中央的指导性课程计划,结合本地区具体情况,制定本省实施课程的计划,规定地方课程;学校再根

---

① 吴志宏主编:《教育管理学》,人民教育出版社 2006 年版,第 96 页。

据省级教育行政部门制定的课程计划,结合本校的传统和优势,对国家课程和地方课程及其课时作出具体安排,以实现国家课程和地方课程的校本化实施。这种三级课程管理体制,既可以保证国家对课程管理的统一要求,又给地方和学校一定的课程设置与实施自主权,有利于地方和学校积极性的调动及创造性的发挥。

课程设置 实行国家课程、地方课程、学校课程相结合的课程设置模式。国家课程体现了国家对中小学教育的统一的基本要求,全国各省市各学校都要开设。地方课程的管理权限属于地方教育行政部门,开设地方课程能更好地适应本地区经济、社会发展的实际需要,更符合本地区教育发展的实际要求。学校课程由学校因地制宜进行设置和安排,有利于发挥学校的积极性、主动性和创造性,有利于学校形成办学特色。

教材选用 在统一基本要求的前提下,实行多样化的教材选用机制。各地可以选用甚至自编教材,开始出现"一纲多本"(即根据中央教育行政部门颁布的课程标准的基本要求,编写不同特色、风格的多种教材)、"多纲多本"(即在达到国家规定的课程标准基本要求的前提下,经中央教育行政部门批准,部分地区可以自定教学大纲或课程标准、自编教材)的教材多样化的局面。同时,教材的审定也已从集中统一的国定制发展为中央和省级两级审定制,从而使我国中小学教材多样化,使各地自主选用教材有了实现的可能性。

实行新的课程管理体制是教育制度创新的需要,也是社会发展对学校教育提出新要求的体现,归根结底,它是更好地培养适应社会经济文化发展的人的需要。尽管在我们这样一个教育规模庞大、教育资源有限的国家,实现课程管理体制的革新并非易事,但我们相信,只要目标正确,决策科学,并不断总结经验和教训,最终就一定能形成符合我国国情的新的课程管理体系。

学校课程管理

学校是课程管理的重要主体,这是新型的三级课程管理体制赋予学校的地位、权力与责任。所谓学校课程管理,是指学校根据上级教育行政部门有关基础教育课程的政策文件,结合本校实际情况,为实现国家基础教育目标而对国家课程、地方课程和校本课程进行的规划、实施、开发、设计和评价的自主管理活动。相对学校教学管理而言,无论是学校管理者还是一线教师,对学校课程管理显得相对较为陌生,因此有必要对此有更多的认识。

提升学校课程管理的主体意识 长期以来,我国课程管理实行的是自上而下的外控式管理,"上级制定课程,学校负责执行"的意识根深蒂固。为了更好地落实三级课程管理体制,学校必须提高课程管理的主体意识、增强课程开发的主动性与创造性,以便真正将国家课程标准落到实处。要实现这一目标,学校一方面要通过外在力量(如宣传与培训)来唤醒、培养和建构学校课程管理的主体意识,另一方面以校长为代表的学校管理者则应该转变观念、提高认识,以主人翁的姿态来看待学校课程的组织、开发及建设。

明确学校课程管理的核心职责 学校课程管理的核心职责集中表现为两个方面:一是保证国家课程和地方课程的有效实施,其首要目标是执行国家课程文件,确保课程计划与课程标准的严肃性,保证教育教学质量;二是开发校本课程,满足学生需要。学校必须依据课程计划的要求,合理开发校本课程资源,最大限度地满足不同学生的个体差异和兴趣爱好,从而有利促进学生的多方面发展。以下是一所学校开发的语文校本课程个案。

【案例 10 - 2】

语文校本课程——《庐陵文化》的开发①

"庐陵文化"因其内含博大精深而在中华民族传统文化中占有相当的地位和比重,尤其是宋、元、明、清四朝对中国传统文化的影响颇深。某校地处庐陵地区,学生多来自于庐陵地区的各个县市,对自己家乡的文化略有所知。为进一步让学生了解和领悟"庐陵文化",加深对生活和家乡的热爱,该校教研组在开展社会调查、征求学生意见、分析社区课程资源状况的基础上,成功地开发出了语文校本课程——《庐陵文化》。该课程遵循一定的课程设置原则,将课程内容分为绪论、源远流长、布道传薪、实地考察、群星璀璨、古镇名窑、思想之光、家园厚土、井冈精神等十六讲。课程实施以后,深受学生欢迎,同时起到了拓展语文教学空间、激发学生学习兴趣等作用。

建立学校课程管理的规章制度 基础教育新课程不仅对课程目标与课程标准作了重大调整,同时在课程设置、课程内容、课程实施、课程资源的开发与利用、课程评价等方面赋予学校和教师较大的自主权。针对这种变化,学校原有的教学管理系统不足以完全满足相应的要求,因而需要建立新的学校课程与教学管理制度。当然,在建立新制度的时候,需要把握一些原则:一是要以政策法规为依据,保证国家课程的统一性和标准性,并配以必修课的教学设置来保证;二是地方课程要突出本土性和区域性,实施形式可以是必修课或选修课;三是校本课程要从学生和社区的需要出发,充分尊重学生的选修权利,强调多样化和个性化。无论哪一类课程建设,都要以学生和教师为主要服务对象,将学校的现有条件和教师及学生的需要有机结合起来,做到既符合课程建设规律,又具有可延续性和可操作性。

第三节　教 学 管 理

教学管理系统的构建

现代教学管理系统是随着教学规模的扩大、班级授课制的出现、现代学校的产

---

① 改编自彭晖:《依托乡土文化开发语文校本课程》,《江西教育科研》,2005 年第 6 期。

新编教育管理学(第2版)

生而逐渐构建起来的。现代教学管理系统的构建,作为现代教学管理的重要工具和手段,在提高教学质量、培养合格人才方面发挥了重要的作用,有效地推动了教学过程的发展和完善。

从管理形式上看,教学管理系统可分为教育行政部门对教学的管理和学校对教学的管理两种类型,前者大致包括三个方面的机构,即教学行政管理机构(如教育局的中教科、小教科)、教学业务管理机构(如区、县教育局管辖下的教研室),以及教学督导机构(很多地方的教育督导室也直接对基层学校教学工作进行指导);后者包括行政(如学校的教务处)和业务(如学校的教研组)两个方面,有时也可增加教学咨询、审议、监督机构。由此可见,现代学校教学管理已构成一个较为完整的系统,如图 10-1 所示:

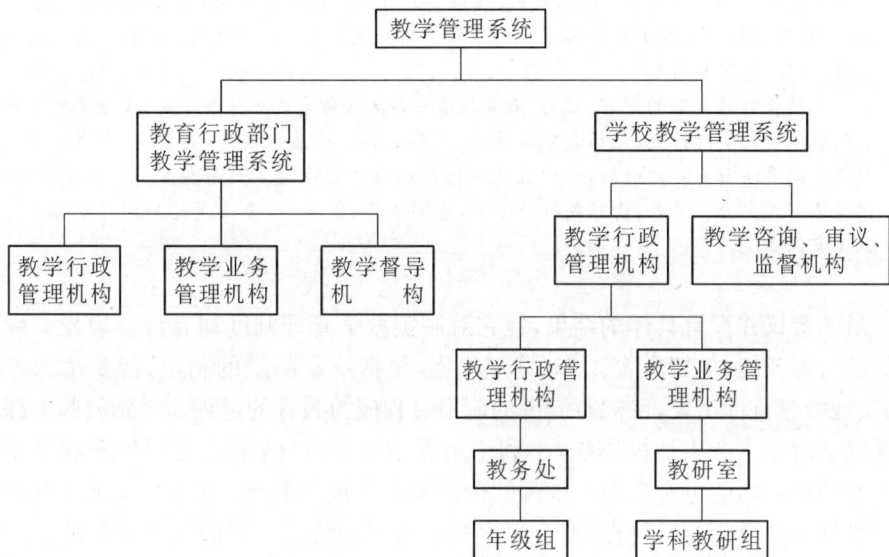

图 10-1　教学管理组织系统图

教学管理的制度建设

教学管理制度是指为强化教学管理,稳定教学秩序,加强教学质量控制而制定的教学规章、制度、条例、规则、细则、守则等。它具有一定的法治效应和约束力,是全体师生和教学管理人员必须共同遵守的教学行为准则。它是教学管理系统的重要组成部分,是实现教学管理科学化和教务工作规范化的基础。教学管理制度,就其来源而言,可分两种:一种是国家主要是教育行政机关管理教学的法规制度、文件、纲要等;另一种是学校内部为管理教学而制定的规章制度等。在此,我们着重讨论学校内部的教学管理制度。

学校教学管理制度主要包括学生学籍管理条例;学生学业成绩考核与管理制

度;教师教学常规;教材管理制度;校、处、教研室的职责权限等的规定等。学校教学管理制度与其他管理制度一样,科学性、合理性是其功能发挥的前提和基础。制定学校教学管理制度,是一项严肃而又细致的工作。请看下面一则案例:

【案例 10 - 3】

关于学校坐班制的讨论①

一所中学的小会议室里正在召开行政会议,主题是讨论加强教师考勤。大家就是否应该实行坐班制展开了争论。

教导处周主任主张实行坐班制。他认为,学校原先没有坐班制,无法对教师进行考勤,出现了教师上课迟到现象,造成了不好影响。季副校长则认为,教师的工作不同于其他行业,他们除了上下班时间,还经常利用休息时间家访和批改作业等。这些时间无法计算,因而没有必要实行坐班制,只要对教师提出教育教学工作的明确要求就行。教导处陈主任则认为,对不同教师采取不同的办法。对年轻不安分的教师实行坐班制,对行为自觉的中老年教师则不实行坐班制。

林校长听着大家的发言,心想:看来任何一种方法都有其长处和不足,关键是哪个办法更适合本校的实际情况,然后是不断改进,逐步完善。他最后发言,大意是:大家对上述问题的不同看法都有一定道理,目前就这一问题难以作出决定。因而在没有新的变更以前,仍按原有规定办。另外,由季副校长牵头,会同人事、教导,就今天讨论的问题继续广泛听取大家的意见。

虽然会议并没有具体的结果,但它对制定教学管理制度却有许多启发。周主任的话告诉我们,一切教育工作、管理工作,包括规章制度的制定,都要从人才培养、实现教育目标出发,使规章制度的制定过程成为教育的过程。个别教师上课迟到无疑会对学生产生消极影响,不利于培养学生,所以他主张实行坐班制是正确的。季副校长的话也有道理。教师的劳动特点不同于其他行业,学校规章制度的制定必须符合教师劳动特点,符合学生身心发展的特点。因而制定时要从实际出发,采取科学态度、讲求科学性。林校长认为,制度即使是制定后,也要不断改进、逐步完善。这启示我们:制定制度后,要在一定时空条件下保持相对不变,不能随心所欲,但稳定不等于僵化,还应该对其不断改进和逐步完善。林校长在大家还存在意见分歧的情况下不草率地作决定,而要求广泛听取大家意见后再作决定。这告诉我们:制定规章要严肃,还要讲究民主,与师生员工共同协商,使规章制度体现师生员工和管理者的意愿。当然,规章制度的制定还必须符合党的教育方针、国家法律、教育行政部门的有关法规精神,不得与之有抵触。

教学计划管理

教学计划是国家教育主管部门制定的有关教育和教学工作的指导性文件,它

---

① 改编自孙灿成主编:《学校管理学概论》,人民教育出版社 1993 年版,第 135—137 页。

体现了国家对学校教学工作的统一要求,是学校组织教育教学活动的重要依据。对教学计划进行管理,就是通过对未来教学工作和活动的设计,控制和指导整个教学过程,从而使教学活动处于最佳状态,并取得最好教学效果。实施教学计划管理,国家教育主管部门要担当制定课程计划、编制教学大纲、组织编写教科书等任务,而在学校里,则主要依靠校长、教导主任和教师来具体落实有关的教学计划管理工作。

对校长而言,要开展教学计划管理,首先要熟悉有关的教学大纲,根据国家统一制定的课程计划,对全校教学工作进行计划指导。其次也可考虑在国家规定的课程计划范围内,结合学校实际情况,制定出更明确具体的学校教学目标体系,从而使宏观层面的国家教学大纲与微观层面的学校教学计划有机地结合起来。

教导主任是联接校长和教师的中介桥梁,他要协助校长管理全校的教学工作,同时又要直接领导各教研组的教学活动。教导主任同样应熟悉有关的教学大纲,掌握各学科贯彻执行教学大纲和教学计划的具体要求,并对教研组工作加以指导。为组织好教学计划管理工作,一般来说,教导主任应要求各教研组制订出每学年、每学期的教学研究计划,计划应包括教学研究的基本精神、主要项目、基本要求、时间、地点、工作负责人等内容。

教师是教学过程中的主导力量,对教学过程进行计划管理,还应该对教师工作计划的制订与实施进行管理。教师要依据教学大纲和教材内容,了解学生的学习基础,制订课程教学的计划,并在教学内容和教学方法等方面多加钻研。对于学生,教师要指导他们制订一学期或一学年的学习计划,做到有计划、有步骤地提高学生的自学能力,掌握和改进自学方法。此外,预先拟定好考核学生成绩的标准,进行实事求是的评价,也是教师工作计划的重要组成部分。只有考核的结果才能最直接、最有效地显示教学管理的水平。

总之,对学校来说,实施教学计划管理,就是在国家规定的教学大纲和课程计划范围内,通过校长、教导主任和全体教师的辛勤努力,将有关的各科教学计划在学校教学活动中具体组织、落实并不断完善的过程。

教学组织管理

与教学计划管理密切相关的是教学组织管理。实施教学组织管理,可以从以下三方面着手,即抓好教研组的建设、科学地安排课务以及完善教务处的工作。首先要抓好教研组的建设,教研组是各科教师从事教学活动的集体,同时也是学校教学行政的最基层组织。抓好教研组,建立良好的教师集体,形成良好的教风,对学校教学工作的成效起着举足轻重的作用。那么,如何做好这一工作呢?一是要按照不同学科建立和健全教研组。一般来说,同一学科教师在三人以上,学校可考虑成立教研组;不足三人者,可将性质相近的学科教师组织起来,成立多科性的教研组。二是要有相应的制度。教研组成立后,就应当制定相应的规章制度,如教研组的定期会议制度、备课制度、相互听课制度、考勤制度等。三是要选任好教研组长。教研组长最好上下结合来选定,他应德才兼备、管理能力较强,在业务上也有较高的学科教学能力,并在教师中享有一定威望。

其次要科学合理地安排课务。学校安排课务非常有讲究,既要考虑到教师原来的专业背景、学识专长,又要考虑到教师的实际教学能力和业务水平,此外也要适当考虑教师的年龄特点。虽然每个教师的任课相对来说是固定的,但应该考虑适当的轮换制度。如新教师到校任教后,最好先让他有个大循环,从初一年级教到初三甚至高中年级,以使其对中学的整个课程有一完整的了解,然后再相对固定某一两个年级段的课程教学。

再次是加强对学校教学的主要执行机构——教导处的管理。学校教导处是学校教学组织的管理中心,要负责编班、制表(每周课程表、作息时间表、每周活动表)、征订教材、安排课务等工作,还要管理学生学籍、组织期中或期末考试、评估考试质量等事项,此外还要承担文印、资料统计等教务行政活动。在一些学校里,甚至教师的业务进修也是由教导处负责的。可见,教导处的工作是多么繁忙同时又是多么重要。加强教导处的管理,主要的是使教导处的工作形成制度化、规范化。只有通过规范化的管理,才能切实提高学校教学组织管理的效果。

教学质量管理

无可否认,"片面追求升学率"仍是当前一些地区和学校教育的行动潜规则。虽经社会舆论广泛宣传素质教育,但由于长期形成的"考试—选拔—升学"制度,学生的学业负担始终难以减轻。在很多地区,无论是教育行政部门还是学校,对教师教学质量的评价往往只是依据学生的考分,各种评价活动也只看教师所教学生的升学率。为了提高升学率,一些教师不顾教学的客观规律和学生的实际承受能力,广泛采用不科学的教学方法,大搞题海战术,以实现所谓的"大面积丰收"。为彻底改变这一现状,实现应试教育向素质教育的转变,有必要重新审视、改进和加强教学的质量管理。

所谓教学质量,通常是指学生经过一定期限的学习后所应达到的规格要求,而教学质量管理,就是通过有效的管理、协调和控制,促使教学效果达到课程计划、课程标准和教科书所规定的要求。很显然,学校如果只有教学计划管理、教学组织管理而无教学质量管理,那么教学过程管理将是不完整的,因为检验教学过程管理有效与否的标志之一就是教学质量问题。

首先,要对教学质量有一个全面、完整的认识。教学质量决不仅仅指学生的考试成绩,因为学生的考试成绩仅仅是学生发展的一个部分,学生的发展是全方位的,既包括智力的发展,这突出表现在学业成绩方面,也包括品德、身体、审美能力、劳动观念、动手能力、创新能力等方面的发展。加强教学质量管理,就是要全面看待学生的发展质量,并以此为指导思想展开教学质量管理活动。

新编教育管理学(第2版)

其次,要从教与学两个方面来认识教学质量问题。在现实生活中,我们往往从教学的角度看待教学质量管理的问题,而忽视了学生这一方面。其实,教与学是双向活动,教学过程是教师教的过程与学生学的过程的有机统一。在某种意义上说,学生的学习质量比教师的教学质量更为重要。学生有没有自学能力,学生善于不善于提出问题、分析问题,学生有没有学习的兴趣,这些都应该列入教学质量的范畴。教学质量管理就应该在这些方面制定出相应的评估标准,并订出具体的管理措施。否则,就会出现光有"教"的质量,而无"学"的质量的局面,即学生考试很出色,因为教师在做大量习题、猜题等方面"教学有方",但却没有同样出色的思维能力,更谈不上创新能力,形成人们常说的高分低能情况。

第三,教学质量管理要面向全体学生,不能只针对少数拔尖学生。真正出色的教学质量体现在各种层次的学生都能在原来的基础上有所提高,有所发展。只注意那些尖子学生的质量发展情况,置学习接受能力较差的学生于不顾,不是真正的全面质量管理。一些学校为了让升学率提高几个百分点,有意不让一些学习成绩较差的学生参加有关的考试,这且不说已经违反了教育法律,即剥夺了学生的受教育权利,就是拿全面质量管理的要求来衡量也是不合要求的。

第四,教学质量管理要体现一种全过程的管理。也就是说,在实施教学过程的每一阶段、每一环节,都存在一个质量管理的问题。要从单纯检验教学质量的结果,转向检验教学的全过程,包括教学计划的制定、教师的备课上课、作业批改、学生的辅导、学生的预习、听讲、作业、实习、考试等等,每一阶段、每一环节都要提出明确的要求,采取相应的管理措施,从而达到整体教学过程的最优化。

第五,要确立全员教学质量管理的观念。全员教学质量管理是指全体教职员工都参与学校教学质量管理工作,不但主要科目的教师要参与,其他科目的教师也要参与;不但上课的教师要参与,不上课的学校后勤辅助人员也要视情况为学校教学质量管理提供条件。学校则要建立一种全员岗位责任制,通过科学的评估和奖惩手段,调动全体教职员工的积极性。

以上这些方面,只能说是一种对教学质量管理的观念上的认识,真正的实施模式还有待在深入研究的基础上进一步构架和设计。我们相信,随着我国教育科研的进一步深入,一种甚至多种既能保持过去较扎实的质量传统,又能对学生的全面身心发展有极大促进作用的教学质量管理模式一定会设计出来。

教学组织形式及其发展

教学工作不仅要通过各种教学方法来完成,而且还要通过多种组织形式来进行。教学组织形式就是关于教学活动应怎样组织、教学时间和空间应怎样有效地加以控制和利用的问题。它是教学活动中最基本的要素。所有课程、教学方法、教学任务、教学过程、教学原则等,最终都要通过一定的教学组织形式得以实现。当然,教学组织形式并非可以随心所欲设计,任何教学组织形式总是受到一些条件的制约,如社会对人才培养的要求、现时代学校教育内容的广度和深度、科学技术的发展为教学手段的变革所提供的条件等。时代变化了,教学组织形式也可能随之发生相应的变化。

个别教学制 这种形式的教学盛行于资本主义社会以前的学校。由一个教师面对一两个学生授业,后来虽发展为一个教师教一个班组的学生,但在一个班组里学习的儿童,年龄、程度和学习的内容、进度各不相同,教师进行的仍是个别教学,只同一个一个学生发生联系。当教师在教某一个学生时,其余学生的学习基本处于自流状态。这样的教学,学习效果差,效率不高。我国古代私塾就属于这种形式。这样的教学形式还有一个致命的弱点,即不利于教育的普及和发展。

班级教学制 随着生产的发展和科学技术的进步,个别教学形式已不能满足社会对人才的需求,资本主义的发展使生产的规模和速度远远超过了历史上任何一个时代,因而相应地要求扩大教育规模,增加教育内容,加快教学速度等。近代的班级授课制是随着资本主义生产的产生而逐渐完善起来的。捷克教育家夸美纽斯在17世纪概括并建立一套班级授课的教学制度:固定的、相同的开学时间,同年龄的儿童一起学习同样的内容,同时做同样的功课,教师对所教的科目作周密的计划,使学生每年、每月、每日甚至每时都有一定的学习任务。应该说班级授课制在教学组织形式上是一次重大的创新,它扩大了受教育的对象,普及了教育的内容,提高了教学的效率,故逐步被世界各国的学校所普遍采用。

导生制(又称倍尔—兰喀斯特制) 18世纪英国工业革命后,工业生产需大批具有初级文化的工人。扩大初等教育面的客观要求日益迫切,英国的牧师倍尔和教师兰喀斯特在初中教育中倡立了导生制。它是由教师先将年级较高,成绩优秀的学生集中起来进行讲授和训练,然后再让这些学生担任导生去转教其他学生。理论上说,按此制度一个教师可通过导生教几百个学生,迅速扩大初等教育的受教育面,但实际上,由于导生所能接受的知识极其有限,而他们所能转授给其他学生的学习内容就更为贫乏,因此这一制度存在不久就消失了。

"新教育运动"中出现的教学组织形式 19世纪末20世纪初,为了适应资产阶级自由竞争的需要,西方一些国家的教育家曾对学校教育制度进行了大胆的改革,人们称之为"新教育运动"。在新教育运动中,教育家们针对班级授课制只能强求各个儿童齐步前进、不能适应个别差异的弊病,提出了一些新的教学组织形式,其中影响较大的有设计教学法、道尔顿制和文纳特卡制等[①]。这些教学组织形式都是针对传统的班级授课制的弊病提出来的。由于它们强调以学生的生活经验为基础,因而能引起学生学习的兴趣和激发学生的学习动机,使学生在独立发现问题、解决问题的活动过程中扩大知识范围,锻炼实际工作的能力。但是,另一方面,

---

① 设计教学法、道尔顿制、文纳特卡制分别由美国教育家 W·H·克伯屈、H·柏克赫斯特和 C·华虚朋所创立。

这些形式都未能解决学科教学的系统性、逻辑性问题,使教育的作用降低。教师的主导作用服从于学生的自然兴趣,或是让位于机械的作业指定,结果对学生掌握系统知识带来了负面影响。

小班化教学　小班化教学虽然也属于班级授课制,但由于其强调教学班学生数量少,因此引起人们的注意。随着经济的发展、人口自然出生率的下降,西方不少国家从上世纪 60 年代起逐步进入小班化教学的时代,中小学每个班级学生数一般在 20 至 30 人左右。实行小班化教学以后,教师和学生的互动密度大大增加,师生关系更为融洽,因材施教的目标实施有了条件,课堂教学的多样化也有了可能。所有这些,都有利于提高教学的效果。在另一方面,班级规模的缩小意味着教学成本的提高,因此小班化教学在发达国家较为普遍,而在发展中国家则推行得较为缓慢。在我国,小班化教学于上世纪 90 年代中后期首先在上海出现试点,至今在该市已得到较大范围的推行。随之,我国北京、江苏、浙江等经济发达省市也开始试点或推行小班化教学,尤其是在小学阶段。

"走班制"分层教学　随着我国基础教育新课程改革的持续推进,走班制教学形式也在一些学校出现。所谓走班制教学,是指学生根据自己的学习兴趣和学业程度,通过一定的申请、审批程序,自由选择在学校不同的课上进行学习,以接受最适合自己发展的教育。在实施走班制教学的学校中,学校针对不同程度、不同需求的学生,开设了层次不同且范围较广的必修或选修课程,为学生选择性地接受教育提供条件。走班制教学的实施有利于学生的个别化教学和个性发展,它体现了一种差异性教学的方式,同时也是分层教学的一种尝试。当然,要使这一新的教学组织形式达到良好的效果,还有许多地方需要完善,尤其需要学校精心的设计,同时也要根据学校自身的师资条件和教学条件来加以组织和实施。

远程教学　随着信息时代的到来,另一种教学组织形式正在悄悄出现,并越来越受到人们的关注,这就是"远程教学"。远程教学其实有很多形式,有电视大学的形式,也有利用上网的电脑网络教育形式。远程教学的特点是教师不在学生跟前,学生也不必非在教室内上课,在自己家中依然可以进行。由于远程教学不受地理、校舍以及师资条件的限制,因此受到人们的普遍欢迎。可以预料,随着信息科技的进一步发展,远程教学形式将会显示出越来越强的生命力,甚至有专家预言,将来很有可能远程教学特别是其中的网络教育形式,会对现在的班级授课制提出挑战,并最终取代班级授课制形式。

思 考 题

1. 简述课程管理和教学管理的意义和内容。
2. 试分析教学组织形式的演变和发展。
3. 假如你是一个校长,该如何来抓好学校的课程和教学管理?

第十一章 德育管理

本章学习目标

1. 掌握德育与德育管理的基本含义;
2. 能够阐述学校德育的意义和目标;
3. 了解学校德育管理的组织机构和队伍建设;
4. 把握学校德育的实施环节和过程;
5. 掌握学校德育的评估内容与方法。

第一节 德育管理概述

德育与德育管理

德育是学校教育阶段推行的道德教育活动,有狭义与广义之分。狭义的德育仅指道德教育;而广义的德育包括政治教育、思想教育、道德教育、法纪教育和心理教育,它是指教育者按照一定的社会要求,有目的、有计划、有组织地对受教育者进行系统的影响,通过教育者和受教育者双主体在实践活动中的互动,把一定社会的政治准则、思想观点、道德规范和心理需求,内化为受教育者个体的政治素质、思想素质、法纪素质和心理素质的教育。[①] 在有些国家和地区,学校德育指的是道德教育,即狭义的德育,而我国的学校德育一般指广义的德育。

学校德育是教育者通过学科教学以及一系列专门的活动对学生施加综合影响的过程。为了使这种综合影响能符合社会的要求并取得相应的成效,各级教育行政部门和学校组织,应当分别从宏观和微观层面上加强对学校德育的管理。具体来说,就是要根据学校德育的目标和任务以及学校教育管理的总体要求,提出学校德育管理目标,建立德育管理机构,建设德育工作队伍,制定德育管理制度,并且通

---

① 詹万生:《整体构建德育体系总论》,教育科学出版社 2001 年版,第 143 页。

过对德育实施过程的组织协调和对德育工作的质量评估,确保学校德育目标的实现和德育任务的完成。

德育管理与学生的全面发展

我国新时期的教育方针指出:"教育必须为社会主义现代化建设服务,必须与生产劳动相结合,培养德、智、体等方面全面发展的社会主义事业的建设者和接班人。""全面发展"不仅指德育、智育、体育三个最基本的方面,还包括美育和劳动技术教育,它明确规定了各级各类学校的培养目标,即为社会主义现代化建设培养大批德、智、体、美、劳诸方面和谐发展的人。

在学校教育过程中,德、智、体、美、劳虽然有自己的独立活动领域,但又是互相联系、互相渗透、互相作用的。其中德育渗透于诸育之中,贯穿于诸育始终。它决定着诸育的本质,既为其他诸育提供方向,也为其他诸育提供动力。苏霍姆林斯基曾形象地说:"道德是照亮全面发展的一切方面的光源,而同时它又是人的个性的一个个别的、特殊的方面","在形成的个性对待周围自然环境和社会环境的态度的体系中始终贯穿着丰富的道德性这一条主导的红线时,学校的精神生活才能成为现实的教育力量。"[1]这就是说,学校中一切活动都应当有德育的意义,德育可以通过各种途径来实现。而学校德育管理恰恰可以通过其计划组织、调节控制、监督检查等诸多手段,把德育与其他诸育在活动内容、时间、方法以及物质条件等方面统一协调起来。这样德育的时空领域就大得多,可以使学生在学校的一切活动中都受到德育的影响和熏陶,充分发挥诸育的综合影响作用,促进学生全面健康地发展。

当代中外德育管理审视

第二次世界大战结束以来,世界各国均十分重视学校德育与德育管理,都把抓好德育作为建立社会秩序、安定国民、培养国家需要人才的重要手段。尽管各国在德育目标、内容、方式等方面存在较大的差异,但加强德育管理却是一个共同的趋势。

以往对学校德育和德育管理重视不足的美国,也频频对学校德育进行干预。美国在1960—1980年间对教育的投资增加了60%,但教育水平反而下降。里根总统对此在国情咨文中说,他们之所以存在教育问题,并不因为花的钱不够,而是因为钱花得不得当。美国人已经深刻地认识到知识与道德是密切相关的,学校有责任像教学生识字、算算术那样认真地对学生进行品德教育。[2] 1989年,美国"课程发展与管理委员会"在深入调查的基础上提出了报告,强烈要求加强学校德育管

---

① 苏霍姆林斯基著,杜殿坤译:《给教师的建议》(上),教育科学出版社1980年版,第159页。

② 冯增俊:《当代西方学校道德教育》,广东教育出版社1993年版,第460页。

理,认为德育应与学校整体课程紧密结合,融入整个课程(包括师范教育课程)体系之中,要培养优良的德育师资,还应建立有关联邦、州和地方的统一管理系统。在政府的重视下,目前美国中小学内部有了比较健全的德育管理系统,还建立了学校、家庭、社区互相作用的网络系统,并选择了多种特有的德育途径和方法。1993年,美国成立了为帮助全国各地公立学校实行品德教育的"品德教育联合会"。1997年,联合会统一规定"良好品德"的定义是"理解和尊重核心道德标准并按照这些标准行事",并确定十项基本原则来有效地完成品德教育。具体是:"首先,学校的所有教职工都必须成为道德方面的行为榜样。第二,在学校生活的各个方面都必须提倡诚实、有责任感、尊重他人和勤奋等核心道德标准。第三,学校必须成为友善而且相互关心的集体,逐步成为我们作为一个国家所追求的文明、友好而公正的社会的缩影。第四,学生在课堂内外的日常交往中,必须有许多各种各样的机会运用责任感和公正等道德标准。第五,有效品德教育包括学习方面的高标准,要求所有学生确定高目标,为达到目标刻苦学习,并在困难面前锲而不舍。第六,教师应通过语言艺术、自然科学和社会研究等学科讲授该核心道德标准;并通过阅读写作和讨论使学生进行道德思考。第七,教师应该实行道德约束,通过制定并执行规定使学生讲道德,尊重他人。第八,每所学校都必须对品德教育和学习方面的进步进行评估。学校的风气,其品德教育的各个方面以及学生显示良好的品质的程度都应评估。第九,校长及全体教员都应利用总的学校环境来维持并扩展课堂上教的价值观,例如,学校和社区中的服务机会能有助于学生通过关心他人来学会关心人。第十,父母、教会、企业甚至所有成年人都应加入进来,成为品性培养的正式伙伴。"①由此可见,20 世纪 80 年代以后的美国十分重视学校的德育管理。

与此同时,美国不断鼓励德育研究。20 世纪 50 年代末到 80 年代末,美国面临社会经济迅猛发展与道德教育滑坡的矛盾,出现了大量的社会道德问题,由此在学术界掀起了一股德育研究热潮,先后出现柯尔伯格的道德认知发展理论、拉思斯等人的价值澄清理论、班杜拉等人的社会学习道德教育理论、里考纳的完善人格道德教育理论等。这些研究促使美国的学校德育从经验型向科学化转变,也对当代学校德育的理论研究作出了贡献。

英国也十分重视德育管理。20 世纪 60 年代开始,由于受到进步主义、结构主义等德育观的影响,英国进行了一系列改革,在学校取消正规的德育课程,把德育融于丰富多彩的活动之中。但是,这一尝试因与英国传统习俗相去甚远而导致社会混乱。为了改变社会现状,60 年代后期,英国在牛津大学和剑桥大学组织了两个道德研究机构,探索德育新路子。同时,政府拨出经费资助他们的研究。这两个研究机构编写了两套道德教育教材,即供中学用的《生命线》和供小学用的《起始

①　桑德福、麦克唐纳:《教育改革中的德育教育计划》,《华尔街时报》1997 年 2 月 18 日。

新编教育管理学(第 2 版)

线》，为学校德育作出了贡献。1978 年，英国还建立了"社会道德委员会"，并在莱斯特大学成立了"社会道德教育中心"，研制统一的学校德育计划，并开展大量的研究活动，提出了许多德育新设想。80 年代以来，英国政府不断强化国家对德育的控制，一次性就投资了两亿英镑，专用于学校德育。以上种种措施，使英国在一定程度上缓解了因学校德育不力而带来的社会问题。[①]

日本是当代发达国家中最重视德育管理的国家。日本用充足的人力物力进行道德教育，形成了系统化的全国德育体系，对日本经济腾飞和社会稳定起到了促进作用。日本学校实行统一的德育管理体制，无论是德育课程的目标、内容、方式、教材和改革，还是"特设道德时间"的规定，日本文部省都是以强硬的措施、统一的指令要求学校贯彻执行，体现了国家权力意志，保证了德育的一致性和国家意图的实现。这样做，使学校德育取得了较大的成效，但阻碍了学生的个性发展。为了消除这种危害，日本从 1990 年开始，进行了第五次德育改革，重新颁布了中小学德育指导纲要，强调德育应有助于培养学生创造性的个性，鼓励教师采用灵活多样的教学方法，使德育教学丰富多彩、活泼有趣。此外，日本十分注重家庭、学校、社会一体化的德育管理。文部省要求校长发挥组织和领导作用，让家庭、学校和社区各自承担切实可行的教育任务。为此，政府和有关部门举办各类家长学校或专修学校的家政课，专门讲授家庭教育。同时，政府通过教育立法，制定了许多社会配合学校实施德育的规定。在日本，德育已成为朝野上下的自觉行动：家有家规，校有校章，公司有公司德行，各行各业都重视德育。可以说，日本的德育是全民德育，日本的德育管理是全民德育管理。[②]

我国学校也十分重视学校德育及德育管理。改革开放促进了我国经济的发展和科技的进步，同时给学校德育和德育管理带来了前所未有的新课题。面临新的形势，党和政府加紧作出新的部署，1988 年 6 月，召开了全国中小学德育工作会议，制定和试行《中(小)学德育纲要》。同年 12 月，党中央又发布了《中共中央关于改革和加强中小学德育工作的通知》。这些文件不仅是中小学德育工作的依据，也成为各级教育行政部门对学校德育实行科学管理的指南。1990 年 4 月，原国家教委又在《关于进一步加强中小学德育工作的几点意见》中指出，必须切实加强学校德育工作的领导，把做好这项工作作为校长岗位培训的一项重要内容和考核的重要方面。1999 年 6 月召开的全国教育工作会议强调：思想政治教育，在各级各类学校都要摆在重要位置，任何时候都不能放松和削弱。在全面实施素质教育的今天，应以德育为核心。2001 年 12 月 12 日，中共中央办公厅颁布了《关于适应新形势进一步加强和改进中小学德育工作的意见》，要求各级政府和教育行政部门对加强和改进中小学德育工作情况进行专项督导检查。2004 年 2 月 26 日，中共中央

---

① 冯增俊：《当代西方学校道德教育》，广东教育出版社 1993 年版，第 146—147 页。

② 同上书，第 461 页。

国务院下发《关于进一步加强和改进未成年人思想道德建设的若干意见》，要求采取坚决措施，加强未成年人的思想道德建设，增强学生创新精神和实践能力，培养德、智、体全面发展的社会主义事业的建设者和接班人。在十七大报告中，胡锦涛总书记进一步强调，要动员各方面力量共同做好青少年思想道德教育工作，为青少年健康成长创造良好的社会环境。

在党中央的伟大战略方针指引下，各级党委和政府本着对国家未来高度负责的态度，加强对中小学德育工作的领导和管理，要求学校管理者和各科教师在教育和教学过程中，结合各项活动和教材内容，有意识地对学生进行教育和疏导，教育学生热爱祖国，逐步树立为人民服务的思想，确立为社会主义现代化而奋斗的志向，培养他们具有社会主义道德品质和良好的个性心理品质；且针对学校德育工作实效性不强的现状，强调更新教育观念，强调发挥学生的主体作用，突出创新精神和实践能力的培养。通过这些年的努力，我国中小学德育工作逐步走上制度化、科学化的轨道。

综上所述，在推行现代化进程中，世界各国始终重视学校德育，加强对学校德育的领导和管理，使德育在某种意义上对政权和社会发展起到一定的保障和推进作用。

第二节　德育管理的组织

确立目标：德育管理的灵魂

德育管理目标是各级教育行政部门和学校组织为实现学校德育的目标和任务所确立的一定时期内德育管理活动的质量规格与标准。它是德育管理的灵魂。

学校德育管理目标与学校德育目标是两个既密切联系而又各不相同的概念。德育目标是制定德育管理目标的重要依据，而德育管理目标则是为实现德育目标而服务的。一般而言，德育管理目标是一个由目标系统、目标考评系统和目标保障系统所组成的目标管理系统。目标系统是建立德育目标管理系统的前提，有空间和时间之分。空间体系是一组目标项目构成的整体，通过它能反映一所学校的任务和德育目标的相互关系，起着指导德育工作的作用。时间体系是指长、中、短期目标建立起来的目标时序网络，主要反映目标随时序变化的规律和要求，起到使目标相互衔接和按时序控制的作用。目标考评系统是为检查、考核、评价德育管理活动的绩效而建立的，包括考评制度、考评标准和方法、考评结果的处理。德育目标保障系统是指为保证学校德育目标的实现而建立的组织制度、方法措施、资源分配等工作。

组建机构:德育管理的网络

学校德育管理是一个多因素、多方位、多层次,复杂而多变的系统工程。要使各部门、组织和人员为同一目标协同运作,必须科学地设置管理机构和层次,确立它们的职权和相互关系,组成健全而高效的管理体系。只有这样,才能使各组织、因素和成员都处在一个统一的系统之中,有领导、有控制地协同运作;才能发挥整体功能,保证共同目标的实现。

校内德育管理机构　落实学校的德育工作,首先要建立健全校内的德育管理机构。当前,凡是中小学实行校长负责制的国家,普遍建立以校长为核心的德育管理机构。比如,有的国家学校内专门指定一名副校长主管学生品德教育,或专设一名训导主任管理学校德育工作。有的国家则由班主任全面负责班级学生的德育工作,组织学生开展各种品德教育活动,协调师生之间、学校与家庭及社会之间的各种关系。

我国的学校有健全的校内德育管理机构。一般由以下成员组成:校长(或分管德育的副校长)、党支部书记、教导主任(或政教处主任)、政治教研组长、团委书记、工会主席、少先队辅导员、班主任代表、教师代表等。其职责是:定期分析研究思想政治教育的情况,制定计划,统一部署,统一指挥,协调校内外关系,督促检查各方面的工作,及时总结经验,组织交流,帮助全体成员提高理论水平和工作水平,确保有效地完成德育工作。在校内德育管理机构中,校长自然是中心人物,要全面负责学校的德育工作。党支部是党在学校中的基层组织,其主要职责是保证监督党的教育方针政策在学校中的贯彻落实,支持校长工作,管好学校党的建设,并通过党员的先锋模范作用,影响和带动广大教职工做好德育工作。教导处(或政教处)是管理学生德育工作的职能机构,主要职责是协助校长组织领导德育工作,抓好校风、校纪,组织全校性的思想教育活动,定期召开班主任会议,研究问题,探索思想教育的规律。政治教研组长和班主任是学校德育管理工作的直接组织者和实施者,具体负责学校德育工作计划的贯彻落实和学生思想品德考核、评定工作,肩负着德育管理的重要任务,承担着大量细致的工作。共青团、少先队、学生会是学生的群众组织,通过这些组织所开展的活动,能更好地使学生受到民主集中制教育和纪律教育,从而增强自治、自理的能力,培养独立生活能力。

学校与社会相结合的德育管理网络　近些年来,世界各国都致力于德育管理的网络化,政府、学校、家庭、社会机构在德育管理中结成一个相互作用、不断协调的网络体。因为人们普遍认识到,德育管理是全面的管理,片面强调某一点,不能取得理想的效果。如美国有些学校曾一度批判德育教学存在形式主义倾向,从而在知识教学中放弃德育,采用间接方式进行品德教育;然而经过几十年的实践,发现这样做不行,又开始恢复德育教学,而且通过学校、家庭、社会各种教育力量的有机组合,形成了一个多维结构的德育整体网络。

我国中小学也逐步建立起校外德育管理机构,主要有家长委员会和社区教育委员会。家长委员会是学校实施家庭教育指导的组织。社区教育委员会一般由高校所在乡(村)、镇(街道)或学生比较集中的单位的代表组成。其主要职责:配合学校组织学生参加各项社会活动,负责学生寒暑假生活和农忙假活动的管理工作,争取公安部门、地方政府和村民委员的支持配合,同干扰学校正常教学秩序、危害学生的坏人坏事作斗争。我国的社区教育机构还不够健全,如何搞好社区德育管理尚在探索之中。

参照国外德育管理网络的格局,我们认为,我国的德育管理体系还有待于进一步完善,具体做法可以考虑:建立中央领导下的学校一体多元德育管理体系,教育部、省、市、县教育部门以及镇和学校都设立相应的管理机构,由专人负责,中央各部委直属行业也应设置,加强政府对学校德育工作的指导,并以强大的政府手段推行新的学校德育体系。同时,应建立完整的地方德育管理机构网络,使学校、家庭、大众传播媒体等作用一致。当然,在学校、家庭、社会三者之中,学校是德育管理的专门机构,应成为整个网络的支点,有效地发挥辐射功能。

建设队伍:德育管理的基础

学校德育队伍是指校内能对学生思想品德产生影响,并负有对学生进行思想品德教育职责的所有人员,包括学校领导、班主任、政治教师、其他学科教师,以及图书馆、实验室、后勤等方面的职工。现代管理学原理和德育实践已经充分证明,抓好德育队伍建设,提高队伍的质量,是发挥德育管理效能的重要基础和保证。从管理的角度考虑,德育队伍的建设应从以下四个方面入手:

第一,思想建设。即通过组织理论学习、讨论交流、工作实践等途径,统一德育工作者的认识,使他们树立正确的德育思想,掌握先进的德育理论,懂得德育工作的一般规律,并遵守有关的政策和法令等。

第二,组织建设。要保证德育工作队伍的数量和质量。学校领导者要熟悉、明确国家教育领导部门对各级各类德育工作者任职条件的规定,如国家教育部对中小学班主任工作的暂行规定,对校长、班主任职责的规定等,然后按一定程序选好各级德育人员。

第三,培训提高。国家教育领导部门要制定德育工作培训规划,明确规定培训要求,制定培训制度。各级各类学校及教育行政部门需根据上级指示做好各级德育人员的培训进修工作,在时间、内容、途径、方法、要求上,要根据培训对象的特点、不同层次的要求和实际需要及可能的条件,灵活掌握,讲求实效。还应组织他们听取有关的讲座、报告,组织校内的专题研究会和经验交流,吸收他们参加各种教研、科研活动,鼓励他们发表文章、著书立说等。

第四,考核评定。这是一个重要的环节。考核的内容和标准既要符合国家对各类人员的职责要求,又要符合实际情况。考核的方法要科学,考核的结果应该归档,作为选拔、任免、评优晋级的依据。

制定制度:德育管理的支柱

制定德育管理制度是保障德育组织机构运行的重要手段,其作用在于以明确的要求和严格的约束条件规范学校德育工作和成员的行为,以建立正常的德育工作秩序,并培养师生员工高尚的思想道德行为和良好的学习和工作习惯,为优良校风的形成奠定基础。

我国学校德育管理制度的内容多种多样,从纵向看有两个层面:一是国家颁布的法令、法规;二是学校制定的规章制度。国家颁布的法令、法规是从全局出发的,具有指令性;学校制定的规章制度有些是根据上级颁布的法令、法规的精神所制定的实施细则,有些是为解决学校内部问题而拟定的,具有针对性。学校领导者对此要统筹安排,使之相互协调,不能厚此薄彼。从横向看可分三个类别:一是职责类制度,即将学校的每一项德育工作落实到人,人人都有确定的岗位,事事都有专人负责,从而保证德育工作的有序性;二是常规类制度,即根据学校师生在校内外不同活动场所而制定的日常行为规范和学习、工作、生活准则,主要有《学生守则》和《学生日常行为规范》;三是考核奖惩类制度,即对考核结果给予肯定或否定的评价制度,两者相辅相成,体现管理法规的严肃性和有效性。

德育管理制度制定以后,关键在于有效地去实行。正如马克思所说的:"一步实际运动比一打纲领更重要。"①学校管理者在贯彻执行过程中要注意加强宣传,启发自觉;严于律己,率先垂范;及时检查,经常督促;反复训练,培养习惯。唯此,才能真正体现德育管理制度的作用和意义。

第三节 德育管理的实施

在学科教学中渗透德育

学校德育要渗透到学校教育的各个环节,即教育者要根据德育目标和要求,通过各种教学活动、管理和服务等对学生进行直接或间接的道德教育,其特点是载体丰富,实施途径宽广,潜移默化,容易为青少年学生所接受,同时也可以大大拓展道德教育的时空领域,使学生在学校的一切方面都受到道德的影响和熏陶。

教学是学校工作的中心环节,是对学生实施全面发展教育的最基本的途径,因而也是向学生进行道德教育的主渠道。各学科教学内容的安排、教学方法的使用

---

① 《马克思恩格斯选集》第三卷,人民出版社 1972 年版,第 3 页。

以及教师自身的人格修养都蕴含着丰富的道德因素,对学生良好的道德品质和行为习惯的养成具有潜移默化的作用。但是,教材里蕴含的德育因素,需要教师去挖掘、提炼,并通过教学对学生加以启发引导。只有这样,才能达到学科渗透的效果。

【案例 11 - 1】

学科渗透德育

原北京马厂胡同小学特级教师关琦曾介绍这样一个教育案例:自然课的现场教学,她组织孩子到动物园参观。孩子们参观猴山时,发现老猴子抢小猴子的东西吃。于是,孩子们问老师:老猴子抢小猴子的东西吃,对吗? 她组织学生进行讨论,同学们发言很踊跃,多数人认为老猴子不对。最后,关老师作了总结。她说:动物之间抢东西吃,这是生存竞争,属于动物的本能,无所谓好坏。而人,特别是社会主义国家的公民,要讲尊老爱幼,提倡社会主义公德。听了老师的讲解,孩子们受到了教育。①

教师在自然课教学中不失时机地对学生进行道德教育,这样的渗透教学做到了科学性和思想性的有机结合,给学生留下了深刻的印象。然而,学科渗透是一项复杂细致的工作,教师必须付出创造性的劳动,才能收到预期的效果。从管理的角度,学校领导者应做好以下三项工作:

第一,强化教书育人的职业道德。做好学科的渗透工作不仅需要各科教师的共同努力,更需要领导部门的正确引导。作为学校领导,要认真做好宣传教育,努力强化教师教书育人的职业道德。把说在嘴上、写在纸上的"教书育人"的要求切实装到教师的心里,使教师自觉地站在育人的高度进行学科教育,在传授知识的同时教会学生做人。

第二,提高各学科教学的教育效果。首先,要设立管理"教书育人"的专门机构,明确有关人员的职责和权利,"使一定的人对所管的一定的工作完全负责"。这个机构的成员可由主管德育的副校长和教导主任、主管教学的教导主任和各学科教研组长组成。其职责是:开展经常性的研究活动,商量实施计划,制订具体方案,使教书育人工作落到实处。比如:组织各学科教研组长和教学骨干对各门学科的教学内容进行分析,发掘和提炼蕴含在其中的德育因素,归纳出各学科、各章节或单元的"渗透点",并发给有关教师,要求他们在制定教学计划、备课、上课等环节中参照执行。其次,明确提出渗透德育的要求,把握好"全、准、深、活、新"五个字。"全",就是全面吃透教材;"准",就是准确把握教育点,针对中小学生的实际进行道德教育;"深",就是深入挖掘教材中的德育因素,使学生深刻领悟其中的道理;"活",就是要求教师方法灵活,善于抓住契机,导向、导思、释疑,开拓学生的思维;"新",就是指更新德育内容,及时补充新成就、新政策、新信息,更新统计数字,把最

---

① 贺乐凡:《论德育及其管理的实效》,《中小学管理》1994 年第 6 期。

新鲜的材料介绍给学生,使道德教育具有时代感。再次,要重视政治课教学的管理。中小学政治课具有其他学科教学不可替代的德育功能,因此学校要特别重视政治教研组的建设,不仅要选派好教研组长,而且要重视对政治教师的指导和培养,以保证政治课的高质量和有效性。

第三,建立评估和激励机制。为了鼓励广大教师教书育人的积极性,提高他们学科渗透德育的创造性,教育行政部门和学校要建立相应的评估和激励机制。对评价范围、条件、内容、要求、程序、规格等,要作出明确的规定。在教学管理中,要做好考核评定工作,将渗透德育的水平和效果作为教师教学水平高低的标志之一。考核结果载入业务档案,并把评估结果与职称晋升挂起钩来,从而调动教师的积极性,促使渗透教学向更深的领域发展。

在学校活动中渗透德育

在学校活动中渗透德育,就是学校领导者要根据学生的年龄特征和知识范围,紧密联系政治课的内容,精心设计各项活动,将道德教育渗透到课外活动、校外活动、社会实践活动、团队活动、学生会活动之中,使学生逐步形成良好的思想品质和行为习惯。比如:通过参观访问活动,培养学生爱国、爱人的良好品质;通过组织劳动和社区服务,培养学生的独立见解、责任感和义务感,激发学生的创造热情;通过体育活动,培养学生守纪律、敢拼、协作、忍耐、公正、果敢等品质。在活动中的德育渗透,要做好以下几方面工作:

一是做好各项活动的规划工作。荀子曰:"积土成山,风雨兴焉;积水成渊,蛟龙生焉;积善成德,而神明自得,圣心备焉。"这个观点在一定意义上揭示了人们思想品德形成的规律。依据这一规律,学校各项活动的设计应体现有序性原则,即根据学生年龄特征和知识范围,紧密联系政治课的内容进行精心设计。要对学生的现有发展水平进行深入的了解,并对学生的最近发展区作出准确的判断,将活动的水平定位在学生正在形成、刚刚在成熟、刚刚在发展的区域内,这样才能具有教育的价值。每次活动内容之间要有连续性,可把每个学期作为一个阶段。每个阶段的活动有铺垫、有高潮、有发展。在活动的安排上,坚持以学生为主体,充分考虑学生的需要和兴趣,可以适当吸收学生共同参与各项活动的规划。

二是给予人力、物力的保证。学校活动多种多样,主要有政治教育活动、课外活动、校外活动、社会实践活动、团队活动、学生活动以及经常性的校会、班会、纪念会、庆祝会等等。这些活动的开展,均由学校管理者对人、财、物、时间、空间、信息进行科学的组织,使各项活动的开展目标一致,行动协调,以取得预期效果。

三是对各项活动加以指导。强调活动的自主性,并不意味着否定教师的指导。学生的活动必须是自由、自主的活动,旨在表明学生的道德发展、道德学习是一个主动摄取、积极为之的过程,而不是一个任由外部塑造被动接受的过程。教师在学生的活动过程中不能起支配控制的作用,而应起指导作用。适当的指导,易使活动产生成效,满足学生的成就感,因此,学校德育活动应由专人负责,学校领导者应亲自参加活动,根据各种活动的不同特点加以指导和管理。

学校与家庭的合作

青少年学生的思想品德不是与生俱来的,而是在家庭、社会、学校三者的教育影响下形成和发展起来的。虽然学校教育在三者中起着主导作用,但家庭、社会在学生思想品德的形成和发展中的作用是不容忽视的。学校必须取得家庭和社会的配合,才能达到预期的目标。家庭是学生的第一所学校,父母是学生的第一任老师。在儿童早期的社会化过程中,父母对子女的影响大于其他人的影响,这是由血缘关系、物质生活依附关系等决定的。因此,学校和家庭应成为理想的伙伴。学校可通过多种方式加强与家庭的合作,如组织家长学校,设立家长联谊会,进行家庭访问,建立家庭联系手册等等。这样,使学校教育与家庭教育形成一个有机的整体,统一步骤,协调行动,保持教育影响的一致性,以提高学校德育的有效性。

学校网络德育管理

网络德育是以德育现代化为目标内容,以网络为媒介,在因特网和学校局域网系统上展开一系列德育活动的过程。它是学校德育的延伸,是学校德育在现代化环境下为提高德育的针对性、实效性,促进学校德育工作有效开展的一种新的教育模式。学校网络德育包括德育信息、网络德育课、网上咨询、网上德育基地等等。它通过一系列丰富多彩的网络载体,对学生进行引导和教育,以培养学生良好的思想品德。

加强网络德育管理刻不容缓 信息环境下,网络技术作为现代社会一种全新的传媒技术,为现代社会经济文化教育的发展提供了互动交流的广阔平台,缩短和拉近了时间和空间的距离。网络信息所营造的无国界、崇尚自我的虚拟世界,正在快速渗透进学校文化,影响着当代的中小学生。互联网的普及使得当代中小学生成为"网上一代"。网络为他们提供了丰富多彩的信息资源,创造了精彩的娱乐时空。据调查,中小学生上网的主要目的在于收集资料、聊天和游戏。然而,由于网络虚拟化和自由化的特点,容易使中小学生忘记现实环境中的社会责任和道德准则;又由于网络是开放的、交互的,容易使中小学生因网络的不良信息而成为其牺牲品。国外文献资料统计表明,学生通过互联网观看不健康信息的时间要多于资料检索和学习交流。所以,加强学校网络德育管理已成为刻不容缓的重要任务。

构建网络德育管理新模式 网络给予学校德育的影响不仅仅是正面的,而且也有负面的影响,主要表现为信息量的过度和失控。此外,网络的交流过程中也存在着道德的问题,如电脑"黑客"的攻击、电脑病毒的制作和传播、色情网站的建立以及网络欺诈等等。网络信息已成为学校道德教育不可缺少的重要内容之一。学校应加强网络德育管理,增设学校道德教育新内容。首先,在原有的道德教育内容的基础上,要增设价值观教育,增强学生的信息鉴别和自律抗诱惑能力,把握方向,守住良知,拒绝道德堕落,做网上守法的一代新人。其次,加强网络道德规范教育,培养学生自觉遵守网络规则,维护网络秩序,规范网络行为。在这方面,国外的成功经验值得借鉴,如美国杜克大学(Duke University)对学生开设了"伦理和互联网"课程,把伦理学的思想观点引入到学校网络德育中去,对学生进行网络道德教育,从而使年轻一代懂得自己真正成为"社会人"所要担负的社会义务和责任。

与此同时,要利用网络为学校德育研究与实践服务。我们不仅要充分占领学生的教育网络时空,而且要使德育实践更具有实效性。可以开设网上德育课程,建立有教育意义的网站,开辟网络德育的新领域。有的学校针对学生喜欢网络信息化交流的特点,拓展德育模式,调整德育方法,利用学校的多媒体教育环境,在全校建立了"班级博客联盟"。学生通过班级博客的形式,就班级日常生活、学习心得、师生关系、个人业余爱好以及课堂感受等进行互动交流,促进了学生个人隐性知识的显性化,拉近了彼此间的心灵沟通距离。这样,通过网络教育实践,促进了学生的自主意识、民主意识和成长意识,引发了思维方式的更新和价值观念的转变提升,形成了以学生为主体的、在教师的指导下共同参与的新的德育管理模式。

加强对网络的教育与管理力度 由于网络有极大的开放性和自主性,学生置身于这样的虚拟空间里,会产生我行我素的自由行为,产生可以摆脱法制社会约束力的错觉。因此,学校网络德育管理的中心任务是要强化学生特别是未成年学生的法制观念教育和道德教育,加强对学生进行《学生网络道德行为规范》教育,加强社会责任意识和遵纪守法的思想教育,自觉抵制危害国家安全稳定的信息,做网络信息时代中有理想、有抱负、有道德的一代新人。同时,要培养一批学生骨干成为校园网络信息的维护者,加强对校园网络信息的筛选和整合,让积极、健康、科学的信息成为校园网络信息的主流。此外,要在网络服务器上安装防护软件,对不适合青少年看的内容进行过滤;并建立有效的网络监控技术,开展网上文明公约签名活动,形成文明、安全、法制的校园网络氛围。

第四节 德育管理的评估

德育评估的指标体系

德育评估是学校德育管理过程的最后一个阶段。它是在目标实施的基础上,对其成果作出客观评估的管理活动。德育评估包括对学校整体德育工作的评估和学生个体思想品德的评估。只有既考评学校的德育工作,又考评学生的思想品德,才能全面总结德育管理的经验教训,促进德育工作的开展和学生品德的成长。

学校德育是在教学工作和校内外活动中进行的,是借各种形式来完成的。没有一定的德育工作过程,也就没有德育工作效果。因此评价学校德育工作,应采取过程评价的方法。首先要考察分析德育工作状况,并确定评价指标。比如党组织是否加强对德育工作的领导,学校行政领导是否像关心教学工作那样关心德育工作,教师是否自觉地做好教书育人工作,课外、校外德育活动是否符合教育目的总要求,是否形成社会、家庭、学校立体教育网等等。在此基础上评估德育工作效果,并把两者结合起来,这样形成一个完整的评价结论。

对德育效果的评估,从定性与定量的结合上,可建立如下指标:通过一个阶段的教育,是否使学生的思想政治水平、道德认识水平有了明显提高,大多数学生政治、品德课的考核成绩达到优良以上;通过德育工作,整个学校是否形成了积极进取、奋发向上的风尚,学生中的团员、队员的比例是否逐年增加,优秀班级和优秀学生的数量和质量是否不断上升,学校各项规章制度是否健全,学生是否自觉遵守,整个学校的学习风气是否浓厚,学生的学习成绩是否普遍上升,教师职业道德水平是否有明显的提高,等等。在评估项目指标设定之后,还要确定每项指标的权重。

学生个体的思想品德评估指标的设定,应以教育行政部门颁布的学校思想品德课教学大纲、学校德育大纲、学生日常行为规范和学生守则等为主要依据,借鉴国内外品德测评的有关内容和指标体系,根据中小学生的特点,概括归纳出最能反映学生道德面貌的、基本的、具体的行为,建立科学的、可操作的测评指标体系。

德育评估的定性与定量

在德育评估活动中,究竟应当采用定性的方法还是定量的方法,常常成为人们争论的焦点。下面的案例反映了两位校长对德育量化评估的不同看法。

【案例 11 - 2】

关于德育量化评估的争论

某区教育局召开德育工作研讨会,就德育的量化评估问题进行了认真而热烈的讨论。会上,A校长介绍了该校实行学生品行量化评分管理的做法:把量化作为一项德育管理措施,对学生的品德进行检查记分。评定一个学生的操行,一方面看他是否遵规守纪,另一方面看他参加了多少次活动,做了多少件好事。在评分过程中,他们采取自评与互评、校内评与校外评相结合的方式。通过测评,学生不仅知道了"该怎么做",而且知道"为什么要这样做"的道理。自评、互评不但提高了学生的道德认识水平,也增强了学生的道德判断能力。通过家长、社会的评分和学校最后定分的反馈,促进了家庭、社会、学校教育的配合。事实证明,进行量化管理对学校德育工作开展是有积极意义的。

B校长就A校长的介绍发表了不同的看法。他认为,从效能来说,实行量化管理,并与奖罚、升学挂起钩来,这对于刺激学生遵规守纪和使学校风气好转等方面的作用特别灵,而且操作简单,省时省力。然而,学校是育人的场所,考察一项教育措施的效果不仅看它在某一具体问题上的成就,更要看它对培养全面发展的"四有"新人这一最终目标有多大的促进作用。大量事实表明,"量化"实际上只重视行为结果的评分,并不注意学生的行为过程,因而导致一些学生投管理者所好,不择手段地争取高分,想尽办法躲避低分,使德育评价的教育作用并没有真正得到发挥。所以,这是一种有悖于学校整体培养目标的短期行为,作为一项德育管理措施是不可取的。

实际上,德育的定量化评估和定性化评估各有利弊。所谓定量化,就是把学生操行评分的"数"记载下来,一定数所积累的"量",能比较客观地反映出学生道德水平和行为发展的情况,因而它能有效地克服定性评估中经常出现的"表现一般"、"较好"、"有较大进步"等随意性比较大的评语,同时为以后的奖罚、升学提供比较精确的参考依据。此外,"量化"中所出现的"量",能激发学生道德动机的产生,从而促使学生比较自觉地矫正不良行为,使得学风、班风能在较短的时间内发生较大的变化。但是,由于"量化"得到的分数有时与学生实际思想品德状况不一致,因而很难发挥它作为评估应有的选择、导向、激励和教育作用。更何况学校开展德育活动,不能仅仅强调开展了多少次活动、做了多少件好事、结果得了多少分,还应该分析活动是在什么样的情况下开展的,动机怎样,活动的质量如何,是否有利于学生思想品德的提高。只有定量和定性有机结合,才能对德育活动作出客观公正的评价。[①] 因此,德育评估正确的做法应当是定量与定性的有机结合。

理想德育还是现实德育

评价学校德育管理的质量,还应该评价其内容安排是否遵循德育工作自身的规律,即是否处理好理想的德育和现实的德育之间的矛盾。

学校思想品德的内容是由互相联系、互相渗透的道德品质、政治态度和世界观等构成的。而这些构成因素在人的道德发展的不同阶段,其构成情况是不一样的。一般说来,处于学龄初期的儿童,道德品质乃是构成思想品德内容的主要因素。随着儿童身心发展和教育影响,到了学龄晚期,理想信念、人生价值等逐步成为思想品德中的核心成分。这些带有规律性的发展变化,既表现了道德发展的水平,又表现了道德教育的连续性、阶段性。根据这一规律,教育部门一方面要按序组织德育内容,另一方面要按照螺旋式循环的方法安排德育内容。下面的案例很能说明问题。

【案例 11-3】

德育内容要分出层次[②]

原国家教委基础教育司德育处孙处长在天津市河北区红光中学德育工作年会上指出:德育工作是有规律可循的。学生学习文化知识是由低到高逐步提高的,德育工作也应该这

---

① 周斌渭:《对目前流行的学生品量化评分管理的几点看法》,《教育研究与实验》,1991年第1期。
② 中小学管理杂志社编:《中小学管理纵览》(上册),首都师范大学出版社1996年版,第195—197页。

样。然而,长期以来,德育工作中存在的问题是"上下一般粗"。

　　例如:在每年的学习雷锋活动中,"助人为乐"这四个字用得最多,但大家是否想过:它有什么样的教育内容和要求?"助人",是帮助别人的意思;"为乐",是以帮助别人为自己的快乐的意思。显然,这是道德内容里的最高境界,涉及一个人的世界观、价值观等。有没有人能做到?有!但对大多数人来说,只能是努力的方向。能否降低一点,变为"乐于助人","乐于助人"就是愿意帮助别人,高兴帮助别人的意思。达到这一点要求并不低,现实中很多人可以做到,但也有不少人做不到。能不能再降低点,变为"应该助人",因为每个人作为社会人存在,都需要别人的帮助,而每个人又都有帮助别人的义务。在现实生活中还有最低层次的要求,即"不妨碍别人",你可以不帮助别人,但不应该妨碍别人。有人说这条低了,我认为并不低。假如,作为中华人民共和国的公民,在社会生活中都遵循"不妨碍别人"的原则,那么,社会就会发生巨大的变化。

　　孙处长的分析给我们的启示是:第一,教育过程是一个从低到高、由浅入深、循序渐进、不断发展的动态过程,要从最基本的抓起,逐步提高。第二,教育内容要考虑学生的接受能力和行为能力。第三,要掌握不同教育过程发展的"度",低了,不足以调动学生的积极性;高了,做不到,也伤害学生的积极性。学校德育管理者明白了这三点道理,把握好这三个要点,也就能处理好理想德育与现实德育之间的关系。

德育研究的开发与深化

　　德育研究的开发与深化是评价工作的一项后续性活动,它是开启德育现代化、科学化大门的钥匙。学校德育管理的任务是使所有人的研究才能和创造才能都发挥出来,并结出丰硕的果实。这就要求教育部门重视德育研究的开发与深化。具体地说,要做好以下几点:

　　第一,解放思想,创造宽松氛围。我国学校德育研究比较落后。由于受传统德育框架的束缚和"阶级斗争理论"的干扰,很长一段时间内,学校德育仅停留在注释上级指示和领导人讲话的状态。20世纪80年代以来,德育科学研究才受到人们的重视。经过近十几年的努力,我国初步提出了德育大纲,有力地促进了新时期学校德育的发展。为了繁荣学校德育研究,我们应当创设宽松的研究氛围,把德育研究活动与政治区分开来,鼓励人们大胆探索,发挥创造精神。

　　第二,积极倡导新的德育观。面对时代的变革,世界各国都在积极探讨适应新时期社会经济、文化发展的价值观和道德伦理,从而修正传统的道德价值观。对我国来说,倡导有利于社会发展、符合民族传统的新价值观是非常有意义的。

　　第三,加强对受教育者的研究。目前,西方国家都十分重视这方面的研究。日本、美国所提出的有关价值观、开拓意识、注重交际等标准,对学校德育产生了直接的作用。相比之下,我国这方面的研究比较薄弱,虽然也取得了一些成果,但基本理论研究还比较缺乏,没有形成具有独特理论色彩的学术流派。因此,我们必须建

新编教育管理学(第2版)

立德育实验基地,研究学生品德发展的规律,探讨人的道德形象等。

第四,建立科学研究队伍,加强德育科学研究,开展广泛的实验活动,并建立专家咨询机构,辅助学校实施相应的德育规划。政府对德育的重大决策,都需要经过专家的反复论证方可实施。

思 考 题

1. 简述德育管理与学生全面发展的关系。
2. 学校德育队伍的建设一般应从哪几个方面入手?
3. 举例说明德育评估中如何将定量方法与定性方法有机地结合起来。

第十二章 体育与卫生管理

本章学习目标

1. 明确学校体育卫生工作的意义和任务;
2. 掌握学校体育卫生管理的基本要求和原则;
3. 了解学校体育卫生工作的标准和管理制度;
4. 认识学校体育卫生常规管理的主要内容;
5. 明确学校体育卫生师资队伍建设的重要性。

第一节 学校体育卫生工作管理概述

学校体育卫生工作的意义

健康是身心对环境的良好适应。体育能增强体质,卫生可预防疾病,因此,学校体育卫生工作意义重大。它是学校全面贯彻国家教育方针不可缺少的内容之一,同时也是培养学生德、智、体、美、劳全面发展的重要组成部分。概括起来讲,中小学开展体育卫生工作具有下述意义:一是有助于全面贯彻党的教育方针,促使学生各方面得到协调发展;二是有利于提高民族的素质,为国家的可持续发展提供源源不断的健康人才;三是有利于发展人民体育事业,为国家输送体育人才;四是有助于从小培养卫生习惯,养成健康意识。鉴于学校体育卫生工作意义重大,每一个学校管理者都必须对此予以高度重视。

学校体育卫生工作的任务

中小学体育工作的任务是什么?对于这一问题,我国教育界曾有过理论分歧。一种观点认为,学校体育的根本任务是对学生传授专门的体育知识,培养学生掌握有关的竞技技能,即所谓"体育即竞技"的观点。另一种观点认为,学校体育不同于竞技体育,它的任务是提高学生身体素质,至于竞赛的形式、专门的技能,只是体育教学过程的手段和途径,即所谓"体育即发展身体"的观点。对体育任务的不同认识,导致对体育和德育、智育关系的不同理解。有些人强调体育的"独立性",也有些人把它看作是智育和德育的补充。认识上的偏差,往往导致学校体育的重点放在少数有体育发展潜能的学生身上,不能真正达到促使全体学生发展的目的。根据原国家教委、国家体委 1990 年联合发布的《学校体育工作条例》,中小学体育工作的基本任务是:增进学生身心健康,增强学生体质;使学生掌握体育基本知识,培养学生体育运动能力和习惯;提高学生运动技术水平,为国家培养体育后备人才;对学生进行品德教育,增强组织纪律性,培养学生的勇敢、顽强、进取精神。学校各项体育活动都应该围绕这一根本任务来安排。

中小学的卫生工作要使学校的整个教育教学过程符合卫生的要求,而不是仅仅把"卫生"的事务作为正式的课程让学生学习。与体育相比较,学校卫生工作也是为了增进学生的身体健康和发展,不过体育是直接地通过身体运动获得健康,而卫生则是间接地通过规范生活方式和营造适当的环境来抵御疾病,从而获得健康。如果说体育的最根本任务是发展身体,那么卫生的最根本任务就是预防疾病。根据原国家教委、卫生部 1990 年 6 月联合发布的《学校卫生工作条例》,学校卫生工作的基本任务是:监测学生的健康状况;对学生进行健康教育,培养学生良好的卫生习惯;改善学校卫生环境和教学卫生条件;加强对传染病、学生常见病的预防和治疗。这一条例,对于指导学校卫生工作具有重要的意义。

归纳起来,学校体育卫生工作的主要任务是:全面贯彻党的教育方针,切实加强学校体育卫生工作,认真贯彻"健康第一"的指导思想,使学生掌握基本的体育卫生技能,养成坚持锻炼身体、讲究卫生的良好习惯,增强体质,促进身心的健康发展,从而有效地完成学校育人的目标。

学校体育卫生管理的基本要求

学校体育卫生管理是学校管理者依据学校体育卫生工作要求,运用学校管理的原理和方法,科学地组织学校人力、物力和财力,有效开展学校体育卫生活动的过程。其基本要求如下:

第一,保证国家有关方针、政策、法规的贯彻落实。学校要贯彻国家的教育方针以及《学校体育工作条例》、《学校卫生工作条例》、《国家体育锻炼标准》、《国家学生体质健康标准》等相关政策法规的精神,并将其作为学校开展体育卫生工作的重要依据。

第二,建立健全体育与卫生工作管理机构。《学校体育工作条例》中明确规定:"学校应当有一位副校长主管体育工作","规模较大的普通中学,可以建立相应的体育管理部门,配备专职干部和管理人员"。《学校卫生工作条例》第十条也规定:普通高等学校,中等专业学校,技工学校和规模较大的农业中学,普通中小学,可以设立卫生管理机构,管理学校的卫生工作。可见,要进行科学管理,就必须有一个完善的管理机构。有些学校设立"体育卫生工作领导小组",下设体育教研组、卫生室等机构,这对于加强学校体育和卫生工作的领导,充分协调学校各方面的关系,高质量地保障学校体育卫生工作的顺利实施起到了积极的作用。

第三,制定体育卫生管理制度。学校体育卫生管理必须依靠相应的制度建设,如学生早锻炼制度、课间操制度、食堂卫生管理制度、学校绿化制度、学校环境卫生制度等等。学校管理者不但要制定制度,更要督促落实,定期检查考核,奖优罚劣。

第四,加强基础建设,不断改善学校体育卫生条件。学校要依据国家的有关规定,不断完善学校自身的体育卫生设施,从而为学生开展体育活动和能在良好的卫生环境下学习、成长创造条件,教育行政部门和体育、卫生管理部门也应在财力、物力和人力方面给予相应的支持。

学校体育卫生管理的原则

为有效地搞好中小学体育卫生工作,在开展学校体育卫生活动时,我们必须考虑下列原则:

第一,体育与卫生相结合。体育和卫生虽属不同性质的工作,但它们的目标有相似之处,即都是针对学生的身心健康而言的,前者是一种促进性目标,后者则是一种预防性目标。正因为如此,应把学校体育的目标和卫生工作的目标适当结合起来,它们之间是一种相互包容的关系。我国著名的医学和卫生教育专家叶恭绍曾将这种关系描述为:在体育中必须讲究卫生,否则不能达到"增强体质的目的";而在学校卫生工作中必须包括体育,因为这样能"以积极的手段防治一些疾病"。[1]

第二,体育卫生活动与品德、智力发展并重。体育是德育和智育发展的基础,没有健康的体魄和良好的卫生习惯,品德和智力的发展也会受到影响,所以历史上没有一个教育家不把体育放到学校教育的突出位置上的。我们一贯倡导的全面发展的教育方针,以及我们今天所提倡的素质教育理念,实际上也体现出了德智体并重的思想。

第三,课内与课外相结合。所谓课内,是指体育课、卫生常识课等专门性课程,而课外则指有关的体育卫生活动安排,如运动会、定期健康检查等。无论课内课外,都应看作学校体育卫生工作的有机组成部分,不该出现重此轻彼的现象。

第四,普及为主。中小学体育卫生工作应以全体学生为对象,以普及为主,努力营造人人参加体育锻炼、个个遵守卫生习惯的学校氛围。

第五,因地制宜地安排活动内容。体育和卫生服务的目标要符合国情,承认地区差异,做到既有效,又实际可行。

---

① 叶恭绍等:《体育与卫生相结合提高新一代的健康水平》,《北京体育学院学报》1979 年第 4 期。

第二节 学校体育卫生设施

体育卫生管理的物质基础——设施

学校体育卫生工作的基础是设施。开展体育活动,需要有场地、球架或其他体育器材的保证;开展卫生工作,则要有必备的卫生条件、器材和药品,这些都是学校体育卫生工作的物质基础。这或许也是现代学校与历史上书院、私塾一类教育场所在学校设备方面的最大区别之一。当然,由于各地条件不同,为学校提供的经济基础也不同。要求所有学校都按照最完备的设施标准配备是不现实的,尤其在我们这样一个经济比较落后的教育大国来说更是如此。因此,国家有关部门规定,在"符合卫生和安全要求"的前提下,设施、场地可以是因地制宜、各校有别的。

国外有些研究认为,较适当的学校体育卫生设施应包括下列一些方面:校舍的合适规模、位置及其安全性;学校建筑在大小、设备、安全性能、照明、桌椅、音响装置、取暖和通风等方面符合标准;由学生共同计划和参与的安全监察、练习和巡视;适当的学校环境保护;适宜的和安全的体育、娱乐设备和器具;学校膳食和点心;安全的校车运行。[①] 国内有些学者在论述学校后勤管理工作时也认为,学校的体育卫生设施应考虑这样一些因素:校园的占地面积,校区的功能划分,校舍建筑与体育场馆及道路系统的布局;校园绿化,环境卫生和文化设施的建设;学生宿舍区包括学生宿舍楼(学生公寓)及其附属的生活服务设施和文娱体育活动场所的设置;学校食堂地点的安排,营养卫生,成本核算,烹调与服务质量的管理;学校卫生医疗机构的设置,以及渗透教学、体育、劳动和生活等过程中的卫生实施与管理。[②] 参照我国有关部门的规定,以下从运动场地、卫生服务机构设置、教室卫生、课桌椅卫生标准等方面,对学校体育卫生设施情况作一简单介绍。

学校运动场地

近几年来,几乎所有国家在规划学校设施的时候,都把运动场地作为基本建设项目之一。在我国,根据现有的《中等师范学校及城市一般中、小学校舍规划面积定额(试行)》的附录规定,城市中、小学运动场地的大小,要依学生人数的多少而定。一般地说,中学设置 250 m 环形跑道(附 100 m 直跑道)田径场一个;

---

① 朱家雄:《教育卫生学》,人民教育出版社 1998 年版,第 214—215 页。
② 蒋景华等:《高等学校后勤管理》,北京师范大学出版社 1995 年版,第 236—247 页。

有条件的地区,规模较大的学校(如学生为 1 200—1 500 人)可设置 300—400 m 环形跑道;此外,根据学校的不同规模设置一定数量的篮、排球场和器械场。小学设置 200 m 环形跑道(附 60 m 直跑道)田径场一个;有条件的地区,规模较大的学校,可设置 200—300 m 环形跑道的田径场;此外,根据学校的不同规模设置一定数量的篮球场和器械场。位于市中心区的中小学,因用地困难,跑道设置可适当减少,但小学不应少于一组 60 m 直跑道,中学不应少于一组 100 m 直跑道。[①] 农村学校的运动场地标准,还可根据实际情况作适当调整。再有,运动场地边缘与教学楼的间距应不少于 25 米,且宜设置绿化地带,以减少运动噪音对教室的干扰。

校内卫生保健服务设施

我国高等院校一般都设有较完善的校医院,负责师生员工的医疗防治及卫生保健工作。但是,我国中小学,尤其是非寄宿制的学校,在校内卫生保健设置方面还是相当薄弱的。为此,原国家教委和卫生部于 1990 年 4 月发布了《学校卫生工作条例》,对普通中小学的卫生服务设施提出了具体的要求。这些要求包括:中小学按学生人数 600:1 的比例配备专职卫生技术人员,学生人数不足 600 人的学校,可配备专职或兼职保健教师;学校要为学生提供充足的符合卫生标准的饮水;学校应按规定为学生设置厕所和洗手设施等等。此外,在有关部门颁布的《中小学校建筑设计规范》中也提出,小学保健室可设一间,中学设两间。保健室的大小应能容纳常用诊疗设备和满足视力检查的要求;教学楼内应分层设饮水处,宜按每 50 人设一个饮水器;教学楼应分层设厕所,教职工厕所应与学生厕所分设等等。

教室卫生

教室是校舍的主体,是学生上课学习的主要场所。教室的卫生应特别引起学校管理者的重视。按照我国有关中小学建筑设计规定,教室卫生的内容主要包括:第一,教室的位置:教室与厕所、饮水处、楼梯等处应容易通达;一旦发生灾害性事件,应便于学生疏散。第二,教室的大小:除了要考虑容纳的学生数外,还要考虑学生视、听觉要求和排列课桌椅的卫生要求;教室第一排课桌和最后一排课桌应与教室的前后黑板保持一定距离;教室的层高,小学为 3.10 米,中学为 3.40 米。第三,教室的学生数:不应超过规定的学生数,否则会影响室内的空气和学生的视听效果。目前国家的规定为,小学每班 45 人,中学 50 人。第四,教室内的噪音控制:一般应控制在 40 分贝以下,否则会影响学生的身心健康,对学习也会带来不利影响。

---

① 吴秀娟等:《中国校长工作新论》,辽宁人民出版社 1996 年版,第 174 页。

新编教育管理学(第 2 版)

为避免噪声过大,学校的校址选择应尽量避免过于靠近闹市、交通要道、农贸市场等地方。第五,教室的通风、采暖和照明:应保持良好的通风环境和新鲜空气,教室内最适合的温度应是 16—18℃;教室内要有足够的自然采光和人工照明,其中采光系数不小于 1∶4—1∶6,人工平均照度则不低于 150 Lux—200 Lux。

学校课桌椅的卫生标准

在学校的各项体育卫生设施中,课桌椅与学生的关系最密切。学生在校的时间大部分是在课桌椅前度过的,所以课桌椅是学校各项体育卫生设施中的基本设备,对儿童青少年的健康有重要影响。很多研究也指出,课桌椅的结构通过人的坐姿影响着学生的形体发育,影响其呼吸机能、血液循环和内脏器官的活动与发育。合乎卫生标准的课桌椅设计,则可保护视力,预防近视,不易产生疲劳,对学生的整个学习状态有积极的作用。当前,我国中小学课桌椅标准主要是依据卫生部 2002 年 5 月批准、2003 年 1 月实施的中华人民共和国国家标准——《学校课桌椅功能尺寸》标准(GB/T 3976—2002)。该标准是对 GB 7792—1987《学校课桌椅卫生标准》和 GB 3976—1983《学校课桌椅功能尺寸》的合并修订。表 12 - 1 是有关学校课桌椅功能尺寸的部分规格要求。

表 12 - 1　中小学校课椅的尺寸　　　　　　　　　cm

课桌椅型号	桌面高	座面高	标准身高	学生身高范围	颜色标志
1 号	76	44	180.0	173—	蓝
2 号	73	42	172.5	165—179	白
3 号	70	40	165.0	158—172	绿
4 号	67	38	157.5	150—164	白
5 号	64	36	150.0	143—157	红
6 号	61	34	142.5	135—149	白
7 号	58	32	135.0	128—142	黄
8 号	55	30	127.5	120—134	白
9 号	52	29	120.0	113—127	紫
10 号	49	27	112.5	119 以下	白

注:1. 标准身高系指各型号课桌椅最具代表性的身高。对正在生长发育的儿童青少年而言,常取各项高段的中值。

　　2. 学生身高范围厘米以下四舍五入。

　　3. 颜色标志即标牌的颜色。

第三节 学校体育卫生管理的实施

学校体育卫生工作的标准

为贯彻落实健康第一的指导思想,切实加强学校体育卫生工作,促进学生积极参加体育锻炼,养成良好的锻炼习惯,提高健康水平,必须相应制定若干常规工作标准,这些标准包括:

体育锻炼标准 1989 年 12 月 9 日国务院批准,1990 年 1 月 5 日国家体委、国家教委颁布的《国家体育锻炼标准》,是促进学生正常发育,提高学生体质的重要标准。无论中学还是小学,都必须努力创造条件,将体育课、课外锻炼和运动竞赛结合起来,促使学生通过积极的体育锻炼,达到国家规定的体锻标准。[1]

学生体质健康标准 由教育部、国家体育总局颁布、从 2007 年 4 月起实施的《国家学生体质健康标准》是《国家体育锻炼标准》的有机组成部分。它是国家对学生体质健康方面的基本要求,适用于全日制小学、初中、普通高中、中等职业学校和普通高等学校的在校学生。该标准从身体形态、身体机能、身体素质和运动能力等方面综合评定学生的体质健康水平,是促进学生体质健康发展、激励学生积极进行身体锻炼的教育手段,是学生体质健康的个体评价标准。《国家学生体质健康标准》共分为小学低年级、小学高年级、初中、高中、大学五个阶段。评价指标与分值见表 12-2。

表 12-2 《国家学生体质健康标准》评价指标与分值

组 别	评价指标(测试项目)	分值	备 注
小学一、二年级	身高标准体重	20	必 测
	坐位体前屈、投沙包	40	选测一项
	50 米跑(25 米×2 往返跑)、立定跳远、跳绳、踢毽子	40	选测一项
小学三、四年级	身高标准体重	20	必 测
	坐位体前屈、掷实心球、仰卧起坐	40	选测一项
	50 米跑(25 米×2 往返跑)、立定跳远、跳绳	40	选测一项
小学五、六年级	身高标准体重	10	必 测
	肺活量体重指数	20	必 测
	400 米跑(50 米×8 往返跑)、台阶试验	30	选测一项
	坐位体前屈、掷实心球、仰卧起坐、握力体重指数	20	选测一项

---

[1] 《国家体育锻炼标准》修改工作小组:《国家体育锻炼标准手册》,人民体育出版社 1999 年版。

新编教育管理学(第2版)

组　别	评价指标(测试项目)	分值	备　注
小学五、六年级	50米跑(25米×2往返跑)、立定跳远、跳绳、篮球运球、足球颠球、排球垫球	20	选测一项
初中、高中、大学各年级	身高标准体重 肺活量体重指数 1 000米跑(男)、800米跑(女)、台阶试验 坐位体前屈、掷实心球、仰卧起坐(女)、引体向上(男)、握力体重指数 50米跑、立定跳远、跳绳、篮球运球、足球运球、排球垫球	10 20 30 20 20	必　测 必　测 选测一项 选测一项 选测一项

(注:身高标准体重测试项目为身高、体重,肺活量体重指数测试项目为肺活量,握力体重指数测试项目为握力)

　　中小学体育器材和场地国家标准　中小学的体育器材和设施多数是成人的标准,竞技色彩太浓。比如篮球架太高,孩子们够不着,球的分量太重,孩子们拿着累,这大大影响了学生们参加体育运动的积极性,有的学生甚至对体育课望而生畏。更重要的是,小身材的孩子们使用成人化的体育器材和设施,不符合学生的身心发展规律和体育运动规律。中小学体育器材、设施的规格标准必须要有教育性、科学性、安全性、趣味性和实用性。对此,国家质量监督检验检疫总局于2005年8月26日批准发布了《中小学体育器材和场地》国家标准(GB/T19851—2005),自2005年10月1日开始实施。该标准是根据我国中小学生生理、心理发展规律和特点而制定的,是义务教育阶段中小学校体育器材配备和场地建设的规范性文件。中小学校的体育课教学、课余训练、体育竞赛、学校运动会等工作所涉及的有关体育器材、场地的内容,应逐步与《中小学体育器材和场地》国家标准规定的体育器材、场地标准相一致。

　　体育与健康课程标准　《体育(与健康)课程标准》,只规定学习的内容框架,对具体教学内容和时数比例不作规定,以"运动参与"、"运动技能"、"身体健康"、"心理健康"和"社会适应"五个学习领域进行分类,拓宽了体育的学习领域,是《体育教学大纲》在新时期的发展。

学校体育卫生管理的制度

　　为使学校体育卫生工作的管理更富有成效,必须相应制定若干常规管理制度,这些制度包括:

　　卫生监督制度　学校卫生监督制度涉及的范围很广,大的如整个校园环境、学校绿化、食堂清洁、宿舍管理等,小的如学生的学习习惯、坐姿站姿、劳动卫生等。卫生监督制度贵在坚持,学校要安排专人经常检查、定期评比。

疾病预防制度　由于中小学一般校园面积都不大,学生人数相对又较集中,加上学生尚未发育成熟,抗病能力较差,故某些传染性疾病易于在学校流传扩散。此外像近视、龋齿、脊柱弯曲、寄生虫、沙眼等常见病在学生中也很普遍。鉴于此,在学校中要积极开展疾病预防工作。教师除进行经常性的宣传教育外,特别要注意有身体反应异常的学生,一经发现,需立即与家长联系,及时送医院进行诊治。

生活作息制度　为保证学生的身心健康,学校要妥善安排学生的生活作息制度。根据《学校卫生工作条例》,学生每日学习时间(包括自习),小学不得超过六小时,中学不超过八小时。虽然由于升学压力所迫,学校实际很难控制学生整个一天的学习时间,但须从某些方面入手为此创造条件,如控制作业总量,不拖延上课时间,规定到校、离校的时间,双休日及节假日不补课,等等。

体育场地、器材维修检查制度　由于经常发生因体育场地、器材陈旧老化或设施不当而导致学生伤害的事件,故对体育设施、器材的维修和检查也应列入学校的体育卫生常规制度之中。体育教师和学校的总务后勤部门对此应特别予以关注。

学校饮食卫生管理制度　根据国家颁布的有关卫生法规,学校须制定指导、监督和检查学校饮食的规程和准则。主要内容有:学校饮食卫生管理体系和卫生监督体系,学校饮食卫生岗位职责;食品制作的操作卫生规程和食物保管规则;饮食供给的数量、质量,饮食结构和进餐时间;饮食卫生标准和检查、评价方法以及相关的奖惩措施。

学校环境卫生管理制度　根据学校卫生学的原理,学校要制定对学校环境进行绿化、清扫、保洁、整饰的相关制度。主要内容有:确立学校环境卫生的监督和管理体系;划分学校环境卫生清洁区,建立环境卫生岗位职责;规定环境卫生保洁标准和要求;规定学校环境卫生大扫除日;规定清洁工具、药物等的保管措施;规定学校环境卫生检查、评定的标准和方法以及相应的奖惩制度等等。

预防学生意外伤害事故制度　为了维护学生的安全与健康,防止意外伤害事故的发生,学校必须制定相应的制度,其内容包括:一切体育活动(包括体育课、体育锻炼和专业队的训练)事前做好准备活动,事后做好整理活动;规定学生体育活动时穿合适的衣服和鞋子;体育的器材和场地要进行安全检查,场地的分配要合理;体育活动的要求(指难度和时间)要适合学生的年龄、性别和体力特点,不宜硬性要求;饭前、饭后不搞剧烈活动,以避免消化系统受损伤;对有病患或体质孱弱的学生可组织起来进行保健性锻炼等。

学校体育工作的常规管理

教育部 2005 年 8 月《关于落实保证中小学生每天体育活动时间的意见》提出:各地教育部门和学校,要切实树立健康第一的指导思想,把保证学生每天一小时体育活动的工作纳入学校教育、教学内容中,中小学校必须按照国家有关体育课设置的规定,开齐并上好体育课,要保证课外体育活动时间,实行大课间体育活动制度,建立督导、检查和工作评比制度。

课程教学 体育课是中小学生的必修课程,也是学生毕业、升学考试科目。中小学校必须按照国家有关中小学体育课设置的规定和要求,开齐并上好体育课:小学1—2年级每周为4课时,小学3—6年级和初中每周为3课时,高中每周2节体育课。① 任何地方、学校、教师不得以任何理由削减、挤占、挪用体育课时间,而应严格遵循课程标准的要求,切实提高体育课的教学效果。

早操和课间操 学校开展早操和课间操活动,通常由体育教师负责组织,班主任协助,分管体育卫生工作的校长、教导主任给予指导和督促检查。

课外体育活动 课外体育活动是学校体育的组织形式之一,是实现学校体育活动目标的重要途径。学校要保证学生每天有适量的身体运动时间,根据《学校体育工作条例》规定,中小学每周应安排三次以上课外体育活动,保证学生每天有一小时体育活动的时间(含体育课)。2007年,教育部《关于开展全国亿万学生阳光体育运动的决定》再次强调,保证学生每天有1小时的体育活动时间,积极倡导"每天锻炼一小时,健康工作五十年,幸福生活一辈子"。此外,学校还可根据条件,有计划地组织学生远足、野营和举办夏令营等多种形式的体育活动。在内容方面,坚持生动活泼、讲求实效、持之以恒的原则。由于季节变化,项目安排要能适当,如夏季可安排乒乓球、游泳及活动量小的田径活动,冬季可安排跳绳、踢毽和跑步等。教导处应把课外的体育活动与体育课交错安排,列入课表,形成制度。

运动会和体育竞赛 根据《学校体育工作条例》规定,学校每学年至少举行一次以田径项目为主的全校性运动会;其他体育竞赛则应贯彻小型多样、单项分散、勤俭节约的原则。按现有规定,一般不举行全国小学生运动会,全国中学生运动会每三年举行一次,大学生运动会每四年举行一次。

运动队及其训练 学校在普及体育运动的同时,可视条件成立运动队,由专门的教师负责开展适当训练,以培养专门的体育后备人员。学校运动队应以业余训练为主,不能因训练而荒废学业。

学校卫生工作的常规管理

学校卫生工作是加强学校卫生建设,提高学生健康水平的重要工作。主要任务是:改善学校卫生条件;监测学校卫生状况;对学生进行健康教育,培养学生良好的卫生习惯;加强对传染病、学生常见病的预防和治疗。学校卫生工作规范的管理包括:

---

① 教育部基础教育司编:《体育(与健康)课程标准解读(实验稿)》,湖北教育出版社2002年版。

学校健康教育　这是以在校学生为对象,以传播健康知识、培养卫生行为、改善环境为核心内容的学校教育活动,实施的途径主要有三种:健康课程教学、健康活动、健康咨询与家长行为指导。根据《学校卫生工作条例》规定,学校应把健康教育纳入教学计划,普通中小学必须开设健康教育课,并对学生进行健康咨询活动。有条件的学校,还可定期开展健康教育的专题讲座。

传染病预防　学校要努力减少和控制传染病在学校的发生和蔓延,确保学生身心健康。2005年2月,教育部办公厅发布《关于加强冬春季学校传染病预防工作的通知》,对学校传染病预防与控制工作提出了明确要求,其主要措施包括:开展预防学校传染病的宣传工作;制定合理的生活作息制度;进行计划免疫和预防接种,建立学生预防接种卡;加强学校多发传染病疫情检测工作;建立传染病流行的报告制度等。

学生健康检查　学校应根据条件,定期对学生进行健康状况检查,主要分为健康筛查、健康普查和健康检测等种类,要建立学生体质健康卡片,并归入学校档案。健康检查中如发现学生有器质性疾病,应配合学生家长做好转诊治疗。

卫生监督　学校必须对学校师生遵守卫生法规和卫生规则的情况进行检查和监督。这种检查和监督按层次可分为卫生行政部门对学校实施卫生监督,校医或保健老师对学生实施的卫生监督。在执行任务时,学校卫生监督员有权查阅有关资料,被监督的学校和个人应当给予配合。学校卫生监督员对所掌握的资料、情况负有保密的责任。

学生的教学卫生管理　学生的学习,从课内到课外,都应该有妥善的安排,应符合卫生管理要求。为此,要做好以下几个方面的工作:教室和教学设备的卫生;教学与学习的卫生;保护学生视力;牙齿卫生的教育等。

学生营养工作的常规管理

青少年营养与健康状况的好坏直接影响其生长发育,并最终影响其健康素质。2007年5月7日下发的《中共中央国务院关于加强青少年体育增强青少年体质的意见》,针对青少年营养状况存在的突出问题,对加强学生营养工作提出了若干要求,内容包括:积极开展科学营养方面的健康教育,建立和完善青少年营养干预机制,对城乡青少年及其家庭加强营养指导;通过财政资助、勤工俭学、社会捐助等方式提高农村寄宿制学校家庭经济困难学生伙食补贴标准,保证必要的营养需要;通过5年左右的时间,使我国青少年营养不良和肥胖的发生率明显下降等等。为落实中央指示,学校有义务对青少年进行营养知识教育,帮助其树立科学的营养健康意识,养成良好的饮食卫生习惯,同时实施相应的营养干预措施。

中小学校学生营养现状　近年来,随着我国国民经济的发展和人民生活水平的提高,学生营养状况总体上有所改善,但仍然存在不少问题。如:受生活节奏加快的影响,学校师生、家长对一日三餐膳食的构成普遍是"早餐马虎,午餐凑合,晚餐丰盛"，多数家庭的儿童、青少年很难获得均衡的营养餐来保障生长发育的需求。2005 年全国学生体质健康调研结果表明：青少年学生低体重和营养不良检出率以及低血红蛋白检出率仍然较高，学生超重与肥胖检出率继续增加。这些问题如不加以解决，将严重影响我国社会主义建设人才的培养，影响中华民族整体素质的提高。

宣传科学、正确的营养观念　学校要把学生营养教育作为学校教育的重要内容，纳入学校健康教育进行统筹考虑，对学生开展营养教育，培养学生良好的饮食习惯，帮助学生逐步改掉偏食、挑食、暴饮暴食的毛病，树立科学的饮食与营养观念。

实施营养午餐和饮用奶计划　学校的午餐营养问题不但关乎学生生长发育，更对学生成人后的身体素质有着深远的影响。在中小学校实施营养午餐和"学生饮用奶计划"，是经过探索并被实践证明对改善学生营养状况非常有效的做法，在许多国家得到了推广。如二战后的日本政府推行学生午餐和饮用奶计划，使日本人的平均身高和体重比上一代明显增长，日本的这一经验被国际公认为增强人类体质的范例。因此，我们应吸收和借鉴发达国家的经验和做法，在有条件的地方和学校积极推进学生营养午餐及学生饮用奶计划。

办好学生食堂　不少学校都办有学生食堂，尤其是寄宿制学校，学生一日三餐都在学校食堂就餐，因此，学校要加强食堂的卫生管理，完善食品卫生管理制度和工作机制，保证食品卫生与饮食安全，防止各种类型的食物中毒和肠道传染病发生。在保证食品卫生安全的基础上，学校食堂要努力增加食物的花色品种，进行食物与营养的合理搭配，改善食物的色、香、味，以满足就餐学生基本的营养需要。农村地区的学校食堂，可以借鉴一些地方开展大豆行动计划的经验，充分利用农村地区丰富的大豆资源，加工豆腐、豆浆及其他豆制品，做到每天都能吃到一定数量的豆制品，此外，还可以结合劳动技术教育，发展校园经济，养猪（鸡、鱼）和种菜，使学生能吃到一定的肉类食品，吃到多种新鲜蔬菜。

加强学校健康教育

学校体育卫生工作归根结底是为了促进学生的身体健康。然而，何为健康？1978 年国际初级卫生保健大会颁布了《阿拉木图宣言》，该宣言提出："健康不仅是疾病体弱的匿迹，而是身心健康、社会幸福的完美状态。"这个概念不仅阐明了生物学因素与健康的关系，而且强调心理、社会因素对人体健康的影响。1990 年，世界卫生组织（WHO）关于健康的概念有了新的发展，把道德修养纳入了健康的范畴，即健康不仅涉及人的体能方面，也涉及人的精神方面，包括道德修养。为了落实世界卫生组织关于增进健康的要求，学校应努力开展对学生的健康教育，其内容包括：

第一，提高对健康的认知水平，增强自我保健意识和能力。学校要通过课堂内外的各种教育和倡导,使儿童青少年掌握较系统的卫生科学知识。树立敬畏生命、珍惜生灵、热爱生活、保护生态环境资源的信念和正确的健康价值观,并为其离校后一生中选择健康的生活实践打下基础。

第二,预防各种心理障碍,促进心理健康发展。学校要根据儿童青少年不同年龄阶段的身心发育状态,运用有针对性的教育和训练,培养儿童青少年健康的心理状态以及改善和适应环境的能力,有计划有目的地传授心理卫生知识,开展心理咨询和行为指导,预防各种心理障碍,促进儿童青少年心理素质的提高。

第三,增强保护环境、节约资源的意识。要教育儿童青少年建立人与生态环境统一的健康观,重视生存和生活环境,树立保护环境的意识,自觉维护环境卫生,努力节约资源,造福子孙后代。

第四,实施健康课程教学。健康课程教学主要指把健康教育纳入学校正规课程的设科教学,也包括在其他课程中融入健康教育内容的联络教学。课程内容大致包括个人卫生、营养、疾病预防、控制药物滥用(吸烟、酗酒、吸毒等)、心理卫生、家庭生活卫生、环境卫生、消费者卫生、社区卫生等 10 个方面,根据实际需求可以增减。

第四节　加强学校体育卫生工作的领导和师资队伍建设

学校领导应重视学校体育卫生工作

学校行政领导对学校体育卫生的管理负有特别的责任。在当前文化学科考试占据学校教育主导地位的情况下,能否切实落实各项体育卫生措施,关键取决于学校领导的重视程度。一些非正式研究指出,目前我国极少有体育、卫生教师出任校长的,在校务管理中也极少有把体育、卫生作为一个并行的方面提到议事日程上;体育只充当了"学科板块"中很小一份子,而卫生则简直没有地位。为什么体育卫生在学校教育中遭到冷落? 学校领导者的重视不够是其原因之一,一些学校领导者把体育卫生与学校教育质量的提高看成是互不相干的事情。当然,很多富有远见的学校领导不这么看,请看下面案例:

【案例 12-1】

蔡校长为什么抓清洁卫生工作

《中国教育报》2007 年 5 月 10 日刊登了《成就洋思,发展永威》一文,该文章介绍了蔡林森校长到河南永威学校任校长的事迹。

一个学校的纪律、卫生状况最能体现这个学校的管理水平。蔡校长到任后,制订出台了新的纪律、卫生评比规定，并将班级纪律、卫生评比结果直接与班主任津贴挂钩，由学生处工作人员、值日教师定期、不定期地进行检查，日公布、周小结、月底统计出各班总分填入当月公布栏，排出名次，给得分前三名的班级发循环红旗，并予以大会表彰。学期末，给全学期总分前三名的班级以重奖。教学区、生活区、会场，有人的地方就有检查。这样，几百名学生参加的会场，站起来后，竟然没有一片废纸；整个初中部教学秩序井然，与往日形成了鲜明的对比。

蔡校长还利用双休日，把教室、办公室、厕所进行了内外粉刷，同时，利用全体教师会，把墙壁承包到班主任。蔡校长说："墙干净了，但这是工人刷的，一年后情况如何，能保持现在这个样子吗？如果能，说明我们的素质提高了。"他还说："一所好学校一定是干净的，一个好班级一定是干净的。如果你没有本事把地扫干净，还有本事提高质量吗？要把墙放在你们的心上。"为了抓好环境卫生，他采取了"包、查、控、督、关"的五字方针。包：把墙包到学生，包到每一个人；查：发现问题一查到底，落实责任追究；控：与高中部分开，控制外来人员；督：人人监督，不乱扔纸屑废物，不胡写乱画；关：告诉学生，放学后、吃饭时要记住关门，防止出现问题。他要求教师对学生进行强有力的养成教育，同时带头吃苦，这就把保持优美环境从形式落到了实处。

不到半年，蔡校长把一个生源基础、师资水平都比较差的民办学校办成了当地的名校，初中部的综合考试成绩从全市第九提高到全市第二（英语单科第一）。洋思经验的缔造者蔡林森，在河南沁阳市永威学校创造了第二个洋思"神话"。

蔡校长的做法值得称道，他把卫生作为抓手，以此带动整个学校的教育教学工作。事实上，学校领导在学校体育卫生领域有很多事要做，如：根据上级党组织和教育行政部门的有关指示，结合学校各个阶段的工作任务，对学校体育工作提出总的目标要求，并将其列入学校工作计划；深入实际，检查、评估体育教学和课外体育活动开展情况及其效果；加强对体育组（室、部）和体育教师的领导，认真听取教师的意见和建议，关心他们的工作与生活，支持鼓励他们钻研业务，尊重体育教师的辛勤劳动；动员教育班主任、辅导员及全体教师重视学生德、智、体、美、劳的全面发展；提供必要的体育经费和物质条件保证等等。

大力加强学校体育卫生师资队伍的建设

加强学校体育卫生工作，除改善体育卫生方面的设施条件外，关键是建设一支思想素质好、业务水平高、结构层次合理的教师队伍。我国中小学从事体育卫生工作的教师勤勤恳恳，任劳任怨，艰苦奋斗，为培养合格人才，增强学生体质，提高运动技术水平作出了贡献。但是，我们也应看到，中小学体育卫生师资队伍数量不足，业务水平不高，仍是当前一个突出的问题。因此，必须采取有效措施，加速中小学体育卫生师资队伍的建设。

加速培养体育卫生新师资　其措施之一，是积极扩大现有大专院校体卫系、科的招生名额；在部分有条件的师范院校和综合大学建立体卫系、科。

抓紧培训在职体育卫生教师　学校应创造条件提高在职体育卫生教师的学历

层次,给中青年教师创造多种学习、进修、提高的机会,保证教师队伍的稳定发展。如支持专科学历的教师通过函授、自学等教育形式取得本科学历,有条件的中学可鼓励在职体育卫生教师进修硕士学位课程,在中学体育卫生教师中形成一批具有高学历的学术带头人。

配齐配强体育教师 《学校体育工作条例》明确规定:"学校应当在各级教育行政部门核定的教师总编制内,按照教学计划中体育课授课所占的比例和开展业余体育活动的需要配备体育教师。"长期以来,这一规定一直没有得到很好的落实。特别是新一轮基础教育课程改革之后,体育课时大幅度增加,而且课外活动时间大大增加,但体育教师的数量和质量并未得到相应的改善。为此,学校应当采取以下措施予以解决:增配体育教师(一般中小学按每周 18—20 节课配 1 名体育教师);合理计算体育教师的工作量;对体育专业毕业的教师,要适当调整归队从事体育教学工作;对偏远的农村中小学,可允许其他学科教师兼职;落实体育教师的各项合理待遇,如对体育教师的"评先表模"和职称评聘要与其他学科教师同等对待,对体育教师应享受的服装费及运动队训练的津补贴要按政策予以落实,对体育教师的业务学习要提供条件等等。

进一步落实相关组织和人员的岗位职责

为切实保证学校体育卫生工作的顺利实施,学校必须明确有关组织和人员的岗位职责,这包括以下一些方面:

体育教研组的岗位职责 其职责包括:协同学校有关部门制定学校体育工作计划和必要的规章制度,定期向学校领导者汇报工作;组织体育教师的政治学习和业务进修,有条件的可组织开展学校体育工作研究;组织体育教师搞好集体备课和观摩教学,定期检查其教学工作;组织早操、课间操和课外体育活动,积极推行《国家体育锻炼标准》,搞好运动队训练和组织校内外竞赛活动;协同校医定期检查学生的身体,积累资料,进行分析研究,以改进工作;协助总务部门做好体育器材的选购、维修和保管。

卫生室的岗位职责 其职责包括:贯彻预防为主的方针,重视做好学生的防病治病工作;监督学校教学、体育、生产劳动中的生活卫生;组织学生体检,实行健康检测;积极开展卫生宣传教育,培养学生的良好卫生习惯。

体育教师的岗位职责 其职责包括:设计体育课程教学、校内外学生体育锻炼、学校运动会等的方案并予以有效落实;监查学生的日常作息制度和校内活动方式;组织学生开展课内和课外体育活动;监控学生运动密度、强度和时间;培养学生终身参加体育锻炼的习惯、态度和技能;传授符合教学大纲规定的专门运动项目的知识和技能等等。

卫生教师的岗位职责 其职责包括:在校内创设有助于健康的生活和心理环境;定期组织学生和教师接受健康检查;积极做好学校常见病和地区流行病、传染病的预防工作;完成规定的在校生免疫接种任务;随时接受学生的心理咨询和病患门诊;监督教育教学设施的卫生安全状况;培养学生良好的生活方式和行为习惯。

班主任的岗位职责 虽然班主任一般不直接担任体育、卫生工作,但在班级授课制的学校教学组织方式中,没有谁能比班主任更了解学生的身心健康状况和学习生活环境。因此,班主任应该义不容辞地协助体育、卫生教师开展有关活动。如:督促学生达到《国家学生体质健康标准》;在课堂教学中培养学生良好的卫生习惯;在班集体中建立和谐和积极向上的人际氛围,以使学生在快乐而健康的学习环境中接受教育;对学生的学习心理压力给予必要的疏导;有效地控制学生的学业负担;在班级中开展适当的文体娱乐活动等等。

科任教师的岗位职责 很多科任教师(不包括体育、卫生教师)并不担任班主任工作,但这并不意味着他们对学生的健康没有责任。从"有益于学生健康"这一目标出发,科任教师可以做的是:时刻关心学生的身心健康状况;督促学生养成良好的学习卫生习惯;配合体育教师、卫生教师和班主任开展文化体育活动;不额外增加学生的学习负担等等。

思 考 题

1. 学校体育卫生工作的意义和任务是什么?
2. 在学校教育教学过程中如何体现体育卫生管理的原则?
3. 学校行政与教师在体育卫生管理方面负有哪些职责?

第六篇

教育实务管理(下)

第十三章 教育科研管理

本章学习目标

1. 把握教育科研的含义和意义;
2. 认识教育科研的分类;
3. 明确教育科研管理的过程;
4. 全面把握中小学教育科研应注意的问题。

第一节 时代呼唤教育科研

教育科研的含义及意义

教育科研是教育科学研究的简称,是人们探索和认识教育客观规律的有效途径。人们要认识儿童生长发育及心理发展的规律,就要研究儿童;要探索新的教学方法,就要研究教学;要借鉴古今中外的教育经验,就要进行比较研究。总之,改进教育实践、认识教育规律的有效方法之一是进行教育研究。

教育科研与所有的科学研究一样,由三个基本要素组成,即科学理论、客观事实和方法技术。也就是说,它以教育理论为武器,以教育实践为对象,以科学的方法为手段,研究教育的发展变化。为什么要从事教育科研? 其主要原因是:随着社会政治、经济的发展和时代的进步,教育过程中出现了很多新的问题,这些新的问题单纯依靠过去的经验很难得到圆满解决,而需要通过教育科学理论的指导,特别是通过教育科研来加以探索,从而找到解决的方法,并在这一过程中进一步加深对教育规律的认识。具体来说,教育科研的意义是:第一,它可以促使教育决策的科学化;第二,它是教育理论与教育实践之间的桥梁,为教育科学理论转化为教育实际应用提供了条件;第三,它是提高学校教育教学质量和整体办学水平的重要手段;第四,它为教师专业发展开辟了重要的途径;第五,它为有远见、有抱负的教育改革家提供了教育实验的舞台。

近年来,伴随"科研兴教"、"科研兴校"理念的深入人心,教育科学研究已经不再是高校科研人员、专职研究机构的专属,越来越多的基础教育一线教师加入到这一行列中来。教育科研成为解决问题、促进学校发展变革的重要力量。

【案例 13－1】

实施精致教育　以科研促改革

上海某中学创建于 1987 年,由香港爱国同胞捐资兴建,是改革开放后建成的浦东第一所侨资捐赠学校。学校创立之初,设施齐全,环境优雅,硬件设施和校园环境处于浦东新区前列。至 21 世纪之初,经过十多年的发展壮大,该校整体办学水平大大提升。但随着上海基础教育改革日益深化,学校的发展步伐缓慢了,似乎进入了发展的高原期。在完成了学校领导班子的新老更替之后,新任校长带领全体教职工对学校的现状和发展进行了思考与分析。

在认真反思和分析的基础上,结合学校实际情况,校长带领全体教师确立了"中学精致教育探索"的研究课题,期望以此研究课题为抓手,改变学校粗放式的教学管理模式和形式主义作风,实现管理的最优化,并促进学校教育教学质量的全面提升。所谓的"精致教育",就是要在面向全体学生的同时,重视学生个体差异,使处于不同层次的学生在原有基础上获得最大限度的发展。实施精致教育,要求教师在教学设计上精心,在教学内容上精选,在教学过程中精细,在教学成果上精品。不仅如此,精致教育还要求学校的德育、教学和管理工作"三位一体",齐头并进,从精致教学到精致德育,从精致德育到到精致管理,体现整体改革的精神,力求多维度实现学校的可持续发展。

该校通过几年的教育科研实践,学生的整体素养有了显著提高,"为全体学生最大限度发展"的办学理念得到了充分体现,教师的专业素质也在教育科研的过程中不断得到提高,学校的管理模式也日益优化。校长在回顾学校走过的路程时深有体会地说:不要小看教育科研的价值,它能引领学校的发展,彰显学校的办学特色,提高学校的办学质量。我们要继续坚持科研兴校的方向不动摇。

在充分肯定近年来我国教育科研所取得显著成果的同时,不可否认,总体来说,我国的教育科研水平与世界先进水平相比尚有距离,这突出表现在四个"少",即发表在国际知名教育刊物上的研究文章少,创建真正有理论根底的教育流派少,出现类似于蔡元培、陶行知那样有时代意义的教育家少,教育领域的实证研究和实验研究少。为改变这些不足,广大教育工作者需要不断去提高教育科研水平。

教育科研:历史与现状

教育科研对教育发展的巨大促进作用,经 20 世纪以来教育实践的一再检验,已被越来越多的人所认识。从 20 世纪初杜威芝加哥实验学校的研究、蒙台梭利早期儿童教育的研究、尼尔(A. S. Neill)在夏山学校(Summerhill,又译萨默希尔学校)的实验研究,到 20 世纪后半期皮亚杰发生认识论的研究、布鲁纳教育过程的研究、赞可夫教学与发展的实验研究等等,所有这些,不仅极大地提高了教育科学研究的水平,加深了人们对教育规律的认识,而且在课程、教学方法、早期儿童教育、教育管理、教育技术等方面为教育的发展作出了巨大的贡献。

与其他国家一样,自20世纪以来,我国在教育科学研究方面也做了许多尝试。如20世纪一二十年代,在杜威学说的影响下,陶行知、俞子夷、舒新城等人在南京、上海等地着手尝试的"生活教育"、"设计教学法"、"道尔顿制"的研究;受平民教育观的影响,晏阳初在河北定县进行的平民教育实验研究;此外还有黄炎培的乡村职业教育实验、梁漱溟在山东邹平县的乡村教育改革实验等。新中国成立以后,由于受政治思潮的影响,在相当长一段时期内,教育科研不被人重视。粉碎"四人帮"后,特别是实行改革开放的国策以后,教育科研的地位又重新在我国教育界和学术界得到确认。1981年12月,来自上海普教系统的500多名教师和干部会聚一堂,召开了上海市第一次中小学教育科研规划会议,这是我国改革开放以后召开较早的地方性教育科研工作会议之一,标志了中小学教育科研在我国教育改革的春风中正在逐渐复苏,重新焕发出蓬勃的生机。20世纪70年代末80年代初起步的全国中小学教育科研,在当时取得了不少有影响力的科研成果,如北京、上海、辽宁、浙江等地的"愉快教育"、"快乐教育"、"成功教育"、"集中识字教学实验"、"青浦数学教改实验"、"整体教育改革实验",以及汨罗、烟台等地的"素质教育实验区"、安徽的"农科教统筹实验"等等。这些成果表明,我国的教育科研在迅速兴起,经历了一个从单打独斗到普遍参与,从不重视到重视,从初级起步到制度规范、形成科研文化的发展历程。如果说新中国以前的教育研究为我国平民大众教育的普及作出了一定贡献的话,那么可以说,改革开放以来的教育研究为全面提高我国的教育质量、促进学生的全面发展打下了扎实的基础。迈入新世纪以后,我们欣喜地看到,学校教育科研已经成为深化课程改革、促进教师专业发展、提高学校办学水平的重要手段。尤其是随着中小学新课程改革的不断推进和教师专业化程度的日益提高,中小学教育科研无论从内容还是从形式上都有了新的发展,出现了研究问题校本化、研究动力内在化、研究对象专题化、研究方法综合化、研究手段信息化、研究过程规范化、研究资源整合化、研究话语个性化、研究成果显性化的新趋向,这些新变化,标志着中小学的教育科研又迈上了一个新的发展阶段,教育科研的春天已经到来。

教育科研的基本分类之一:基础研究和应用研究

教育科研有多种类型,从其目的分,有基础研究和应用研究;从其方法分,有定量研究和定性研究。认识这些类型,对我们更好地开展教育科研管理工作有一定的帮助。

基础研究　基础研究也称为基本理论研究,其特点:第一,研究的问题、结果和发现大多具有普遍的意义;第二,研究的最根本目的在于发展理论,扩充知识体系,完善学科建设;第三,研究过程中往往先有某种设想和假说,然后通过研究对此予以确立和验证;第四,研究也有可能产生某些实用价值,如解决某个实际问题等,但与发展知识体系的目的比,实用的意义常常只是附带的,而非初衷。以教育管理研究为例,下列研究从性质上讲显然属于基础研究:我国中小学校长有哪些领导风格;学校领导者的领导行为与教师的工作满意度之间有没有必然的联系;城市学校与农村学校在组织气氛方面是否表现出明显差异;影响校长的权力和威信的因素有哪些;中小学中不同学科的教师对于成就感的需要是否一致;教育政策的制定过程是怎么一回事;中小学是否存在特定的组织文化;教育管理体制与民族文化传统之间是否有密切的联系。

当然,研究这些问题,并不是说它们对实际工作没有启发。如研究校长的领导风格,对改进校长工作会有帮助。不过,从本质上说,研究这类问题的直接目的并不在于具体指导某项工作,而在于对教育管理现象有更深刻的理性认识。

应用研究　与基础研究相比,应用研究的目的是解决当下的实际问题。这里所说的实际问题,既包括理论在实际中的应用,也包括实际中本身出现的问题。此外,这类实际问题往往与特定的时间、环境和条件联系在一起。试看下面的案例:

【案例13-2】

王校长的苦恼

某中学新调来一位王校长。为调动教学第一线教师的工作积极性,使学校工作尽快有起色,王校长决定在全校推行课时补贴制度。经过深思熟虑,并经校长会议讨论后,王校长推出了课时补贴的具体方案。大体内容是:根据教师的不同职称,发给满工作量的教师不同标准的课时补贴。

方案公布后,立即引起学校后勤人员的强烈不满,因为他们不是教师,不能享受课时补贴。在后勤人员的强大压力下,王校长不得不对原方案作出调整。几天后,他推出了第二套方案,规定后勤人员拿全体教师课时补贴的平均数,这相当于一个中级职称教师所拿的补贴。王校长满以为这下摆平了,哪想到又引起轩然大波。这次提出反对意见的是青年教师。他们认为,虽然自己工作时间不长,职称只有初级,但对教学尽心尽力,而且很多还在辛苦地进修,以获得本科文凭。按第一套方案,他们与高级教师相比已是悬殊很大,现在拿到的补贴连后勤人员都不如。他们感到学校不尊重青年教师。面对青年教师的强烈抵触情绪,王校长不得不对方案再次作修改,缩小了教师与后勤人员、初级教师与高级教师的差距。

第三套方案推出后,暂时平息了由课时补贴引起的风波,但王校长甚感苦恼:虽然皆大欢喜了,但与原先的目标相差太远了,还是平均主义,教师的工作积极性似乎没有明显提高。王校长真希望找到一位研究学校管理的专家,帮他设计一套既有明显的激励作用、执行起来又阻力小的补贴分配方案。

王校长能否找到这样一位专家暂且不论,但就他为解决课时补贴方案这一问题而言,自然属于应用研究。同样以教育管理为例,类似的应用研究非常之多。例如:小学校长应该怎样合理安排一天的工作;一所中等规模的中学,校级领导班子最好有几人;小学班干部是轮流当好,还是基本稳定好;中学年级组与教研组的关系如何处理;小学升中学实施"就近入学"制度出现了哪些新问题,该如何解决这些问题等等。当然,基础研究与应用研究的划分是相对的,如上述问题性质上虽属应用研究,但在解决问题的过程中往往也能对理论体系的发展作出贡献。因此,教育科学的基础研究和应用研究常常是相互联系、相互渗透的,前者为教育科学的理论输送养料,后者则为教育实际工作者提供适当的指导。

教育科研的基本分类之二:定量研究和定性研究

定量研究　同其他社会科学一样,从研究方法角度而言,教育科学研究可分成定量研究和定性研究。所谓定量研究,就是"研究是用数字和量度来描述的,而不是用语言文字。"[1]定量研究通常具有以下特征:第一,主要解决总体特征问题、各特征之间的关系问题、不同事物之间的比较问题;第二,有基本的研究范式,一般由假设、调查、统计、结论、建议等环节组成;第三,较倾向于以理论为基础,通过演绎的方法,将普遍性的原理推广到其他同质情形之中;第四,常常以抽样调查为基本手段,通过问卷的形式,有代表地抽取一定数量的事物进行研究;第五,主要通过数据的统计和展现来说明研究结果,而不是像定性研究那样通过叙述性的语言来说明研究结果;第六,强调研究者态度中立,注重对事实的描述。

仍以教育管理研究为例,如要研究"中学校长的领导风格与教师的工作满意度之间的关系"这样一个题目,一般的过程:一是提出若干假设,如"中学校长的领导风格可以分成民主型、专制型、混合型";二是编制有关问卷;三是将问卷随机抽样施测;四是将调查结果进行统计分析;五是确定领导风格与工作满意度之间的关系;六是提出相应的建议。在这个过程中,研究者注重的是对"校长的领导风格"和"教师的工作满意度"这一事实的描述,不作价值判断。研究所得的结论,通常也不是专门针对一所学校的,而是具有普遍的意义。

定性研究　所谓定性研究,就是用文字而不是数字和量度来对研究对象进行描述。定性研究几乎在各个方面都和定量研究表现出相反的特征:第一,强调背景,认为任何行为都只有在特定的背景之下才能被真正理解;第二,主张研究应在自然情景中进行,不对研究对象作任何控制;第三,在研究开始之前往往没有专门的理论假设或其他前提条件,理论在研究过程中渐渐形成;第四,没有固定的研究模式,往往可采用多种研究方法;第五,研究过程本质上是一种归纳的过程,即从特殊的情景中归纳出一般性的结论;第六,强调个人感受,认为事实和价值不能分离。例如,要研究校长负责制在学校中是如何实施的,就可采用定性研究的方法:选择一所学校,通过访谈、观察、参与学校决策观察等方式,获得对学校领导工作的整体认识,最终依靠自己的感受用文字将这些情况描述出来。

尽管从认识论的角度看,定量研究和定性研究有很大不同,但在实际研究过程

---

[1]　D. R. Krathwohl, *Methods of Educational and Social Science Research*: *An Integrated Apprach* (New York: Longman, 1993). p. 740.

中,为了全面认识教育现象,研究者常常需要将两者结合使用。因此,这两种研究都是有价值和必不可少的。

第二节 教育科研管理的过程

教育科研管理的意义

教育科研管理是为了指导、规范和发展学校教育科研而进行的一种管理活动,也是学校教育科研规范化、科学化的重要标志。它对于学校教育科研走上健康持续发展的道路具有重要的作用。具体而言,教育科研管理具有如下意义:

第一,有利于教育科研工作的规范化。教育科研管理必需要制定一系列的管理法则或条例,这些法则或条例对于营造教育科研的氛围,建立教育科研机构和网络,有效开展教育科研工作,合理使用教育科研经费,正确评估教育科研成果等都会有极其重要的规范作用。

第二,有利于提高教育科研工作的质量。教育科研管理的目的,就是通过科学的方法和手段,有效地组织广大教育人员参加教育科研。近年来,我国教育科研发展迅速,人们对它的期望也越来越高。通过加强对教育科研工作的管理,有利于我们扩大教育科研队伍,统一规划科研课题,使教育科研的目标更明确、更突出,从而促进教育科研工作整体效益的提高。

第三,有利于提高教育工作者的科研积极性。现代管理科学理论认为,管理具有激励的功能,竞争是激励的一种手段。有效的管理可以通过强化激励功能调动被管理者的积极性和创造性。教育科研管理也是如此。教育科研工作是一种特殊形态的劳动,其成果往往需要研究者投入大量艰苦的劳动,倾注心智和体力而获得,有些成果甚至是殚精竭虑,倾注毕生心血而换取的。加强管理,注重激励,正是为了调动广大教育工作者持久的科研积极性,并构成其积极参与科研工作的良好心理动因。

教育科研计划的制定

开展教育科研活动,首先要制定教育科研计划。教育科研计划按时间划分,有长期计划,也有中、短期计划。在我国,长期的带有宏观性质的教育科研计划一般是每五年制定一次,由全国教育科学规划会议或有关的专家委员会最后确定,并以书面形式向全国教育科研单位和各级教育机构公布。长期计划是教育科研发展的战略性规划,对今后几年的教育科研带有普遍的指导意义。中、短期计划是教育科研计划的主要部分,一般来说,地区性教育科研计划采取中、短期计划形式,时间为一到三年。中、短期计划较具体地向教育科研人员提出了课题研究的任务、方法和要求,具有较强的操作性。

为了更好地体现教育科研规划的走向和重点发展倾向,往往采取下达课题指南的方式,故课题指南也是教育科研计划的有机组成部分。确定课题指南的目的:一是为了更好地落实教育科研的指导思想,使富有理性的指导思想通过明确而具体的课题指南得以体现;二是为了突出重点,确保急需解决的项目放在显著地位供人选择;三是便于组织教育科研人员或基层教育组织申报课题。

教育科研课题的申报、评审和立项

课题申报 教育科研课题的申报,目前主要采用三种形式:第一种是推荐申报的方法,即由各级学校或教育科研机构组织人员自由申报课题,然后经初步筛选后向上推荐;第二种是招标的方法,由各级教育科研部门提出选题范围和选题原则,发布课题指南,然后由教育科研人员投标;第三种是指定专门单位申报,即把有关课题交给相关的单位或人员去实施。无论采用什么样的方法,都应尽可能做到:计划周密、要求明确、填表严谨、程序规范。

相对于中小学而言,教育科研课题的申报要尽可能体现"源于学校,服务学校"的原则。学校可由教师个人根据自己在教学实践中存在的问题提出课题方案,经学校教研组共同讨论,明确其研究的价值、意义及操作过程后,由教研组推荐到学校教科室参与校级课题的申报立项。我们主张,基层学校的教育科研课题,要以校级课题为基础,在校级课题层次的基础上,逐步发展成区(县)、市、省、国家级的课题。鉴于目前很多中小学在教育科研方面尚在探索阶段,最好鼓励教师们进行"小课题"研究,即研究目标明确、研究内容具体、研究范围较小、研究时间较短的课题。某师大附中推行的"教学一得"、"低起步、有后劲"课题申报经验很值得我们借鉴。

【案例 13-3】
低起步、有后劲

某师大附中的科研"行动层"包括了教研组、年级组和课题组的全体教师。在行动层面有效展开教育科研的运行机制为"低起步、有后劲"。"低起步"要求教师特别是新教师从具体的教育教学工作出发,从工作问题入手研究。"低起步"可以是设计一堂教学研究课,关注一种教学模式;可以是结合自己的教育教学实践,精读一本教育专著;可以是参加一项课题的研究;可以是准备一个教育讲座的发言(15 分钟),结合实际存在的问题写出经验总结性的"一得"之见。学校规定,教师每年都要撰写"教学一得",参加组室和大会交流,并在交流的基础上评出一、二、三等奖。得奖材料进教师业务档案,获奖文章编入《教师论文选》。"有后劲"是"低起步"所追求的教师研究的"自然"发展。有了"低起步"的开端后,才有了教师的发展"后劲"。从"一得"到"数得",从教育教学的经验总结上升到关于教育本质和规律的研究,从单一学科的研究发展到学科之间综合关系的研究。

课题评审 课题评审是指课题评审部门组织专家,按照规范的程序和公允的标准,对课题进行的咨询和评判活动。课题评审的过程可分为:第一,组成课题评审专家组。课题评审专家组的组成,必须充分考虑课题评审专家的代表性和互补性。课题评审专家组的人数、专业特长应科学合理。第二,设计课题评审方案。在设计课题评审方案时,必须明确评审的目的、范围、内容、程序、方式、评审专家组人数、评审纪律、保密规定、评审意见的格式和要求、评审意见的用途和公开范围等。第三,对申报课题进行评审。评审的标准主要看课题的学术价值、社会价值及可行性。在确保课题的科学性、前瞻性的基础上,要看研究者的研究能力是否能完成本课题研究,本课题研究所需的人、财、物条件是否具备,本课题研究结束后预期为教育实践、社会发展带来的成效。一些重点课题的评审要经过资格审查和分类、活页匿名初评、会议综合评审等程序。第四,确定评审结果。评审结束时,评审专家必须向有关部门提交书面课题评审意见。如果有必要,可先要求评审专家每人分别提交自己的书面评审意见,然后经评审专家组组长汇总形成评审专家组集体意见。集体评审意见中除体现专家的共同意见外,还必须对专家的不同意见作出说明。

基层学校的校级课题评审主要由教科室和学校科研评审委员会承担。学校科研评审委员会一般不是常设机构,其主要职能就是协同教科室承担校级课题的申报、立项、论证和科研成果的鉴定评审、学校科研规划的制定等工作。学校科研评审委员会由学校领导、教科室人员、科研骨干、校外专家等组成。

课题立项　在经过课题评审专家组的评审后,即可以对课题立项。立项一般采取与研究者签定科研合同或协议书的方式予以确立。在课题立项过程中,要做到突出重点,统筹兼顾。一方面对教育发展过程中的一些重大问题、前沿问题重点扶持;另一方面,要做好课题立项的综合调控,尽量不出现有的研究领域无人问津、有的研究领域课题重复的现象,使课题立项的整体布局趋于合理科学。在基层学校的课题立项过程中,更要做到统筹兼顾,重点扶持。学校在课题立项的过程中,要注意形成课题立项的不同层次。既要有基于本校教师工作实际的可操作的课题,这些课题直接指向解决教育教学中的具体问题;也要有上级教育行政部门和社会关注的热点问题、前沿问题,它不一定切合学校的实际,但是对学校科研发展的一种导向,也为学校一些科研基础好、乐于科研的教师提供挑战自我、向更高层次发展的平台。

教育科研经费的下达和管理

教育科研经费是指通过各种渠道获得的、用于开展教育科研活动的经费。它包括科研事业费(含人员经费、公用经费和专项经费等)和科研基本建设费(包括设备购置)等。其主要来源:一是国家财政拨款,包括中央和地方财政对“教育事业费”拨款中的“科学研究经费”,以及分配到学校的“教育事业费”中用于科研部分的费用。二是科学基金,如自然科学基金、社会科学基金以及其他专项基金等。三是科研协作费,即教育科研单位与其他部门横向合作开展科研活动,由委托方按协议拨给受委托方的经费。四是开展有偿服务，如教育科研部门的应用研究、开发研究成果进入市场，转化的资金再为开展教育科研工作服务。

课题经过申报、评审和正式立项后，就进入核准和拨发教育科研经费环节。教育科研经费是开展教育科学研究的一项基本保证。加强科研经费管理，其目的在于用最小的消耗获得最大的经济效益和社会效益。

教育科研经费的拨付与管理，一般采取一次核定，分期拨款，单独建账，专款专用，节余留用，超支不补的办法。各级教育科研管理部门在实施经费管理的时候，要认真做好预、决算和各项开支的分析工作，保证教育科研经费的专款专用，提高教育科研经费的使用价值和教育效益。由于目前国家教育经费总体水平较低，用于教育科研的经费十分有限，因此，教育部门除力争国家逐年增加教育科研经费外，还要积极开辟社会投资渠道。如有些地方教育行政部门，把通过社会渠道争取到的资金加以集中，设立教育科研基金，附设在市人民教育基金内，每年下拨若干资助教育科研，凡立项为市级课题的拨给经费，同时要求所在学校拿出一定比例予以配套。类似的经验，不失为有效保障教育科研经费的好办法，值得推广。

基层学校的教育科研经费管理相对比较简单，教师承担区级、市级课题研究可以得到一部分经费支持。由于学校教育科研经费的短缺，校级课题研究所获得的研究经费较少，这在很大程度上约束了教师从事教育科研的积极性，故必须加大这方面的投入。

教育科研成果的鉴定、评选、奖励和推广应用

教育科研成果的鉴定　所谓教育科研成果，是指教育科研人员通过研究所取得的具有一定社会和学术价值的知识产品，其形式可表现为基础理论、应用研究、开发研究等多种类型。教育科研成果的具体表现形式有专著、科研报告、论文、资料汇编、音像资料等，其中科研报告包括观察报告、调查报告、实验报告以及经验总结。教育科研课题按期完成后，即成为教育科研成果。科学地评价教育科研成果，对于完善和推广教育科研成果，改进教育科研工作，推动教育科学和教育实践的发展，有着十分重要的意义。

教育科研成果原则上均须通过相关部门鉴定。鉴定教育科研成果，一般来说可从两方面入手，一是看其社会价值，二是看其学术价值。社会价值是指教育科研成果对当前教育改革和发展的积极作用，主要表现在为教育部门提供某一教育问题的理论和解决某些教育问题的建议、方案和方法，并在实践应用中取得了一定的社会效益或经济效益。学术价值是指科研成果在学术上的贡献，主要表现在理论和方法应用的深度、广度，理论观点上的创新，研究方法上的突破，某些学科领域空白的填补，以及对其他学科的借鉴、启迪意义等。

目前，我国教育科研成果的鉴定是按照课题的来源和成果的重要性及涉及面的大小，由相应的课题主管部门组织鉴定的。具体说来，一是由全国教育科学规划

领导小组办公室负责组织和委托有关单位对社会科学国家重点研究项目、国家社会科学中华基金资助项目和青年基金项目、全国教育科学规划部级重点项目、部级青年专项项目等进行鉴定;二是由国家各部委负责组织或委托有关单位对列入全国教育科学规划部委级项目的成果进行鉴定;三是由各省市、各高校科研部门负责组织本地区、本单位教育科研规划项目的成果鉴定工作。

教育科研成果的鉴定形式,一般是在研究课题完成后,课题负责人及其所在单位及时向组织鉴定单位提出成果鉴定申请,填报教育科研成果鉴定申请表。鉴定主要采取专家评议的方式。根据科研成果的重要性程度和经费等具体情况,可采取会议鉴定和通讯鉴定两种评价形式。鉴定组专家一般为 5—9 人,本着科学的精神,坚持实事求是、精简节约、讲求实效、公平合理的原则,对照课题申请书预期达到的目标,对科研成果提出客观、公正、全面的鉴定意见,并由鉴定组长形成鉴定组集体意见。最后,由鉴定单位发放教育科研成果等级证书。

教育科研成果的评选和奖励　为发现和肯定优秀课题成果,提高教育科研的水平,全国和地方教育科研规划小组和其他教育科研单位都会定期或不定期对教育科研成果进行评选和奖励,并在此基础上推广。课题成果的评选要坚持公正、公开、公平的原则,组织有关教育科研专家严格按照评选标准和评选程序评审,并对评选出来的优秀课题成果进行物质上和精神上的奖励与表彰。目前我国虽没有这方面的专门规定及操作条例,但 1994 年国务院颁发的行政法规《教学成果奖励条例》可作为参考。以教学成果奖为例,可视其对提高教学水平和教育质量,实现培养目标产生的效果,分为国家级和省(部)级两种。申请的条件是:国内首创的;经过两年以上教育教学实验检验的;在全国产生一定影响的。奖项一般分成特等奖、一等奖、二等奖、三等奖等。凡获奖者,有关方面给予相应的证书、奖章和奖金,其成果可作为评定职称、晋级增薪的依据。目前,国家级的教学成果奖每四年评审一次。

教育科研成果的推广应用　教育科研成果的推广应用是指有组织、有计划、有步骤地将教育科研成果的思想、内容和方法进行传播,并在一定范围内运用,使之转化为教育效益的过程。教育科研成果推广运用的意义在于:首先,它是教育科研效益的直接体现。通过科研,科学地揭示教育的内在规律,使成果物化为教育效益,这对提高教育教学质量,促进教育事业的发展是极为有利的。其次,它有助于进一步检验该成果的科学性、适用范围和可行性,并丰富和发展教育科研成果的理论观点和方法。再次,它有利于普及科研知识,提高教师素质,扩大科研队伍。实践证明,教育科研成果的推广应用,对于初涉教育科研的学校领导和教师来说,是学习现代教育科学知识,熟悉科研方法,开展教育科研的有效途径,同时它也能增强广大教师的科研意识,扩大学校科研队伍,形成一种浓郁的学校教育科研氛围。

教育科研成果推广应用的内容,主要有以下三方面:一是教育科研成果中所反映的先进的教育理念、教育思想,这些理念和思想,对于更新教育观念,改革教育制度、教学方法等有着极其重大的促进作用；二是教育科研成果中揭示的教育规律或改进建议，这对于具体的教育教学工作有明显的指导意义；三是教育科研成果中总结出的新方法和新技术，这有利于教学方法的改进和教育技术水平的提高。没有这三方面内容的推广应用，教育科研的价值就难以得到体现。

为使教育科研的成果得以推广应用，需要建立一套行之有效的制度。从近年的实践来看，由教育行政部门、教育科研机构和基层学校三者合作的运行制度效果较好。教育行政部门站在全局的角度，对科研成果的推广应用起领导和决策作用，同时能调动推广所必需的人力、物力和财力。教育科研机构了解教育科研成果的价值，能为领导推广应用成果的决策提供依据，当好参谋，同时对基层学校担负必要的解释和指导任务。基层学校处于教育第一线，最了解教育的问题与需求，是教育科研成果的直接受益者，同时也是成果推广应用的主力军。所以，教育行政部门、教育科研机构和基层学校三者的有机结合，是教育科研成果推广应用的有效组织保证。

教育科研的情报与档案管理

教育科研的情报与档案管理是教育科研管理的职能之一。情报资料是开展教育科研不可缺少的条件，在课题研究中，研究者及时准确地掌握教育科研情报，可防止重复无效的劳动，也能增强科研信心。目前，中央、省、市(地)、县各级教育科研机构都在陆续建立和充实自身的教育情报资料中心(室)和教育图书馆(室)，形成了全国性的教育资料交流服务网络。随着现代科学技术的发展，特别是计算机进入管理领域后，管理工作的效率大大提高。我国从20世纪90年代初开始应用计算机进行科研课题管理，之后又运用计算机进行滚动课题的评审立项工作，并建立了行之有效的覆盖面广的课题数据库，实现了教育科研管理的信息化流程。近年来，中央教科所及有关单位为适应教育改革的发展，运用计算机网络技术建立了"中国教育文献数据库"，并通过电子邮件向全国提供教育信息检索服务，有力地促进了各地教育科研活动的开展。此外，教育科研部门还注重加强国际信息交流，参加国际性的教育情报会议，同国外有关教育情报机构、教育科研机构进行信息交换和交流合作，为提高我国教育科研的水平提供了广阔的前景。

在加强情报资料管理的同时，各级教育科研部门还要注重科研档案的管理。科研档案是人们从事教育科研活动中形成并经过整理的科研文件材料，是反映本单位科研活动的真实历史记录。教育科研档案主要有：课题档案、科研成果档案、成果推广档案、学校科研组织和科研活动档案等。任何一项教育科研课题，不论是基础理论研究还是应用研究，从选题、调研、实验、出成果到科研文件的整理归档，是一个完整的过程。通过实施科研档案管理，就可以全面反映科研活动的过程，同时也为后人检索资料提供方便。

第三节　教育科研机构与研究队伍建设

国外教育科研机构与学术团体

　　教育科研机构是指专门从事教育科学研究的组织和部门,其性质往往是双重性的:一方面承担大量的教育科研任务,另一方面又需担负起对教育研究工作的指导和管理。教育科研学术团体则是指研究教育的学术性群众组织。当今世界,国际间交流与对话日益频繁,各国政府和世界性组织建立了许多科研机构和学术团体,这当中既有各国政府间的合作组织,又有非官方机构。以下是国外比较有影响的教育科研机构和学术团体:

　　联合国教育、科学及文化组织(United Nations Educational Scientific and Cultural Organization)　简称联合国教科文组织(UNESCO)。该组织于 1946 年成立,总部设在法国巴黎。其宗旨为:推动各国在教育、科学、文化方面的合作,促进各国人民之间的相互了解,维护世界和平与稳定。主要职能是:研究、培训人员,提供咨询和情报。联合国教科文组织下设国际教育局(International Bureau of Education,简称 IBE,设在瑞士日内瓦)、国际教育规划研究所(International Institute for Education Planning,简称 IIEP,设在法国巴黎)、联合国教科文组织教育研究所(UNESCO Institute for Education,简称 UIE,设在德国汉堡)等,这些机构除担负大量教育研究工作外,还常常对国际间相关的教育研究项目工作进行指导和管理。

　　国际教育成就评价协会(International Association for the Evaluation of Educational Achievement)　该组织于 1961 年成立,总部设在巴西的波茨瓦纳城。其宗旨是:协调各国教育机构,促进各国教育发展,在不影响各国教育和文化自主权的前提下,进行国际间的教育研究和评价工作,并帮助各国教育机构开展教育评价活动,合理使用教育评价技术,以提高教育质量,实现教育机会均等。中国已于 1988 年被接纳为会员。目前,该组织已接纳 60 多个国家和地区为正式会员。

　　教育研究和革新中心(Center of Educational Research and Innovation)　该组织是世界经济合作与发展组织的附属机构,由多个工业发达国家所组成,成立于 1968 年,总部设在法国巴黎。该组织的主要任务是研究教育如何适应经济发展需要,为会员国教育改革提供服务。

　　除上述机构外,国外还有世界比较教育学会联合会(1970 年在加拿大渥太华成立)、国际成人教育研究所(1981 年在委内瑞拉的加拉加斯成立)、发展中国家教育研究中心(1963 年在荷兰海牙成立)等教育研究机构和学术团体,他们接受联合国、各国政府和经济团体的资助和委托,从事教育科学研究工作。

我国教育科研机构与学术团体

我国近代教育科研机构产生于清末,1905年清政府设立教育研究所,隶属于全国最高教育行政机构——学部。中华民国时期,1945年国民政府教育部设立教育研究委员会,负责教育研究与规划工作。抗日战争时期,1941年中共中央研究院成立教育研究室,负责研究创立新民主主义教育理论和实际,培养掌握教育理论和政策的干部。新中国成立后,国家及各省、市(地)、县(区)教育行政部门以及高等院校先后设立了教育教学研究机构,专门从事教育科学研究。

全国和地方教育科学规划领导小组　全国教育科学规划领导小组于1983年经教育部批准成立,现在是教育部领导下的教育科研工作的管理与协调机构,业务上归全国哲学社会科学规划领导小组指导。其主要工作职责是:①编制国家教育科学发展规划。②管理国家教育科学规划重点研究项目。③协调全国教育科学研究工作。④制订国家教育科学研究指南项目。⑤组织鉴定国家教育科学重点研究项目成果。各省、市、自治区、省辖市(地、州)、县(区)一般也设有教育科学规划领导小组,其职责与全国教育科学规划领导小组基本相同。

中央教育科学研究所　该所是教育部直属的教育研究事业性机构,1960年成立,其宗旨是以马克思列宁主义、毛泽东思想为指导,根据"教育要面向现代化、面向世界、面向未来"的精神,联系实际,探讨教育规律,为建立具有中国特色的社会主义教育科学体系作出贡献。该所设若干研究室,主要有教育理论、教学法、教育史、比较教育、教育管理、教育评价、教育战略等,此外还有教育图书馆、教育技术服务部,并编辑出版《教育研究》、《外国教育》、《教育文摘周报》、《教育情报参考》等刊物,附设教育科学出版社。中央教育科研研究所除了本身从事教育科研工作外,还承担着大量的教育科研管理工作,如全国教育科研规划领导小组就附设在中央教科所内。

地方教育科研机构　目前,我国较多省、市、县已建立起教育科学研究所或研究室,从而形成三级教育科研网。地方教育科研机构以普教、职教为主要研究领域,特点是教育科学的应用研究,兼顾基础理论研究,以期为当地教育改革与发展服务。就形式而言,地方教育科研机构显得灵活多样,有独立设置的,也有与业务单位一起综合设置的,如教研室,既承担业务指导工作,也承担与业务有关的科学研究工作。一些经济发达的地区,还创建了适应当地教育现代化的科研管理模式。

【案例13-4】

一体两翼式管理

江苏省苏锡常(苏州、无锡、常州的简称)地区为适应地区教育现代化的发展,创建了"一体两翼、上下贯通、分级管理"的教育科研管理模式。"一体"即以行政为主体,"两翼"即教科所和教研室。在这一模式中,教育行政部门发挥其领导、决策、调控、保障作用;教科所(室)则发挥指导、管理、实验等教育科研职能;教研室(或学校教导处)则着重教育科研成果的推广。经过多年的实践，苏锡常地区普遍形成了大市、市县、教学片以及中小学校四级教育科研管理网络，有效地推动了当地教育事业的发展，为教育现代化工程的实施打下了良好的基础。①

高校教育科研机构　附设在高校内的教育科研机构目前在我国也不少，其中以师范类院校为最多。一些师范大学设有教育科学院或教育科学所。大学教育科研机构的管理一般都比较规范，研究的方向也较偏重基础理论研究。近年来，师范院校的教育科研较强调为基础教育服务，为基础教育的发展与改革作出了贡献。

教育科学群众性学术团体　各级教育学会是教育科研的群众性学术团体。目前国内影响较大的学会有：中国教育学会、中国高等教育学会、中国职业技术教育学会、中国成人教育协会等，它们都各自拥有一支庞大的会员队伍和比较健全的组织网络。其主要任务是：开展群众性教育科研；举办学术交流会议；评价和推广教育科研成果；开展咨询服务和教育改革试验；编辑出版学术书刊；普及教育科学知识；开展国际学术交流等。在学会之下，一般设有各种教育专业及学科性研究的二级机构。各省、市、自治区都设有本地区的教育学（协）会，大部分的市（区）、县也设有相应级别的教育学会。这些学术团体在配合教育科研部门制订科研规划、落实科研项目、开展教育科研和学术交流活动方面发挥了积极的作用。

基层学校教育科研及其管理机构

基层学校主要是指中小学和幼儿园。基层学校以教育教学工作为主，开展教育科研的目的主要是为学校教育实际服务。近年来，我国基层学校的教育科研获得了很大的发展，越来越多的学校自觉地投入教育科研，并获得了一定的成果。为保证学校教育科研的展开，许多基层学校还建立了教育科研室，有些民办学校则称为教育科研部。就隶属关系来说，学校教育科研机构行政上受校长领导，业务上接受校行政以及区（县）、市教科所的指导。学校教育科研机构的人员，通常由热心教育科研、熟悉教育科学理论知识、具有较强科研及科研组织能力的教师或学校中层干部担任。

学校教育科研机构的职能主要有：其一，认真贯彻党和国家的教育方针、政策，运用科学的理论和方法探讨本校的教育改革，做好校长的参谋，为学校决策出谋献策。其二，利用教育理论讲座等方式，组织教职工学习现代教育理论和教育思想，普及教育科研知识。其三，编制本单位教育科研计划，组织学校课题申报工作。其四，检查课题执行情况，及时解决实施过程中的问题。其五，组织专家鉴定课题成果，并对科研成果给予奖励。其六，定期编辑学校《教育科研信息》、《教育科研论文集》等，及时反映国内外教育发展动态、校内外教育科研课题进展情况。其七，加强科研资料室建设，做好课题研究数据资料的收集、整理和归档管理，订阅科研杂志，

---

① 《人民教育》1999年第2期。

收集有关科研资料，为课题研究提供服务。其八，监督检查科研经费的使用情况。

教育科研人员的职业素养

教育科研人员的职业素养对于教育科研的效果有着举足轻重的作用。对此，我们可以从职业道德、知识结构、能力结构等方面作些分析。首先是职业道德。教育科研人员的职业道德，是指在科研工作中所应遵循的行为准则和规范。在教育科研工作中，由于课题研究的长期性，常使得研究工作默默无闻，不易被人理解。一个研究者所得到的，往往低于他的奉献，这就需要教育科研人员不怕辛苦，不计得失，无私地奉献于教育科研工作。除了敬业精神外，良好的职业道德也能促使科研工作者以科学的精神认真地、实事求是地从事其研究，不急功近利，不沽名钓誉，一步一个脚印地去探索教育世界的自由王国。

其次是知识结构。教育科研工作决定了研究者必须有相应的知识结构，主要体现在两个方面：一是广博的基础文化知识，二是教育科学和心理科学方面的专门知识。研究者只有具备广博的基础文化知识，才能为科研活动打下扎实的基础；而精深系统的教育学、心理学专门知识，则可使研究者有的放矢地选择研究方向、方法和手段，从而为课题研究达到较高水平创造有利条件。

再次是能力结构。教育科研人员的能力要求是多方面的，主要包括：①对研究项目的感悟力，即在大量的教育问题中大胆选择、准确判断有研究价值的课题的能力；②理论思维能力，即在复杂的教育现象中把握问题的本质，并灵活地运用教育理论推导出新思想、新见解的能力；③创造能力，即善于开拓创新，从新视野和新角度提出问题的能力；④研究能力，即运用一定的手段和方法，有目的、有计划地开展教育科研活动的能力；⑤评价能力，即对自己和他人的科研过程和成果进行分析、判断的能力。当然，所有这些能力对任何一个教育科研人员来说，都很难十全十美地做到，每个人的能力发展水平不一致，需要不断在教育科研的实践中加以提高。

教育科研人员的培训

近年来，我国教育科研队伍在迅速壮大，全国已初步形成"专、兼、群"相结合的教育科研队伍。20 世纪 80 年代初期，我国仅有教育科研机构 40 余个，专职科研人员 1200 余人。到了 90 年代初，全国除港、澳、台地区外，已有专门教育科研机构 700 多个，专职研究人员 5600 余人。此外，各地教研室的教研人员有 12 万余人。近几年，我国教育科研机构和人员有了更大的发展。据不完全统计，现有教育科研机构 1000 余个，专职科研人员 1 万余人。若将热衷于教育科研工作的广大教育第一线人员算进去，则我国的教育科研队伍肯定居世界前列。[1] 队伍虽然庞大，但就

① 阎立钦：《世纪之交的中国教育科学研究》，《中国教育报》1998 年 10 月 10 日。

整体的研究水平来说并非世界一流。再加上近年来教育发展速度之快,已大大超出一般人想象之外。在这种情况下,对教育科研人员的培训就更显其重要性。就像国外有的学者所声称的那样:"未来的教师与其说在被训练为负有组织创造性、参与性和训练性学习使命的教育家,不如说在被训练为各学科的研究者。"①实际上,无论是专职还是兼职教育科研人员,都需要不断培训,以提高其教育科研能力。

教育科研人员的培训方式应该是丰富多样的。其一是脱产进修。由于我国教科研人员大都是"半路出家",有针对性的脱产进修势必是需要的。通过脱产进修,使学习者在一定时间里集中学习有关教育理论和科研方法,听取国内外专家学者的讲学,共同讨论有关教研问题,这样,对开阔眼界,活跃思想,提高教育科研人员的水平会有极大帮助。

其二是业余轮训。这是一种边工作边学习的培训方式。在培训班中,通过定期或不定期参加专题学习,并结合工作实际讨论一些问题,能有效提高自身的教育科研理论水平和研究能力。

其三是直接在基层学校学习。实践出真知,教育实践是教育科研的基础和源泉。对专职科研人员来说,亲自参加教育实践,了解教育教学现状,找出课题研究的突破口,在此基础上针对性地提出一些研究课题,这本身就是一个学习、培训和提高的过程。对于有教育科研积极性的广大教师来说,在自己的学校中从事教育科研,边干边学,带着问题学,这对自身教育科研素养和能力的提高同样会有帮助。张思中的"外语十六字教学法"、李吉林的"情境教学"、马芯兰的"小学数学知识结构教学"等,都是在教育实践过程中不断研究、总结和提炼出来的。实践证明,普通教师虽然没有接受过系统的教育科研培训,但只要自己肯钻研,肯下功夫,同样能实现由"经验型"向"科研型"的转变。

其四是自学。教育科研人员可以针对自己的不足,制订出学习计划,利用业余时间,持之以恒地学习自己所需的知识。目前,关于教育理论、教育科研方法的书籍刊物种类较多,为研究者的自学提供了很大方便。

第四节 中小学教育科研应注意的问题

基于解决问题的学校教育科研

中小学教育科研与高校等专职研究机构的教育科研是有区别的。中小学教育

---

① S·拉塞克、G·维迪努著,马胜利等译:《从现在到 2000 年教育内容发展的全球展望》,教育科学出版社 1992 年版,第 270 页。

科研的目的主要有三：一是解决学校教育改革发展的实际问题，促进学校教育实践的创新；二是通过引导教师参与教育研究，提高教师教育研究的意识和能力，促进教师专业发展；三是通过学校教育科研，形成促进学校自我发展创新的文化和机制，促使学校成为学习型组织。① 由此可见，基于解决问题的中小学教育科研，不能脱离教师的教学实践，也不能偏离学校发展的实际需要，要在教师的教学实践中、在学校的发展矛盾中寻求鲜活的素材，这样才能提高学校教育科研的实效性，提高教师参与教育科研的积极性和成就感。为了达到上述目的，中小学教育科研就必须做到：在研究类型上，更倾向于应用研究，而不宜纯思辨、纯理论；在研究范围方面，研究的课题范围不宜过大，应小而集中，是学校能够承担的；在研究方法上，更倡导以行动研究为基本范式；在研究时间上，所需时间不宜过长，力争在两到三年内完成，时间一长，由于种种不确定因素，如校领导班子的更换，教育形势的发展等，会对原来项目的实施产生不利影响。

校长对教育科研的重视

校长对学校教育科研的重视程度，直接影响到学校教育科研的发展与方向。校长对教育科研的重视不能只是体现在口号与汇报中，而要以自身一系列的行动，促使学校教育科研在学校中开花结果。首先，校长要转变观念，认识到教育科研对学校发展的重要性。作为学校"领头羊"的中小学校长，应当转变观念，牢固树立"科研兴教"、"科研兴校"的思想，确立教育科研在学校工作中的重要地位和作用，动员、引导、组织广大教师积极参与到学校教育科研中来，使教育科研真正成为提升学校办学质量、办学水平、办学效益的现实力量。

其次，校长要建立起一整套完备的教育科研管理制度，保证和引导学校教育科研的发展。校长不仅自身要有先进科学的教育科研思想，而且要引导广大教师转变教育思想，认识到教育科研对教师专业发展的重要作用。通过一系列规章制度的建立，引领广大教师"要当教育家，不做教书匠"。要不断完善学校的教育科研组织制度、启动制度、经费管理制度、课题管理制度等。

再次，校长要有教育科研的决断能力。校长对学校教育科研的发展要有宏观把握和决断，分析目前学校教育科研的发展处于哪个阶段，存在的问题是什么，如何改进；校长要在学校发展规划的前提下，做好教育科研规划，规划学校教育科研的三年或五年发展目标和具体措施；校长要决断学校目前存在的最大问题是什么，根据这个主要问题来确定学校科研的龙头课题，以课题研究与学校问题相结合的方式，以研究的手段来解决学校发展中的问题，并最终带动学校的整体发展。

---

① 龚雷雨、林强：《推进学校教育科研方式转换的思考与探索》，《上海教育科研》，2004 年第 4 期。

妥善处理教学工作与教育科研工作的关系

对广大教师来说,有必要妥善处理教学工作与教育科研工作的关系。当前学校教育特别是中学面临巨大的升学压力,很多教师抱怨教学任务繁重,没有时间和精力搞研究。更有些教师为搞科研而搞科研,所进行的研究与自身教育关系不大,结果出现了教学与科研两张皮现象。如何才能让教师由被动从事研究到主动成为研究者呢?

首先,要使教师从思想观念上认识到,在中小学,教学与教育科研目标是一致的,即提高专业素质,提升教育质量,促进学生、教师和学校的发展。教学与教育科研是教育过程中两个不同方面,有取向上的分工,但却密切联系,缺一不可。教学是研究的基础,研究是教学的拓展和延伸。在教学中进行研究,才能不断对教学过程进行反思,使教学工作日益精益求精。而让研究基于教学,研究才有现实指导意义,研究的价值才能真正得到体现。

其次,学校也要通过各种方式,努力促进学校教学与科研的一体化。如在课题申报时,尽可能鼓励教师申报与自身教学有关的课题;借助校本研修平台,将科研方法的培训、前沿理论的学习、教学改进的研讨等以制度形式纳入日常教育活动之中;建立多层级课题体系,以学校龙头课题为主,建立子课题组,将龙头课题分解到各学科、各组室、各教师,从而带动学校教学、管理等工作整体并进,让教师真正感受到教育科研所带来的收获和成果。

加强教育科研的专家指导

要提升中小学教育科研的质量,有必要加强专家指导工作。中小学教育科研常常容易犯低水平重复的错误,所以学校宜通过"走出去、请进来"的方式,建立起完善的专家指导制度。所谓的"专家"可分为两种类型,一种是校内专家,一种是校外专家。校内专家即是熟悉学校情况、具有丰富教育教学经验并具较强研究能力的本校教师,他们是学校教育科研发展的主力和基础;校外专家主要指来自于教育科研部门或高等院校专门从事教育研究的人员,他们具有较高的理论修养和熟练的研究方法,了解学科发展的前沿动态,是基层学校教育科研工作的得力指导者和顾问。在具体开展教育科研活动时,可从以下方面着手加强专家的指导作用:

第一,有条件的学校,成立以专家为核心的课题组,通过专家的引领作用来保证研究课题的质量。如果条件不具备,也可在制定科研规划时聘请专家参加,请他们对选题的意义、研究方案的设计、科研的规范性等方面提出建议。在课题研究的中期阶段,也可借助专家来发现并分析研究过程中的问题。在课题结束时,可邀请专家对研究成果进行评估,并协助教师对整项研究进行有效的反思。

第二,定期举办针对学校教师的校本科研培训,就教育科研的方法、意义、研究过程、研究效果等问题请专家进行讲解和辅导,也可请专家谈自己的研究心得和体

新编教育管理学(第2版)

会,藉此提高教师的研究能力。

第三,借助校园网、互联网、网上专家信箱等现代信息技术开辟多种交流通道,以充分挖掘校内外专家的资源,为教师的教育科研工作解难答疑。

实践证明,专家和教师相互携手一同进行教育科学研究,有助于教育科研质量的提高,也有利于教育理论与实践的有效结合,对学校工作的整体改进具有积极的意义。

思 考 题

1. 试述教育科研管理的重要意义。
2. 请论述教育科研管理的过程。
3. 试分析教育科研人员的职业素养及培训途径。
4. 试述中小学教育科研的特点及应注意的问题。

第十四章　教育经费管理

本章学习目标

1. 掌握教育经费的概念；
2. 了解教育经费的来源；
3. 阐述教育经费的分配原则和趋向；
4. 了解学校经费的使用情况

第一节　教育经费概述

教育经费的概念

教育经费是指一国为其国民教育体系内的各级各类学校及其他教育机构活动提供的费用支出。现代社会教育事业的发展，各种教育活动的进行，都需要投入一定的人力与物力，在商品货币关系存在的条件下，这种投入一般可以用货币支出为表现形式。

教育经费的含义非常广泛，在不同的语境下其包含的内容有很大的差异。对教育经费大体上有这样三种界说：其一，将教育经费等同于教育投资。在教育经济学中，教育投资有广义和狭义之分，广义的教育投资指一切用于影响人的思想品德、增进人的知识与技能的活动费用，是指包括国民教育事业在内的整个社会用于教育活动的费用支出；狭义的教育投资是指投入国民教育体系的各级各类教育事业的人力、物力、财力的总和。其二，将教育经费等同于政府财政预算内的教育拨款。政府财政拨款无疑是国民教育最主要的经费来源，但是，从公共财政的视野来认识，政府用于教育的支出，不仅有预算内拨款，还应包括对学校及其他教育机构的减免税额，各种优惠政策下减少了的学校费用支出；由于现代国民教育庞大的体系中，各级各类教育具有的公益属性有很大的差别，公共财政的投入既不可能、也无须满足所有学校及其他教育机构的全部费用开支，所以，教育经费中还有政府财政预算以外的、来源于个人和其他社会组织机构的投入;其三,将教育经费等同于教育事业费支出。事实上,教育事业费主要覆盖的是学校及其他教育机构的人员经费和公用经费这两方面,而教育事业的发展与改革,教育教学设施设备的现代化改造,教师的继续教育等等,都需要政府及社会其他方面额外的费用开支才能进行。因此,教育经费的含义明显不似广义教育投资具有极大的包容性,又宽泛于政府财政预算内的教育拨款和教育事业费所指的范围,相对而言,比较接近于狭义的教育投资的概念。

需要指出的是,因引入经济学的概念与方法对教育投资进行分析,教育经济学研究中还时常将教育投资分为直接的教育投资和间接的教育投资。所谓的直接教育投资是指各级政府、企事业单位、团体的教育投资以及国内外个人对教育的投资;间接的教育投资是指在教育活动中消耗的、在政府和家庭开支中不予计算的教育费用。例如,学生因就学所消耗的时间资源及所放弃的个人收入;国家因支持教育发展制定的优惠政策而失去的对学校财产、教育用品、学校捐资的特别免税收入等等,这些都不作为教育活动的直接消耗,因此不计入教育费用,均称之为间接教育投资。这其中既有属于教育经费范围的成分,也有不列入教育经费的内容,应当作具体区分。

教育经费管理

所谓教育经费管理,是指遵循国家有关法律法规和政策制度以及管理原则,对教育经费进行筹措、分配、使用、检查以及审计的过程。教育经费管理涉及诸多的国家法律法规、政府制定的规章制度等因素,并含有较多的法律、财会、管理与信息处理等专业技术含量,具有很强的政策性、专业性与突出的时效性。

教育经费管理的活动层次不同,教育经费管理的主体也有区别。在国家的教育管理活动即教育行政中,管理主体为各级政府的教育、财政、发展与改革、审计等职能机构。经费的具体管理者,在政府教育主管机关是其所属的计划财务部门;而在财政、发展与改革、审计机关,则为其设置的行政财务或文教财务部门;在学校管理中,管理主体则为学校法人,并由学校财务部门操作。不同的管理主体在教育经费管理上既有共同点,也存有很大差异。在教育经费管理上的共同之处是,所有管理主体都必须遵循国家的法律法规、制度政策以及财务制度;不同之处主要表现在,政府机关主要通过制定有关政策法规、教育发展规划和年度计划指标或标准,提出和上报教育经费预算框架,并编制相应的教育财政预算项目予以落实和控制,学校则主要依据上级主管部门下达的经费额度与财务制度进行管理。

教育经费是教育事业发展与改革的基本保障,也是学校教育教学活动规范有序进行的基础,因而是教育管理活动的重要组成部分。一方面,随着教育规模的不断扩大,教育机构与课程类别的持续增加,教育教学设施设备技术含量的日益提高,从事教育工作人员的薪酬明显提升等,用于教育的投入呈现刚性的增长趋势,教育经费的总量相应迅速扩大,经费支出的门类日益增多,教育经费的管理正经历一个制度日趋精细,规则强调统一,技术不断升级,操作愈益规范的过程,在整个教育管理活动中的地位日益重要且有不断加强之势。另一方面,改革开放以来特别是进入21世纪以后,我国各级政府财政用于教育的费用支出持续增加,各级各类学校及其他教育机构获得的经费数额与以往已不可同日而语。但是,相对于教育事业发展所需的投入来说,教育经费的短缺现象依然不同程度地存在,"穷国办大教育"的基本国情,决定了必须使投入教育事业的有限经费产生出更大的社会效益,以满足人民群众对教育日益增长的需求,扩大优质教育资源的供给,均衡城乡教育的资源与机会,全面提高教育质量。因此,教育经费的管理,更需要格外讲究科学,讲究纪律,讲究效率。

教育经费管理的功能

教育经费管理的功能主要指教育经费管理的功效和职能,即教育经费起到了怎样的作用,具体地说,就是教育经费的投入与使用"应该做什么",有限的教育经费投入"能够做什么",以及投入的教育经费"实际做了什么"等三个问题。教育事业发展的实践历程昭示,在教育经费的投入与使用方面,"应该做"的和"能够做"的未必是实际上做了;而"实际做"了的,却往往不是应该做的。而教育经费管理的这些功能又是随着时代变迁而演变的,如何协调"应该做"、"能够做"与"实际做"三者的关系,需要教育管理者审时度势、与时俱进地在实践中做到和谐统一。从教育经费管理的地位来看,其功能主要体现在筹资、导向和监管等三个方面。

筹资功能 从现代教育承担的职能来看,基础教育尤其是义务教育部分,作为提高全民族科学文化素质的国民基本教育,是一个国家、一个民族经济起飞和社会全面进步的基础。它集中并且典型地反映了教育的经济效益和社会效益的一些基本特征,如迟效性、长效性和多效性或曰"外部经济"等。因而,基础教育的收益对一个国家来说,它始终是长远的,而非近期的。它对经济和社会发展所起的促进作用是全面性的。由于它具有鲜明的社会公益性这一根本属性,基础教育特别是义务教育,无论是在实行教育行政集权制的国家,还是在实行教育行政分权制的国家;无论是工业发达的国家,还是发展中国家,它都是政府所承担的主要的社会公共事务之一,属于社会福利范围或公益性质。因此,在实行市场经济体制的背景下,基础教育所需投入的经费在总体上由公共财政承担,教育经费的筹措基本上也由各级政府负责。

作为公共权力行使机构的政府负责教育经费的筹措,可以强化各级政府对教育的责任意识与责任行为,这对于推进教育的社会公平,缩小地区间、级别间、校际间的资源投入差异,着力解决因财产状况和社会地位的差别而导致的公民入学机会不平等的状况,消除基础教育阶段学校之间办学条件差距过大的现象,促进入学条件上、就学过程和学业成就上的平等,具有基础性的作用。但是,在现代国民教

新编教育管理学(第2版)

育庞大的体系中,不同阶段与类别的教育属性存在明显的差异,再加上我国"穷国办大教育"的国情,决定了基础教育领域以外的学校,必须从单一依靠政府的财政性投入转向以依靠政府为主导的多渠道筹措办学经费,改变学校对政府教育投入"等、靠、要"的被动状态,促进学校以自身努力争取社会的多渠道投入,促成教育经费整体规模的持续扩大和增长幅度的不断提高。

导向功能 在实行市场经济体制国家的社会公共领域,"政策就是拨款",政府通过财政拨款扶持教育科学文化等这些具有"外部经济"效应的活动,或将这些领域的活动纳入国家希望发展的方向与轨道,是政府干预的真实写照。因此,政府对教育经费的投入与使用分配,不仅对一国社会的教育资源配置具有明显的示范效用,也对教育自身的发展与改革具有强烈的引导作用。教育经费占一国国内生产总值的比例和政府财政预算比例的高低,体现了政府对教育的重视程度,反映了教育在一定社会中的地位和作用,对形成倚重教育的社会环境起着启示效果;教育经费在高等、中等、初等三级教育之间的分配比例,则揭示了一国对不同层次教育的关注程度与价值抉择;而用于职业教育的经费所占的比重,反映了一国对其教育结构的关注。此外,在各级各类学校的投入上,是偏向人员经费的开支,还是重在教育教学设施设备的装备上,也反映了对人力与物力投入不同的重视程度。在各级各类学校内部的经费管理上,如何分配使用经费也体现了不可忽视的导向功能。随着学校规模的扩大,经费投入的增加,许多学校告别了经费绝对短缺的时代。在扩大办学自主权的条件下,如何使用相对宽裕的经费,将影响到学校的工作重点确定和教职工积极性的发挥,乃至成为引导学校如何发展的重要因素。

监管功能 现代社会的教育事业需要消耗巨大的人力、物力、财力,相对于教育发展需要的无限投入而言,教育经费始终是短缺的。因此,为使有限的教育经费充分发挥效用,以尽可能满足教育发展的需要,防止和杜绝教育经费的不恰当使用、浪费甚至挥霍,必须加强教育经费分配和使用的检查与审计工作,建立与实施严格的预算制度、决算制度、会计制度和审计制度及相应的程序,以期补漏防弊,提高资金的使用效率。

完善教育经费分担机制

进入20世纪90年代中期以后,随着经济体制、财政体制与社会转型的进程不断加快,我国教育投资来源的基础已发生了重大的变化,如何使教育经费的投入格局与此相适应,需要不断改革与完善现存的教育经费分担机制。

从市场经济体制的特点,认识教育发展的受益者。基础教育是最基本的国民教育,其受益者不仅是个人及其家庭,更是全社会的;由于市场经济体制下包括劳动力在内的生产要素的全面流动性和高等教育的大众化进程,改变了计划经济时期或封闭式小农经济模式下,基础教育具有的"外溢"效应主要限于一乡一县的状况。改革开放的实践证明,劳动者的职业变迁与地区迁移能力,与其受教育程度密切相关,教育的受益者早已突破了以往所谓的"地方"限制,不同地区乃至全社会都获得了基础教育普及与发展的"红利"。基础教育的这种"外溢"效应,使地方从教育受益的主要占有者成为利益的分摊者之一。发展教育的利益格局出现的变化,不能不是相当一部分地方政府对基础教育的重视长期停留在口头上的重要原因。因此,必须更新基础教育的社会效益观,从利益格局变动的情况确定教育经费的负担者。在实行"地方负责,分级管理"的教育管理体制下,应合理划分与确定中央与包括省、市、县等三个层面的地方政府在筹措教育经费方面的责任,中央和省级政府应更多地运用财政支付转移等多种政策手段,使教育经费投入向基础教育倾斜,特别是加大对中西部农村地区义务教育的投入,以均衡各地区基础教育的发展水平。建立并完善与实行分级办学体制相配套的教育经费分担体制,这既有利于发挥中央政府在教育资源配置上的宏观调控作用,协调各地区教育事业的发展,也有利于发挥地方的积极性,发掘地方的办学潜力,增强地方办学的责任意识。

从不同层次与类别的教育属性,划分教育经费的承担者。20世纪90年代以来,基础教育领域的办学投资体制改革,各种形式的社会力量办学的兴起,打破了公立中小学一统天下的局面。依据《中华人民共和国教育法》对学校的社会属性界定,民办中小学也属于社会公益性机构,但现代教育并不完全属于公共物品,而是兼具私人物品的属性。从现阶段民办中小学的办学条件与服务对象来看,不能否认其主要是为满足部分社会阶层需要和利益的基本事实,所提供的产品与服务具有明显的个人收益性。因此,这类学校与发展所需的资金来源,便不可能像普通公立中小学那样全部由政府用税收予以支撑。为了使现代国民教育提供的产品与服务的范围更广、质量更高,同时也为了降低公共财政的压力,谋求社会以及个人对教育投入的支持,在现代市场经济体制下,并不排斥学校主要是私营教育机构向其服务对象收取费用的做法,甚至在一定程度上把它作为维系多种类型学校并存发展的经济支柱。问题在于,如何根据不同类别学校的性质、特点以及办学成本,合理确定收费的原则、范围与方法,使学校的教育服务收费具有法律和科学的依据。

为此,需要制定专门的教育经费法,明确规定教育经费的分担原则、分担对象、具体筹措办法等,以从法律上保证教育经费有稳定的来源和适度的增长,将基础教育领域的相关收费事项纳入法制轨道。

教育经费的衡量指标

一国教育经费的投入量,对其教育发展水平具有决定性作用。世界各个国家、地区间的经济发达程度、居民消费水平、人口规模以及年龄构成等存在着极大的差异,政治行政制度与体制也迥然不同,教育经费的投入悬殊。但也有若干可作为相对比较的指标,以衡量一国政府与社会对教育投入的重视程度,如政府财政中教育支出占国民生产总值的比例①和政府财政预算中用于教育支出的比例,仍然是目前被广泛应用的指标。

政府教育支出占国民生产总值的比例　国民生产总值(GNP)是一国在一定时期(通常为 1 年)内所生产的最终产品与劳务的市场价值总和,它是反映一个国家经济的发展水平、经济产业结构以及居民生活水平的重要指标。政府财政性教育支出包括财政预算内教育经费(包括教育事业费、教育基建投资等),各级政府征收用于教育的税费,企业办学经费,校办产业、勤工俭学和社会服务收入中用于教育的经费,其他属于国家财政性教育经费(指不属于上述各项财政性资金用于教育的经费,即属于国家财政性但未列入预算内资金管理的预算外资金,按有关规定划拨给教育的经费等)。政府教育支出占国民生产总值的比例,大体上反映了教育事业在经济与社会发展中的地位。

改革开放以来,我国教育经费增长十分迅速,特别是进入 21 世纪后,我国教育经费占国民生产总值的比例基本上呈上升趋势(见表 14-1)。

表 14-1　我国教育经费与国民生产总值的变动趋势

	1999 年	2000 年	2001 年	2002 年	2003 年	2004 年
国民生产总值(亿元)	80 579.4	88 254.0	95 727.9	101 160.9	116 603.2	136 584.3
国家财政性教育经费(亿元)	2 287.18	2 562.61	3 057.01	3 491.40	3 850.62	4 465.86
政府预算内教育经费(亿元)	1 815.76	2 085.68	2 582.38	3 114.24	3 453.86	4 027.82
国家财政性教育经费占 GNP 的比例(%)	2.84	2.90	3.19	3.45	3.30	3.27

资料来源:根据历年《中国统计年鉴》资料整理,中国统计出版社出版。

表 14-1 的数据说明,我国政府财政用于教育的支出数额,随着国民生产总值的增长而增长。从经济理论角度分析,其原因是:第一,一国经济越发达,人均国民生产总值越高,其国力则越有可能承担更多的教育经费,因此一国的教育经费的支出水平将伴随着国民生产总值的增长而增长。第二,一国科学技术水平越高,其经济对各类专业人才和熟练、半熟练工人的数量和质量将提出更高的要求。因此,一

---

① 国民生产总值是按市场价格计算的国民生产总值的简称。它是一个国家所有常住单位在一定时期内收入初次分配的最终成果。它等于国内生产总值加上来自国外的劳动者报酬和财产收入减去付给国外的劳动者报酬和财产收入。与国内生产总值不同,国内生产总值是一个生产概念,而国民生产总值则是个收入概念。

国的教育投资水平,将伴随着其技术进步以及由此导致的经济增长而增长。同时也只有这样,教育的发展才能与经济和技术的发展相适应。第三,一国的经济增长和技术进步都将使得各类专业人才及熟练、半熟练工人的平均培养费用增大。因此,即使一国的教育投资水平保持不变,也不符合经济与技术发展的要求。这就是平均培养费用递增规律的作用和表现。根据这一规律,教育投资水平必将伴随着经济增长而增长。第四,随着经济的增长,居民生活水平不断提高,从而对受教育程度的要求也会更高。这表明,教育的发展不但要受到经济发展目标的制约,而且也会受到社会发展目标的制约。由经济与社会双重发展目标所决定的教育发展,客观上要求适当超前。

政府预算内教育经费与财政支出的比例　政府预算内教育经费占财政支出的比例,直接反映了政府财政的教育投资努力程度。2000 年至 2005 年的 6 年间,我国财政预算内教育经费占财政支出的比例平均值基本在 14.5% 左右,总体趋于平稳(见表 14 - 2)。

表 14 - 2　我国财政预算内教育经费占财政支出的比例(%)

	2000 年	2001 年	2002 年	2003 年	2004 年	2005 年
政府财政支出(亿元)	15 866.50	18 902.58	22 053.15	24 649.95	28 486.89	33 930.28
政府预算内教育经费(亿元)	1 815.76	2 085.68	2 582.38	3 114.24	3 453.86	4 027.82
预算内教育经费占财政支出比例(%)	13.80	14.31	14.76	14.68	14.90	14.58

资料来源:根据历年《中国教育经费统计年鉴》、《中国统计年鉴》资料整理,中国统计出版社出版。

政府预算内教育经费占财政支出比例的不断扩大,是工业化发展所导致的。按照经济学家瓦格纳(Wagner)提出的法则——政府活动扩张论,即随着经济的增长,必然伴随着公共部门包括国家活动的不断扩张,公共部门的支出会出现持续增长的趋势。这其中主要有三方面的原因:第一,经济中的结构性变革、社会的民主化和对社会正义的日益增加的关注。经济部门之间相互依赖性的增加,城市化和技术的变革将扩大对包括教育在内的公共服务需求;第二,自给自足的农业家庭的衰落以及作为自我维持的单位的家庭的减少,进一步增加了对公共服务特别是教育的需求。这是因为工业化的发展使得社会分工和生产的专业化日益加强,经济交往频繁并且日趋复杂化,引发社会中的各种矛盾和摩擦增加,必然要求公共部门的职能不断扩大,产生更多的社会公共事务的管理和保护活动,以确保经济活动能够符合经济和社会健康、稳定、持续发展的要求。第三,由于工业化的发展促进了社会进步,人们对文化教育和社会福利服务的要求增加,政府出于公平分配的理由应予以提供,公共教育支出在整体经济中的比重便会不断上升。政府活动扩张论强调政府的职能,不仅限于用法律保护人身和财产安全的范围,还应当适应工业化发展的需要,相应增加文化教育和社会福利式的服务。特别是对教育的需求,会随着社会的进步而上升,因此政府有义务予以提供,促进教育的发展并改善教育的社会服务职能。当然,具体投入的教育领域会因各个国家当时追求的具体目标不同而有所差别,如进入 20 世纪 90 年代以后,很多国家的政府教育投入的重点集中在促进高等教育"产学研"的结合,提升教师的专业化水平,加强各级各类学校的信息化水平建设等方面。

第二节　教育经费的来源

教育经费的来源构成

　　教育经费是发展教育事业所必需的物质基础。了解其来源构成,对于理解我国教育的改革与发展具有重要的作用。根据教育部财务司的统计口径,我国教育经费由如下部分组成:

　　财政预算内教育经费　指中央、地方各级财政或上级主管部门在本年度安排,并划拨在教育部门各级各类学校、教育事业单位和其他部门举办的,并列入国家预算支出科目第 182 款"教育事业费"、第 46 款"教育基建支出"、"其他部门事业费中用于中专、技校的支出"和未列入各部门事业费和基建支出的"预算内专项资金及其他教育经费"。

　　各级政府征收用于教育的税费　指中央和地方各级政府为发展教育事业而指定机关专门征收,并划拨给教育部门使用的税费。例如:中央规定的城市教育附加费,由地方政府征收用于教育的各类教育附加费,如投资方向调节税附加和按职工工资的一定比例征收的教育费,以及征收用于教育的旅馆床位附加费,社会集团购买专控商品附加费、筵席税费等。城市教育附加费:指按照国家规定,向凡交纳产品税、增值税、营业税的单位和个人,按三税的 2％至 3％征收的教育费附加。

　　企业办学校教育经费　指中央和地方政府所属企业举办的,并在企业营业外资金或企业自有资金列支的各级各类学校(不含职工培训性质的学校)的经费。

　　校办产业、勤工俭学和社会服务收入中用于教育的经费　指各级各类学校的校办产业、勤工俭学、社会服务收入中用于补充教育经费的部分,包括用于教职工个人的福利、奖励和改善办学条件、改善集体福利、教学设施等方面的经费。

社会团体和公民个人办学经费　社会团体和公民个人办学经费指社会团体和公民个人举办的各级各类学历教育和非学历教育机构的教育投入与实际教育支出。

　　社会捐（集）资办学经费　社会捐（集）资办学经费指城镇、农村、厂矿、企事业单位的个人根据自愿、量力的原则捐（集）资助学，以及海外台胞、港澳同胞、外籍团体、友好人士等对教育的资助和捐赠。

　　学杂费　学杂费是指各级各类学校的学生个人交纳的学费和杂费，包括委托培养学生和自费学生交纳的经常费和基建费。

　　其他教育经费　其他教育经费是指上述各项经费以外的其他项目预算外教育经费。如：学生交纳住宿费、借读费等。

　　通常，我们把上述教育经费来源渠道中，财政预算内教育经费以外的各种教育经费统称为预算外教育经费。

教育经费的来源与教育管理体制

　　一个国家的教育管理体制类型，对其教育系统以及学校的经费来源构成有很大的影响。如在实行中央集权型管理体制的国家，中央政府负担教育经费的比例较大；在实现地方分权型管理体制的国家，教育经费则主要由地方政府负担。如美国是实行教育管理体制分权制的国家，地方分权的性质决定了其大部分的教育经费来自于地方和州。法国是实现教育管理集权制的国家，教育被看作国家的事业，其教育经费主要来自中央政府的财政预算。

　　我国的教育经费是以各级政府为负担主体的多层次、多渠道筹措的，这种教育经费体制已经为1995年颁布的《中华人民共和国教育法》所确定。该法第五十条中规定："国家建立以财政拨款为主，其他多种渠道筹措教育经费为辅的体制，逐步增加对教育的投入，保证国家举办的学校教育经费的稳定来源。"

　　20世纪80年代教育体制改革前，我国的教育经费来源几乎全部来自政府财政预算内拨款。80年代中期以后，尤其是确立社会主义市场经济体制的改革取向以来，随着教育管理体制的逐步改革，教育经费的来源渠道日益呈多元化格局，地方在教育方面的支出份额逐渐加大。以基础教育为例，实行"在国务院领导下，由地方政府负责、分级管理、以县为主的农村教育管理体制"后，初等和中等教育的管理权与责任划归到县级政府。"以县为主"的农村义务教育管理体制，强化了县级政府责任，伴随着管理重心的适度上移，长期以来困扰着我国农村义务教育的经费问题在很大程度上得到了缓解。从积极方面看，适应了幅员辽阔、发展不平衡的国情，调动了地方办教育的积极性，促进了地方对教育投入的增加，在一定程度上促进了地方教育的发展，同时也减轻了国家在教育上的沉重负担。但也导致了一些弊端。最突出的问题是，由于城乡、地区之间的经济条件和发展水平的不平衡，在层层下放的政策效应下，导致城乡、地区之间教育发展水平的不均衡性，更突出的是一些贫困地区尤其是农村学校的教育经费严重短缺,教育条件下降甚至难以维持。

针对上述情况,国家正逐步加大对农村尤其是贫困地区的财政支付转移的力度,提高对欠发达地区教育资助的标准,扩大资助的范围。为了促进基础教育的均衡化发展,应像国际上开始推行的方法那样,设立各级各类学校办学机构、师资的资质标准,对没有达到最低限度的办学条件和生均经费的地区,由中央或省一级政府通过专项财政拨款,对该地区的教育给予强有力的扶植。

学校收入来源

学校收入的来源,因不同阶段、类别与性质的教育会有很大的区别。通常,义务教育阶段的公立中小学经费主要依靠政府财政的拨款;而高等学校与私立学校的经费则明显地呈现多元化趋势,学费收入、社会捐助等非财政资助在其经费来源中占有相当比例。

在我国,中小学的收入是指学校开展教学及其他活动依法取得的非偿还性资金,不包括需以资产或劳务偿还的债务。根据1997年财政部和国家教委印发的《中小学校财务制度》规定,公立中小学校的收入包括:

财政补助收入 即中小学校从财政部门取得的各项事业经费,包括教育事业费、教育费附加、地方教育附加费、公费医疗经费、住房改革经费等。对其应当按照国家预算支出分类和不同的管理规定,进行管理和安排使用。

上级补助收入 即中小学校从主管部门和上级单位取得的非财政补助收入。

事业收入 即中小学校开展教学及其辅助活动依法取得的收入,包括义务教育阶段学生缴纳的杂费,非义务教育阶段学生缴纳的学费,借读学生缴纳的借读费,住宿学生缴纳的住宿费,按照规定向学生收取的其他费用等。其中,按照国家规定应当上缴财政纳入预算的资金和应当缴入财政专户的预算外资金,要及时足额上缴,不计入事业收入;从财政专户核拨的预算外资金和部分经核准不上缴财政专户的预算外资金,计入事业收入。

经营收入 即中小学校在教学及其辅助活动之外,开展非独立核算经营活动取得的收入。

附属单位上缴收入 即中小学校附属独立核算的校办产业和勤工俭学项目按照规定上缴的收入。

其他收入 即上述规定范围以外的各项收入,包括社会捐赠、投资收益、利息收入等。

教育经费来源的多元化,给学校带来了一定的财政权限,也在相当大程度上改善了学校的办学条件与教职工的收入。但也由此引发了部分学校在经费收入方面的不规范操作和乱收费,从而严重损害了学生及家长的利益,导致了不良的社会影响。请看下面案例。

【案例 14-1】

变着法儿收钱

　　1998 年 6 月 14 日,《齐鲁晚报》发表题为《一中学变着法儿乱收费使家庭不堪重负 一学期流失学生百余名》的署名文章。该文报道:

　　某乡一所初级中学乱收费、乱罚款、乱发资料,致使学生大量流失。该校校长陶某、乡教育办公室主任黄某日前受到处理。

　　1997 年 8 月,陶某调任乡初级中学校长后,巧立名目乱收费,诸如绿化校园费 20 元,茶水费 8 元,保险费 18 元,打针费 5 元,新生学籍费 5 元,饭票兑换费 3 元,勤工俭学费交黄豆 5 公斤或交款 10 元,新生图书费 25 元,住宿费 20 元,桌凳费 20 元,校服费 46 元等等。甚至连未在学校住宿的学生也被收取了住宿费,发展一百来名新团员每人也要收费 10 元。除此之外,该校还变着法儿罚款:学生王某翻墙一次,罚款 100 元,该生因交不起罚款而退学;学生李某因向学校机井内投一石子,罚款 200 元,导致该生转学……

　　学校乱收费、乱罚款,教师纷纷效仿:某班数学教师在期中考试后,对后 15 名每人罚款 5 元;语文教师则对后 15 名每人罚款 4 元……

　　不堪承受的负担,导致学生大量流失。去年 9 月开学时,该校学生总人数为 540 人,到 5 月 20 日记者采访时仅剩下 392 人。

　　因此,必须强调:学校的各项收入必须依法取得,一定要严格按照国家有关规定收费;各项收费必须在国家规定的范围和标准之内,并使用符合国家规定的合法票据;各项收入必须全部纳入学校预算,统一管理,统一核算。同时,编制学校预算时要坚持"量入为出、统筹兼顾、保证重点、收支平衡"的原则,自求平衡,不搞赤字预算。

第三节　教育经费的分配和使用

教育经费的分配原则

　　政府将筹集到的教育经费在不同地域、学校类别和用途之间进行分配,反映了国家的教育价值观和教育经济观。教育经费的分配原则主要有:

　　一是均等性原则。维护教育机会均等,是现代教育的基本特征之一。分配教育经费时,首先要考虑地区和人群间的均等,尤其对老少边穷地区和教育处境不利人群要给予特殊政策与适度倾斜,这是努力实现教育大众化和民主化的客观要求。如我国正在实施的"贫困地区义务教育工程"便是基于这样的考虑。其次还要考虑各级各类教育间的均等,使不同教育阶段与类别的学校都得到可持续发展,以保持学校教育体系的和谐运行。如20世纪80年代以来，我国实行"低重心"教育发展战略，将"普九"作为教育事业的重中之重，加大了对义务教育的经费投入，即是对以往过分关注高等教育的一种矫正。

需要指出的是，均等性绝不等于平均性，分配教育经费时不能简单搞平均划拨或平均分配，更不能搞一平二调、一大二公。既要注意长远目标，也要顾及现有基础，不能削足适履，实行绝对平均主义。

二是效益性原则。从现代教育发展的特点来看，相对于教育资源的投入，教育经费总是稀缺的。因此必须实现教育资源的优化配置，将有限的资源投入到最需要的领域，发挥其最大的功效。当然，教育组织不同于工厂、公司之类的经济组织，其效益带有模糊性、迟效性的特点，无法完全像企业那样进行准确的成本归集、费用分摊和利润分析。这就要求在分配教育经费时，一方面要遵循效益性原则，考虑到教育的经济学意义和某些教育领域实行产业化的可能，另一方面又必须认识到教育活动具有自身的特点，不能像经营企业那样经营学校，用经理的绩效标准来要求校长。

教育经费分配中的均等性原则和效益性原则是一对矛盾统一体，不同国家、不同时期往往依据自己的价值观，来抉择"公平优先、兼顾效益"抑或"效益优先、兼顾公平"。

教育经费的分配趋向

教育经费的分配包括国民经济向教育部门的经费分配和教育部门内的教育经费分配及支出。国民经济向教育部门分配的经费，一般是指国家在一定时期内（通常以年计算）用于发展教育事业的资金总额。它反映了教育在一个国家经济发展中的地位、国家教育投资的实际状况及国家教育事业发展的程度。考察教育投资量的增长，一般以世界各国的教育投资量为参照系，以教育经费在国民生产总值、国民收入、国家财政支出中分别所占的比例，年度人均教育费及在校生年人均教育经费为指标。

在国民经济向教育部门分配了教育经费之后，教育经费在教育部门内部还有一个再分配的问题，即把这些经费分配给各项教育事业、各级各类学校及其他教育机构。教育经费再分配的支出构成，要有个合理比例，不能任意支配，这是使有限的教育经费得到有效合理使用的保证。教育经费在教育系统内如何分配即支出构成的情况，可以从以下几个方面来考察：

一是对各级各类学校及其他教育机构的经费支出。就教育系统内部来讲，各级各类教育的发展应该是有计划按比例发展的，这是教育的内外规律所决定的。教育经费在各级各类教育中的分配，反映着教育事业内部各级教育发展的比例关系，见表14-3。

第十四章　教育经费管理

表 14-3　2004 年全国各类学校教育经费情况①　　　　　单位:万元

学校类别	合　计	国家财政性教育经费	#预算内教育经费	社会团体和公民个人办学经费	社会捐资和集资办学经费	学费和杂费	其他教育经费
各类学校教育经费情况（2004 年）							
全国总计	72 425 989	44 658 575	40 278 158	3 478 529	934 204	13 465 517	9 889 165
#中　央	8 078 628	4 190 227	3 679 482		122 791	1 431 607	2 334 002
地　方	64 347 362	40 468 347	36 598 676	3 478 529	811 413	12 033 910	7 555 163
按学校类别分组							
高等学校	22 576 459	10 098 392	9 658 276	1 309 226	216 321	6 938 658	4 013 863
普通高等学校	21 297 613	9 697 909	9 309 882	1 121 982	215 440	6 476 921	3 785 362
成人高等学校	1 278 846	400 483	348 395	187 244	882	461 737	228 501
中等专业学校	2 650 782	1 412 520	1 314 426	54 496	4 812	860 022	318 931
中等技术学校	1 878 819	995 488	927 834	24 323	2 904	648 180	207 924
中等师范学校	317 577	163 560	156 504		1 027	123 045	29 946
成人中专学校	454 386	253 472	230 088	30 173	881	88 798	81 062
技工学校	488 899	233 525	178 256		313	134 384	120 677
中　学	22 265 210	14 001 339	12 120 587	1 538 898	401 724	3 427 590	2 895 659
普通中学	22 230 171	13 988 197	12 111 111	1 529 022	401 681	3 422 032	2 889 239
高级中学	9 083 784	4 614 816	3 844 724	651 696	205 345	1 994 407	1 617 519
初级中学	13 146 387	9 373 381	8 266 388	877 326	196 336	1 427 625	1 271 720
#农　村	5 743 899	4 682 906	4 401 382		57 604	625 983	377 406
成人中学	35 040	13 142	9 475	9 876	43	5 558	6 420
职业中学	1 987 364	1 140 547	985 944	114 603	15 018	512 749	204 447

---

①　中国教育年鉴编辑部:《2005 年中国教育年鉴》,北京人教教材中心（原人民教育出版社）2005 年版。

各类学校教育经费情况（2004 年）							
学校类别	合　计	国家财政性教育经费	#预算内教育经费	社会团体和公民个人办学经费	社会捐资和集资办学经费	学费和杂费	其他教育经费
小　学	18 051 062	14 735 198	13 525 942	461 305	254 102	1 450 088	1 150 369
#农　村	10 703 845	9 253 267	8 857 401		113 535	899 874	437 169
成人小学	5 412	3 661	3 364	1 225		173	353
特殊教育学校	193 181	170 528	150 003		4 779	3 792	14 083
幼儿园	875 169	545 001	519 700		13 665	138 235	178 267
其　他	3 337 863	2 321 526	1 825 026		23 470		992 868

　　二是基本建设经费与教育事业费支出构成。这是在教育系统内教育经费以其使用项目或使用范围来划分的支出构成。

　　教育基本建设经费，有些国家称之为教育资本费用。这项经费属于国家基本建设项目，由国家发改委、财政部门通过建设银行拨款。其主要开支项目为：占用土地的征购费用、校舍、校园的新建、扩建工程及大型维修的费用，教学设备中价值在 2 万元以上的固定资产的购置。在我国属于国家财政预算支出项目，由财政部门和教育部门通过银行拨款。详细的分款科目有 14 项，即：高等学校经费；科学研究经费；留学生经费；中专经费；职业教育经费；中学经费；小学经费；幼儿教育经费；高等业余教育经费；普通业余教育经费；教师进修及干部培训经费；民办教师补助经费；特殊教育经费；其他教育事业经费。

　　教育事业费的支出构成，关系到教育事业费的合理使用。教育事业费在教育总经费中占有量大，从使用项目上说主要是两大类：一类是人员经费，一类是公用经费（见图 14-1）。人员经费主要包括教职工的工资、补助工资、福利金、离退休人员费用、学生助学金。公用经费主要是指公务费（如办公、水电、取暖、差旅费等）、设备购置费（如交通工具、教学仪器、家具、体育器材、图书等）、房屋修缮费、业务费（教学业务、科研、教师培训、招生方面的费用等）。我国各级各类学校的人员经费一般占教育事业费的 70% 左右，最高的地区及学校可达到 90% 左右，低的也达到 40% 左右，而低的是极少数。这个比率说明我国教育事业费的绝大部分是人员经费。近年来，我们的教育事业费虽有很大的增长，但增加的教育经费的大部分被教育人员经费所占用，即由于教师队伍的扩大、教职工工资的调整及教育经费开支项目，如离退休人员队伍的扩大和工资标准的逐年提高。据调查，增加的教育事业经费用于人员经费支出的，中学占 72.2%，小学占 83.3%。这样，实际上公用经

```
                    ┌─ 基本建设费
                    │                      ┌─ 工资(标准工资)
                    │                      ├─ 补助工资(教龄、班主任、特级教师等津贴和
                    │                      │   交通、取暖等补贴)
                    │                      ├─ 职工福利费(独生子女保健费、医疗保险金、
                    │          ┌─ 人员经费 ─┤   丧葬费等)
                    │          │           ├─ 离退休人员费用(离退休人员工资和补贴等)
教育经费 ───────────┤          │           ├─ 奖、助学金
                    │          │           └─ ……
                    └─ 经常费 ─┤
                               │           ┌─ 公务费(办公费、邮电费、水电费、差旅费)
                               │           ├─ 设备购置费
                               └─ 公用费用 ─┤ 房屋修缮费(修缮费、公房租金、零星土建工
                                           │   程费用等)
                                           └─ 业务费(教学水电费、实验实习费、资料讲义
                                               费、招生费、毕业生派遣费等)
```

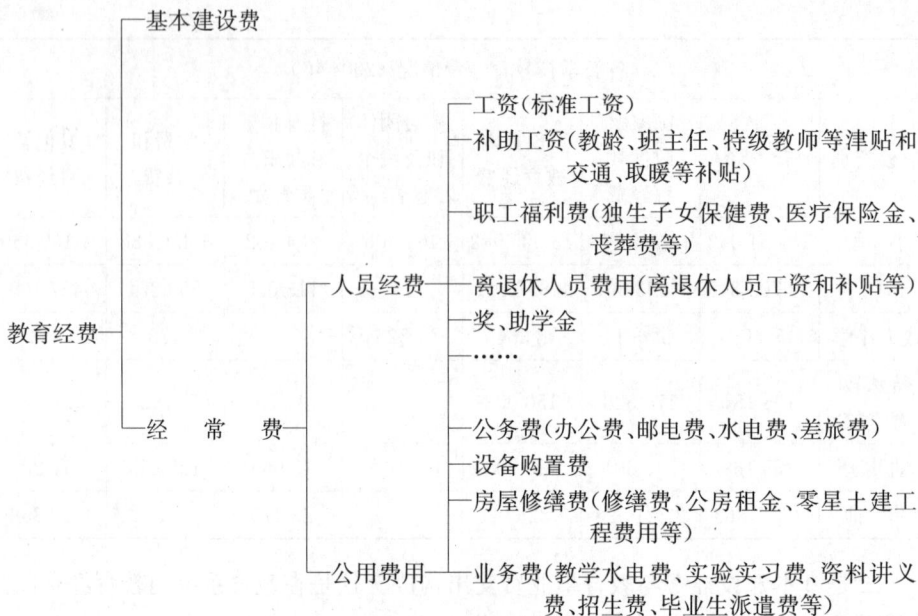

图 14-1　教育经费的支出

费增长并不显著,这正是我们学校教师办公条件、生活条件、设备仪器等办学条件得不到较大改善的根本原因。改革的措施是在增加教育事业总投资量的基础上,调整好这个比例。当然,从总体来看,教育经费的分配趋向并不是一成不变的。一般来说,经常费的所占比例较大,而基建费则往往随着教育事业的发展经历一个由多到少的过程。这主要是因为,基建费投入大而使用周期长,达到一定水平后便呈现维持状态。如英、美两国,20世纪50年代教育基本建设费占教育总经费的20%多,到了80年代,这一比例则降到5%左右。我国的情况则有所不同。长期以来,我国财政拨款中基建费的比例一直偏低,近年来教育设施虽有较大改善,但由于欠账太多,一时难以得到全面改善,所以无论教育的经常费还是基建费,都需要进一步加大投入。

学校经费的支出和使用

　　学校经费支出是指学校为开展教学及其他活动发生的各项资金耗费。无论国办还是社会力量举办的中小学校,它的支出项目大致相同。根据1997年财政部和国家教委印发的《中小学校财务制度》规定,学校支出包括:一是事业支出,即中小学校开展教学及其辅助活动发生的支出。事业支出的内容包括基本工资、补助工资、职工福利费、社会保障费、助学金、公务费、业务费、设备购置费、修缮费和其他费用。二是建设性支出,即中小学校用于建筑设施方面的支出,包括用专项资金和社会捐赠等新建、改扩建建筑设施发生的支出。三是经营支出,即中小学校在教学

及其辅助活动之外开展非独立核算经营活动发生的支出。四是对附属单位补助支出，即中小学校用财政补助收入之外的收入对附属单位补助发生的支出。

在使用学校经费的时候，必须遵循下列要求：第一，中小学校的支出和使用，应当严格执行国家有关财务规章制度规定的开支范围及开支标准；国家有关规章制度没有统一规定的，由学校结合本校情况决定，报主管部门和财务部门备案。第二，中小学从有关部门取得的有指定项目和用途并且要求单独核算的专项资金，要按照要求定期报送资金使用情况报告；项目完成后，报送资金支出决算和使用效果的书面报告，并接受有关部门的检查、验收。第三，中小学校开展非独立核算经营活动，必须以不影响正常教学活动为前提。在开展非独立核算经营活动中，要正确归集实际发生的各项费用；不能直接归集的，要按照规定的比例合理分摊；经营支出应与经营收入配比。第四，中小学校应加强对支出的管理，各项支出应按实际发生数列支，不得虚列虚报，不得以计划数和预算数代替。

提高教育经费使用的有效性

教育经费使用的核心问题是正确使用教育经费，提高教育经费的有效性。教育经费的有效性即指在一定的教育投资条件下，使现有的教育经费发挥最大的功效。只有这样，才能以最少的人力、物力、财力来实现既定的教育事业发展目标。我国特别是基础教育所面临的难题之一，就是教育经费严重短缺。而这个问题的解决，要求我们必须在增加教育投入（即教育经费总额）的同时，努力提高使用效率。特别是在目前我国教育经费总额不可能大幅度增长的情况下，努力提高教育经费的使用效率，就有着重大的意义。提高教育经费的使用效率，需要从以下几方面着手：

第一，调整教育经费分配结构。合理的教育经费分配构成是提高教育经费使用效率的最重要环节。一般来说，教育经费的分配结构受教育结构、教育政策目标等的影响，更主要的是受国民经济发展水平的制约。从世界各国初、中、高三级教育经费分配结构的发展变化中可以看到，在经济和教育发展的初期阶段，初等教育经费所占比例最高，其次是中等教育，高等教育经费所占比例较低；随后，在三级教育经费分配中，投资重点逐步转向中等教育和高等教育；在国民收入水平持续提高的情况下，国家可以拿出更多的钱来办教育，此时初、中、高三级教育经费所占比例的差距逐渐缩小，分配趋向均衡化状态。这可以说是初、中、高三级教育经费分配的一般规律性趋势。而目前我国初、中等教育经费比高教经费更显不足。因此应适当提高基础教育经费在总额中的比重。这是我国教育结构趋向合理，即加强基础教育，大力发展中等职业教育等的需要，更是目前我国经济发展水平尚不高所决定的。

第二，提高教师专业化水平，构建合理的教职工队伍。教职工队伍的质量，尤其是教师队伍的质量是影响教育经费使用效率的直接因素。目前我国教师学历和素质都有待进一步提高。学历虽不能完全反映和决定教师的业务水平与教育质量,但它是教师接受教育程度的标志,是教师从事教学科研工作的基础。此外教师队伍中还有相当一部分教师没有受过教育专业的教育和训练,教育专业知识不足,教育、教学的基本技能不高。这正是我国诸多教育、教学改革往往达不到预期效果,教育质量难以全面提高的根本原因之一。因此要通过各种途径和方式提高教师个人的专业素质与能力。另外要注意使教师群体结构趋于合理。调整教职工与在校学生数的比例,使各级各类学校及其他教育机构的师生比例、教职工与学生比例趋于合理。

第三,建立起规模适当、布局合理、层次结构和专业比例合理的教育组织系统,以利于人力、物力、财力的充分利用,避免浪费。这实质上是通过调整教育系统内部的结构来改变教育经费的分配结构,进而实现合理使用教育经费的目的。在这方面,需要我们做的工作很多。我们应该通过控制建新校,挖掘老校潜力,合理安排学校布局来调整办学规模,以提高教育经费的使用效率。

第四,加强对教育机构内的仪器、设备的保管,并提高其使用率,使物尽其用,减少浪费。

第五,提高管理水平。主要包括两方面的工作:一是提高教育工作的管理水平,向管理要质量,以提高教育经费的相对使用效率;二是加强对教育经费本身的管理,主要是加强教育经费的计划管理,建立高效率的财务管理机构,严格财务纪律,完善预算包干制度等。

思 考 题

1. 简述教育经费的概念和衡量指标。
2. 试述我国教育经费的主要来源。
3. 试分析教育经费的分配原则。
4. 谈谈如何提高教育经费使用的有效性。

第十五章 教育设施管理

本章学习目标

1. 了解教育设施管理的含义和任务;
2. 认识校园环境建设的重要性;
3. 了解校园规划设计的一般要求和校舍的配备标准;
4. 掌握学校教学设备的配置要求;
5. 了解学校学生宿舍、食堂等的设备配置与管理要求;
6. 理解学校后勤管理社会化的意义。

第一节 教育设施管理概述

教育设施管理的含义

教育设施管理是教育管理学的重要组成部分,是对教育事业所必需的物质条件的管理。教育设施是指开展教育工作所必需的物质资料。它主要包括:教育工作所需要的空间、环境,以及有关的教育教学设备,即教育基建、学校设备和社会教育设施。

教育基建是指学校的基本物质环境建设,它主要包括两个方面:一是以校舍为主的建筑物建设,即教学、行政、生活用房的建筑;二是学校用地的建设,即房舍建设用地、运动场地和绿化用地等。所有这些都为学校教育教学工作提供了重要的环境条件。

学校设备是学校教育与管理工作必需的基本物质条件,主要由教育设备、实验室设备、电化教育设备、图书阅览设备、体育运动设备以及办公、卫生保健、食堂、宿舍等设备组成。

社会教育设施属于社会公共事业设施。它包括少年儿童校外教育设施和成人文化教育设施。这一部分的管理主要由教育行政部门和文化部门负责,其目的在于为青少年学生提供校外培养兴趣、扩充知识、锻炼身体、游戏娱乐的有益场所。社会教育设施的类型主要有：青少年之家、青少年科技活动中心、少年宫、图书馆、博物馆(场)、游艺场、革命历史展览馆等。由于这一部分涉及面广，非学校教育系统所能管理和控制，故本章不对此展开分析，而把论述的重点放在学校设施管理方面。

学校设施管理的任务

从国内外学校管理的经验来看，学校教育设施管理的基本任务大致是相同的，这些任务包括以下几个方面：

整建环境 学校环境建设是教育设施管理的重要任务之一。优良的学校自然环境是一种积极的教育因素，是优良校风形成的标志之一，也是办好学校的一个不容忽视的物质环境条件。许多国家都十分重视校园环境的研究与管理。如日本的中小学普遍把"创造美好的环境"规定为办学的目标之一。我国许多著名中学也都重视校园环境的建设。请看下面案例：

【案例 15-1】

校园建筑是一种艺术①

著名爱国华侨陈经伦先生不仅热心捐资助学，而且重视校园建筑的艺术性。他主张校园建筑要朴素、典雅、协调，造型新颖别致，还要有教育价值。他为家乡捐资建筑的经伦中学，其建筑设计有的像笔筒、墨水瓶，使学生触景生情，认识到学习只有饱蘸墨水，辛勤笔耕，才能学就功成；有的建筑像帆船，启示学生在知识的海洋中扬帆远航，勇往直前。

现在，许多学校打破了"火柴盒"式的建筑传统，教学楼建筑设计的外形、颜色、装饰都尽量做到协调和谐，各具特色。有的建筑设计成扇形或六角形，体现出师生交流的教育思想，有的用走廊把各主要建筑连结起来，不仅体现出我国的民族风格，使师生避免日晒雨淋，而且体现出教育的整体观。由此可见，加强学校环境建设，既可以体现校园环境的艺术性，又可以给师生以美的熏陶，具有潜移默化的教育意义。

完善设备 不断完善学校教学设备，是教育设施管理的一项重要任务。要完善教学设备，就必须使其标准化。为此，许多国家都制定了教室、实验室、体操房、课桌椅等学校设备的国家标准，学校图书馆藏书的最低限额也作了规定。完善教学设备的目的，是使其尽可能地符合学生的身心发展特点。例如，学生使用的课桌过低，身体必须前倾，使其内脏器官和血管受压，容易造成脊柱弯曲；桌子过高，学生写字时眼与书本的距离过近，容易引起视力减退，等等。

管好设施 管好设施首先是要做到校舍布局合理，教学区、运动区、生活区等区域划分明确，互不干扰，使教育与服务有机协调。其次，要加强管理，保障学生及

---

① 安文铸主编：《学校管理专题研究》，科学普及出版社 1997 年版，第 232 页。引用时略作修改。

新编教育管理学(第2版)

教职工的安全和健康。如：为适应青少年学生好动及自控能力较差的特点，学校楼房的层面不宜过多，校舍的建造应力求坚实。理化实验室、语音室等要严格防止学生触电事故等。

第二节 校园环境建设与校舍管理

校园的选址

一般来说，当学校的性质、规模及布局位置明确之后，有关部门必须进行选址的可行性论证。校园选址要根据当地城市规划、学校布点调整等众多因素综合考虑，其基本条件是：占地面积达标，就学距离适度，自然环境优美，公用设施齐全。

首先，学校占地面积应达标。新中国建立后，我国在各个时期对不同类型的学校用地面积均有规定（见表 15－1），但在具体执行时，由于种种原因，城市学校有许多难以达到面积指标，影响了学校正常教育工作的开展。当前，在教育现代化的进程中，许多学校面临调整、拆并。新建的学校必须按照国家现行标准进行选址和规划设计，以确保教育现代化的实施。

表 15－1 国家关于中小学校生均用地面积指标（单位：m²）[1]

教育部定额 1955 年	城建部学校建筑设计规范 1957 年	国家建委定额 1964 年	国家建委城市规划定额暂行规定 1980 年	教育部中等师范学校及城市一般中小学校舍规划面积定额 1982 年	国家教委城市（镇）普通中小学建设标准 1997 年
17—28	20—35	15—18	12—15	13—16	18—24

其次，学生就学距离应适度。就近上学是根据不同年龄学生徒步上学的体力消耗情况和上学途中所需时间等因素所决定的。在我国，学生就学距离一般是：城镇小学宜在 500 米以内，城镇中学在 1000 米以内；农村小学宜在 1000 米，农村中学在 3000 米以内。超过此距离的学生可住宿就读。我国关于学生就学距离的规定与世界上其他国家的规定基本接近。据日本《学校建筑规定设计》资料统计，日本小学就学距离为 500—1000 米，初中 1000—2000 米；美国小学就学距离为 800—1200 米，初中 1600—2400 米，高中 2400—3200 米；英国小学就学距离为 400—800 米，初中 1500 米。[2] 学生就学距离适度，有利于提高社会在教育方面的成本效益。

---

① 卢映江等编著：《中小学后勤管理操作论》，东南大学出版社 1998 年版，第 36 页。
② 同上书，第 97 页。

第三,学校自然环境应适宜。校址应选择在安静的自然环境,尽量避免各类噪声;同时要远离空气污染源;凡堆放易燃、易爆等危险品或有害物质的地方,绝对不能建学校;学校周围最好有良好的社区环境,如周围有少年宫、图书馆、动植物园等。总之,安静、卫生、安全的环境是校址选择必须考虑的几个方面。

第四,公用设施齐全。这主要是指学校周围的交通设施、医疗设施等。在城市学校,往往由于居民动迁等因素,一些学生上学地点较远,如果校址的周围没有交通网点,会对学生的上学带来极大不便,故学校不宜离公共交通站点太远。此外,学校最好也不要离医院太远,这样便于学生遇到疾病或突发事故时及时送医院就治。

校园环境及其特性

校址选定后,接着要考虑校园环境的建设问题。校园环境既包括学校的教学设施,也包括其他辅助环境如校园的花圃、树木、道路等。校园环境建设不仅保证了学校教育活动的顺利进行,同时也以其独特的风格和文化内涵,影响着师生的观念和行为,正如苏联教育家苏霍姆林斯基所说:"依我们看,用环境、用学生自己创造的周围情景、用丰富集体生活的一切东西进行教育,这是教育过程中最微妙的领域之一。"①什么是理想的校园环境?如果一所学校的校园环境能体现出以下几点特性,我们可以说是理想的校园环境。

第一,教育性。校园环境的教育功能表现为一种耳濡目染、潜移默化的熏陶。设计新颖、造型别致的教学楼,功能齐全、美观大方的综合楼、实验楼以及带有天文观测台的科技图书楼等,都在暗示学生去渴求知识、向往科学。良好的校园环境,以其"润物无声"的功能,无时无刻不在影响着学生的知、情、意、行,陶冶学生的健全人格。

第二,艺术性。一所学校的校园环境,就是一件完整立体的艺术作品。校园环境建设,应充分体现美学原理,灵活运用"重复、层次、比例、调和、对比、简明、韵律"等美学原则,使校园里的一草一木、一砖一石体现出美感,引导学生爱美、惜美的心理,追求积极、健康、和谐、向上的情感体验。

第三,整体性。学校环境建设要以学校的整体背景为依据。如果看到别的学校有漂亮的喷水池,别致的假山、荷花池,就如法炮制,结果弄巧成拙,使自己的校园环境不伦不类。因此,校园环境建设不能生搬硬套,应有整体规划,既考虑到校园区域分配合理,又考虑到经费条件和实际可行。

第四,情境性。校园环境的具体、形象并带有情感色彩体现了情境性特点。如校园里教学楼风格各异,花木四季芬芳,教室明亮整洁,会激发学生欢乐、振作、奋

① 苏霍姆林斯基著,赵玮等译:《帕夫雷什中学》,教育科学出版社1983年版,第122页。

新编教育管理学(第2版)

发进取的情感;教室破旧,纸屑杂物乱丢的环境,会使学生产生厌恶而不健康的情感。所以,美好的校园环境,为学生创设了一个良好的道德情境,有利于教育者调动学生健康向上的情感,实现教育的目标。

校园的规划设计

校园环境建设要通过校园的规划设计体现出来。一般来说,在进行校园规划设计时,要根据学校的规模和性质,从整体出发,因地制宜,构建一个完整的室内外活动空间,并营造出环境优美、使用方便的学校校区。根据建设部、国家发展计划委员会、教育部 2002 年关于《城市普通中小学校校舍建设标准》要求,学校规划设计应做到以下几点:

第一,校园的总体规划设计应因地制宜,合理利用地形、地貌,并根据需要适当预留发展余地。教工住宅应纳入城市建设规划统筹安排,不应建在校园内。

第二,校园总平面设计宜按教学、体育运动、生活、勤工俭学等不同功能进行分区,合理布局。各区之间要联系方便,互不干扰。教学楼应布置在校园的静区,并保证良好的建筑朝向。校园内各建筑之间,校内建筑与校外相邻建筑之间的间距应符合城市规划、卫生防护、日照、防火等有关规定。

第三,校园、校舍应整体性强。建筑组合应紧凑、集中,建筑形式和建筑风格要力求体现教育建筑的文化内含和时代特色。具有重大历史文化价值的校园及校舍应依法保护,并合理保持其特色。校园绿化、美化应结合建筑景观统一规划设计和建设,以形成优美的校园环境和人文景观。

第四,体育活动场地与教学楼应有合理的间隔,并应联系便利。设有环形跑道的田径场地、球类场地,其长轴宜为南北方向。

第五,校园内的主要交通道路应根据学校人流、车流、消防要求布置。路线要通畅便捷,道路的高差处宜设坡道。路上的地下管线和井盖应与路面标高一致。

第六,室外上下水、煤气、热力、电力、通讯等地下管线,应根据校园总体规划的要求合理布置,并按防火规范要求在适当位置设置室外消防栓供水接口。变配电系统应独立设置,规划设计用电负荷应当留有余量。室外多种管线的铺设应用地下管沟暗设。

第七,学校主要出入口的位置,应便于学生就学,有利于人流迅速疏散,不宜紧靠城市主干道。校门外侧应留有缓冲地带和设置警示标志。

第八,旗杆、旗台应设置在校园中心广场或主要运动场区等显要位置。

第九,校园应有围墙,沿主要街道的围墙宜有良好通透性。①

---

① 建设部、国家发展计划委员会、教育部:《城市普通中小学校校舍建设标准》建标[2002]102 号,2002年 4 月。

校园环境的日常管理

根据原国家教委 1992 年 6 月 10 日颁发的《中小学校园环境管理的暂行规定》要求,校园环境的管理除注意校舍选址、规划等事项外,还要做好以下几项工作:严格执行升降国旗制度;校内按规定悬挂领袖像,张贴中华人民共和国地图和世界地图、学生日常行为守则等;不允许任何单位和个人在学校中进行宗教活动;严禁宣传凶杀、暴力、色情等不良图书报刊、音像制品在学校中传播;不允许任何单位和个人在校园内从事以师生为消费对象的营利性活动;学校在教学设施、饮水饮食、取暖、用电、开展文体活动等方面要采取安全防范措施,保证师生安全;非学校人员及车辆未经许可不得进入校园;不允许任何单位和个人依傍学校围墙或房墙构筑建筑物;不允许在学校周围从事有毒、有害的污染环境的生产经营活动,或设立精神病院、传染病院;不允许在学校门前和两侧设立集贸市场、停车场、摆摊设点和堆放杂物;严禁在校园内建造、恢复祠堂、庙宇、坟茔等。

校舍的配备标准

校舍有其专门的配备标准,它主要包括以下四个部分:[①]

1. 校舍建筑面积指标

(1) 城市普通中小学校校舍建筑面积指标分规划指标和基本指标两部分。学校若分期建设,首期建成校舍的建筑面积不应低于基本指标的规定。重点学校、示范性学校、民族学校以及有特殊要求的学校经主管部门批准增列的校舍用房,可另行增加面积指标。

(2) 城市普通中小学校校舍建筑面积和生均建筑面积指标如表 15 - 2(1)、15 - 2(2)。

表 15 - 2(1)　城市普通中小学校校舍建筑面积指标表(单位:m²)

项目名称		基　本　指　标						
		12 班	18 班	24 班	27 班	30 班	36 班	45 班
完全小学	面积合计	3 569	4 684	5 812	—	6 912	—	—
	生均面积	6.6	5.8	5.4		5.2		
九年制学校	面积合计	—	5 500		7 328		9 425	11 588
	生均面积	—	6.5		5.8		5.6	5.5

---

① 建设部、国家发展计划委员会、教育部:《城市普通中小学校校舍建设标准》建标[2002]102 号,2002 年 4 月。

新编教育管理学(第 2 版)

项 目 名 称		基 本 指 标						
		12班	18班	24班	27班	30班	36班	45班
初级中学	面积合计	4 772	6 379	7 972	—	9 605	—	—
	生均面积	7.9	7.1	6.7	—	6.4	—	—
完全中学	面积合计	—	6 495	8 120	—	9 734	11 387	—
	生均面积	—	7.3	6.8	—	6.5	6.3	—
高级中学	面积合计	—	6 602	8 247	—	9 892	11 537	—
	生均面积	—	7.4	6.9	—	6.6	6.4	—

表 15-2(2)　城市普通中小学校校舍建筑面积指标表(单位:m²)

项 目 名 称		规 划 指 标						
		12班	18班	24班	27班	30班	36班	45班
完全小学	面积合计	5 382	6 714	8 464	—	9 689	—	—
	生均面积	10.0	8.3	7.9	—	7.2	—	—
九年制学校	面积合计	—	7 789	—	9 867	—	13 334	16 197
	生均面积	—	9.3	—	7.9	—	8.0	7.8
初级中学	面积合计	6 802	9 084	11 734	—	13 542	—	—
	生均面积	11.4	10.1	9.8	—	9.0	—	—
完全中学	面积合计	—	9 207	11 865	—	13 654	15 764	—
	生均面积	—	10.3	9.9	—	9.1	8.8	—
高级中学	面积合计	—	9 287	11 959	—	13 775	15 897	—
	生均面积	—	10.4	10.0	—	9.2	8.9	—

注:① 上表建筑面积以墙厚 240 mm 计算,寒冷和严寒地区学校的校舍建筑面积指标,可根据实际墙厚增加。

② 表中不含自行车存放面积。自行车的存放面积应按 1 m²/辆计,学校应根据实际情况报经主管部门审批后另行增加,并宜在建筑物内设半地下室解决。

2. 教学用房的配置标准(仅以完全小学为例)

(1)普通教室。每班设 1 间,每间使用面积不得小于 61 m²。

(2)专用教室。应配置自然教室、音乐教室等专用教室及辅助用房。城市普通完全小学专用教室的使用面积不宜小于表 15-3 的规定。

表 15-3　城市普通完全小学专用教室使用面积(单位:m²)

用房名称	基 本 指 标				规 划 指 标				备注
	12—18班		24—30班		12—18班		24—30班		
	套数	面积	套数	面积	套数	面积	套数	面积	
自然教室	1	147	1	147	1	147	2	258	
音乐教室	1	169	1	169	1—2	96—169	2	169	
美术教室	—	—	—	—	1	109	1	109	
书法教室	—	—	—	—	1	86	1	86	
语音教室	1	109	1	109	1	109	1	109	
计算机教室	1	109	1	109	1	109	2	195	
劳动教室	1	109	1	109	1	109	2	218	

注:每套用房面积中包括辅助用房面积。

(3) 公共教学用房。应配置多功能教室、图书室等公用教学用房及辅助用房。城市普通完全小学公共教学用房的使用面积不宜小于表 15-4 的规定。

表 15-4　城市普通完全小学公共教室用房使用面积表(单位:m²)

用房名称	基 本 指 标				规 划 指 标				备注
	12班	18班	24班	30班	12班	18班	24班	30班	
多功能教室	123	153	183	213	123	153	183	213	
图　书　室	120	170	220	270	120	170	220	270	
科技活动室	—	—	—	—	36	36	54	72	
心理咨询室	—	—	—	—	18	18	18	18	
体育活动室(器材室)	(40)	(40)	(61)	(61)	670	670	670	670	

注:各种用房面积中包括辅助用房面积。

3. 办公用房的配置标准

中小学校应配置教学办公用房与行政办公用房。教学办公室使用面积不得小于 4 m²/人。其他办公用房和管理用房的配置可在办公用房面积内,根据实际需要进行安排。城市普通中小学校办公用房的使用面积不宜小于表 15-5 的规定。

表 15 - 5　办公用房的使用面积表(单位:m²)

学校类别	基 本 指 标						
	12 班	18 班	24 班	27 班	30 班	36 班	45 班
完全小学	244	314	380	—	446	—	—
九年制学校	—	382	—	498	—	610	726
初级中学	414	500	586	—	692	—	—
完全中学	—	530	624	—	718	826	—
高级中学	—	574	672	—	770	868	—

4. 生活服务用房的配置标准

城市普通中小学校教职工及学生生活服务用房的建设与管理应逐步实现社会化。近阶段,城市普通中小学校生活服务用房主要包括教职工单身宿舍、教工与学生食堂、学生宿舍、锅炉房、浴室等。限于篇幅,本文不再一一列出。

校舍的管理和维护

校舍是学校教育教学活动的场所。校舍是否安全适用,关系到学校师生的生命安全,以及教育投资的效益。因此,必须抓好校舍的管理和维护。首先,要建立健全各种管理和维修制度;其次,要坚持经常检查和定期全面检查,尤其对一些年久失修的旧房,要进行重点细致的检查,如发现结构损坏、蛀蚀、腐烂或其他重大险情的,应及时报告教育行政部门和有关地方政府,凡经技术鉴定为危房的,立即采取措施一律不得使用;再次,要对校舍的辅助设施,如室内外给、排水系统、电气照明系统、锅炉、水泵、避雷针等经常进行维修保养;第四,要加强对师生员工的经常性安全教育宣传工作,使他们提高安全意识,掌握安全知识和专业素质。

校舍档案管理也是校舍管理的不可缺少的一个方面。健全的校舍档案,可以为校舍管理提供从勘测设计到施工验收等各阶段的完整的文书资料、技术参数、账册图表的原始凭证,帮助我们清晰地了解校舍建设的历史和现状,为日后的校舍管理与维修提供便利。校舍档案的内容主要包括:校舍总平面图;学校房屋平面图及情况说明书;学校房屋的施、竣工图及有关资料;运动场地的施、竣工图及有关资料;全校给、排水系统,照明及动力线路系统,电讯线路系统图及有关资料;历年校舍的增减情况及说明,等等。在建立健全学校校舍档案工作中,要制订切实可行的制度。各级教育行政部门对下属学校的校舍要进行立案,实行分级管理,层层负责。每所学校的校舍档案要有完整详尽的各种文件与资料。上级教育行政部门要定期对学校的校舍管理统计汇总,及时了解校舍状况。特别是对旧房和危房,更要做到心中有数,以便制订修缮改造方案,及时维修与改造,避免伤亡事故。

第三节 校内设备的配置与管理

学校教学设备的配置

学校教学设备,是学校教学所需的各项设施和教学所用的各种物品的统称。学校教学设备主要有:教室设备、实验室(小学自然教室)设备、史地教室设备、书法教室设备、美术教室设备、音乐(舞蹈)教室设备、体育教学设备、语音教育设备、微机教室设备、电化教室设备、图书室(馆)设备、卫生保健设备等。

1. 教室设备

(1) 课桌椅。课桌椅是学校中使用率最高,并直接与学生身体相接触的设备。配置合适的课桌椅是使学生减轻坐姿的体位疲劳,提高学习效率,预防脊柱发育异常和近视眼发生的重要条件。为使课桌椅的大小、形式同青少年学生的生长发育相适应,国家制定了中小学生使用的课桌椅标准。目前,中小学普遍实施的是2003年1月1日执行的中华人民共和国国家标准《学校课桌椅功能尺寸》(GB/T 3976—2002)。[①]

(2) 黑板。黑板是教室内的基本设备。黑板的材料大致有木板、水泥板、玻璃、金属板等几种。使用何种黑板要从学校的实际出发,有条件的学校采用金属黑板为好。黑板的高度不应小于1000毫米,宽度小学不宜小于3600毫米,中学不宜小于4000毫米。黑板应悬挂在教室前壁正中,下沿与讲台的垂直距离小学宜为800—900毫米,中学宜为1000—1100毫米,这样可以较好地适应教学工作需要和学生的视觉要求。

(3) 教室的其他设备。教室的设备除了课桌椅之外,还有讲台、橱柜、扬声器、电风扇等。一些条件好的学校,教室里配置投影仪、收录音机、大屏幕电视机和闭路电视摄像头等。

2. 实验室设备

实验室设备也是教学设备配置的一个重要领域,在这方面中学和小学略有不同。中学需有专门的学科实验室,小学则需配置自然教室。根据课程设备要求,中学应设置物理、化学、生物实验室。物理、化学实验室可分为讲试合一实验室、分级分组实验室和演示室三种类型。生物实验室可分为显微镜实验室、演示室及生物解剖实验室三种类型。中学实验室的配置要符合两个条件:一是符合教学实验的实际需要,方便教师准备实验、演示实验、指导实验,方便学生独立实验操作。二是

[①] 《中华人民共和国国家标准——学校课桌椅功能尺寸》,国家质量监督检验检疫总局,2002年5月29日。

新编教育管理学(第2版)

要符合安全标准,所有电器设备必须有良好的接地装置,实验室讲台或讲台附近有总电源的断电装置,化学实验室要有良好的通风装置,危险品需有安全放置设备。实验室的仪器设备要根据国家教育管理部门颁布的《中学理科教学仪器配备目录调整意见》配备,以保证实验教学及课外科技活动的开展。小学自然教室的配置,根据小学自然课程的设置需要,附设教具仪器室(兼放映室);在仪器配备上,遵照教育部 2000 年发布的《小学数学自然教学仪器配备目录调整意见》配备。

3. 电化教室设备

中小学电教设备,包括电教器材和电教教材两部分。电教器材,主要包括:投影设备,如幻灯机、投影机、电影放映机等;电声设备,如扩音机、录音机、电唱机、无线话筒、收音机、语音实验室设备等;电视设备,如电视机、录像机、摄像机、闭路电视系统等;计算机教学设备,多媒体教学系统等。电教教材,主要包括三片两带;即幻灯片、唱片(CD 片)、电影片、录像带和录音带。微机光盘和软盘也已进入学校,成为常用电教教材。

4. 图书室(馆)设备

学校图书室(馆)设备主要由两部分构成,一是书架、书橱、报架、目录柜、借阅台和阅览桌椅等设备;二是图书杂志。根据教育部 2003 年新修订的《中小学图书馆(室)规程》的要求,图书馆(室)藏书量如下:

表 15 - 6 图书馆(室)藏书量

	完全中学		高级中学		初级中学		小 学	
	1类	2类	1类	2类	1类	2类	1类	2类
人均藏书量(册数) (按在校学生数)	45	30	50	35	40	25	30	15
各类报刊	120	100	120	100	80	60	60	40
工具书、教学参考书种类	250	200	250	200	180	120	120	80

5. 体育卫生器材和器械配备

学校体育工作所需的运动器材配备标准目前主要依据的是教育部 2002 年印发的《中学体育器材设施配备目录》和《小学体育器材设施配备目录》分为两大类,即必配类和选配类。卫生器械与设备标准所依据的是原国家教委 1993 年印发的《中小学卫生室器械与设备配备目录》,该目录共规定了 60 项器械与设备,同时设有三档标准,以便根据学校条件酌情配备。

学校教学设备的管理

学校教学设备的管理,必须贯彻统一领导,分工负责,管用结合,物尽其用的原则。同时,学校教学设备的管理必须要建立健全管理制度,充分发挥设备的教育与经济效益。

学校教学设备的管理可分为固定资产管理和材料、易耗品的管理。首先是固定资产的管理。学校的固定资产分为动产和不动产两类，管理上宜用分工负责制。校舍由学校总务部门管理；设备、仪器等按使用部门和存入地点，落实到处、室、个人管理。固定资产分为四种类型一是房屋和建筑物，包括学校的教学、生活、生产、办公用房及围墙等设施；二是专用设备，包括教学仪器、仪表、教具、模型、图书资料、电教设备、文体设备、医疗器械、交通运输工具等；三是一般设备，包括课桌椅、黑板、办公用具、水电、消防设备、炊事用具、被服装备及寄宿生和单身教工宿舍的公用家具等设备；四是其他各种固定资产。学校的固定资产，除校舍等建筑物外，对一般设备单价在 100 元以上，专用设备在 200 元以上，耐用时间均在一年以上，或虽不满上述金额，但耐用时间在一年以上的大批同类财产，均属于固定资产核算范围。学校要建立财产管理制度，设置《固定资产明细账》，将在用、在库的固定资产登记清册，做到账物相符，账账相符，账册记录齐全，以便定期核对，规范管理。

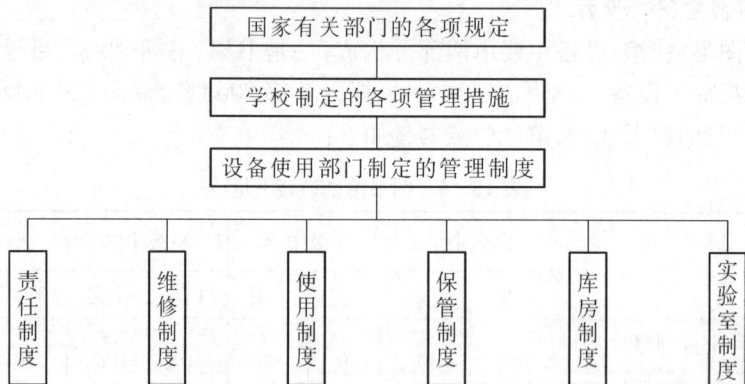

图 15-1 学校教学设备管理制度表

其次是对教学用材料和低值易耗品的管理。学校教学用材料分为两类：一类属于使用后便消耗或逐渐消耗不能复原的物质，如笔、墨、簿本等；另一类是不够固定资产标准的器具设备等，如烧杯、量具、插座等。一般来说，上述材料可按品种由财会人员统一核算，集中管理，设置《物资材料进出登记簿》、《库存材料明细账》，健全购物验收，使用列账的材料审核制度，并在实施中不断完善，真正使学校的教学设备发挥其教育功能。

学生宿舍的设备配置与管理

目前，随着我国办学模式的日益多元化，出现了越来越多的寄宿制中小学。这样一来，学生宿舍的设备配置与管理显得非常重要。学生宿舍所要配备的基本生活设施包括：床、桌椅、书架、鞋柜、壁橱、脸盆架、衣帽钩、晾衣架等。从我国目前学生宿舍的设备配置情况看，学生宿舍内的高架双层床是配置的主体，20 世纪 60 年代前多为木制双层床,70年代后期逐步更换为铁制双层床。近几年部分学校配置了壁挂吊床,其优点是增加了室内空间,改善了室内采光、通风效果,而且还最大限度地减少床与床之间的相互干扰;缺点是该床造价较高,拆装不易,且不灵活。

学生宿舍的桌椅配置可分为两种形式:一是在宿舍内设一张4—6人桌,为每个学生配一张方凳或折椅,仅供学生写信、记日记之用,不具备自修条件;二是每个住宿生配一张书桌和椅子、一盏台灯,供学生宿舍内自修。书架配置一般采用连桌书架、床头书架、墙壁书橱三种形式,以方便学生的学习。学生宿舍内的壁橱、鞋柜、脸盆架、衣帽钩、晾衣架等基本生活设施的配置力求统一,使宿舍做到整洁卫生、秩序井然,使学生获得一个良好的休息环境。

学生宿舍的管理是学生获得良好而充分休息的必要条件。对此,学校管理者要给予高度重视。以下某校学生宿舍管理的经验值得借鉴。

【案例15‐2】

学生宿舍的四级管理制度

某校是一所新型的寄宿制中学。为加强学生宿舍的生活设施管理,几年来,他们探索出四级管理制度:第一级管理是学生宿舍管理科的统一管理,为每个学生宿舍建立卡片、账目;第二级管理是宿舍管理员的管理,整栋学生宿舍楼的桌、椅、床、柜、架、门窗等都要由宿舍管理人员建账建卡,加强管理;第三级管理是学生宿舍的舍长管理,对本宿舍所配发的物品,包括门、窗、玻璃、灯管、床、桌椅、橱等承担责任;第四级管理是学生本人的管理,宿舍内的床、桌椅、书架、壁橱等生活设施编号,落实责任到人。

该校在管理实践中取得了较好的经济与教育效益。加强学生宿舍设施的管理,一方面保证了学生在学校得到一个良好的学习和生活环境,另一方面保证了学校生活设施的安全使用,延长使用寿命,使其最大可能地发挥效用。同时,又培养了学生爱护公物、勤俭节约、以校为家的良好行为习惯。

学校食堂的设备配置与管理

民以食为天,办好学校食堂,改善师生伙食,对于增进师生员工身体健康,稳定正常的教学秩序和学习情绪有着重要的意义。在校舍规划时,要把学校餐厅列入校舍整体规划,其建设风格、立体造型结构功能等因素都要有整体设计。食堂内部设施应备有锅炉、冰箱、电烤箱、绞肉机、轧面机、蒸饭箱、机动运货车等食品加工设备。教师和学生餐厅要保证每人都有座位。

学校食堂管理的主要措施有三个方面:一是加强成本核算,努力减少成本支出。这就要求食堂采购员要了解市场行情,合理组织进货,食堂要完善验收、保管、领用制度,严防食品腐烂变质。此外,在实行食堂承包制时,要对食堂经营的利润率进行限制,以减轻师生的经济负担。二是要加强营养管理,增加饭菜品种,保证师生的营养均衡,尽量满足师生的消耗需要。三是要加强卫生管理,保持食堂整洁。学校总务部门要严格执行国家《食品卫生法》的规定,做到炊具干净,餐厅卫生保洁,炊事人员定期体检,食堂卫生监督员定期检查和监测食品卫生等。

学校后勤管理的社会化和专业化

随着我国社会主义市场经济体制的建立和日益完善,学校后勤管理的社会化、专业化已成为趋势。这表现在学校的教学设备通过招标方式直接向市场购买,学校的食堂交给校外部门经营,学校的学生宿舍让校外物业公司参与管理等等。即使在没有完全实现后勤管理社会化的学校中,部分服务机构如食堂等,也渐渐成为独立的或半独立的经济实体,实行校内独立经营、自负盈亏、自我约束、自我发展的机制。除此以外,像教师住房的商品化,教职员工公费医疗制度的改革,学生贷款制度的推行等,都可以说是学校后勤管理的不同表现形式。学校后勤管理社会化、专业化的出现,对于原先一向由国家统一调配学校设备,学校包办一切后勤工作的做法,不能不说是一个重大的转变,它同时意味着长期沿袭下来的学校后勤管理制度有了新的发展和突破。与此同时,这一现象的出现也对我们的教育管理提出了新的挑战,促使我们以一种全新的视野去更深入地探索教育设施管理问题。

思 考 题

1. 教育设施管理的含义及主要任务是什么?
2. 校园环境建设包含哪些内容?
3. 学校设备的标准有哪些,如何进行管理?

第十六章　社会工作管理

本章学习目标

1. 掌握社会工作管理的概念和意义；
2. 明确社会工作管理的主要任务；
3. 了解社会工作管理的保障措施。

第一节　社会工作管理概述

这里所说的社会工作，不是一般意义上的社会工作，而是指学校所组织的或与学校教育活动有关的那一部分社会工作。实际上，社会工作管理既是一个古老的话题，又是一个全新的课题。说它古老，是因为自学校教育诞生之日起，社会工作管理便已存在；说它全新，是因为历经千百年，社会工作管理无论在深度上还是在广度上都已今非昔比，需要我们重新审视与把握。

社会工作管理的概念

要给社会工作管理下一个准确的定义并非易事，原因在于：其一，以往的研究多为对这一现象的零碎的描述，不太注重对其进行更深层次的理论分析，正如M·克拉斯比所指出的："'公众介入'、'家长参与'、'学校—社区联系'……在学术上几乎没有真正受到注意，且原始材料分散而有限。"①其二，以往的研究往往将家校合作与社区教育分割为两个互不相干的领域，并未将两者整合为一体化的社会工作管理。因此，我们至今无法找到一个关于"社会工作管理"的明确定义。

在参考国内外相关文献的基础上，我们将"社会工作管理"定义为：为改进教育系统的管理工作，提高其服务效能，政府和学校采取一定的措施，吸收学生家长、社会公众和社团组织介入教育系统的计划、组织、控制等活动，以形成教育系统与社

① 《国际教育百科全书》第5卷，贵州教育出版社1991年版，第161页。

会各界良好的合作伙伴关系。

尽管这一描述性定义尚嫌粗糙,但至少明确了这样几个问题:第一,社会工作管理的主体是政府和学校,即它应该在宏观和微观两个层面上共同展开。第二,社会工作管理的对象是学生家长、社会公众和社团组织,它涵盖了教育系统以外的一切社会力量。第三,社会工作管理的目的在于整合教育系统与社会各界的关系,使之进入良性循环状态。

为什么需要社会工作管理

今天,人们已经普遍认识到,要解决教育系统的各种问题,提高办学水平,仅凭教育行政部门和学校的力量是远远不够的,必须发挥学生家长和社会各界的作用,联合学校、政府机关、社会公众协同攻关。因此,强化社会工作管理已成为教育管理领域的一大发展趋势。

【案例 16 - 1】
结合周围环境寻找学校定位

某中学地处城乡结合部,长期以来一直以高考升学率为学校的追求目标。然而,由于生源较差,尽管学校领导和全体教师竭尽全力,升学率始终在 20% 左右徘徊。学校的发展陷入了进退两难的境地。

新校长上任后,走访了学校周围的各个单位,听取他们对学校培养人才的要求。经过深入的调查,新校长发现当地经济发展与文化层次出现严重的"剪刀差",职工的文化素质与实际需要不相适应,而学校的高考落榜生文化基础尚可但专业技能缺乏。经过反复研讨与论证,新校长提出了创办综合高中的设想。综合高中要求基础的科学文化知识和综合性的职业素养并重,旨在增强学生在社会生产与生活中的实际运用能力、应变能力和适应能力,为培养高素质社会成员奠定坚实基础。经过 6 年的探索与实践,综合高中取得了良好的实际效果和社会评价。用人单位领导认为,综合高中培养的学生能说会做,既有文化又有专业技能,工作适应性很强。家长也支持子女就读综合高中,认为既能学到文化知识,又能有更多的动手实践机会。这样,毕业后深受用人单位的欢迎。

该中学走出困境的关键在于注重与社会各界的沟通。通过社会工作管理,找准了学校的定位,使学校的发展有了正确的方向。这一案例告诉我们,从我国教育的发展现状看,加强社会工作管理不仅必须而且紧迫。良好的社会工作管理,有助于革除传统教育管理模式中存在的种种弊病,有助于构建与素质教育相适应的教育管理的新体系。对此,我们可以从以下几个方面来认识:

其一,减少决策的随意性,提高决策的科学性与民主化。以往,决策通常是由教育系统的少数人员作出的,学生家长和社会各界人士很难介入政府和学校的决策程序,其意见和建议也难以在决策中得到体现。通过社会工作管理,在国家重大政策、教育规划的制订过程中,在学校发展规划、改革方案的决策过程中,可以广泛邀请企业界、经济界等各方人士参加,吸收其合理意见和建议。这样就能集思广益,防止决策出现重大偏差。

其二,改变封闭化的办学格局,促使学校教育适应社会的实际需要。在传统的办学格局下,课程教材、教学方法、评价管理手段等都只考虑各级学校教育之间的衔接,其间缺少与社会的横向联系,致使社会要求不能直接影响学校和制约学校的办学方向。由于学校只能按照一种统一的模式办学,培养出来的学生往往与社会对人才的要求发生错位,从而影响了办学效益。教育系统的根本任务是为社会培养各种规格与层次的人才,社会工作管理既能使社会各界关心教育的发展及人才的培养,又能及时将社会对人才质量与数量的要求直接而迅速地反馈给教育系统,促使教育系统及时地作出调整。

其三,打破单一的教育资源获取途径,扩大教育经费的来源。在我国,教育资源获取渠道的单一化是一个突出的问题。一方面由于国力所限,政府无力为教育机构提供充足的教育资源,导致教育系统的发展缺乏有力的资源保障;另一方面由于没有畅通途径,社会上大量的人力、物力、财力等资源难以进入教育系统,造成了社会资源的闲置。搞好社会工作管理,能够有力地调动社会办教育的热情,增强社会各界兴办学校、参与管理的责任感和紧迫感,通过捐资兴学等方式拓宽教育资源的获取途径。

其四,改革应试教育模式,为素质教育的实施创设适宜的外部环境。毫无疑问,实施素质教育需要社会的参与,因为第一,学生素质的形成不仅会受到学校教育的影响,也不可避免地要受到种种社会因素的影响。没有社会的支持与配合,包括对学校管理的参与,个体良好素质的形成是难以实现的。第二,学生的某些素质并不是光靠学校内的教育就能养成,例如,学生的爱心、社会责任感、社区意识、人际交往能力、社会适应性、社会服务技能等,都必须由家长和社会各界共同参与,给学生提供参加社会活动的机会,通过社会实践来提高这些素质。第三,目前学校在推行素质教育的过程中遇到的阻力,相当一部分来自于社会,这与社会各界参与学校工作的机会少、对学校教育了解不深、对实施素质教育的意义认识不清有着很大的关系。因此,积极吸纳社会各方参与学校工作,增进社会对学校的了解,谋求社会对学校改革的支持,对素质教育顺利推行起着重要的作用。

社会工作管理的理论基础

系统论基础 系统论认为,任何组织本身就是一个完整的系统,不仅如此,组织还与其所生存的周围社会构成了一个更大的系统。教育组织也不例外。学校与其周围世界总是处于相互渗透、相互作用的状态,学校不可能绝对封闭,更不可能进行所谓的封闭式管理,那样会丧失其活力。学校系统只有通过开放的、动态的管理,才能与周围世界达到平衡,并在此过程中日益明确发展方向,输出适用人才,并从环境中获取必要的资源。从这一意义上说,学校与周围社会共同参与教育事务,开展社会工作管理,这也是教育系统本身获得生存、求得发展的重要前提之一。

教育学基础　在现代社会中,学校是履行教育职能的主要机构,但不是唯一机构。家庭和社区也担负着一定的教育功能,学生的成长是各方共同作用的结果。有人将学校、家庭、社区的教育功能列表进行了比较(见表 16-1),认为学校、家庭、社区应当是互补合作的"伙伴式"关系,而不是分离甚至对抗的关系。"伙伴式"关系不会自然形成,需要通过细致的社会工作管理去培育和发展。

表 16-1　学校、家庭、社区的教育功能比较

单位	特　　点	目标、任务	影响方式	接受方式	存在的问题
学校	有目的、有组织、有计划,专门的、理性的、基础的	传授知识、技能,培养理性、科学的价值观和理想、情操	主要是集体的	双向的、记忆的	偏向于智育,其他各育相对薄弱,具有一定的封闭性
家庭	非计划性的、亲情性的、启蒙的	形成文明礼仪、习惯、生活方式、性格、道德倾向	个别的	习得的、服从的	具有智能中心、超常化倾向
社区	宣传的、公共的、大众的、繁杂的	增加见识,拓宽思路,了解社会	公共的	单向的、选择的	偏重经济效益,轻视社会效益,教育意识较差

资料来源:班华主编:《中学教育学》,人民教育出版社 1992 年版,第 338 页。本章引用时,笔者略有改动。

社会学基础　学校教育根本任务是培养人,促进学生的健康成长。从社会学的角度看,人的成长就是社会化的过程,从"自然人"到"社会人"的转变过程。所谓社会化,是一个人学习生活技能和行为规范适应社会生活的过程。人的社会化并不是自发完成的,而是在一定的社会条件下习得的,这些条件包括文化传统、社会制度、政治制度、法律及政策规定、家庭成员的结构和稳定性、家庭人际关系、教育条件、个体所接触到的大众传播媒介、个体所参加的各种社会活动等等。很显然,在学生社会化的过程中,既要受到学校教育的影响,又会受到来自家庭和社会的其他影响。为使所有这些影响互相有机配合,学校必须加强社会工作管理,以促进个体社会化过程的顺利进行。

法学基础　近年来,随着我国教育法律体系的逐步建立和完善,学校教育受法律及法学理论的影响越来越深。例如在分析教育活动时,有些研究人员十分注重市场的供求关系和各方的权益问题,认为学生家长是学校教育的纳税人,他们与教育系统之间有着最密切的利益关系,作为直接的教育利益当事人,他们有权参与教育系统的各项活动,关心学校的办学质量,并向有关方面提出改进意见。因此,通过社会工作管理,构建家长与教育机构通畅的联络渠道,这也是对纳税人基本权益的一种保障。

管理学基础　在世界范围内,校本管理已经成为一种发展趋势。高层教育行

新编教育管理学(第2版)

政机构一方面在完善宏观调控的手段,另一方面赋予学校更多的办学自主权,促使学校更加灵活地完成其教育任务。在这一背景下,更加需要教育系统主动关注社区与家长的诉求,以便更好地服务于社会。近年来,我国一些地区正在推进现代学校制度的构建,现代学校制度必须打破以往对上级惟命是从的办学格局,形成在上级宏观调控基础上,学校面向社会、自主发展的新局面。在实现这一转变的过程中,无疑需要强化社会工作管理。

第二节 社会工作管理的任务

对学校来说,社会工作管理的任务是多方面的,包括争取办学资源,改进教育质量,参与课程开发,优化社区环境,参与教育决策等等。

争取办学资源

教育是一项需要大量财物投入的事业,办学资源的紧缺是各国普遍面临的一大难题。如果坐等政府部门下拨款项和物材,那么教育机构的办学条件不可能在短期内出现明显的改观。因此,必须另辟募集经费、筹措物资的渠道,为教育系统的正常运行和进一步发展提供财物上的保证,这正是社会工作管理的重要任务之一。为此,需要做好以下几方面的工作:

政府政策导向 争取办学资源,不仅要靠学校自身的努力,而且要充分发挥政府政策导向的作用。在这方面,一些国家有着丰富的经验,如法国政府于 20 世纪 80 年代中期制定了鼓励企业与中小学协作的政策,到 1987 年底已有 3900 多所中小学与当地企业签定了 12000 多份资助协议。根据协议,企业向学校赠送教育仪器,向学校派遣技术职业课教师,为学生提供实习设备和车间。英国也将 1986 年定为"工业年",要求工业界为中小学提供更多的帮助。美国政府就曾动员全美的百万富翁积极解囊,资助学校。美国政府还将 1986 年确定为"企业—学校合办教育年",当年企业界向教育系统赠款的金额大幅上升。也在这一年,里根总统将"白宫奖"授予"馅饼铺"公司经理小冈瑟,以表彰他对学校教育的支持。近年来,一种校企合作的新形式——认养学校(Adopt a School)在美国迅速发展起来,其目的在于找到企业帮助学校做好教育工作的方法和渠道,而最常用的方法之一就是企业向学校捐赠设备。[①]

学校选择对象 争取办学资源可以面向不同的对象,通常主要是学生家长、基金会和实业界。不同的对象具有各自的特点,争取办学资源时应根据实际需要和

---

① [美]唐·倍根、唐纳德·R·格莱叶著,周海涛主译:《学校与社区关系》,重庆大学出版社 2003 年版,第 210 页。

具体情况选择合适的对象,以求得最为理想的效果。

为了子女的健康成长,家长总是乐意为教育机构提供力所能及的援助。1992年,美国就公众对公立学校的态度进行了第24届盖勒普民意调查。在回答"是否愿意无偿帮助当地任何一所公立学校"时,几乎社会各阶层都表现出了积极的态度。在被调查者中,59%的人表示愿意不计报酬地帮助学校,公立学校学生家长自愿无偿参与学校工作的比例更是高达72%。[①] 而英国的一项调查表明,100%的家长愿意为学校办学条件的改善提供物财上的支持,并且有81%的家长已经作出过实际的贡献。由此可见,家长援助学校的热情很高,但因经济实力所限,援助数额通常不会很大。因此,学校的小型项目可以寻求家长的援助。

基金会财力雄厚,有足够的能力支持教育系统的大型项目。例如美国福特基金会支持的教育设备实验室(EFL),该实验室是许多学校设备革新的开创者,如多用途场地,教室照明的新品种等。[②] 这些项目不仅直接改善了一些学校的办学条件,而且为其他学校更新教育设施提供了范例。许多基金会对资助项目都有着完整的审核程序,小项目通常很难获准立项,比较容易获得资助的是学校新设施、新技术的开发与使用项目。虽然基金会的资助金额较大,但申请手续比较烦琐,对经费使用情况的监督也较为严格。

实业界是教育机构争取资源的重要对象,因为学校的教育质量直接决定了劳动者的素质,影响着实业界的经济利益。实业界向教育系统的投入有两种方式,即资金投入和实物投入。向教育机构捐赠教学设备,这是实业界较为流行的做法,因为它既为企业、公司的产品做了广告,又在公众心目中树立了良好的组织形象。而资金投入往往更受教育机构的欢迎,因为它使得受赠方在资源使用上更具灵活性。近年来,我国的实业界探索了一些新的援助途径。一些单位采取"校企合作"、"厂校挂钩"等形式,充分利用企业的资金、技术、管理等优势,通过联营、合作等途径,扶植校办企业,增强了学校自身的"造血"功能,使学校在改善办学条件方面获得长期、稳定的经济来源。这一做法是富有创造性的,是我国在改善办学条件方面的一个特色。

校长实施求助行动 为改善办学条件而寻求各界的援助,是校长的一项重要工作。能否赢得社区各界人士和家庭的信任,能否争取到社区和企业的支持和捐助,显然对学校的发展起着重要的作用。所以,中小学校长应该积极地通过家访、通信、对话等形式,与社区名流、企业界人士、学生家长保持密切的联系。国外有些校长还通过演讲、撰文等形式开展舆论宣传,向学生家长和社区各界阐述教育对家

① 马忠虎:《家长参与学校教育——美国家庭、学校合作的模式》,《外国中小学教育》,1996年第6期。

② 程晋宽:《战后美国公立学校教育中的基金会慈善事业》,《外国教育动态》,1993年第6期。

庭和各项事业的重要性,介绍自己学校培养的各类人才及其作出的贡献,以吸引家长、企业、社会公众对学校进行捐助。① 另外,校长也可通过同基金会、慈善机构的交往,定期或不定期地向他们汇报学校的办学情况,介绍现有的设备状况和近期办学规划,以此申请改造学校教育设施的经费。

参与课程开发

课程是教育系统的"心脏",以往它被视为专家和教师的专业领地,社会公众和学生家长是没有资格和能力介入其中的。但是,近年来这样的观念逐步得到了扭转,教育系统与社会其他系统之间的壁垒被打破,校外力量以各种形式进入了教育的核心领域。参与课程开发可以在以下不同的层面上展开:

提供课程资源 "研究性学习"、"综合实践活动"的开设,仅仅依靠学校的师资和资源是远远不够的,这就迫使学校打开校门,到社会上去寻求更为丰富的课程资源以满足学生的要求。在这方面,校外力量可以充当资源的提供者。

参与课程审核 一些国家通过法规赋予了社会公众和学生家长更大的权利。在英国,根据《1993 年教育法案》,如果家长认为开设的某些课程(如性教育课程等)不利于其子女成长,可以向学校提出免修要求而不会影响其子女的学业成绩。德国黑森州规定,凡没有社区代表参与编制的课程,不得在学校中开设,这使得社会公众拥有了课程的审核权。另外,一些国家的教师在完成课堂内容设计后,会以书面方式送达家长手中,根据家长的意见修改完善。②

影响课程政策 知识的迅速更新,新科技的不断产生,使得社会对劳动力的素质提出了新的要求,这就需要教育系统在课程上进行适时的调整。但是,教育系统往往存在一定的惯性和惰性,只有在一定的外部压力之下才会作出积极的回应。传统上,我国的中小学课程存在着"难、繁、偏、旧"等弊病,这些问题在课程改革的浪潮中正逐步发生着变化,这种可喜的改变不能不说与社会的广泛参与有着一定的联系。

改善教学质量

教学是学校的中心任务,教学管理是教育行政和学校管理的核心工作。长期以来,这一领域始终为教育专业人员所控制。这种格局维护了教学活动的独立性和专业化,但也导致了其封闭性与刻板化的倾向,致使教学工作和经济与社会发展不相适应,教学质量难如人意。在当今的开放社会中,教学质量的提高不应该也不可能完全依赖教育系统自身的力量。正如有的研究人员所指出的,社会力量的介

① 鲁立波:《国外中小学校长筹集教育经费的途径》,《外国中小学教育》,1989 年第 4 期。
② 王敏婕:《从隔阂走向融合——家校合作关系研究》,华东师范大学硕士学位论文,2006 年。

入已经成为教学管理中的一个新动向。① 学校和教育行政部门应当充分利用社会各界的力量,为教学质量的改进构建外部支持系统。借助社会力量改进教学质量,不妨从以下几方面入手:

补充师资缺口 提高教学质量的关键在教师,教育系统要善于利用社会各方的人才优势,补充师资缺口,优化师资结构。常用的办法包括组织企业的技术人员到校授课,以解学校的燃眉之急;利用高科技企业的知识优势,培训学校的专业教师;根据家长的能力,安排他们到学校担任教学助手。②

监控教学活动 教育机构需要健全的外部监控机制,家长和社会人士是天然的学校教学活动的检查者和监督者。我国很多中小学近年来都举办过"家长接待日"、"学校开放周"等活动,让学生家长和社会人士随堂听课,请他们和学生一起参加活动,从中感性地了解学校的教学情况,检查与监督教学活动。

提供教学建议 20世纪80年代以来,日本学校中的家长—教师协会已将活动的重点从后勤服务转向了教学领域。家长们常常围绕教科书开展学习与讨论,将他们的意见和建议直接传达给教师,以便教师在教学时参考。在德国,学生家长经常以学生班级为单位召开会议。开会时,先由教师报告班级一段时期内的教学工作,包括教材的选择、教学方法的运用以及学生的情况。然后教师和家长一起讨论,找出存在的问题,共同研究解决问题的方法。

参与教学工作 社区居民和学生家长中往往蕴藏着丰富的人力资源,他们没有教师资格证书但具备相关知识和经验。为此,日本推出了"特别非正式讲师制度",经过一定的申报程序,让他们进入中小学承担教学计划中各科的一部分教学工作,见表16-2。

表 16-2 特别非正式讲师担任的具体教学内容(2001年日本)

学校类别	具体的教学内容	特别非正式讲师的职业等
小 学	和太鼓 木材加工(木工) 拼贴图	和太鼓保存会的指导人员 木工所所长 公民讲座的讲师
初 中	英语会话 书法 信息基础 有氧健身运动 茶道、花道 古典艺术	英语会话学校的讲师 私立书法学校的经营者 系统工程师 体育教练 茶道及花道的教授 社会工作者

---

① 郭继东:《社会力量的介入:教学管理中的新动向》,《外国中小学教育》,1999年第3期。

② 王艳玲:《英国家校合作的新形式——家长担任"教学助手"现象述评》,《比较教育研究》,2004年第7期。

新编教育管理学(第2版)

学校类别	具体的教学内容	特别非正式讲师的职业等
高　中	各类艺术论 医疗护理 盲文 手语 和服穿用 烹饪实习 生物工艺学	能乐师 护士 盲文教师 手语翻译 和服教授 饭店厨师长 农业实验厂职员

资料来源:日本文部科学省编:《21世纪的教育改革》,《文部科学省白皮书》,财务省印刷局2002年版,第62页。本章引用时,笔者略有删改。

优化教育环境

在现代社会,学生的思想品德、人格品质不仅受学校教育的影响,而且越来越多地受到来自社区和家庭的影响。由于社区和家庭是学生校外生活的主要场所,社区和家庭环境的有利与否对学生成长所起的作用,在某种程度上甚至比学校更为直接、有力。因此,教育管理人员应积极探索优化社区和家庭环境的途径与方法,为学生的健康成长提供适宜的"土壤"。

建立社会实践基地　我国历来重视利用区域内的校外教育机构,如少年宫、少年科技站、展览馆、博物馆等,校方注意与这些单位加强联系,有计划地组织学生去参观、访问和调查,让学生在这些机构里学习、生活,使之成为校外的课堂。很多中小学校还注重发挥社区教育委员会的作用,构建覆盖整个社区的德育工作网络,结束了"教育孤岛"的现象。一些地区的街道还为学校建立了多种社会实践基地,如勤工俭学基地、学工学农基地、军训基地、公益劳动基地等,以拓宽学生接触社会、服务社会的渠道,促进学生思想品德的成熟和人格品质的完善。

推行协调人制度　针对外界与校方之间的摩擦与误解,法国建立了协调人制度,以改善校内外的关系。协调人的选择标准包括:了解当地的人口资源情况;在学校与家庭之间保持中立;熟悉学校的工作;交往与自控能力强。其职责是:一是解决家长与学校之间的冲突问题;二是帮助家长作出是否择校的决定;三是告知家长学生的逃课、暴力、攻击等不良行为的成因;四是尽量帮助弥补家庭与学校之间缺乏交流的不足,对没有到过学校的家长进行访问;五是帮助孩子解决学习中的问题;六是在特殊情况下(如家庭与学校处于僵持状态、学校要开除学生),向对学校怀有不满情绪的家长进行解释。[1]

改善家校合作　在我国,不少研究成果表明,家庭教育与学校教育在理念、方

---

[1]　杨天平:《法国学校与家长之间的交流与协调》,《外国教育研究》,2004年第1期。

法等方面均存在着矛盾。因此,改善家校合作刻不容缓,它可以为学生创造良好的教育环境,协调双方的力量,避免家庭教育和学校教育效果的抵消,防止社会不良因素对学生的侵害,使教育效能最大化。在这方面,作为教育的专门机构的学校无疑应该起到"主导"作用,对家庭教育进行指导。随着计算机和互联网的普及,家校合作在技术手段上也正发生着变化,这将使合作更为及时、有效。

【案例16-2】
上海市开通"家校互动"系统①

　　2007年4月17日,上海市"家校互动"系统正式开通。根据计划,年内上海市中小学校和托幼机构将全部使用该系统,同时,首批100万户家庭也将首先从中受益。该系统是一个基于互联网、服务于全市中小学生和学龄前儿童,为教师、学生和家长免费提供便捷沟通和个性化服务的信息平台。它除了能使教师、学生和家长进行双向交流外,还能让教师通过该系统及时向学生和家长发送学校课程安排、教学信息以及学生综合素质评价等。

　　在"家校互动"系统中,每个用户都拥有自己的个性化页面,如任课教师名录、同班同学名录、即时通信和留言等。其中,孩子的家庭作业、教学重点、个人考试成绩、班级和学校通知、第二课堂活动等信息,还可通过电子邮件或手机短信的方式告知家长,使家长随时了解孩子的在校情况。与此同时,学生也能借此系统参与班级论坛交流,浏览班级相册,展示自己的摄影、绘画、文学、诗歌等才艺。

参与教育决策

　　参与教育决策是社会工作管理的一项重要任务,也是社会工作管理走向深化的一个标志。近些年,家长和社会各界已不仅限于参与教育系统的一般性事务管理,而且介入了其决策程序。不少国家建立起了完善的决策参与机构,使得参与决策变得具体而实在。

　　班级层面的参与决策　在学校内部,不少国家都建有班级委员会之类的组织,这是最初级的决策参与机构。它包括了班级的所有教师、学生及其家长代表,其成员数额各国不一。如意大利初级中学的班级委员会由班级的任课教师和4名选举出来的家长代表组成,委员会主席由校长或教导主任担任,也可通过选举经校长任命产生;在法国的实科中学里,校长担任各班的班级委员会主席,其他成员包括班级的全体教师、2名家长代表、2名学生代表、1名教育顾问和1名职业指导咨询人员。通常情况下,班级委员会一年中至少聚集三次,研究班级的一切学习及生活问题,并作出相应的决策。其主要工作通常包括:分析全班的学习状况,考查学生的学业成绩和操行,提出升留级意见;研究学生身心发展的特点,设计个别化教育(教学)的方案;针对班级情况,制订课外校外教育计划;了解学生的兴趣爱好,开展有

---

① 王婧、葛志浩:《家校互动:上海年内家长可上网"盯"孩子》,《新闻晨报》,2007年4月18日。

新编教育管理学(第2版)

效的职业指导。①

学校层面的参与决策　在学校层面上，多数学生家长、社会各界人士通过家长委员会等组织，间接地影响学校的各项工作；另一些家长和社会人士直接进入学校的权力机构，参与学校大政方针的决策，对学校管理实行民主监督。学校在制订工作计划、作出重要决策时，一般要征询家长委员会的意见。

在很多国家，虽然学校管理与决策机构的名称不一，其人员构成和成员数量也不同，但都包括学生家长和社会各界代表，这就保证了家长和社会有参与学校决策的机会。如在英国，学校董事会是学校管理的决策机构，根据 1988 年《教育改革法》，直接拨款给学校的董事会由以下人员构成：5 名学生家长董事；至少 1 名但不超过 2 名教师董事；现任校长；数名社区人员董事。法规还规定，社区人员董事在人数上必须超过其他董事，而且其中至少有 2 名是在该校注册的学生的家长。这一法规保障了家长和社会各界在学校决策中拥有广泛的参与权，这些权力主要包括：(1)通过无记名投票决定学校性质。即如果多数家长认为学校主管部门办学无方，管理不善，可申请脱离原来的管辖，成为由家长们自己管理的教育部"直接拨款学校"；(2)通过董事会推荐并与地方教育当局协商决定校长人选；(3)根据需要和预算确定学校教职工人数；(4)推荐、评价和建议聘任或辞退教师(最后决定由雇用单位地方教育当局作出)；(5)参与制订学校的教育、管理和发展计划；(6)参与制定学校的财政预算，监督学校经费使用；(7)奖励优秀教师和学生，处置违纪学生。在法国，学校理事会主要由教师委员会和家长委员会联合组成，包括学校行政人员、教师、学生、学生家长、地方人士各 5 名代表，校长任主席。理事会的职责是通过学校预算，审订学校规章，保证教学工作的顺利进行，决定新设或撤销班级，安排选修课程等。由于学生家长和社会人士在董事会中占有重要的位置，因而他们能够广泛地参与学校各项重大问题的决策，他们的意见通常都能受到尊重。在韩国，则通过建立"学校共同体"来实现参与教育决策。学校共同体由教职员、学生家长、社会人士、教育专家和毕业生五方组成，负责学校的部分事务管理，包括开发教育资源；创建"校长推荐委员会"，以推荐和聘请校长；创建"教师推荐委员会"，以协助校长在教师编制的 20% 的范围内聘用教师；在实行校长负责制的基础上协助校长管理学校，等等。这一措施使得家长和社会各界不仅被赋予了参与决策的权力，而且开始成为学校管理主体中必不可少的部分，学校也因此在教育和管理方面更具开放性和灵活性。

国家层面的参与决策　在国家层面上的参与决策，可通过教育审议制度或其他有关制度来实现，这些制度有助于减少宏观决策的失误。这里仅举教育审议制度的例子。所谓教育审议，是指由专门设置的社会中介机构就政府的教育决策或

---

① 刘振天：《西方国家教育管理体制中的社会参与》，《比较教育研究》，1996 年第 3 期。

政策进行审查和评议,或接受政府委托,就有关的教育问题开展调查和评估,并提供教育咨询和建议,以协调政府、学校和社会之间关系的一种社会参与教育管理过程的特殊活动。① 从组织类型上看,教育审议机构有常设和临时、综合和专业之分。不论设置何种类型的教育审议机构,均应发挥以下一些基本功能:一是参与宏观教育决策的制定过程,以咨询形式起到政府高级智囊团顾问的作用,防止政府决策过程出现由于不民主或脱离社会实际而产生的失误,使教育决策达到最大限度的民主和科学化。二是审查评议事关国家利益和社会发展的重要教育制度和政策的实施情况,发现和预测教育改革及发展过程中已经出现或可能出现的重大问题和隐患,并主动提出针对性的改革建议和措施,从而起到"预警"的作用。三是参与教育管理运行过程,充当经济、科技、学校、社会等其他行业,以及家庭关于教育事业改革和发展观点与要求的代言人,起到促进并扩大社会和教育相互关系的连接作用。四是调节和沟通中央与地方政府、学校之间以及政府与学校之间的关系,在各方之间发生利益不一致的矛盾时,形成一种缓冲机制,从而起到协调的作用。五是对学校办学水平、质量标准及证书资格等进行评价和鉴定,作为政府对学校评估和认可的依据,起到一种"准行政"的作用。

第三节　社会工作管理的保障策略

社会工作管理涉及学校和教育系统内外的多个层面。要有效地动员社会各方参与学校工作,形成良性的合作伙伴关系,必须采取强有力的保障措施。为此,可以考虑观念先导、法规完善、制度创新等一系列保障策略。

注重观念先导,为社会工作管理铺平道路

观念决定行动。能否顺利开展社会工作管理,往往与当事各方的观念有着密不可分的关系。为此,需要为社会工作管理扫清观念上的种种障碍。试看下面这一案例。

【案例 16 - 3】

"督学"引发的争议

1996 年国庆后,广州某中学的高三(4)班在一次全市测试中成绩偏低。校方认为是由于该班课堂纪律散漫所致。校长在家长会上介绍情况后,该班 10 位学生家长向校方提出每天派家长代表跟班听课,了解教学情况,协助教师维持课堂纪律。他们还派代表参加班会课,在课堂上发言,鼓励学生勤奋学习。

---

① 金东海:《发达国家教育审议制度的若干比较》,《比较教育研究》,1997 年第 2 期。

家长们的这种做法在校园内外掀起了层层波澜。许多教师对此持有异议,认为家长定期与学校交流学生情况、探讨思想教育工作是可以的,但介入太多,则干扰了正常的教育秩序。有的教师反映,这是对上课教师和学生不信任,容易产生逆反心理。还有教师指出,让家长直接介入学校对学生纪律管理的做法,无疑是承认学校教育功能的软弱,是对当今教育状况的一种讽刺。家长和学校相互信任、分工合作,才是促使学生勤奋学习的根本途径。当然,也有人对此持赞同意见,认为家长跟班不失为一种改善学风的举措。家长跟班可以身临其境,考察学校的各项管理制度、教师的教学水平、学生听课情况等。这无形之中形成一股检查督促的力量,促使校(级、班)方经常改进工作。①

从上述案例中可以看出,人们对于家长"督学"的看法不一,尤其是教师中有许多人持反对意见。这表明,在社会各界参与学校工作这一问题上,观念的冲突仍很激烈。在这种情况下,社会工作管理的开展会遇到巨大的障碍。由此可见,社会工作管理的组织实施,必须以观念突破为先导。在这方面,需要形成以下一些观念:

彼此需要的观念 在一些家长的头脑中,往往将教育完全视为学校单方面的事情,把孩子交给学校,自己则撒手不管了。而在教育系统中,也存在着"教育是教育系统内部的事情,是教育专业人员的事情"的传统观念,排斥家长和社会各界的介入。其实,教育机构只有与社会的方方面面建立起广泛的联系,才能掌握其服务对象的需要,制订恰当的培养目标,选择合适的教学内容,从而适应社会发展的需要,办出学校的独特个性,赢得生存与发展的空间,在竞争中立于不败之地。对学生家长、社会公众、社团组织而言,要树立"教育不仅是国家、学校的事情,更是全社会和每个公民的事情"的观念。教育的成败关系着家庭、社会各界的切身利益,家长和社会人士拥有监督、评议学校工作的权力,更有关心、支持、配合学校管理的义务。教育的成功,在相当程度上依赖于家长、社会各界的参与和帮助。

全面介入的观念 作为社会工作管理主导方的教育系统,在对待家长和社会参与时往往采取有限开放的态度,时常处于两难境地。一方面,教育系统希望通过社会参与机制的建立争取外界对教育的更多关注,获得更多的办学资源(包括经费、人员等);另一方面,教育机构又不希望社会各界过多地介入其具体的事务。比蒂(N. M. Beattie)曾尖锐地指出:学校在本质上是封闭的官僚体制,它具有对外部介入包括家长介入的固有抵制。② 但是,社会各界显然不愿意仅仅扮演慈善家的角色,他们希望在为教育出钱出力的同时,获得对教育管理工作的发言权和影响力。由此,两者的冲突便无可回避。当社会参与主要局限于后勤保障工作时,双方的矛盾尚不突出,但近年来社会参与的领域逐步深入到教学管理、教育决策等教育管理的核心领域,校外人员与学校教师、管理者的冲突就日益加剧了。科恩(D. K. Cohen)指出,当参与威胁到管理者的权力时(如校外人士有权参与任命校长、聘用

---

① 本案例根据陈心宇的《家长"督学":滑稽的讽刺》,《生活周刊》,1997年第3期改写而成。
② 《国际教育百科全书》第5卷,贵州教育出版社1991年版,第163页。

教师的决策时),当参与干预了由教师联合会商决定的范围时(如课程决策),参与往往就要被取消,而以行政分权的解决办法取而代之。斯特洛姆奎斯特(N. P. Stomquist)也指出,如果用参与作为批评教育系统的一种研究会,学校管理人员的反应就是取消参与组织,并宣布他们的参与"无效"。① 从研究人员的这些描述可以看出,直到今天,人们对社会工作管理的某些方面还存在着种种分歧,来自教育领域内部的阻力还很大。我们认为,在保持教育活动专业独立性的前提下,教育系统不应给社会参与设限,应当欢迎家长和社会从后勤保障到管理决策全面介入学校的工作。当然,这种参与需要分层进行。

分层参与的观念 社会工作管理的对象应当囊括所有的学生家长和社区居民,不应只让部分人参与其中。近年来,在一些学校的社会参与机构中(如家长委员会)出现了"嫌贫爱富"的现象,少数社会政治经济地位高的家长主宰了这些机构的活动,剥夺了其他家长的话语权。这种现象值得警惕,社会参与机构不应蜕变为"富人俱乐部",应当反映各层面家长和社会人员的意见,让全体成员都能根据需要和能力分层参与教育系统的各项事务。香港学者郑燕祥提出了一个四层次的家长参与学校工作的模式,具有一定的参考价值。

表 16 - 3 家长参与学校工作的模式

参与的层次	个别学生的教育	家长组织	学校日常运作	校政决策
内涵(例)	• 行为典范 • 帮助学生全面发展,提供学生资料 • 指导学生在家中学习	• 组织及参与活动 • 贡献人力、物力,	• 安排开放日 • 布置习作展览 • 协助课外活动 • 教学助手 • 图书馆助理等	• 担任校董 • 参加学校会议
层次高低	(低) ———————————————————→ (高)			

资料来源:郑燕祥著:《教育领导与改革新范式》,上海教育出版社 2005 年版,第 506 页。引用时,笔者有所改动。

完善法规政策,为社会工作管理提供保障

法规和政策具有强有力的导向和规范作用,世界各国的教育法规大多有加强学校与社会联系的条文,从而在法规上为社会工作管理提供了保障。

国外的相关法规政策 西班牙《宪法》(1978 年)第 27 条第 5 款规定:"公共权力通过制定总的教育计划和创办教育中心途径保证每一个人的教育权利,使之有效地参与一切有关方面";第 7 款规定:"在法律规定的范围内,教师、家长、适当情

① 《简明国际教育百科全书·教育管理》,教育科学出版社 1992 年版,第 405 页。

况下也包括学生参与所有靠行政部门以国家公共基金维持的、其确立符合法律程序的教育中心的监督和管理",同时还规定地方行政机构和部门及学校当局应积极创造条件确保社会参与的实现并提高其质量,对于那些阻挠社会参与的违宪行为,宪法法院将作审理和裁决。① 《美国 2000 年教育目标法》在最初制定的 6 项国家目标的基础上,特别增加了"家长参与教育"和"加强教师队伍建设"两项新的国家目标,以便使"每所学校都促进与家长的伙伴关系"。②

近年来,许多国家又相继颁布有关政策,支持与鼓励学校和社会进一步强化合作关系。例如,美国联邦教育部发布了《美国 2000 年教育战略》,其中有不少内容涉及学校与学生家长、社会各界的合作。比如,建立"选校制度",允许家长自由选择学校;社区发展与学校的不断改善同步。美国未来的社区应把国家的教育目标作为本地区的发展目标,有明确的本区教育发展规划,定期向上级机关提交教育发展报告;办学经费通过企业界集资,国会、州、地方政府拨款,以及私人捐款等形式解决;进一步强调成人行为对孩子的影响,强调家庭和社区对办好学校的至关重要性。法国在《国民教育管理现代化计划》中,对学校管理的改革进行了详细的阐述,其中包括:让学生家庭参加中学的管理机构,参与学校计划的制订和学校的管理工作,并且重视学生的要求与建议;密切学校与企业界的关系,加强相互之间的合作等。日本临时教育审议会的四次报告中,也多次提及社会各方参与学校工作问题。

我国相关法规政策　我国近年来相继颁布了一系列重要法规与政策,为社会工作管理提供了法律依据和政策扶植。《中华人民共和国义务教育法》(1986 年)和《中华人民共和国教育法》(1995 年)指出:"国家鼓励各种社会力量以及个人自愿捐资助学","企业事业组织、社会团体及其他社会组织和个人,可以通过适当形式,支持学校的建设,参与学校管理。"在此后颁布的许多法规政策中,往往都涉及学校、家庭、社会相结合的问题,如《普通中小学校督导评估工作指导纲要》、《中共中央关于进一步加强和改进未成年人思想道德建设的若干意见》等。这些法规与政策的出台,对社会工作管理的开展起到了积极的推动作用,但也存在着一些有待改进的方面。

正如一些研究人员所指出的,我国宪法虽然明确规定了父母的教育义务,但却没有对其享受的权利作出确认。家长权利在缺乏法律和制度保障的前提下,其权利的获得也就只有随学校主观决定了。社会参与搞得好的学校可能成立"家长委员会",开展诸如"家长开放日活动"等,家长和社区成员可以听课,可以参与评课,让课堂走向社会。然而,这些权利都操纵在学校手里。什么时间、多长时间、什么人参与,都是学校的事情。家长和学校不是地位平等的权利主体,家长的权利受制

① 刘振天:《西方国家教育管理体制中的社会参与》,《比较教育研究》,1996 年第 3 期。
② 蒋有慧、曾晓燕:《家长参与管理:西方国家基础教育改革的新动向》,《江西教育科研》,2000 年第 5 期。

于学校的权利。即使家长能得到学校的许可听课、参加监督、提建议,那也带有学校对家长恩赐的意味。① 此外,在督导评估实践中,学校只要成立了家长学校和家长委员会,有社会人士担任校外辅导员、志愿辅导员,就可以达标了。因此,目前存在着随意性大的问题,严重影响了社会参与机制的构建。

相关法规政策的完善 针对上述问题,应根据我国的教育发展实际情况,参照他国的成功经验,完善在社会工作管理方面的法规政策。同时,学校还要根据自身的条件和情况,结合学校周围的社区环境,制定出相应的执行细则,以便有效地实施家长和社会参与学校管理,以规范各方的参与行为。

进行制度探索,为社会工作管理提供平台

社会工作管理要长期有效地开展,就必须建立起相应的制度,使其平顺地运行。为此,需要探索多样化的参与途径与形式,构建双向服务机制,完善评价体系。

探索多样化的参与途径与形式 在我国,不少地区和学校都已建立了社会参与学校工作的各种机构(如家长委员会等),但往往处于半瘫痪或休眠状态。为此,一方面应当激活这些机构,另一方面要积极探索新的途径与方法以适应新形势的需要。一些地区正在试行的教育议事会、"家长代言人"制度和成长助教团等,开拓了多样化的社会参与的途径。

所谓"教育议事会",是指在不更改学校办学的所有制,在不过度干预校长的办学自主权的前提下,对学校办学重大事务进行咨询和审议的外部监督组织,是学校与家长、社区进行联系、协调和合作的平台。教育议事会的成员本着有利于"社区—家庭—学校"三者互动的原则,吸纳校方代表、家长代表、社区干部和教育专家共同组成。议事会设主席、秘书长,下设调研部、提案部、社会联络部、网站部。其主要功能是:一是开展学校办学的自我诊断与自我调整;二是选择最佳的议题和意见,协调家长与学校的关系;三是营造学校、家庭、社区和谐的教育环境,促进学生的全面发展。②

所谓"学生成长助教团",是指学校根据动态生成的德育及课程要求,有计划地聘请一批热心教育事业、有一定助教能力的家长及社会各界人士,与教师共同制定教育方案,从而协助教师做好教育教学工作,帮助学生实现自我教育,使学生在学校教育、家庭教育和社会教育的合力下健康成长的一个相对稳定的组织。学校借助"学生成长助教团"的力量,开辟了点多面广的助教"基地",形成系列化的助教网络,为学生的自主发展提供了平台。比如,学校与企业合作建立"学生社会实践基

---

① 徐浩斌:《构建学校—社区教育共同体的研究》,华东师范大学专业硕士学位论文,2005 年。
② "现代学校制度的理论与实践研究",浙江省宁波市海曙区课题组:《教育议事会:社区参与学校管理的尝试》,《人民教育》,2005 年第 6 期;王飞:《教育议事会:让学校面向社会办学》,《人民教育》,2005 年第 6 期。

地"助教系列,与爱国主义教育基地共建"德育基地"助教系列,与街道共建"社会主义新农村考察基地"系列,与福利院等结成"青年志愿者活动基地"系列,与派出所结成"警校共建基地"系列,与环保部门建设"学生研究性学习基地"系列,与疾控中心形成"学生健康成长基地"系列。① 学生利用寒暑假、节假日及学校组织活动日,去参观、调查、交流、研究,在被助中自助,在自助中助人。

构建双向服务的机制 社会工作管理旨在建立教育系统和社会各界之间的合作伙伴关系,而合作是双方共同的事情,必须互惠互利。正如美国应答教育协会"学校—社区联系"项目总监汤普森(Scott Tompson)所说:"我们知道,合作关系并不仅仅是父母参与和社会参与,……真正的合作意味着互相之间的期望、责任和利益的持续关系。"教育系统要从家庭、社区那里获取经费、设备、人才等资源的援助,也要设法让家庭、社区在合作中受益。只有单向的付出,没有必要的回报,合作关系难以长久。

【案例 16-4】

对家长资源的"滥用"②

　　天津的赵先生最近当上了孩子所在学校的家长委员会主任。走马上任后,他发现自己被"利用"了。该校设了五大专业委员会,分别负责教育、卫生、园林环境、饮食等。其实,学校看中的是这位在园林部门任职的家长的"工作能力"和社会关系。这样,过圣诞节,学校搞联欢会,可以由这位家长中午"自愿"去布置教室,连联欢会需要的彩带、气球都可以"自愿"带来。一名家长一针见血地说:"现在的学校太会利用家长资源了。"

从上述案例中可以看出,在接受家庭与社区的支持与配合的同时,教育系统必须强化自身的主体意识,更多地为社会各界提供各种形式的服务,以促进双方合作关系的健康发展。应该看到,教育系统可以为家庭、社区提供服务的领域是相当广阔的。例如,教育可以为社区提供学习的课堂、开会的地点、活动的场所,与社区共享其物质资源;向社区居民开放学校的图书馆等文化设施,充实居民的精神生活,提高他们的文化修养;积极参加街道的文艺演出、体育活动,丰富社区成员的业余生活;组织学生上街宣传,搞卫生,开展以班级为单位的为民服务活动,促进社区的精神文明建设。除了上述几种形式外,教育系统还可以充分发挥自身的知识优势,通过开办各种培训班,为家庭及社区提供全方位的服务。

完善评价体系 评价具有导向功能,科学合理的评价体系有助于社会工作管理的深入开展。然而,目前这方面的评价体系尚不完善。在督导评估中,教育督导部门注意到了加强学校、家庭、社区合作的重要性,但指标过于简单,标准不够明

---

① 浙江省象山县教育局:《学生成长助教团:让社会参与教育,让教育走向社会》,www. xsedu. net. cn/zhuanti/weichengnian/jiaoliu。

② 沈文华:《"滥用"资源副作用不容小觑》,《文汇报》,2005 年 5 月 16 日第九版。

确,容易使之流于形式。为此,应将完善评价体系作为推进社会工作管理中的重要一环,以此强化学校与家长、社区的双向沟通、共同参与及积极协作,实现学校教育品质的提升。

表 16-4 学校、家长、社区合作的评价内容①

	评 价 要 素
理念与计划	1. 学校是否确立了开放办学的理念。 2. 家长和社区是否有参与学校事务的意识。 3. 在学校发展计划、社区建设计划中,是否包括了学校—社区互动的目标、计划及行动措施。 4. 在构建终身教育体系和学习型社区的过程中,学校、家庭与社区能否彼此配合。
学校与家长、社区的沟通	5. 学校提供了哪些有关学校的信息给学生家长和社区居民,如:学校教育改革的理念及进展;本学校的教育目标;学校的年度计划与总结;学校教学、教育活动的情况;教育创新活动的情况;学校的学生、教师、设施设备、经费基本情况等。 6. 学校主动收集了哪些与学校发展相关的家长与社区的意见,如:学生家长与社区民众对学校所持的态度;对学校的肯定、赞扬及批评,不满的内容和原因;家长和社区民众最急切的教育需求;家长和社区民众对学校教育、教学、行政管理工作的想法与意见;学校获得家长和社区各种支持与参与的可能;学校与其他组织合作的可能信息等。 7. 学校提供和搜集以上信息的方式或渠道是否广泛、畅通和有效。 8. 家长与社区各界是否积极参与学校的活动,发表自己的意见。 9. 家长、社区各界与学校进行信息沟通的渠道是否广泛、畅通和有效。
学校与家长、社区的互动	10. 学校场地、设施、设备等向社区开放的范围及效果。 11. 教师参与社区教育及社区建设的内容、形式。 12. 学校学生志愿活动的进展情况。 13. 学校开展家庭教育指导活动的情况及其组织与形式。 14. 校本课程建设中开发以社区发展知识为主要内容的乡土课程及教材的情况、成效和问题。 15. 在推进社区(包括家长和各种组织代表)参与学校决策和评价中,建立了什么组织及制度,实施过程中的成效和问题。 16. 学校利用家长和社区资源(物质与人力资源)的情况,开展了哪些教育活动(如德育、生活教育、课外活动、职业教育等),成效和问题。 17. 家长和社区为学校提供了哪些便利条件,如经费支持、实践基地、人力资源等。 18. 学校和社区是否参与学校发展与管理改革等决策,通过什么形式。

总之,教育系统与社会、家庭之间蕴藏着巨大的合作潜能。把它们充分开掘出来的关键,在于突破旧有的学校教育的老框框。教育对象可以由在校注册学生向

---

① 改编自刘淑兰著:《学校与社区的互动》,四川教育出版社 2003 年版,第 333—335 页。

新编教育管理学(第2版)

社区全体成员扩充;教育年限可以从儿童、少年、青年期向终身延伸;教育场所可以由学校的课堂向整个社区拓展。将社区变成大课堂,为建立学习化社会作出应有的贡献。这是教育系统为社会各界服务的最好方式。与此同时,教育系统在这种服务的过程中,能够获得学生家长、社会公众、社团组织的更大支持、更多帮助和更密切的配合。

思 考 题

1. 请分析社会工作管理的意义和价值。
2. 评述社会工作管理的任务及其实施。
3. 请分析实现社会工作管理的保障机制。